Treffpunkt Platon

Klaus Held

Treffpunkt Platon

Philosophischer Reiseführer
durch die Länder des Mittelmeers

Mit 55 Abbildungen
und 2 Karten

Philipp Reclam jun. Stuttgart

2., durchgesehene Auflage

Alle Rechte vorbehalten
© 1990 Philipp Reclam jun. GmbH & Co., Stuttgart
Einbandgestaltung: Werner Rüb, Bietigheim
Satz: Reclam, Ditzingen
Druck und Binden: Franz Spiegel Buch GmbH, Ulm
Printed in Germany 1991
RECLAM ist ein eingetragenes Warenzeichen
der Philipp Reclam jun. GmbH & Co., Stuttgart
ISBN 3-15-010361-4

Inhalt

Von Pergamon bis Istanbul.
4. Jahrhundert v. Chr. – 6. Jahrhundert n. Chr.

Vorwort

Wer heute die Stätten der Griechen und Römer am Mittelmeer besucht, braucht um Verständnishilfe nicht verlegen zu sein. Reiseführer und Handbücher in reicher Zahl bieten eine Fülle von historischen Informationen, von kunstgeschichtlichen und archäologischen Erklärungen. Darunter finden sich auch Hinweise auf die antike Gedankenwelt: Philosophie und Wissenschaft, Religion und Theologie, politisches Denken und Bildungswesen. Sie lassen ahnen, daß es einen geistigen Hintergrund gibt, ohne den man die Ereignisse und Entwicklungen in der alten Kultur, den Aufbau ihrer Städte und Heiligtümer, das Aussehen ihrer Baulichkeiten und Kunstwerke im Grunde nicht verstehen kann.

Der vorliegende Reiseführer soll in diese Gedankenwelt einführen. In ihr sind die Weichen für unsere ganze Kultur gestellt worden. Viele Menschen haben davon ein Bewußtsein, aber ihnen fehlt eine konkretere Vorstellung von den Denkwegen, die dabei eingeschlagen, und den Begriffen, die auf diesen Wegen gefunden wurden. Die Neuartigkeit unserer modernen Welt hat uns von der antiken Kultur unwiderruflich abgeschnitten. Und doch waren es Menschen wie wir, die die tragenden Gedanken dieser Kultur entwickelt haben. Deshalb kann man auch heute noch zu diesen Gedanken eine lebendige Beziehung herstellen und ihre Bedeutung für unser gegenwärtiges Denken und Handeln erkennen. Darum geht es in diesem Buch.

Es enthält eine Reise durch das antike Denken von seinen frühen griechischen Anfängen im 6. Jahrhundert v. Chr. bis zum spätantiken Ausklang im 6. Jahrhundert nach der Zeitenwende. Die Reise ist in zwei Rundfahrten durch die alte Denklandschaft aufgeteilt, die man, wenn man wollte, auch in der geographischen Realität unternehmen könnte. Die beiden Rundreisen spiegeln die beiden Hauptabschnitte der historischen Entwicklung.

Die erste Reise bezieht sich auf die frühe und klassische Zeit von Philosophie, Wissenschaft und Geistesleben vom 6. bis zum 4. vorchristlichen Jahrhundert, von Thales bis Aristoteles. Sie erstreckt sich auf Besichtigungsstätten, die sich dieser Epoche zuordnen lassen: Philosophie und Wissenschaft entstanden im Osten des griechischen Siedlungsraumes, an der westlichen Mittelmeerküste der heutigen Türkei, griffen dann auf die westlichen Kolonialstädte der Griechen in Süditalien und Sizilien über und wurden erst am Ende dieser Periode ausgehend von Athen auf dem griechischen Festland heimisch. Die Kapitelfolge im Ersten Teil geht diesem Entwicklungsgang an einigen herausragenden Beispielen nach. Die Karte S. 14 f. zeigt die genaue Lage der Orte, die dabei eine Rolle spielen. Der geringere geographische Umfang der ersten Reise entspricht der kürzeren Zeitdauer der behandelten Periode, die nur knapp drei Jahrhunderte umfaßt.

Die zweite Rundreise erstreckt sich, wie auf der Karte S. 178 f. zu sehen, auf einen erheblich größeren Teil des Mittelmeerraums und umspannt einen Zeitraum von acht Jahrhunderten. Seit der Epoche des Hellenismus, die man mit dem Tod Alexanders des Großen 323 v. Chr. beginnen läßt, zieht die ursprünglich griechische Bildung geographisch immer weitere Kreise. Wieder läßt sich ein Weg der Ausbreitung von Osten nach Westen und zurück nachzeichnen. Er führt von den Nachfolgestaaten des Alexanderreichs und späteren römischen Provinzen in Kleinasien über Alexandria in Ägypten und Rom bis nach Nordafrika und von dort über Norditalien zurück zum vorderen Orient, für den hier stellvertretend Konstantinopel, das heutige Istanbul, steht.

Die Einhaltung der historischen Reihenfolge macht es möglich, diesen Reiseführer, wenn man möchte, als eine Art von Philosophie- und Geistesgeschichte der Antike zu lesen – eine Darstellung, die die übliche Sprödigkeit und ermüdende Häufung von Namen und Theorien zu vermeiden sucht. Der Leser ist aber keineswegs gezwungen, sich nach der Reihenfolge der Kapitel zu richten oder sie vollzählig zu lesen. Jedes Kapitel ist vollkommen selbständig, für das Verständnis wird der vorangegangene Text nicht vorausgesetzt. Für Interessierte gibt es Verweise auf andere Kapitel, aber man muß ihnen nicht nachgehen.

Die Selbständigkeit der Kapitel ließ sich nur durch gelegentliche Wiederholung von wichtigen Gedanken und grundlegenden Informationen wahren. Solche Wiederholung kann aber in der Philosophie einen guten Sinn haben. Die elementaren philosophischen Gedanken sind vielfach nicht deshalb schwierig, weil sie zu kompliziert, sondern weil sie zu einfach sind. So wie man seine Hand nicht sehen kann, wenn man sie zu nahe vor Augen hält, liegen diese Gedanken zu nahe, um leicht eingängig zu sein. Darum nützt es nichts, sie als bloße Information zu registrieren. Man muß mit ihnen ein wenig vertraut werden, und dabei kann es nicht schaden, sie in verschiedenen Zusammenhängen mehrmals durchzuspielen.

Wer nur Informationslücken stopfen möchte, kann den Reiz philosophischer oder ähnlicher Gedanken nicht erfahren. Die Lektüre dieses philosophischen Reiseführers erfordert keine besondere Gedächtnisleistung, wohl aber die Bereitschaft, in jedem Kapitel ein paar Gedankenschritte mitzudenken. Der Verfasser hatte über eine Reihe von Jahren Gelegenheit, die Darstellungsweise dieses Buchs in Vorträgen über die Philosophie und das Geistesleben der Antike zu erproben, die er am Mittelmeer vor interessierten Laien ohne spezielle Vorkenntnisse gehalten hat. Er hat dabei den erfreulichen Eindruck gewonnen, daß Laien einer Anleitung zum Mitdenken gerne folgen, wenn sie sich nicht in die strapaziösen Verästelungen der Fachgelehrsamkeit verliert.

Zu den angenehmen Erfahrungen gehörte auch dies: Laien erwarten vom Wissenschaftler zwar eine einfache Sprache und eine Gedankenführung, die das Anspruchsniveau nicht zu hoch schraubt, aber sie verzichten gerne auf die poppigen Aktualisierungen, mit denen sich Wissenschaftler neuerdings beim Publikum anzubiedern suchen, nach dem Muster: "Sokrates im Frisiersalon" oder "Epikur und die Gänseleberpastete". Aus diesen Bemerkungen mag der Leser entnehmen, welche Klippen der populären Darstellung der Verfasser in diesem Buch versucht hat zu umschiffen. Die Lektüre der Kapitel 2, 3, 11, 18 und 23 verlangt wahrscheinlich mehr Konzentration als die meisten anderen Partien des Buchs. Die Materie ließ keine gefälligere Darstellung zu. Wer nichts auslassen möchte, aber sich hier schwertut, sollte sich erst einmal in leichteren Kapiteln einlesen.

Der Titel 'Treffpunkt Platon' ist eine kleine Konzession an unser Schlagzeilenbedürfnis. Aber er hat doch sein Recht; der Leser kann in den folgenden Kapiteln feststellen, daß das Denken Platons tatsächlich der Punkt ist, auf den man fast alle gedanklichen Entwicklungen in der Antike vor- oder rückbeziehen kann. Dieser Reiseführer ist aber überhaupt kein Platon-Buch. Er präsentiert vielmehr sehr unterschiedliche Denker und Gedanken aus über tausend Jahren in Anbindung an ganz verschiedenartige Besichtigungsstätten.

Diese geographische Bindung ist im übrigen locker. Auf die Spuren der Stoiker wird man nicht nur in Rom, sondern auch in Athen, auf Rhodos und anderswo stoßen. Augustinus wird man nicht nur beim Besuch der Stadt Mailand oder der Ruinen seiner ehemaligen Bischofsstadt im heutigen Algerien erwähnt finden, sondern man wird ihn in Hunderten von Kirchen dargestellt sehen. Vom Neuplatonismus wird man am Studienort seines Begründers Plotin, im ägyptischen Alexandria, wahrscheinlich am allerwenigsten hören, dafür aber immer wieder bei der spätantiken und byzantinischen Bildkunst von Ravenna bis zu den griechischen Klöstern.

Mit den Demokratievorstellungen der griechischen Stadtstaaten, mit dem Staatsverständnis der Römer wird man ebenso wie in Athen oder

Rom in jeder anderen antiken Stadt konfrontiert. Was eigentlich eine griechische Tragödie ist, was es mit dem "Dionysischen" und "Apollinischen" auf sich hat, kann man sich nicht nur beim herrlich gelegenen Theater von Epidaurus in Griechenland fragen, sondern beispielsweise auch in Taormina auf Sizilien, in Ephesus oder Perge an den türkischen Küsten und an Dutzenden anderer Stellen. Das Bildungs- und Erziehungswesen der Antike begegnet einem nicht nur in Pergamon in der Türkei, sondern in all den vielen Anlagen von Gymnasien, die die Ausgräber in nahezu jeder griechischen oder römischen Stadt freigelegt haben.

Trotzdem können manche Reiseziele durch die damit verbundenen Namen in besonderer Weise an bestimmte Richtungen oder Problemfelder, Entwicklungen oder Ereignisse des antiken Geisteslebens erinnern. Das Orts- und Eigennamenregister am Ende des Buches bietet Hilfen an, um solche Bezüge zu finden. Das Sach- und Begriffsregister kann, wer mag, als ein Miniaturwörterbuch antiker Philosophie, ihres Umfelds und ihrer Nachwirkung benutzen. Wer in die Übersetzung eines griechischen oder lateinischen Autors hineinschauen oder zu weiterführender Literatur greifen möchte, findet im Anhang außerdem eine Auswahl von leicht zugänglichen Büchern.

Herrn Hans A. Birkhäuser, dem Geschäftsführer der Dr.-Tigges-Fahrten, bin ich für den ersten Anstoß zu diesem Buch besonderen Dank schuldig. Ich danke herzlich Frau Christa Frankenberger, die die Verantwortung für die Herstellung der druckfertigen Textvorlage getragen hat, und ebenso den Damen in der Bergischen Universität, die ihr dabei geholfen haben, in erster Linie Frau Erika Klapp und Frau Anneliese Oberste.

Dieses Reisebuch gehört Margret, der lieben Gefährtin auf vielen Reisen und auf der einen Reise.

Wuppertal, im Januar 1990   *Klaus Held*

Von Milet bis Pella

6.–4. Jahrhundert v. Chr.

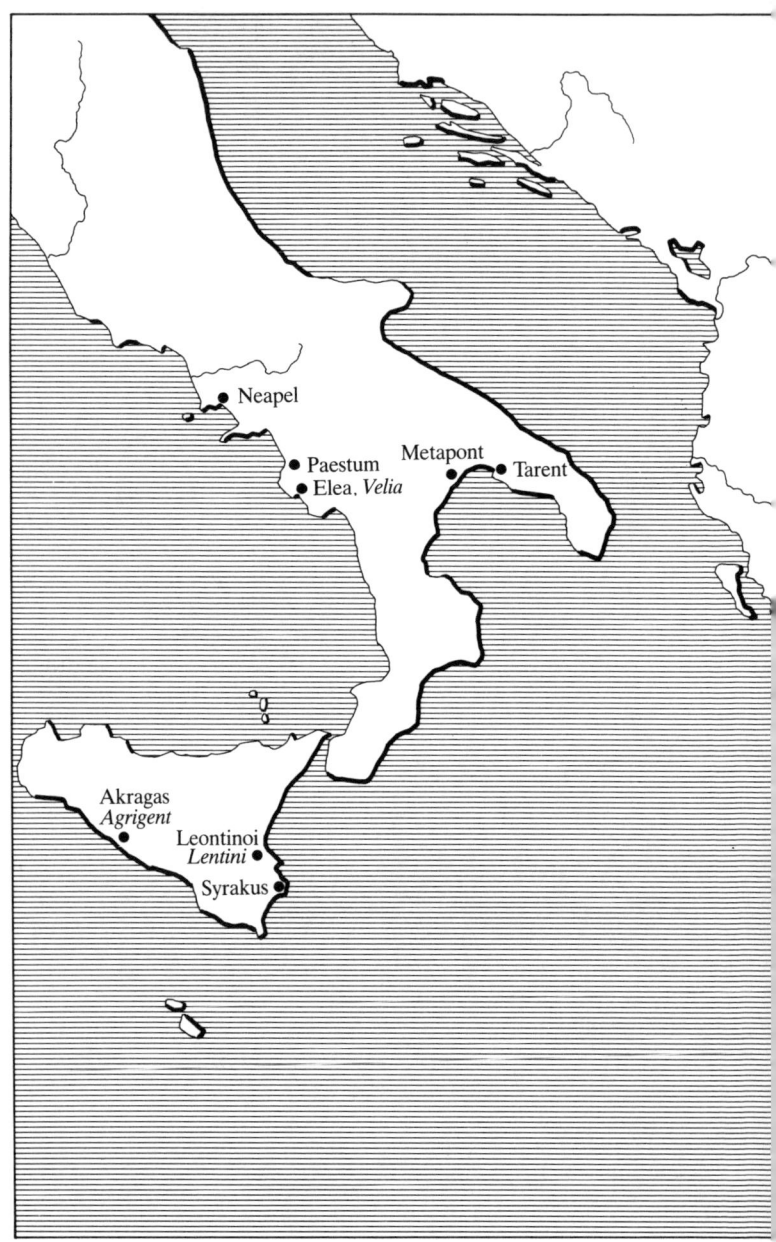

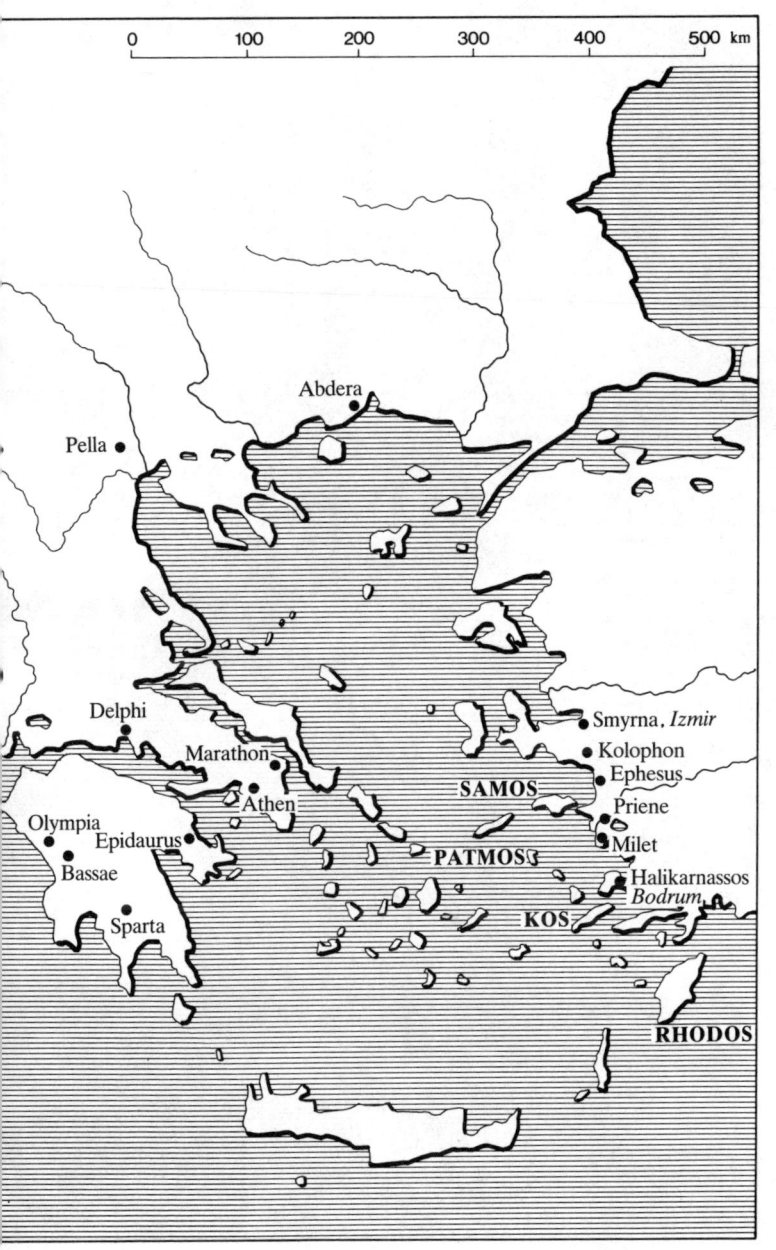

I

Milet

Wie entstand die Wissenschaft?

Von dem gut erhaltenen römischen Theater auf der Anhöhe über Milet kann der Besucher seinen Blick über ein versumpftes Gebiet schweifen lassen, auf dem einstmals eine der wenigen Weltstädte der Antike gestanden hat. Angesichts des melancholisch stimmenden Panoramas fällt es schwer, sich vorzustellen, daß diese Stadt der Schauplatz für ein Ereignis gewesen ist, das nicht sofort, aber spätestens in unserer Zeit die Welt der ganzen Menschheit mehr verändert hat als das, was sich später in Athen, Jerusalem oder Rom abspielte, die heute noch blühende Städte sind. In Milet wurde das erste Fundament für unsere europäische Kultur gelegt; denn diese Kultur, die sich mittlerweile in ihrer modernen Gestalt über den gesamten Erdball ausbreitet, ist in ihrem Ursprung und von Grund auf geprägt durch die Wissenschaft. Die aber entstand in Milet.

Zugleich mit der Wissenschaft wurde die Philosophie geboren. Beide lassen sich in der Frühzeit des europäischen Denkens – im 6. und 5. vorchristlichen Jahrhundert – noch nicht trennen. Erst im 4. Jahrhundert, bei Aristoteles, einem der großen Klassiker des griechischen Denkens, beginnen Philosophie und Wissenschaft auseinanderzutreten. Der gemeinsame Anfang beider ist uns aber nur ganz bruchstückhaft bekannt. Das liegt daran, daß das griechische Denken im Athen des 4. Jahrhunderts v. Chr. gewissermaßen einen zweiten Anfang nahm. Ausgelöst wurde er durch Aristoteles und seinen Lehrer Platon. Die alles überragende Arbeit dieser beiden Denker hat über fast zweieinhalb Jahrtausende den eigentlichen Anfang, der zweihundert Jahre vor ihrer Zeit stattgefunden hatte, beinahe völlig überlagert.

Erst seit dem vergangenen Jahrhundert ist in der Philosophie ein systematisches und umfassendes Interesse für ihren ersten Anfang und für den Beginn der Wissenschaft erwacht. Aber weil dieser Anfang weitgehend in Vergessenheit geraten war, mußte die klassische Altertumswissenschaft zunächst darangehen, die frühesten Gedanken von Philosophie und Wissenschaft aus den Berichten antiker Autoren und aus verstreuten erhaltenen Fragmenten der Originalschriften zu rekonstruieren. Um die Jahrhundertwende hat ein bedeutender deutscher Gelehrter, Hermann Diels, alles in Betracht kommende Material in drei Bänden gesammelt und damit die Grundlage für eine ausgedehnte und erfolgreiche Forschungsarbeit gelegt. Inzwischen können wir uns dank des geradezu kriminalistischen Spürsinns der Altphilologen von den ersten Anfängen im Umriß ein Bild machen.

Wir wissen, daß in Milet in der ersten Hälfte und um die Mitte des 6. vorchristlichen Jahrhunderts drei bedeutende Denker gelebt haben. Die Namen dieser Milesier waren, griechisch ausgesprochen: Thalás, Anaxímandros und Anaximénäs, oder eingedeutscht: Tháles, Anaxímánder und Anaxímenes. Diese Reihenfolge ist auch die ihres Alters. Die genauen Lebensdaten lassen sich nicht zuverlässig bestimmen. Von Thales wissen wir immerhin, daß er eine Sonnenfinsternis vorausgesagt hat, und deren Datum kann die moderne Astronomie errechnen: es war der 28. Mai 585. Zu der Zeit muß Thales also ein erwachsener Mann gewesen sein. Aus der Schrift von Thales' Freund und Schüler Anaximander ist uns durch einen Zufall der erste Originalsatz der Philosophiegeschichte erhalten. Von ihm wird noch die Rede sein.

Das geistige Leben in Milet brach nach dem großen Anfang nicht ab. In der zweiten Hälfte des 6. Jahrhunderts wurde hier die "historíē" begründet, eine Art des Forschens, die im 5. Jahrhundert durch Herodot, den Vater der Geschichtsschreibung, die wir seitdem "Historie" nennen, ihren Höhepunkt erreichte. Herodot lebte später in Athen, aber er stammte aus dem etwa 100 km südlich von Milet gelegenen Halikarnassos, dem heutigen Bodrum, das in der Antike vor allem durch das künstlerisch einzigartige Grabmal bekannt wurde, das man für König Mausolos nach seinem Tod im Jahre 351 v. Chr. erbaute. Das nach dem König benannte "Mausoleum" war nur ein besonders herausragendes Zeichen für das blühende kulturelle Leben, das an dieser ganzen Küste seit ihrer Kolonisierung durch griechische Stämme bis in die Spätantike geherrscht hat.

Auch die der Küste vorgelagerten Inseln wie das noch heute griechische Samos, Patmos, Kos oder Rhodos waren von Griechen besiedelt. Die mittlere Region der Küste, zu der Städte wie Ephesus, Smyrna (türkisch: Izmir) oder Milet gehörten, hieß bei den Griechen Jonien. In diesem Gebiet kam die griechische Welt, noch bevor Athen im 5. vorchristlichen Jahrhundert zu ihrem kulturellen Mittelpunkt wurde, zu ihrer ersten Blüte. Das Schwemmland zwischen den nach Westen zum Meer hin auslaufenden Gebirgssträngen war außerordentlich fruchtbar, und die Handelsbeziehungen der jonischen Griechen reichten weit. Die Lage am Rande Asiens verband sie nach Osten und Süden mit dem Orient und Afrika. Nach Westen hin waren sie durch die niemals ganz abbrechenden Beziehungen zum griechischen Mutterland und zu den Kolonien im westlichen Mittelmeerraum geöffnet. Ein Beleg für diesen Kontakt ist die Tatsache, daß zwei der frühen Denker, die aus Jonien stammten, Pythagoras von der Insel Samos und Xenophanes aus Kolophon, einer Stadt in der Nähe von Smyrna, den zweiten Teil ihres Lebens in der anderen Welthälfte der griechischen Zivilisation, in Süditalien verbracht haben (zu Pythagoras mehr in Kapitel 6).

Die Zentren der ungewöhnlich weltoffenen und beweglichen Kultur Joniens bildeten die beiden reichen Hafenstädte Milet und Ephesus. Der Wohlstand in diesen Metropolen machte es einer gewissen Bürgerschicht im 6. Jahrhundert erstmals möglich, sich die Muße zu nehmen, über anderes als die tägliche Lebenserhaltung nachzudenken. Aristoteles sagt deshalb fast drei Jahrhunderte später treffend: Weil sie Muße hatten, haben die Menschen zu philosophieren begonnen. Man hatte aber nicht nur die Z e i t für ein erstes wissenschaftliches Fragen; man hatte auch das B e d ü r f n i s , und das hing wiederum mit der besonderen geographischen Lage zusammen.

Durch den weitreichenden Handel kamen die Jonier mit einer Fülle andersartiger oder sogar fremder Kulturen in Berührung. Solche Kontakte bringen Probleme mit sich, die wir bis heute kennen: Wer sich für andere Sitten, andere politische Ordnungen, andere Formen von Religion, andere Denkweisen überhaupt öffnet, setzt seine Identität aufs Spiel. Wem die Welt in ihrer überreichen kulturellen Vielfalt und Widersprüchlichkeit vor Augen tritt, der geht fast unvermeidlich das Risiko ein, die festen Anhaltspunkte und Verbindlichkeiten seines Lebens zu verlieren. Wem beispielsweise bewußt wird, daß die Dimension des Heiligen und Göttlichen, der religiöse Bereich, vom Menschen je nach Kultur und Tradition auf ganz verschiedene Weise erlebt werden kann, oder wer die Erfahrung macht, daß sich die Ordnung des Zusammenlebens auf ganz unterschiedliche Weise gestalten läßt – der läuft Gefahr, in die Unverbindlichkeit eines völligen Relativismus abzugleiten: Man glaubt, keine feste Regel, keinen unverrückbaren Maßstab mehr aufrechterhalten zu können.

Das bleibend Verbindliche, normativ Feststehende stellt sich den Menschen normalerweise als e i n e s dar: Um dem Relativismus zu

Der Apollontempel von Didyma war das bedeutendste Heiligtum Milets. Mit seinen Ausmaßen kann er eine Vorstellung davon geben, wie der riesige Tempel der Artemis im etwa 100 km nördlicher gelegenen Ephesus gewirkt haben mag, an dem Heraklit Priester war (vgl. Kapitel 2). Was man heute sieht, ist der durch Erdbeben zerstörte Bau aus hellenistischer Zeit. An den Mauern des Innenraums befinden sich die S. 188 erwähnten Bauzeichnungen.

entgehen, tritt man für e i n e politische Ordnung ein, aus der niemand ausscheren kann, für e i n e Gottesvorstellung, von der keiner abweichen darf, für e i n e Form der Erziehung, an die sich alle zu halten haben, usw. Alle Einheitlichkeiten solcher Art, die Identitäten des politischen und privaten Lebens, wurden in Frage gestellt durch die Vielheit der Erfahrungsmöglichkeiten, denen sich die jonischen Küstenbewohner durch ihre außerordentliche Weltoffenheit aussetzten. Deshalb darf man annehmen: Was den Aufbruch von Philosophie und Wissenschaft ursprünglich ausgelöst hat, war mit in erster Linie die Suche nach Identität, der Wunsch, sich der einheitlichen Grundlagen des Lebens zu vergewissern und der schwelenden relativistischen Infragestellung aller Verbindlichkeiten zuvorzukommen.

Für diese Annahme spricht, daß im nächsten, dem 5. vorchristlichen Jahrhundert eine relativistische Sinnkrise in der griechisch sprechenden Welt offen zutage trat. Die Zeugen dieser Krise sind die Sophisten, jene viel bewunderten und ebenso angefeindeten Lehrer für alles, die in den griechischen Städten ihren Unterricht anboten und die Platon später so leidenschaftlich kritisierte, weil er die wahrhaft verbindlichen Normen für den Menschen suchte (Näheres in Kapitel 8). Vielleicht ist auch die ungewisse geistige und moralische Lage von heute nur die – inzwischen ins Extrem gesteigerte – Wiederkehr der gefahrvollen inneren Situation, die die jonischen Griechen zur Begründung unserer wissenschaftlich geprägten Kultur motiviert hat.

Wie bei allen umwälzenden Ereignissen reicht eine Erklärung allein auch für die Entstehung der Wissenschaft nicht aus. Der Reichtum und die Widersprüchlichkeit der Welt konnte die Griechen nur deshalb in eine relativistische Sinnkrise stoßen, weil sie in einer ganz und gar ungewöhnlichen Weise bereit waren, sich der Erfahrung der Welt in ihrer Mannigfaltigkeit auszusetzen. Ihre Einstellung zur Welt bringt vor allem e i n Wort ihrer Sprache zum Ausdruck. Es lautet "alétheia". Das bedeutet wörtlich "Unverborgenheit, Unverhülltheit", aber man übersetzt es normalerweise mit "Wahrheit". Man kann sagen: die Griechen waren wahrheitssüchtig, wenn man dabei unter Wahrheit die unverstellte Offenlegung von allem, die Beseitigung jedweder Verborgenheit versteht. Die Tendenz, alles Verhüllte, Versteckte, Dunkle ans Licht zu bringen, offenbar zu machen, liegt schon in der griechischen Sprache, und man darf ihn vielleicht als den Grundzug des griechischen Wesens bezeichnen.

Der Sprachgeist der Unverborgenheit stand Pate bei der Erfindung der Wissenschaft. Noch bevor sie in Milet ihre ersten Gehversuche machte, waren die Griechen mit ihren großen weltoffenen Augen, die wir von den Vasenbildern und Statuen kennen, von einem ursprünglichen Wissensdurst beseelt; sie wollten alles ans Licht bringen und sehen. Das griechische Wort für "wissen" bedeutet wörtlich "gesehen haben" (mehr darüber in Kapitel 4). Das Wissen, worum es in der Wissenschaft geht, ist der bleibende Besitz von Weltsicht. Die Entfaltung von wissenschaftlichem Wissen nennen wir seit den Griechen "Theorie". Das Wort "theōría" bedeutet charakteristischerweise ursprünglich ein Schauen.

Innerlich bereit durch den Sprachgeist der Unverborgenheit, des Sehenwollens, ließen die ersten Wissenschaftler sich überwältigen von dem Reichtum der Welt, den die weitverzweigte jonische Welterfahrung ihren leiblichen und geistigen Augen darbot. Das führte in der zweiten Hälfte des 6. Jahrhunderts zu einer merkwürdigen und weltgeschichtlich neuartigen geistigen Aktivität. Man ging daran, das vielfältige Material der menschlichen Erfahrungen zu sammeln, und gab dem Ertrag Gestalt in den ersten Prosaschriften unserer Kulturtradition. Bis dahin hatte es nur Dichtung gegeben. Dies war der Anfang der Geschichtsschreibung, der Geographie und der Völkerkunde. Der berühmteste Sammler und Forscher dieser Art stammte aus Milet. Er hieß Hekataios. Seine Schrift ist verlorengegangen. Aber wir wissen, daß er darin alle geographischen, kulturellen, religiösen, politischen und geschichtlichen Erfahrungen zusammengetragen hat, deren er habhaft werden konnte. Dies war die eingangs erwähnte "historíē", zu deutsch: "Erkundung". Herodot brachte später in das angesammelte Material Sinn und Ordnung, indem er es in seinem uns erhaltenen Geschichtswerk um die Geschichte des Kriegs der Griechen mit den Persern gruppierte.

Schon vorher hatte Anaximander, der zweite milesische Denker, erstmals einen Ordnungsrahmen für das geographische Material geschaffen, indem er die erste Weltkarte entwarf. Aber dabei blieb er nicht stehen. Er versuchte, Gestalt und räumliche Lage des Ganzen der Welt, deren geographische Ordnung er gezeichnet hatte, zu bestimmen: So erschien ihm die Erde als ein zylindrischer Körper, der neben anderen Weltkörpern im All schwebt.

Überhaupt gaben sich die frühen Wissenschaftler keineswegs damit zufrieden, willkürlich Informationen über die Welt aufzuhäufen. Worum es eigentlich ging, war die Identität, von der schon die Rede war. Man suchte die Einheit in der Mannigfaltigkeit, die die Welt uns darbietet. Der Wille, in der Vielheit der Erfahrungsmöglichkeiten das

Identische zu erkennen, wird besonders deutlich sichtbar bei einem Mann, den man gerne als den ersten religionskritischen Aufklärer betrachtet. Das war der schon erwähnte Xenophanes von Kolophon, der etwa zur gleichen Zeit wie Hekataios lebte. Er stellte die These auf: Die vielen Bilder, die die Menschen sich vom Göttlichen machen, sind alle unangemessen. Es gibt nur einen einzigen unsichtbaren und erhabenen Gott, der in den menschlichen – allzu menschlichen – Vorstellungen davon nur verzerrt erscheint (siehe auch Kapitel 5). Xenophanes verwirft mit großer moralischer Entschiedenheit die Mannigfaltigkeit religiöser Erfahrungsmöglichkeiten, die er am Mittelmeer vorfindet, zugunsten einer neuen verbindlichen Identität.

Den Weg von der Erfahrungsvielfalt zur Einheit kennzeichnet auch den Beginn der wissenschaftlichen Medizin, der ebenfalls in dieser Gegend der griechischen Welt stattfand, nämlich auf der Insel Kos, die dem Halikarnassos des Herodot gegenüberliegt. Der noch heute durch den ärztlichen Eid bekannte Hippokrates und seine Schüler sammelten seit der Mitte des 5. vorchristlichen Jahrhunderts alle Erfahrungen der vorwissenschaftlichen Heilkunde, an die sie gelangen konnten. Der Übergang zur wissenschaftlichen Medizin aber lag darin, daß sie eine einheitliche Konzeption suchten, um die vielen Erträge des vorwissenschaftlichen Umgangs mit den Krankheiten zu einer einzigen, geordneten Heilkunst zu verschmelzen.

Überall geht es in der frühen Wissenschaft darum, in der Mannigfaltigkeit der Erfahrung die Einheit zu erkennen, die verbindliche Ordnung verbürgt. Alle bisher genannten Versuche in dieser Richtung erschienen schließlich am Ende des 6. Jahrhunderts dem gründlichsten unter den frühen Denkern nicht radikal genug. Das war Heraklit aus Ephesus, einer der Großen der Philosophiegeschichte (mehr zu ihm in Kapitel 2). Auf die Bemühungen des Hekataios und Xenophanes hat er verächtlich herabgeblickt und sie als bloße Vielwisserei abqualifiziert. Von ihm stammt der Satz: "Vielwissen lehrt nicht Geist haben", ein Satz, der in einer Zeit, da wir in der Flut der Informationen zu ertrinken drohen, nichts von seiner Bedeutung verloren hat. Alle geographische, völkerkundliche, historische oder sonstige bloße Anhäufung an Wissen führt nach Heraklit nicht zur Entdeckung der wirklichen Einheit, der wahren Identität in der Mannigfaltigkeit dessen, was es in dieser Welt gibt. Aber was ist diese letzte Einheit von allem?

Mit dieser Frage kam Heraklit auf das zurück, was die drei ersten Wissenschaftler, Thales, Anaximander und Anaximenes, ursprünglich bewegt hatte. Sie wollten wissen: Was ist das, was die ganze Welt im

*Anaximander, der größte
Denker Milets (Mitte des
6. Jahrhunderts v. Chr.), war
auch in der Spätantike noch als
Naturwissenschaftler bekannt,
wie das Fußbodenmosaik des
2. nachchristlichen Jahr-
hunderts aus Trier zeigt.*

Innersten zusammenhält? Was ist der Urgrund, das Prinzip von allem
Seienden – so hat Aristoteles später diese Frage in seiner ausgereiften
Begriffssprache formuliert. Daß es den frühen Denkern um diese Frage
nach der letzten Einheit von allem ging, zeigt ein Wort, dessen
Gebrauch in einer neuen Bedeutung im 6. Jahrhundert aufkam: das
Wort "kósmos". Es besagt ursprünglich soviel wie "Schmuck, schöne
Anordnung" (unser Fremdwort "Kosmetik" hängt damit zusammen).
Daraus wird die schöne Anordnung der mannigfaltigen Erscheinungen
der Welt überhaupt, und auf diesem Wege wird das Wort "Kosmos" zur
Bezeichnung für das Ganze der Welt. Damit gibt es erstmals einen
Begriff, mit dem die wohlgeordnete Einheit von allem, was es über-
haupt gibt, beim Namen genannt werden kann.
Wie kamen die frühen Denker dazu, anzunehmen, das Ganze der
Welt sei etwas schön Geordnetes, ein Kosmos? An derselben Stelle, wo
er von der Muße spricht, aus der die Wissenschaft entstehen konnte,
gibt Aristoteles auch eine Antwort auf diese Frage. Er sagt wie bereits
sein Lehrer Platon: Die Philosophie entstand aus dem Staunen. Schon
vor aller Philosophie und Wissenschaft können wir staunen, aber das
Denken entsteht, wenn wir uns dieser Stimmung ganz und vorbehaltlos
hingeben. Dann sehen wir die Dinge gleichsam neu, wie ein Kind, dem
die Welt noch nicht durch die Gewohnheit zu etwas Selbstverständli-
chem geworden ist. Alles zeigt sich in einem frischen Glanze, der uns
das Ganze der Welt als schön erscheinen läßt, und in dieser Schönheit
scheint die Ordnung des Ganzen auf: der Kosmos.

Diese schöne Ordnung begegnet uns alltäglich auf elementare Weise in der festen Anordnung der drei großen Gegenden, in die die Welt, in der wir leben und zu Hause sind, unsere Lebenswelt, gegliedert ist: über uns der Himmel mit der Luft, die wir atmen, und dem Licht der Sonne und der Gestirne, unter uns Land und Meer. Das ist die einfache Erfahrung der Natur vor aller Wissenschaft. An der so gesehenen Natur, griechisch "phýsis", entzündete sich das Staunen der frühen Denker. Deshalb wurden die ersten Wissenschaftler später auch "Naturforscher", "physiológoi", genannt. Aber diese immer noch übliche Bezeichnung hat etwas Irreführendes. Sie ist nicht so zu verstehen, als ob die frühen Denker sich nur mit einem Teilbereich der Welt, nämlich der Natur im Unterschied zur Kultur, beschäftigt hätten. Ihr Thema war vielmehr das Ganze schlechthin, alles, was es gibt, überhaupt.

Die Neugier der frühen Denker galt der Mannigfaltigkeit der Erfahrungen von der Welt. Aber der gerade dadurch drohende Relativismus und das Staunen über das Weltganze lenkten ihre Aufmerksamkeit auf das Eine, den Urgrund, der in die Mannigfaltigkeit Identität und damit Ordnung bringt. Dieses Eine mußte etwas sein, was überall in der Mannigfaltigkeit gegenwärtig war und sie durchgängig bestimmte. So etwas nennen wir seit den Griechen ein Element (Näheres dazu in Kapitel 4). Elemente kennen wir Menschen unabhängig von aller Wissenschaft aus den drei großen Gegenden unserer Lebenswelt. Himmel, Land und Meer sind jeweils durch das Vorherrschen von Elementen gekennzeichnet: der Sternenhimmel durch das leuchtende Feuer in der Sonne und den anderen Gestirnen; der uns nähere Himmel durch die Luft; Land und Meer durch Erde bzw. Wasser.

So lag es für die Jonier nahe, das Element des überall gegenwärtigen Urgrunds in einer der drei Weltgegenden zu suchen. Aber nicht jedes der genannten Elemente der Lebenswelt kam in Betracht. Es mußte ein Element sein, das sich in die Gestalt der anderen Elemente verwandeln kann und so nicht nur eine der Weltgegenden, sondern das Ganze des Kosmos zu erfüllen in der Lage ist. Von solcher Beschaffenheit aber ist das Wasser. Wenn es verdampft, gleicht es der Luft des Himmels und steigt auch nach oben zum Himmel. Wenn es gefriert, wird es schwer, hart und kalt wie die Erde.

So beginnt die Wissenschaft bei Thales mit der These: Alles ist Wasser. Für den dritten der Milesier, Anaximenes, tritt ein neues Problem in den Vordergrund: Er möchte erklären, warum es uns Menschen überhaupt möglich ist, das Ganze der Welt zu erkennen. Das kann eigentlich nur daran liegen, daß das Element, von dem der ganze Kosmos durch-

drungen und zusammengehalten wird, zugleich das Element ist, dem
wir Menschen unsere Erkenntnisfähigkeit und unser Leben verdanken.
Das Leben aber beruht auf den Elementen des Himmels: Licht, Luft,
Wärme. Anaximenes zieht dies in ein Urelement zusammen: die Luft,
und Heraklit nennt es später das Feuer. Das Feuer unterscheidet sich
dadurch von der Luft, daß es in sich selbst wie Leben ist: Sein Lodern
und Flackern ist eine ständige Bewegung, und als lebendig sehen wir das
an, was sich selbst bewegen kann. Das Feuer bleibt in sich bewegt, weil
es als Flamme anderes verzehrt, so wie Leben sich durch Zerstörung
von anderem Leben erhält. Der Urgrund kann die ständig veränderliche, im Wechselspiel von Aufleben und Zerstörung befindliche Welt
nur erklären, wenn er Feuer ist.

Mit diesem Gedanken setzt Heraklit die frühe Philosophie in eine
Richtung fort, die schon Anaximander, der zweite Milesier, eingeschla-
gen hatte. Was ihn bewegte, war die Veränderlichkeit der Welt, wie wir
Menschen sie in der Vergänglichkeit unseres ganzen Daseins erfahren.
Damit stoßen wir auf das vielleicht tiefste Motiv bei der Entstehung der
Wissenschaft.

Unsere Vergänglichkeit bedrängt uns nicht nur in der Gewißheit, daß
wir sterben müssen, sondern in allen elementaren Zuständen, in denen
wir uns in einer Verfassung befinden, die uns als negativ, düster, leid-
voll, bedrückend erscheint: Alter, Krankheit, Hunger, Krieg und dergleichen mehr. Ihnen stehen als Gegenpole die positiven, hellen, leich-
ten, angenehmen Zustände in unserem Leben gegenüber, Jugend,
Überfluß, Gesundheit, Frieden und alles dieser Art. So ergeben sich
Paare von einander entgegengesetzten Zuständen. Solche Gegensatz-
paare haben das Hauptthema des Heraklit gebildet (mehr dazu in Kapitel 2). Darin, daß die beiden Seiten der Gegensätze, die positive und die
negative Lebensverfassung, Glück und Unglück einander unausweichlich ablösen, erfahren wir tagtäglich unsere Vergänglichkeit.

Das Besondere der elementaren Zustände, zwischen denen unser
Leben pendelt, liegt darin, daß von ihnen nicht nur abhängt, wie es
jeweils dem Betroffenen selbst geht. Sondern im Licht solcher Zustände
bietet sich uns unsere ganze Lebenswelt unterschiedlich dar. Dem jungen, gesunden oder satten Menschen beispielsweise erscheint alles, was
er erlebt, von Grund auf anders als dem Alten, Kranken oder Hung-
rigen.

Wer sich gerade in einer glücklichen Verfassung befindet, hat natür-
licherweise die Tendenz, den Zustand möglichst in die Länge zu ziehen
und den entsprechenden entgegengesetzten Zustand fernzuhalten. Ja,

die Menschen tun oft sogar so, als ob der entgegengesetzte Elementarzustand ihnen nie etwas anhaben könnte. Die Beispiele von heute sind zur Genüge bekannt: Unsere Gesellschaft schiebt die alten Menschen in Seniorenheime ab, und zugleich gaukelt man sich selbst vor, man könne ewig jung bleiben. Die Industrienationen leben satt und übersatt in ihrem Wohlstand und verdrängen den Hunger in Indien oder in der Sahelzone aus ihrem Bewußtsein. Die Sterbenden überläßt man den Krankenhäusern und lebt selbst so dahin, als ob man unsterblich wäre.

Aber – und darauf hat Heraklit aufmerksam gemacht – in Wahrheit hängen solche entgegengesetzten Elementarzustände untrennbar miteinander zusammen. Sattheit i s t nur der gestillte Hunger, und der Hunger liegt immer auf der Lauer, an die Stelle der Sattheit zu treten. Der Frieden i s t nur die Vermeidung des Krieges. Die Jugend i s t in sich bereits in jeder Phase ein Altwerden usw. Heraklit hat diese Verhältnisse mit lapidarer Nüchternheit einmal so ausgedrückt: "Krankheit macht Gesundheit angenehm und gut, Hunger Sattheit, Erschöpfung Ruhe." Das heißt: daß uns ein positiver Elementarzustand Wohlbefinden verschafft, ist nur deswegen möglich, weil der entgegengesetzte Zustand schon verborgenermaßen in dem Zustand des Wohlbefindens mitanwesend ist. Der latent mitgegenwärtige Gegenzustand bildet den Hintergrund für alles, was uns unser gegenwärtiges Befinden an Schönem und Beglückendem zu bieten vermag. Jeder Zustand, der gerade gegenwärtig ist, muß sich g e g e n einen solchen Hintergrund in der Anwesenheit behaupten und kann das auch nur für eine gewisse Weile.

Jeder gegenwärtige Zustand hat aber die Tendenz, sich so aufzuspreizen, als ob es nur ihn gäbe, d. h. die Verweildauer seiner Anwesenheit über Gebühr auszudehnen. Damit aber will der gegenwärtige Zustand mehr, als ihm zukommt und als es sich gehört. Mehr haben, als einem zusteht – das nennt man Unrecht. Das Recht zwischen den Elementarzuständen wird wiederhergestellt, indem nach einer angemessenen Verweildauer des gegenwärtigen Zustands der Gegenzustand aus seiner verborgenen Mitanwesenheit hervortritt und selbst für eine Weile gegenwärtig wird. Im Gegenzug zum Verschwinden des vorher herrschenden Zustandes tritt seine bis dahin latente Kehrseite hervor, und mit dieser Gegenzügigkeit wird jeder Maßlosigkeit eines Zustandes ein Riegel vorgeschoben. Die Begrenzung der Verweildauern der Zustände aneinander ist eine Sache der Zeit. So spielt die Zeit im Rechtsverhältnis der Elementarzustände die Rolle des Richters: Sie sorgt dafür, daß jeder Zustand dem entgegengesetzten Zustand Recht widerfahren läßt und

ihm für die eigene Maßlosigkeit Genugtuung leistet – und indem sich
Recht und Genugtuung ereignen, geschieht das, was sich gehört.

Wovon zuletzt die Rede war, das steht nun schon wörtlich in dem
eingangs erwähnten ersten erhaltenen Satz von Philosophie und Wissenschaft. Anaximander, der bedeutendste der milesischen Denker
hat ihn – wohl um die Mitte des 6. Jahrhunderts – formuliert. Dieser
in den letzten hundert Jahren viel umrätselte, aber inzwischen verständlich gewordene Satz lautet: "Sie [gemeint sind die gegensätzlichen
Elementarzustände] geben einander Recht und Genugtuung, wie es sich
gehört und nach der richterlichen Anordnung der Zeit."

Der Satz hat für uns etwas Befremdliches, weil er ein Gesetz für den
Kosmos, das Weltganze, also, wie wir heute sagen würden: ein Natur-
gesetz, mit einem Vokabular formuliert, das sich auf das menschliche
Leben bezieht: Es ist von "Recht", "Genugtuung", "wie es sich gehört"
und "richterlicher Anordnung" die Rede. Deshalb kann man über Anaximander lesen, seine Lehre sei ein primitiver "Anthropomorphismus",
d. h., er hätte, ohne das zu bemerken, Begriffe, die nur für den Menschen ("ánthrōpos") gelten, unrechtmäßig auf die ganze übrige Welt
übertragen. Aber von einer solchen Übertragung kann bei Anaximander keine Rede sein. Die Elementarzustände bestimmen, wie uns Menschen im alltäglichen Leben das Ganze unserer Welt erscheint. Deswegen betreffen sie von vornherein nicht nur den Menschen, sondern seine
ganze erlebte Welt, und was für die Elementarzustände des Menschen
gilt, gilt damit auch für die Welt, den Kosmos, wie wir ihn lebendig
erfahren.

Das heutige Befremden über den Satz ist aber nicht neu. Schon Theophrast, der bedeutendste Schüler des Aristoteles und zugleich der erste
Philosophiegeschichtsschreiber, verstand nicht mehr, daß in dem Satz
von Elementarzuständen die Rede ist, die das Menschenleben und die
erlebte Welt in eins umfassen. So gewann er den Eindruck, Anaximander habe sich wohl "mehr in dichterischen Bildern" als auf wissenschaftliche Weise ausgedrückt. Nur weil ihm dies sonderbar erschien, hat
Theophrast den Satz überhaupt wörtlich zitiert, und dadurch ist er uns
glücklicherweise erhalten geblieben.

Die Wissenschaft formuliert Gesetze. Anaximander hat mit seinem
Satz das erste Gesetz in der Wissenschaftsgeschichte aufgestellt. Nach
diesem Gesetz wird alles Schöne, Genußreiche, Herrliche, Erfüllende
mit der notwendigen Mitanwesenheit des jeweiligen Gegenteils erkauft
und ist auf die Dauer zum Untergang verurteilt zugunsten dieses
Gegenteils. In diesem Gedanken spricht sich das zutiefst schwermütige

Lebensgefühl des frühen und klassischen Griechentums aus, das auch hinter der griechischen Tragödie steht (Näheres dazu Kapitel 7). Anaximander erblickt eine tragische Lebensverfassung im Ganzen der Welt. Das erste Gesetz der Wissenschaftsgeschichte ist der radikalste Ausdruck für das tragische Bewußtsein der Griechen.

Man könnte meinen, dieses schwermütig-tragische Bewußtsein müßte das ganze griechische Leben in das Grau-in-grau einer allesüberströmenden Traurigkeit getaucht haben. Aber das Gegenteil ist zu beobachten: Wie kein anderes Volk haben die Griechen das Schöne, das uns freudig und glücklich macht, mit der schon erwähnten Begeisterung für das Unverborgene ans Licht gestellt und gefeiert (dazu mehr in Kapitel 6). Wie das möglich war, macht der Anaximander-Satz verständlich: Das Weltgesetz verdammt nicht nur alles Glückbringende zum Untergang, es räumt ja auch dem Unheilvollen nur eine begrenzte Verweildauer ein. Der Umschwung zum Guten ist ebenfalls unabwendbar. Und noch etwas sagt das Weltgesetz: In der Geregeltheit aller dieser Umschwünge setzt sich – durch die Zeit als Richter – das durch, was sich gehört. Im Grunde der Welt herrscht eine Ordnung, und alle Umschwünge unseres Lebens ins Unglück haben so einen tieferen Sinn.

II

Ephesus

Heraklit im modernen Denken: Hegel, Nietzsche, Heidegger

Ephesus, das die meisten von der kleinen türkischen Hafenstadt Kuşadası (gesprochen "kusch-ádase") aus besuchen, bietet eines der attraktivsten Ausgrabungsgebiete des ganzen Mittelmeerraums: die Ruinen der reichen Weltstadt Ephesus aus der römischen Kaiserzeit, die seit den siebziger Jahren mit viel Aufwand und mit starker Unterstützung aus der Wirtschaft von österreichischen Archäologen sehr professionell für das Publikum aufbereitet worden sind. Das altgriechische Ephesus lag an anderer Stelle, am Hang des Berges, an dessen Fuß sich heute die Landstadt Selçuk (gesprochen "ßéldschuk") ausbreitet. Innerhalb der Mauern eines auf dem Berg gelegenen türkischen Kastells befinden sich die stattlichen Überreste einer Basilika aus dem 6. Jahrhundert n. Chr. Sie war neben der "Hagia Sophia" in Istanbul das wichtigste Gotteshaus der Ostkirche und dem Evangelisten Johannes geweiht, der auf der Insel Patmos vor der hiesigen Küste die Apokalypse verfaßte.

Zu Beginn seines Evangeliums stellt er als tiefdenkender Theologe den menschgewordenen Gottessohn als den "Logos" dar, d. h. als das "Wort", das Gott zu sich selbst vor aller Zeit gesprochen hat und wodurch er die Welt schaffen konnte. Der Begriff "lógos", das griechische Wort für "Sprache", hatte schon seit früher Zeit im Zentrum griechischen Denkens gestanden, und in diese Tradition konnte der christliche Denker sich nach über einem halben Jahrtausend immer noch einreihen. Der erste, der über den Logos nachdachte, war Heraklit, neben Parmenides der bedeutendste unter den frühen griechischen Philosophen und einer der Großen der Philosophiegeschichte. Er lebte um 500 v. Chr. in Ephesus und war nach der Überlieferung Priester am Tempel der Artemis, einem der sieben "Weltwunder" der Antike. Vom altgriechischen Ephesus ist noch nichts ausgegraben. Vom Artemistempel,

Die Trümmer und die einzige erhaltene Säule vom Artemistempel zu Ephesus. An dem Hang im Hintergrund lag die Stadt Ephesus zur Zeit Heraklits. Auf dem Berg die Reste einer türkischen Festung.

dem "Artemision", erhebt sich in einer morastigen Wiese eine wiedererrichtete Säule aus spärlichen Trümmern.

So wird der Besucher außerhalb der pompösen Römerstadt auf bescheidene Weise an das Nachdenken der griechischen und christlichen Antike über den "Logos" erinnert, den vielleicht wichtigsten Begriff der ganzen Wissenschafts- und Philosophiegeschichte. In Wortbildungen wie "Logik" und geläufigen Namen für wissenschaftliche Disziplinen wie "Biologie", "Geologie" oder "Theologie" und ähnlichen Bezeichnungen ist er in unserem Sprachgebrauch noch gegenwärtig. Heraklit versteht unter dem "Logos", der "Sprache", zunächst die sprachliche Darlegung seiner eigenen Gedanken in seinem Buch, das wir nicht mehr kennen. Da in diesem Buch aber erklärt wurde, durch welche verborgene Ordnung das Weltganze zusammengehalten wird, bezeichnet der Logos Heraklits zugleich auch diese Ordnung und das in ihr herrschende Gesetz.

Von dem Buch haben sich als verstreute Zitate in einem Jahrtausend antiker Literatur etwa hundert Sprüche – oder Bruchstücke davon – erhalten. Die philosophiehistorische Forschung ist seit knapp zweihun-

*Eine der beiden reliefver-
zierten Säulentrommeln vom
Artemistempel in Ephesus, die
sich heute im Britischen
Museum befinden*

dert Jahren mit viel Gelehrsamkeit und Scharfsinn dabei, unter Berück-
sichtigung der antiken Berichte über Heraklits Lehre den Sinn dieser
Sprüche zu enträtseln, und der Verfasser dieses philosophischen Reiseführers hat sich mit daran beteiligt. Heraklit hatte schon in der Antike
den Ruf des tiefsinnigsten, aber auch am schwersten verständlichen
Denkers. Seine Sprüche haben die Philosophen seit alters gereizt, ihre
eigenen Gedanken in den Andeutungen des "Dunklen" aus Ephesus
wiederzuerkennen und sich auf seine uralten Einsichten zu berufen.

Hierdurch hat Heraklit eigentlich viel mehr gewirkt als durch das,
was er selbst tatsächlich gedacht hat. Deshalb mag es den Leser reizen,
im folgenden ein wenig mehr über diese Nachwirkung zu erfahren,
zumal es nicht irgendwelche Randfiguren waren, sondern in der Antike
die Begründer der stoischen Philosophie und in der Neuzeit drei der
größten Philosophen der letzten zweihundert Jahre, die in Heraklit
Eigenes wiedergefunden haben: Hegel, Nietzsche und Heidegger. Sie
beriefen sich auf Heraklit, weil sie bei ihm eine Hilfe fanden, unsere
moderne Situation besser zu begreifen.

Ein Kennzeichen dieser Situation ist unser unklares Verhältnis zur
geschichtlichen Vergangenheit. Diese Unklarheit zeigt sich auch daran,

daß kaum jemand so recht sagen kann, weshalb es eigentlich sinnvoll ist, sich beispielsweise für die Zeugnisse der Antike am Mittelmeer zu interessieren. Ein philosophischer Reiseführer sollte diese heikle Frage nicht umgehen. Eine Antwort kann man in den Überlegungen finden, die Hegel, Nietzsche und Heidegger dem Verhältnis unserer Epoche zur antiken Vergangenheit gewidmet haben. Als Philosophen gingen sie dabei von dem Verhältnis der heutigen zur früheren Philosophie aus, aber sie gelangten dabei zu viel weiter reichenden Gedanken, und auf diesem Wege begegnete ihnen Heraklit. Von diesem Weg soll nun die Rede sein.

Das europäische Denken war bis zum vorigen Jahrhundert zwar ganz und gar mit antikem Gedankengut durchsetzt, aber die Philosophen hatten dabei eigentlich nicht das Bewußtsein, auf etwas Vergangenes zurückzugreifen. Wenn Thomas von Aquin Gedanken des Aristoteles aufnimmt oder Kant eine These von Platon oder Epikur kritisch beleuchtet, dann behandeln sie diese Denkerkollegen im Grunde wie Zeitgenossen, mit denen man sozusagen über den Tisch diskutieren kann; sie betrachten sie als Gesprächspartner, die nur zufällig vor Jahrhunderten gestorben sind.

Ähnlich wie die Philosophen mit den Texten ihrer alten Vorgänger gingen die Menschen überhaupt mit den Zeugnissen der Tradition um. Die altehrwürdigen Tempel der Antike beispielsweise oder sogar die uralten Kirchen der eigenen Religion erschienen ihnen keineswegs als etwas, das man im ursprünglichen Zustand zu bewahren oder wiederherzustellen hätte, sondern man hatte im Prinzip die Freiheit, sie wie alles andere in den Dienst des gegenwärtigen Lebens zu stellen und sie dafür produktiv oder auch destruktiv umzugestalten.

Dieses unmittelbare und unbefangene Verhältnis zur Tradition ging im 19. Jahrhundert verloren. Es entstand das, was wir heute das "historische Bewußtsein" nennen. Nun erst wurde der Wissenschaft und in ihrem Gefolge den Menschen überhaupt der mehr oder weniger große zeitliche Abstand zur Vergangenheit zum Problem. Man bekam ein Gefühl dafür, daß man mit den Trägern der früheren Kultur nicht so wie mit Zeitgenossen geistig verkehren kann. Die Alten lebten – das machte man sich jetzt bewußt – in einer anderen Epoche, unter ganz andersartigen Umständen. Sie sind von uns in ähnlicher Weise getrennt wie die Fische im Aquarium, die wir immer nur durch eine Scheibe betrachten können.

Auch was die Philosophie betrifft, so können wir die Äußerungen der alten Denker nicht mehr unvermittelt auf uns wirken lassen, sondern müssen sie aus ihrer zunächst fremden Umgebung heraus verstehen. So verlieren die alten Gedanken und mit ihnen alle Zeugnisse unserer früheren Kultur auf einmal ihre Verbindlichkeit für uns. Sie werden relativiert, d. h. auf ihre jeweilige Epoche und Umwelt bezogen, und so drohen sie am Ende zu bloßen Museumsstücken eines imaginären Museums des Geistes zu werden. Die Philosophie-, Literatur- und Geschichtsprofessoren, die Kunsthistoriker und Archäologen werden zu Verwaltern und Kustoden dieses Museums.

Das 19. Jahrhundert ist in dieser Hinsicht noch nicht vergangen. Das gebrochene Verhältnis zur Tradition, das historische Bewußtsein beherrscht unser Denken und Fühlen mehr denn je. Wir sind ganz und gar unsicher geworden, wie wir uns überhaupt zu unserer alten kulturellen Vergangenheit verhalten sollen. Sollen wir sie – etwa im Schulunterricht – links liegenlassen oder sie in opulenten Ausstellungen anhimmeln? Die geistige Mode schwankt zwischen Geschichtsverachtung und nostalgischem Antiquitäten-Fetischismus.

Hegel war der erste, der die tiefe Verunsicherung durch das historische Bewußtsein in der Philosophie ganz ernst nahm. Seine Konsequenz war für die Philosophie: Er machte ihre Geschichte erstmals zu einem zentralen philosophischen Thema. Erst seit ihm gibt es Philosophie der Philosophiegeschichte. Dabei ging es ihm aber nicht primär um eine Nacherzählung des Ablaufs der Philosophiegeschichte. Das hat es in den gut anderthalb Jahrhunderten seitdem tausendfach gegeben. Hegel wollte vielmehr in erster Linie begreifen, in welchem Sinn die frühere Philosophie für unser eigenes, gegenwärtiges Denken eine Bedeutung hat, die sie für unser Selbstverständnis unentbehrlich macht.

Hegels Lösung für dieses Problem bildet ein im Grunde einfacher Gedanke: Das Denken ist eine lebendige Bewegung, und jeder philosophische Gedanke mußte einmal in dieser Bewegung des Denkens gewissermaßen frisch gedacht werden. In diesem Ursprung war jeder Gedanke etwas Flüssiges. Aber die Denkbewegung schreitet notwendig zu neuen Gedanken fort. Damit verliert der alte Gedanke seine Frische und Flüssigkeit; er gerinnt, er verhärtet sich zu einer festen Gegebenheit. Aber er geht durch diese Verfestigung nicht verloren, sondern er bleibt in den neuen Gedanken erhalten, und zwar als deren unentbehrliche Voraussetzung und Grundlage; er lebt fort in den neuen Gedanken, in die er sich verwandelt hat. Das Neue ist nur das Resultat der Verfestigung des Alten, das selbst einmal flüssig war. Das Neue unterliegt seinerseits notwendig dem gleichen Schicksal und treibt so wiederum ein neues Resultat aus sich hervor. In diesem Resultat bleibt nun nicht nur das unmittelbar vorangegangene Alte, sondern auch das darin schon enthaltene Vergangene aufbewahrt, und so fort. So ist schließlich das Denken in unserer Gegenwart nichts anderes als das Resultat der ganzen lebendigen geschichtlichen Bewegung des Geistes, und dieses Resultat begreifen wir nur wirklich, wenn wir uns der ganzen Bewegung erinnern, aus der das Resultat hervorging; denn das Gegenwärtige *ist* nichts anderes als geronnene, verfestigte Geschichte des Geistes. Die philosophische Erinnerung an die lebendige Bewegung des Geistes besteht aber darin, die fest gewordenen Gedanken wieder in ihre ursprüngliche Flüssigkeit zurückzuversetzen, sie in der lebendigen Bewegung zu vollziehen, aus der sie entsprangen. Der Vollzug dieser Bewegung ist die berühmt-berüchtigte Hegelsche Dialektik.

Hegels Konzeption überwindet das museale Verhältnis zur Vergangenheit. Die Gedanken der Tradition begegnen uns hier nicht als tote Schaustücke in der Vitrine eines unsichtbaren Museums des Geistes, sondern sie werden für uns in ihrer ursprünglichen Lebendigkeit gegenwärtig. Zugleich widerlegt Hegel die Naivität oder Überheblichkeit derer, die glauben, das gegenwärtige Denken hätte die Tradition nicht nötig; denn er zeigt: Für das gegenwärtige Denken gäbe es überhaupt nichts zu denken, wenn es nicht über ein riesiges Arsenal von begrifflichen und gedanklichen Möglichkeiten verfügte, die sämtlich nichts anderes sind als Resultate vergangenen Denkens. Diese Resultate sind uns freilich so selbstverständlich geworden, daß wir meist gar nicht durchschauen, welche ursprünglichen Bewegungen des Geistes sich in ihnen niedergeschlagen haben. Deshalb bedarf es der dialektischen "Anstrengung des Begriffs", wie Hegel sagt, um die Resultate in der lebendigen, philosophischen Erinnerung zu verflüssigen.

Man spürt sogleich: Hier liegt ein Modell vor, das nicht nur für die Philosophie brauchbar ist, um die Alternative von Gleichgültigkeit gegenüber der Geschichte und nostalgisch-musealem Antiquitätenkult zu überwinden. Die dialektische Vergegenwärtigung der Tradition hat eine weit über die Fachphilosophie hinausreichende Tragweite.

Auch diese weiterreichende Bedeutung hat Hegel begründet. Er sagt: Jede Epoche unserer Geschichte mit ihrer jeweiligen Kultur ist geprägt durch gewisse Grundzüge, die alle Bereiche des betreffenden Zeitalters durchdringen. Jeder kennt dies aus dem Phänomen des Stils. Alle gotischen Kathedralen beispielsweise dokumentieren trotz ihrer individuellen Reichhaltigkeit und Verschiedenheit ein und denselben Geist der Gotik. Einen solchen gemeinsamen und alles beherrschenden Geist gibt es aber nicht nur auf dem Gebiet der Kunst, sondern für die gesamte Kultur. Hegel nennt dies den objektiven Geist. Geist aber lebt in den Gedanken, und die Gedanken in ihrer ursprünglichen Flüssigkeit und Lebendigkeit werden von den Philosophen gedacht. Darum bekommt man den objektiven Geist einer jeden Kulturepoche, gewissermaßen ihren alles prägenden Gesamtstil, zu fassen in den grundlegenden und bewegenden Gedanken der großen Philosophen des betreffenden Zeitalters. Das ist der Sinn von Hegels berühmtem Satz: "Philosophie ist ihre Zeit in Gedanken gefaßt".

Wenn das aber stimmt, dann ist die dialektische Verlebendigung der philosophischen Gedanken der Vergangenheit mehr als eine Veranstaltung für Fachphilosophen. Dann machen wir uns durch die philosophische Erinnerung zugleich die Epochen des objektiven Geistes und das heißt die ganze Kultur der Tradition lebendig gegenwärtig.

Heideggers Philosophie ist in vielen Zügen ein Gegenentwurf zu Hegel und damit nicht zu vergleichen, aber die beiden gerade skizzierten Thesen von Hegel würde Heidegger auf seine Weise auch vertreten: Auch für ihn bleibt erstens der Resultatgedanke gültig: Unsere Gegenwart beruht auf den Denkentscheidungen der Tradition und ist ohne die lebendige Vergegenwärtigung dieser ehemals gefallenen Entscheidungen nicht verständlich. Und zweitens: Jedes Zeitalter unserer Geschichte besitzt, wie Heidegger das ausdrückt, eine metaphysische Grundstellung. Diese Grundstellung prägt wie Hegels objektiver Geist das Ganze der Epoche, und ihre tragenden Gedanken werden ursprünglich von der Philosophie gedacht. Auch für Nietzsche könnte man zeigen, daß er auf seine Weise in diesen beiden Punkten mit Hegel und Heidegger übereinstimmt.

Welche Bedeutung haben nun in Hegels, Nietzsches und Heideggers lebendiger Vergegenwärtigung unserer Tradition die griechischen Philosophen? Bemerkenswerterweise stimmen alle drei trotz der gewaltigen Unterschiede, die sonst zwischen ihnen bestehen, in der Einschätzung der Griechen überein: Sie sprechen dem frühen und dem klassischen Anfang des Denkens für die ganze Philosophie und darüber hinaus für unsere ganze Kultur eine überragende Bedeutung zu. Die Begründungen dafür weichen allerdings weit voneinander ab.

Hegel versteht philosophisches Denken als den Vollzug der dialektischen Bewegung der Gedanken. Diese Gedanken sind für Hegel nicht Erzeugnisse unseres subjektiven individuellen Bewußtseins, sondern sie sind der Geist, der objektiv in Natur, Gesellschaft und Kunst waltet. Dieser Geist entwickelt sich aber im Gang der Geschichte von

Zeitalter zu Zeitalter. Das bedeutet, daß er in sich lebendig und beweglich ist. Das Gesetz dieser Bewegung ist die Dialektik. Wer hat dieses Gesetz entdeckt? Nach Hegel Heraklit: Er hat im voraus das innerste Gesetz erkannt, dem gemäß sich die nachfolgende Entwicklung abspielen sollte. Im Grunde sehen auch Heidegger und Nietzsche darin Heraklits wegweisende Einsicht, obwohl sie die Dialektik als Bewegungsgesetz unserer Geschichte nicht mehr akzeptieren. Aber worin fand dieses übereinstimmende Verständnis Heraklits bei ihm selbst seinen Anhaltspunkt?

Heraklits zentrales Thema war das Verhältnis der Gegensätze. Dabei geht es um die Gegensätze, zwischen denen sich unsere menschliche Existenz bewegt, etwa Schlafen und Wachen, Sattheit und Hunger, Frieden und Krieg, Gesundheit und Krankheit, Leben und Tod und dergleichen mehr. Solche Gegensätze bezeichnen jeweils eine Polarität von Zuständen, die unser Leben so umfassend bestimmen, daß die ganze Welt, in der wir konkret leben und zu Hause sind, dadurch jeweils mitcharakterisiert wird. Wir können davon sprechen, daß die ganze Welt im Schlaf, in Todesstarre oder in Unfrieden liegt. Und wenn wir krank oder hungrig sind, dann erscheint uns unsere ganze Lebenswelt in einem entsprechend negativen Licht. Deshalb kann Heraklit in diesem Sinne auch von den polar entgegengesetzten Zuständen sprechen, die unsere Welt in längeren oder kürzeren Perioden durchläuft: etwa Tag und Nacht oder Winter und Sommer.

Im alltäglichen Leben verhalten wir uns normalerweise so, daß wir kaum über den Rahmen hinausdenken, den uns der jeweils gegenwärtig herrschende Zustand unseres Daseins und unserer Welt setzt. Vor allem das Unangenehme wie Hunger, Krieg, Krankheit, Tod verdrängen wir und tun so, als ob es dies überhaupt nicht gäbe. Dagegen stellt Heraklit die Einsicht, daß jeder aktuell nicht gegenwärtige Zustand in seinem aktuell gegenwärtigen Gegenzustand verborgenermaßen mitgegenwärtig und keineswegs ein Nichts ist. Im Leben selbst wartet schon der Tod und in der Nacht der Tag. Diese Mitgegenwart bekundet sich darin, daß jeder eine Zeitlang abwesende Zustand irgendwann aus seiner Verborgenheit hervortritt und selbst in Leben und Welt beherrschend wird und den bis dahin gegenwärtigen Zustand in die verborgene Mitgegenwart abdrängt (mehr dazu in Kapitel 1).

Der Logos bei Heraklit ist in seinem Kern die damit ausgesprochene Gesetzmäßigkeit, vor der die Menschen im Alltag die Augen verschließen. Sie lassen sich ganz von dem Gefühl beherrschen, daß die entgegengesetzten Zustände einander widerstreiten und deshalb ausschließen. Das wird ihnen vor allem dann bewußt, wenn zwei Menschen oder Menschengruppen miteinander zu tun haben, deren gesamte Stimmung und Situation dadurch bestimmt ist, daß sie sich in polar entgegengesetzten Zuständen befinden und deshalb zur Welt der Gegenseite keinen Zugang finden. Das Verhältnis zwischen ihnen ist offen oder versteckt aggressiv, ein Streit oder Krieg, wie Heraklit formuliert. Den Menschen fehlt in der Befangenheit einer solchen Lage die einfache Einsicht, daß das, was sie bei der jeweiligen Gegenseite ablehnen oder bekämpfen, im eigenen Zustand verborgenermaßen mitgegenwärtig ist.

Der offene Streit verdeckt, daß die schlechthin unverträglich erscheinenden polaren Zustände in Wahrheit verträglich sind; denn sie begleiten einander unaufhebbar im Verhältnis der latenten Mitanwesenheit. Die vermeintliche Unvereinbarkeit und Strittigkeit der entgegengesetzten Zustände durchschaut die philosophische Einsicht als eine verborgene Harmonie. Gerade in seiner Widersprüchlichkeit ist das nach dem bloß oberflächlichen Eindruck gegeneinander Gerichtete schon miteinander versöhnt. "Versöhnung ist mitten im Streit" hat Hegels Jugendfreund, der große Dichter Hölderlin, in seinem Griechenlandroman 'Hyperion' ganz heraklitisch formuliert und damit getroffen, worauf Heraklit mit seinem Logos zielt.

Nach dem Gesetz des Logos muß jeder aktuell herrschende Zustand unausweichlich über kurz oder lang in seinen bereits latent mitgegenwärtigen Gegenzustand umschlagen. Deshalb haben die Philosophen seit Platon aus dieser heraklitischen Lehre herausgehört, daß die Welt unaufhörlich in Bewegung sei: Nichts ist beständig und ruht, "alles fließt", griechisch: "pánta rhei". Damit war Heraklit für über zwei Jahrtausende dazu verurteilt, schief und einseitig verstanden zu werden. Worauf er hinauswollte, war nicht, daß sich alles in ewiger Veränderung befindet, sondern im Gegenteil, daß es im Grunde etwas Ruhendes, Unveränderliches gibt, nämlich die verborgene Harmonie aller polaren Zustände, die Versöhnung im Streit. Heraklit hat deshalb auch nie gesagt: "Alles fließt". Dieses angebliche Zitat, das sich zum ersten Mal bei Platon findet, ist in Wirklichkeit die entstellte Fassung eines Satzes, den Heraklit anders gemeint hatte.

Seit Platon gilt aber Heraklit in der Philosophie als der Denker des Flusses, des ewigen Werdens. Für Hegel und auch später für Nietzsche blieb dieses platonische Heraklitbild noch voll in Geltung. In dieses Bild fügt sich nun auch die Gegensatzlehre des Heraklit ein: Nach Hegels Interpretation sagt Heraklit: Das ewige Werden, die unaufhörliche Bewegung vollzieht sich stets zwischen Gegensätzen. Dies ist aber genau der Charakter der dialektischen Bewegung, wie Hegel sie gedacht hat.

Dialektik ist nämlich nach dem Hegelschen Verständnis das Fortschreiten des Gedankens von einer These zur Gegenthese. Jede These ist eine Einseitigkeit und muß zugunsten der entgegengesetzten Einseitigkeit überwunden werden. Die Aufhebung beider Einseitigkeiten führt zur "Vermittlung", einer Synthese zwischen den beiden Einseitigkeiten. Auch diese Synthese bedeutet aber wie schon die überwundenen Positionen eine Verfestigung des flüssigen, lebendigen Gedankens, und so erscheint sie wiederum als eine neue Einseitigkeit. Die Bewegung des Gedankens muß auch über sie hinausgehen zu einer neuen Vermittlung, und so treibt die dialektische Bewegung immer weiter. Diese dialektische Bewegung ist primär keine Bewegung unseres individuellen subjektiven Bewußtseins. Das Denken des einzelnen Menschen ist nur ein Nach- und Mitvollzug der objektiven Bewegung des Geistes selbst. Diese Bewegung begründet alles, was ist, Natur und Geschichte.

Die überragende Bedeutung des griechischen Anfangs liegt für Hegel in Heraklits vermeintlicher Entdeckung des Gesetzes der dialektischen Bewegung. Nach diesem Gesetz – dem "Logos", wie ihn Hegel interpretiert – ist unsere ganze Geschichte eine vernünftige, "logisch" fortschreitende Entwicklung. Die Vernunft in der Geschichte ist gewährleistet durch den dialektischen Prozeß, in dem sich der objektive Geist entfaltet. Für Hegel ist es in unserer Geschichte durchgängig vernünftig zugegangen, und das behauptet er nicht etwa, o b w o h l es extreme Gegensätze, Streitigkeiten, einseitig verbohrte Positionen gab. Gerade dies ist vielmehr für den Dialektiker der Beweis der Vernunft. Die dialektische Vernunft aber, die wir in der Geschichte walten sehen, wurde durch Heraklit entdeckt.

Ganz anders nun das Geschichtsbild von Nietzsche und Heidegger. Bei ihnen ist das Hegelsche Vertrauen in die Vernünftigkeit von allem geschwunden. Der Fortschrittsglaube ist gebrochen. Für Nietzsche ist der Grund der Welt unvernünftig. Diese Auffassung hat er schon in seiner den Griechen gewidmeten Frühschrift 'Die Geburt der Tragödie' vertreten: Der Weltgrund ist ein tragisch-dionysischer Abgrund (mehr dazu in Kapitel 7). Dieser Abgrund bedeutet für uns Grauen und Chaos. Ihm weichen wir aus, indem wir den Abgrund durch den illusorischen Schein der vernunftgläubigen Wissenschaft überdecken.

In seiner späteren Zeit faßt Nietzsche den chaotischen Abgrund als ein ewiges Werden auf, als das schlechthin Unbeständige und dadurch der ordnenden Vernunft Unzugängliche. Der Mensch erträgt das Leben nur, indem er sich mit dem Schein von Beständigkeit umgibt. Deshalb baut er sich seit Platon ein Reich des Unveränderlichen und Ewigen, der Ideen und des Idealen (siehe Kapitel 6). Aber alles vermeintlich Ewige und Beständige, das Gute und Schöne an sich, Gott, die moralischen Normen und alles dieser Art, sind nur die Bedingungen, die sich das Leben für seine Selbsterhaltung schafft.

Nietzsche nennt alle diese vermeintlich ewigen Selbsterhaltungsbedingungen des Lebens die Werte. In unserer Zeit durchschauen wir nach Nietzsche erstmals, daß alle diese Werte nur von uns selbst geschaffene Lebensbedingungen und somit in Wirklichkeit nichts sind. Das heißt, alles das, was die Philosophie seit Platon für das wahrhaft und beständig Seiende hielt, die Ideen, Gott, das moralische Gesetz und jegliches dieser Art, erweist sich hinsichtlich seines Seins als nichtig, als nichts – lateinisch: "nihil". Diese große Desillusionierung ist der moderne Nihilismus. So nimmt Nietzsche gegenüber Hegels Vernunftgläubigkeit die extrem entgegengesetzte Position ein.

Und doch bleibt auch für ihn Heraklit die vorentscheidende Gestalt unserer in den Nihilismus treibenden Geschichte: Heraklit hat bereits als tragisch-dionysischer Denker den Abgrund des chaotischen Werdens gesehen, und ebenfalls bei den Griechen, nämlich mit Platon beginnt die große Illusion des beständigen Seins. Das Christentum ist für Nietzsche nichts anderes als die populär-religiöse Form dieser platonischen Illusion. Christentum ist, so sagt er, Platonismus fürs Volk.

Heraklit bleibt also für Nietzsche – wie für Hegel – der Denker des ewigen Werdens; nur ist für Nietzsche dieses Werden nicht mehr die im tiefsten Grund von allem angesiedelte vernünftige Bewegung der Dialektik, sondern das abgründige Chaos, das sich jeder Vernunft entzieht. Heraklit wird von beiden als der große erste Kronzeuge für die eigene Position in Anspruch genommen. In der Einleitung seines Hauptwerkes, das den an Heraklits Logos erinnernden Titel 'Logik' trägt, sagt Hegel: "Es ist kein Wort des Heraklit, das ich nicht in meine Logik aufgenommen". Und Nietzsche bekennt mehrfach, Heraklit sei der einzige Philosoph, dem er sich wirklich verwandt fühle.

Heidegger hat Heraklit ebenfalls lange Zeit als den eigentlichen Ahnherrn seines eigenen Denkens betrachtet. Für ihn spielt aber vor allem auch Aristoteles eine entscheidende Rolle. Aristoteles hat nach Heidegger klargestellt, welches die Grundfrage der Philosophie ist. Die Philosophie beschäftigt sich seit den frühesten Denkern in Milet mit der Erkenntnis des Ganzen von allem, was ist (Näheres dazu in Kapitel 1). Wie kann der Mensch aber überhaupt sinnvoll reden von allem, was ist?

Stanzen von Raffael im Vatikanischen Museum, Rom: Heraklit aus der 'Schule von Athen' (gemalt zwischen 1509 und 1511). Beeindruckt von der Persönlichkeit Michelangelos, der nebenan die Sixtinische Kapelle ausmalte, verlieh Raffael dem Heraklit dessen Züge – ähnlich wie einige große Philosophen in Heraklits Tiefsinn die eigenen Gedanken wiedergefunden haben. Michelangelos Gesichtsausdruck eignete sich zur Darstellung des "weinenden Philosophen", als den die Renaissance Heraklit sah und dem "lachenden Philosophen" Demokrit gegenüberstellte.

Der Mensch ist doch ein endliches Wesen, und kein Mensch kennt alles, was es gibt, im einzelnen. Trotzdem ist der Mensch offen für das Ganze schlechthin. Wie ist dies möglich? Nur dadurch, sagt Heidegger mit Aristoteles, daß der Mensch den gemeinsamen Zug von allem, was ist, kennt. Der Mensch versteht nämlich von allem, was i s t, zumindest eben dieses eine: daß es i s t. Das allem, was es gibt, Gemeinsame, das wir mit dem Wort "ist" aussprechen, ist das Sein; "sein" ist die Infinitivform zu "ist". Der Mensch ist aufgeschlossen für das Ganze dessen, was ist, des "Seienden"; er steht in einem Bezug zu allem Seienden, weil er offen ist für Sein – das "ist" – von allem Seienden.

Die Grundfrage der Philosophie ist für Heidegger wie für Aristoteles die Frage, was dieses Sein bedeutet, die Seinsfrage (mehr davon in Kapitel 11). Auf diese Frage sind die Griechen gekommen, und aus ihr entsprang und entspringt nach Heidegger nicht nur die Philosophie, sondern auch die Wissenschaft. Wissenschaft bedeutet nach Aristoteles zweckfreie Betrachtung, Theorie. In der Theorie zeigen sich die Gegenstände nicht mehr als etwas, das wir irgendwofür gebrauchen können. Als was zeigen sich die Gegenstände dann aber noch? Aristoteles antwortet: Sie erscheinen nun schlicht und rein als etwas, was i s t, als Seiendes. Die Gegebenheiten der Welt konnten der Wissenschaft aber nur deshalb als Seiendes begegnen, weil das Denken auf das Sein des Seienden aufmerksam geworden war. Nur im Licht des Seins können wir die Dinge theoretisch betrachten, das heißt als Seiendes. So hängt die Entstehung der Wissenschaft unablösbar mit dem Erwachen der Seinsfrage in der Philosophie zusammen.

Beim ersten Aufkommen der Seinsfrage ist aber nach Heidegger zugleich etwas Verhängnisvolles geschehen. Das Sein, der gemeinsame Zustand alles Seienden, muß selbst etwas anderes sein als das Seiende, das sich im Zustand "Sein" befindet. Nun hat Platon auf die Frage "Was ist das Sein?" geantwortet: Das Sein ist die Idee (Näheres dazu in Kapitel 6). Die Idee ist nach Platon andererseits aber auch das, was ohne Mangel i s t, das wahrhaft Seiende. Das bedeutet, daß die Idee, das Sein, zugleich etwas Seiendes ist. Platon setzt also das Sein mit etwas Seiendem gleich. Dies geschah seitdem in der Metaphysik, dem Kernbereich der Philosophie, immer wieder.

Das höchste Seiende war im Mittelalter nicht mehr die Idee, sondern der Schöpfergott. Auch er wird aber mit dem Sein gleichgesetzt. Gott ist das Sein selbst, sagt Thomas von Aquin. Doch das Sein muß etwas anderes sein als die Idee oder Gott oder irgend etwas Seiendes, und sei es auch das allerhöchste Seiende. Diese Einsicht blieb dem Denken seit den

Griechen verschlossen. Das Sein selbst, das von jeglichem Seienden wesenhaft Verschiedene, wurde vom Denken übersprungen. Das Sein bildete zwar seit Aristoteles ständig das Thema der Philosophie, aber es blieb trotzdem – gerade in der Beschäftigung damit – verborgen. Ja, je mehr Erfolg die Wissenschaften hatten, die doch das Seiende im Licht des Seins erforschen, um so abgründiger entzog sich das Sein selbst dem Denken.

Auf dem Höhepunkt des wissenschaftlich-technischen Fortschritts, in unserer Epoche, führt diese Verborgenheit des Seins schließlich dazu, daß auch das höchste Seiende, mit dem die Metaphysik das Sein identifiziert hatte, in Vergessenheit gerät. Konkret heißt das: Was Nietzsche die obersten Werte nannte, verliert seine Bedeutung für den Menschen. Der Mensch kennt nur noch das wissenschaftlich erforschbare und technisch machbare Seiende. Jeder sinnstiftende Halt an einer Dimension jenseits des Seienden geht verloren. Das bedeutet: Der von Nietzsche vorausgesagte Nihilismus wird Wirklichkeit. Dieser Nihilismus ist aber nur die letzte Konsequenz, das Endstadium der seit Platon immer heilloser werdenden Seinsverborgenheit.

Nach Heidegger müssen wir durch den Nihilismus hindurch, um in ein neues Verhältnis zum verborgen gebliebenen Sein selbst zu treten. Der Nihilismus, die Erfahrung der totalen Verborgenheit des Seins, gibt uns nämlich die Chance, einen Zugang zum Sein selbst in seiner Verborgenheit zu finden; er verschafft uns die Möglichkeit, die Verborgenheit als Wesenszug des Seins selbst zu erfahren. Der einzige Denker aber, der in der Tradition etwas von dieser Verborgenheit des Seins geahnt hat, war nach Heideggers Auffassung Heraklit. Seine griechische Bezeichnung für das Sein lautete nämlich "phýsis", "Natur", und von ihr heißt es in einem Spruch Heraklits: "Die Natur neigt dazu, sich zu verbergen."

So ist auch für Heidegger wie für Nietzsche das geschichtliche Schicksal unserer europäischen Welt dadurch bestimmt, daß diese Welt mehr als zwei Jahrtausende brauchte, um auf einem verhängnisvollen Weg, einem vielleicht unvermeidlichen Umweg, in die Nähe dessen zu gelangen, was Heraklit in dunklen Sprüchen schon geahnt hatte.

III

Velia / Paestum

Parmenides und die Entstehung der Metaphysik

Die Stadt Neapel trägt einen griechischen Namen. Sie hieß ursprünglich "Nea-polis", "Neu-stadt". Das erinnert daran, daß sie vor über zweieinhalb Jahrtausenden von Griechen gegründet wurde, die entlang der ganzen Küste von Neapel an südwärts Kolonialstädte angelegt haben. Etwa 100 km weiter nach Süden entstand, wahrscheinlich im 7. Jahrhundert v. Chr., Poseidonia, mit dem latinisierten Namen: Paestum. Von dieser Stadt stehen noch drei hervorragend erhaltene Tempel. Aus der Übergangszeit zwischen archaischer und klassischer Epoche, an der Wende vom 6. zum 5. vorchristlichen Jahrhundert, stammt der heute so genannte Cerestempel. Seine schlankeren Proportionen verleihen ihm gegenüber den beiden Nachbarbauten aus diesen Epochen deutlich einen ganz eigenen Charakter. So läßt seine Gestalt etwas von dem Geist eines entschiedenen Neuaufbruchs spüren, der jene Übergangszeit charakterisiert hat.

In der Übergangsepoche lebte in der noch einmal etwa 60 km südlicher gelegenen Stadt Hyélē – besser bekannt als "Elea", heute: Velia – Parmenides, der neben Heraklit von Ephesus als der überragende Kopf in der Frühzeit griechischen Denkens gilt. Durch ihn und seinen Freund oder Schüler Zenon wurde Elea als die Stadt der "Eleaten" bekannt. Das heutige Ausgrabungsgelände läßt die Anlage der archaischen Stadt und den Verlauf ihrer Hauptstraße gut erkennen. Einige eindrucksvolle Stadttore aus hellenistischer Zeit und die Lage in der schönen Vorgebirgsküstenlandschaft des Cilento lassen es durchaus als lohnend erscheinen, über Paestum hinaus noch weiter in den Süden vorzustoßen. Wenn der Besucher Glück hat, wird ihm vielleicht sogar der Blick auf eine in Velia ausgegrabene Büste erlaubt, von der man annehmen darf, daß sie ein Idealporträt von Parmenides, dem größten Sohn der Stadt, darstellt. Bemerkenswert ist auch eine in Velia gefundene Inschrift, auf der der Name "Parmenides" auftaucht.

Wie bei allen frühen griechischen Philosophen haben sich von der Schrift des Parmenides nur Fragmente erhalten. Zusammen mit einigen Nachrichten aus späterer Zeit bilden sie das Material, aus dem sich die heutige Forschung ein Bild von seinem Denken machen muß.

Im Laufe des 6. Jahrhunderts waren am anderen Ende der griechisch besiedelten Welt, in Jonien an der westlichen Ägäisküste der heutigen Türkei, die Pioniere der Wissenschaft dazu übergegangen, erstmals Schriften in Prosa zu verfassen, nachdem es bis dahin nur Versdichtung gegeben hatte. An den Bruchstücken aus dem Buch des Parmenides fällt als erstes auf,

daß er zur Gedichtform zurückgekehrt ist. Mit seinem Werk hat er die Literaturgattung des Lehrgedichts geschaffen, die dann in der Antike eine wichtige Rolle gespielt hat. Schon wenige Jahrzehnte später hat Empedokles aus Agrigent in Sizilien seine Gedanken in dieser Form vorgetragen (von ihm handelt das folgende Kapitel).

Parmenides wählt diese Form, weil er etwas Hohes, ja Erhabenes mitzuteilen hat. Das zeigt sich auch daran, daß er seine Gedanken einer Göttin in den Mund legt. Die vollständig erhaltene Einleitung des Lehrgedichts schildert die Fahrt mit einem Pferdegespann, das den Parmenides über die Städte der Menschen hinweg in die Höhe des Himmels zu dieser Göttin hinaufträgt. Sie macht ihn in feierlicher Form mit einigen fundamentalen Einsichten bekannt und warnt ihn eindringlich, sich in diesen Erkenntnissen nicht durch den Unverstand der gewöhnlichen Sterblichen irremachen zu lassen, über deren Köpfe er sich soeben durch seine Auffahrt erhoben hat. Nach der Einleitung besteht das ganze weitere Gedicht aus dieser Rede der Göttin.

Unverkennbar tritt Parmenides mit einem außerordentlich hoch gesteckten Anspruch auf. Das erinnert an seinen großen Zeitgenossen Heraklit aus Ephesus in dem eben erwähnten Jonien. Dessen Sprüche sind zwar in Prosa verfaßt, aber auch sie bringen vielfach zum Ausdruck, daß die Menschen, so wie sie im Durchschnitt sind – die "Vielen", wie Heraklit sie nennt –, das Wesentliche nicht begreifen. Wir wissen nicht, ob Parmenides und Heraklit je voneinander gehört haben, aber in ihrer Tonart und in ihren Grundgedanken sind sie einander verwandt.

Damals existierte das wissenschaftliche Denken seit etwa einem Jahrhundert. Heraklit und Parmenides ging erstmals auf, daß es etwas grundsätzlich anderes ist, die Welt mit den Augen des Denkens zu betrachten, als sich mit den Erkenntnissen zufriedenzugeben, die man für den Alltagsbedarf braucht. Beiden kommt zur gleichen Zeit erstmals das erschreckend Befremdliche zu Bewußtsein, das den Erkenntnisdrang der Wissenschaft vom vermeintlich gesunden Menschenverstand unterscheidet. Das bringen sie beide mit einer gewissen Naivität dadurch zum Ausdruck, daß sie die Beschränktheit des Menschen, wie er alltäglich lebt und denkt, heftig attackieren.

Nun können wir Menschen natürlich auch ohne die Philosophie schon von der Beschränktheit unseres Alltagsverstandes wissen. Das zeigt sich auf elementare Weise an gewissen Formulierungen, die wir benutzen, um damit eine Alltagserkenntnis einzuleiten. Wir sagen etwa: "ich meine, daß . . ." oder "mir scheint, daß . . .". Solche Wendungen besaßen auch die Griechen. Mit dem geläufigsten Ausdruck dieser Art hing das Wort "dóxa" zusammen, das man im Deutschen mit "Ansicht" oder "Meinung" wiedergeben kann. Durch Parmenides wurde dieses Wort zur Bezeichnung der Beschränktheit der Alltagserkenntnis überhaupt.

Dem Unverstand der Doxa stellt die Göttin die von ihr verkündigte "Wahrheit" gegenüber. Der griechische Begriff, den sie dabei benutzt, lautet "a-létheia". Das bedeutet wörtlich "Un-verborgenheit". In der Unverborgenheit, der Wahrheit, kommt alles ans Licht, was für den beschränkten Normalverstand dunkel und verborgen bleibt. Aus der Polarität von Aletheia und Doxa bei Parmenides machte Platon ein gutes Jahrhundert später den Gegensatz von "epistḗmē" und Doxa, von wissenschaftlichem Wissen und bloßer Meinung, und in dieser Form ist die Gegenüberstellung dann zu einem Leitmotiv der Wissenschaft in Europa geworden.

Wer eine Meinungsäußerung mit einer Wendung wie "mir scheint" oder "ich bin der Ansicht" einleitet, bringt damit zum Ausdruck, daß er nicht beansprucht, mehr zu kennen und zu verstehen, als ihm im Rahmen seines jeweiligen Interessenhorizonts zugänglich ist. Für das alltägliche Leben braucht man eigentlich mehr auch nicht zu wissen. Die

Frage ist aber: K a n n man mehr wissen? Wissen heißt: Man hat sich nicht bloß etwas ausgedacht, sondern erkannt, was wirklich i s t; die Kenntnisse beziehen sich nicht auf Hirngespinste, sondern, wie die Griechen das ausdrücken, auf "Seiendes". Kann der Mensch nur von dem wirklich etwas wissen, was ihm im jeweiligen Gesichtskreis seiner Interessen zu Gesicht kommt? Ist nur das für ihn "seiend", und ein Sein, das jenseits der beschränkten Interessenumwelt läge, ist ein leerer Wahn?

Parmenides behauptet, daß der menschlichen Erkenntnis ein Sein zugänglich ist, das die beschränkten Gesichtskreise unseres Alltagslebens sprengt. Im Alltag hält man sich an das, was einen aufgrund der Interessen, die man gerade hat, beschäftigt. Was darüber hinausgeht, ist nicht relevant, man kann es vergessen. Etwas vergessen heißt: es nicht mehr gegenwärtig haben. In der Doxa leben bedeutet: sich auf das beschränken, was einem gegenwärtig ist, und das Nichtgegenwärtige aus dem Leben abblenden.

Bei Heraklit finden wir eine besonders deutliche Kritik an dieser Art, sein Leben zu führen. Die Menschen in ihrer Durchschnittlichkeit verdrängen das ihnen Unangenehme, Unbequeme, Unpassende. Sie tun so, als ob es nicht gegenwärtig wäre, und schieben es ab in einen für sie nicht existenten Bereich. Sie wollen sich nicht eingestehen, daß alles, was sie auf diese Weise als nichtgegenwärtig behandeln, verborgenermaßen im Leben mitgegenwärtig ist: es existiert als die unsichtbare Kehrseite dessen, was einen gegenwärtig mit Beschlag belegt (Näheres in Kapitel 2).

Deshalb lautet die Grundeinsicht des Heraklit und Parmenides: Das vermeintlich Nichtgegenwärtige und deshalb Nichtexistente ist verborgenermaßen mitanwesend. Der beschränkte Normalverstand will das nicht wahrhaben, aber der Mensch hat die Fähigkeit, einzusehen, daß auch das Ungegenwärtige gegenwärtig ist. Diese Fähigkeit, das Gegenwärtige und das Ungegenwärtige, das wir im Alltagsleben säuberlich auseinanderhalten, zusammenzusehen, bezeichnet Parmenides als Geist. So erscheint zum ersten Mal der Begriff Geist, um den sich von dann an alles in der europäischen Kultur gedreht hat, auf der Bühne unserer Geschichte.

Für den Menschen im Alltagsleben existiert das Ungegenwärtige nicht, er hält es für nichtseiend. Aber so bleibt ihm die Wahrheit verborgen, die der Geist erkennt: Es gibt nichts Ungegenwärtiges, Nichtseiendes, sondern alles ist seiend, auch das, was einem im Augenblick gerade nicht so vorkommt. Der Normalverstand ist blind für das Sein des

Nichtgegenwärtigen. Der Geist macht den Menschen sehend. Er verleiht ihm die Fähigkeit, wahrzunehmen, daß alles seiend ist; für den
Geist gibt es kein Nichtsein. Das Wahrnehmen des Geistes vollzieht
sich nicht mit unseren körperlichen Augen, aber es ist doch ein Wahrnehmen, ein Sehen im weiteren Sinne, nämlich ein Offensein für das
Sein, das überall stattfindet, auch dort, wo für den beschränkten Alltagsverstand Nichtgegenwart, Nichtsein herrscht.

Der Geist besteht darin, Sein wahrzunehmen. Deshalb ist ihm
Nichtsein ganz und gar fremd. Man kann das damit vergleichen, daß wir
mit unseren Ohren nicht riechen und mit der Nase nicht hören können.
Das Hörbare ist ausschließlich für den Gehörsinn vernehmbar, und
dieses Sinnesorgan seinerseits ist nur für das Hörbare offen. So ähnlich
ist der Geist dasjenige Organ, das auf nichts anderes eingestellt ist als
auf Seinswahrnehmung. Und umgekehrt gilt für das Sein, daß es ausschließlich für den Geist in Erscheinung tritt. Das Sein, die Anwesenheit von allem, was es gibt – sei es gerade gegenwärtig oder nicht gegenwärtig –, zeigt sich nur für den Geist.

Das geistige Wahrnehmen und das Sein sind so eng aufeinander bezogen, daß man sie nicht trennen kann. Parmenides hat diese Zusammen-
gehörigkeit in äußerster Zuspitzung mit dem berühmten Satz zum Ausdruck gebracht: "Geistiges Wahrnehmen und Sein sind dasselbe." Das
griechische Wort, mit dem Parmenides die geistige Wahrnehmung
bezeichnet, übersetzt man üblicherweise ins Deutsche mit "Denken".
Deshalb ist der Satz bekannter in der Übersetzung: "Denken und Sein
sind dasselbe." Es gibt nur wenige Behauptungen der Philosophie, um
deren Verständnis es so viele Auseinandersetzungen gegeben hat wie
um diesen Satz.

Woran liegt es, daß dem Alltagsverstand das Sein des Nichtgegenwärtigen verborgen bleibt? Wenn es das Nichtsein nicht gibt, sondern nur
Sein, wird es sinnlos, Sätze zu bilden, in denen man das Sein von irgend
etwas verneint. Das tut man, indem man das Wort "nicht" verwendet.
Man ist im Alltag ständig der Meinung, daß irgend etwas "nicht" gegenwärtig, "nicht" seiend ist. Unser Alltagsverstand findet nichts dabei,
immerfort das Wort "nicht" zu gebrauchen. Aber damit setzt er voraus,
daß es Nichtsein gibt, und das ist der Grundirrtum der Doxa.

Am häufigsten benutzen wir das Wort "nicht", wenn wir es mit
irgendwelchen Veränderungsprozessen zu tun haben. Unser ganzes
Leben besteht unaufhörlich und überall aus der Erfahrung von Veränderungen. Es wird Frühjahr, der Schnee verschwindet, und an den
Bäumen entsteht neues Laub. Es kommt ein Gewitter, und der Himmel

Der sogenannte Cerestempel in Paestum, aus der Zeit des Parmenides

verdunkelt sich. Ich verlasse das Haus und fahre zur Arbeitsstätte. Aristoteles hat diese Typen von Veränderung anderthalb Jahrhunderte nach Parmenides klassifiziert: Werden und Vergehen, Wechsel der Beschaffenheit, Ortsbewegung.

Gleichgültig, welche Art von Veränderung stattfindet, immer ist ein Nichtsein im Spiel, das wir durch den Gebrauch des Wortes "nicht" ausdrücken: Der Schnee ist im Frühjahr "nicht" mehr da, der Himmel ist "nicht" mehr hell, ich bin "nicht" mehr zu Hause. Das Nichtsein des Schnees im Frühjahr, das Nichtsein der Helligkeit beim Gewitter, mein Nichtsein zu Hause, alle diese Arten von Nichtsein sind uns tagtäglich aus abertausend Beispielen als die größte Selbstverständlichkeit vertraut. Parmenides besitzt die unglaubliche Kühnheit, zu behaupten, daß in keinem dieser Fälle das stattfindet, was wir glauben: Das Nichtsein, das wir jedesmal, wenn wir eine Veränderung erleben, voraussetzen, gibt es nicht; denn: es gibt nur Sein.

Unser Alltagsverstand ist wie ein Beamter, der für alles, womit er zu tun hat, zwei Stempel hat. Auf dem einen Stempel steht "seiend", auf dem anderen "nichtseiend": Der Schnee im Frühjahr verschwindet und bekommt den Stempelaufdruck "nichtseiend", das Grün der Bäume kehrt zurück und erhält den Aufdruck "seiend"; im Hause, das ich zur

Arbeit verlassen habe, bin ich "nichtseiend", am Arbeitsplatz dagegen "seiend" usw. Aber dieser Unterschied ist nur ein Schein. Der Geist entwertet den Stempelaufdruck "nichtseiend", gültig bleibt nur der Aufdruck "seiend". Nur das "Seiend" i s t, und das "Nichtseiend" ist nicht. Genau das ist die Formulierung des Parmenides. Sie verletzt im Altgriechischen genauso das Sprachgefühl wie im Deutschen, aber das kümmert Parmenides nicht. Er ist besessen von der einen Wahrheit, der Aletheia, die er entdeckt hat, und die lautet kompromißlos: Das Nichtseiend gibt es nicht, es ist nicht, sondern allein "das Seiend ist", "to eón ésti", so lautet dieser Fundamentalsatz auf griechisch.

Wenn es das Nichtseiend nicht gibt, kann es auch keinerlei Veränderungsprozeß, keine Bewegung geben; denn das würde den Unterschied von Sein und Nichtsein voraussetzen. Es ist klar, daß diese Konsequenz dem gesunden Menschenverstand ins Gesicht schlägt, aber Parmenides erklärt: Dieser Verstand ist nicht so "gesund", wie er selbst glaubt. Es gibt noch mehr verblüffende Konsequenzen solcher Art, die Parmenides in seinem Lehrgedicht mit unerbittlicher Folgerichtigkeit entwikkelt.

Zu den Selbstverständlichkeiten des Alltags gehört, daß wir immer mit einem Vielerlei von Dingen und Ereignissen zu tun haben. Aber um das Einzelne in diesem Vielerlei unterscheiden zu können, brauchen wir das Wort "nicht": Die Tür zur Küche ist "nicht" die Tür zum Wohnzimmer; die Straße von Neapel nach Paestum ist "nicht" die Straße nach Rom, oder in einer allgemeinen Formel: "A ist nicht B". Wenn es uns nicht möglich wäre, auf diese Weise das eine vom anderen zu unterscheiden, wäre alles auf der Welt eins. Die Vielfalt des verschiedenen Seienden würde gleichsam in eine einzige kompakte Kugel ohne innere Unterschiede zusammenschmelzen. Daß es nicht nur dieses Eine, die kompakte Seinskugel, sondern statt dessen Vieles gibt, liegt daran, daß man das Viele auseinanderhalten kann, und dafür braucht man den Satz "A ist nicht B", d. h. die Feststellung eines Nichtseins.

Aber Nichtsein findet in Wahrheit, für den Geist, nicht statt. Also gibt es auch das unterscheidbare Viele nicht. Für den Alltagsverstand ist die Tür hier "seiend", und ebenso die Straße und unendlich vieles andere. Jedes davon ist jeweils ein Seiendes. Aber die Vielheit aller dieser "Seienden" ist eine Täuschung; denn sie setzt Nichtsein voraus. Es gibt nicht "die Seienden", sondern nur – "das Seiend". Der Plural der Seienden gehört zum Irrtum der Doxa, es gibt nur den absoluten Singular, das eine und einzige "Seiend", im Bilde gesprochen: die eine kompakte Seinskugel.

Eine solche Brüskierung des gesunden Menschenverstandes hatte es noch nicht gegeben. Das Schockierende war: Hier handelte es sich offenbar nicht um die Scherze eines Narren oder die Ungereimtheiten eines Verrückten, sondern um die messerscharfen Konsequenzen eines äußerst kühlen Kopfes, der die Stirn hatte, allen anderen, den vermeintlich normalen Menschen, vorzuführen, daß ihre gesamte Welterkenntnis auf tönernen Füßen stand.

Zenon, der zweite Philosoph aus Elea, trieb die verblüffenden Konsequenzen des Parmenides noch weiter auf die Spitze. Berühmt geworden ist eine Reihe von spitzfindigen Argumenten, die er sich gegen die Grundüberzeugungen des alltäglichen Lebens ausgedacht hat. Gegen die Annahme, daß es Bewegung gibt, ersann er beispielsweise das Argument vom Wettlauf zwischen Achill, dem schnellsten Läufer in der griechischen Heldensage, und der Schildkröte, dem langsamsten unter den Tieren. Die Schildkröte darf mit großem Vorsprung starten. Doch es scheint mehr als offenkundig, daß Achill sich sehr viel schneller als die Schildkröte vorwärtsbewegt und sie binnen kürzester Zeit überholen wird. Aber es scheint nur so, denn Achill kann die Schildkröte nicht einmal einholen. Denn wenn er an einem Punkte A angekommen ist, an dem sich die Schildkröte vorher befunden hatte, ist diese schon an einem Punkte B angelangt, und wenn Achill den Punkt B erreicht, befindet sich die Schildkröte schon bei einem weiteren Punkt C usw. Der Abstand zwischen der Schildkröte und Achill wird zwar immer kürzer, aber aus der Überlegung ergibt sich zwingend, daß der Abstand nie auf Null zusammenschrumpfen kann, und das wäre nötig, damit Achill die Schildkröte einholt.

Die Eleaten, Parmenides und Zenon, haben das erfunden, was man seit Aristoteles als "Beweis" bezeichnet. Der Beweis des Zenon für die Uneinholbarkeit der Schildkröte verblüfft, weil er unserer alltäglichen Erfahrung widerstreitet. Jedem Menschen erscheint es als offenkundig, daß Achill die Schildkröte einholt. "Mir erscheint es als offenkundig", "mir erscheint es so" – das ist, wie erwähnt, die Redeweise der Doxa. Weil die Beweise des Zenon sich "gegen die Doxa", griechisch "pará dóxan" richten, heißen sie Paradoxien. An ihnen hat sich der Scharfsinn seitdem immer wieder erprobt.

Die paradoxe Lehre des Parmenides war eine Herausforderung für alles nachfolgende Denken. Daß es nur Eines und keine Vielheit gibt, daß alle Bewegung eine Täuschung sein soll, diese und ähnliche Behauptungen konnten einfach nicht die "Wahrheit" sein, die Parmenides für sie beansprucht hatte, oder zumindest nicht die volle Wahrheit. Wenn man die Konsequenzen des Parmenides schon nicht widerlegen konnte, so mußte man doch wenigstens einen Weg finden, sie mit dem normalen Weltbild des Alltagslebens vereinbar zu machen. Dieses Problem versuchten im 5. vorchristlichen Jahrhundert drei bzw. vier Denker zu lösen: Empedokles aus Agrigent (mehr zu ihm im folgenden Kapitel), Anaxagoras aus Athen und Leukipp mit seinem Schüler Demokrit aus Abdera in der heutigen vorderen Türkei.

Ihre Lösungen stimmen in der Grundlinie überein. Sie gestehen Parmenides zu, daß es etwas geben muß, worauf das zutrifft, was er vom "Seiend" behauptet: etwas, das ein ganz und gar Eines ohne innere Vielheit und ohne Veränderung ist. Von solchen kompakten und stabilen Einheiten gibt es nach der Auffassung der genannten Philosophen unzählige: Es sind die unsichtbaren Elementarteilchen, aus denen sich der ganze Kosmos zusammensetzt. Am bekanntesten ist von diesen Theorien die des Demokrit bzw. seines Lehrers Leukipp geworden. Sie bezeichnen die Elementarteilchen als Atome, d. h. als das "Unteilbare". Kaum jemand außerhalb der Fachphilosophie weiß heute noch, daß die Atomtheorie ursprünglich erfunden wurde, um mit den provokativen Thesen des Parmenides zurechtzukommen.

Unsichtbare Elementarteilchen wie die Atome genügen nach der Vorstellung, die sich die besagten Denker davon machten, sowohl den Ansprüchen des Parmenides als auch denen des gesunden Menschenverstandes. In sich ist jedes Elementarteilchen ein parmenideisches "Seiend"; es ist so kompakt, daß man es nicht in ein Vielerlei zerlegen kann, und es ist in sich absolut unveränderlich. Zugleich aber kann man mit der Annahme dieser Teilchen erklären, warum der gesunde Menschenverstand zu Recht den Eindruck hat, daß die Welt ein veränderliches Vielerlei ist. Alles nämlich, was uns sichtbar in der Welt begegnet, ist eine Zusammensetzung aus solchen unsichtbaren kleinsten Teilchen. Und alle sichtbaren Veränderungsprozesse bestehen in Wahrheit darin, daß sich unsichtbar im Verhältnis der Teilchen etwas ändert, z. B. ihre räumliche Lage zueinander, die Geschwindigkeit, mit der sie sich aufeinander zu- oder voneinander wegbewegen, die Kraft, mit der sie einander anziehen oder abstoßen.

War die eleatische Problematik damit entschärft? Offenbar waren die Elementarteilchentheorien nur eine Scheinlösung. Denn wenn Parmenides recht damit hat, daß weder Vielheit noch Bewegung existiert, dann kann es auch die Vielheit der Elementarteilchen nicht geben, und die Bewegungen, die sie unsichtbar untereinander vollführen, sind ebenfalls unmöglich. Daß jedes Teilchen für sich genommen ein parmenidei-

sches "Seiend" ist, war ein Zugeständnis, das Parmenides nicht ausgereicht hätte. Man mußte die Problematik also radikaler anpacken – aber
wie?

Die Antwort auf diese Frage fand Platon, und damit begann eigentlich die Tradition der Philosophie, die bis heute reicht. Platon entdeckte, daß die Beweise des Parmenides nur so lange unwiderleglich zu
sein scheinen, als man nicht bemerkt, daß sie auf einer unausgesproche-
nen Voraussetzung beruhen. Diese Voraussetzung betrifft den zentralen Begriff des Parmenides, das "Seiend". Parmenides wendet sich
gegen den Alltagsverstand, der den Unterschied von "seiend" oder
"nichtseiend" macht. In Wahrheit, so sagt er, existiert diese Alternative
nicht; denn es gibt überall und immer nur das "Seiend", es findet nur
Sein statt. Obwohl Parmenides den normalen Menschenverstand so
scharf kritisiert, geht er ihm an dieser Stelle doch auf den Leim.

Für den Normalverstand verhält es sich mit Sein und Nichtsein so wie
mit Leben und Tod: Eine dritte Möglichkeit zwischen Leben und Tod,
einen Zustand zwischen beiden, gibt es nicht; "ein bißchen tot" kann
man leider nicht sein, sondern nur ganz oder überhaupt nicht. Genau
das scheint auf den ersten Blick auch für Sein und Nichtsein zu gelten.
Darum denkt Parmenides, daß wir beim Sein nur die Wahl zwischen
Sein und Nichtsein haben; entweder ist etwas seiend oder nichtseiend,
eine dritte Möglichkeit existiert nicht. Und deshalb bleibt, nachdem
Parmenides das Nichtsein verworfen hat, nur das Seiend mit seiner
kompakten Einheit und Bewegungslosigkeit übrig.

Platon hat herausgefunden, daß es entgegen dem ersten Anschein
zwischen Sein und Nichtsein eine dritte Möglichkeit gibt. Wenn wir
etwas für seiend halten, z. B. den Apfel hier, dann sagen wir in unserer
Sprache normalerweise nicht: "dieser Apfel ist seiend", sondern wir
sprechen dem Apfel Sein zu, indem wir ihm irgendwelche Beschaffenheiten beilegen, etwa daß er rund oder rot ist. Wenn man den Satz
formuliert: "der Apfel ist rot", will man damit zwar auch sagen, daß der
Apfel existiert, daß er etwas Seiendes ist; das wird durch das Wort "ist"
mitausgedrückt. Aber beim konkreten Reden benutzen wir im Normal-
fall nie das nackte Wort "ist", sondern wir verwenden es in Kombination mit einer Beschaffenheit: "... ist rot", "... ist rund" usw. So
handelt es sich bei dem Sein, das wir in unseren Sätzen zur Sprache
bringen, um das Rotsein, das Rundsein usw., d. h. um ein So-und-so-
Beschaffensein.

Wenn "Sein" soviel wie "Beschaffensein" bedeutet, dann gibt es eine
dritte Möglichkeit zwischen Sein und Nichtsein. Beim Beschaffensein

muß man nämlich einen Unterschied machen. Das Beschaffensein der Dinge, mit denen wir im Alltag zu tun haben, ist nie vollkommen. Kein Ding in dieser Welt weist wirklich einschränkungslos die Beschaffenheiten auf, die wir ihm zusprechen. Nichts Rundes ist ohne jede Abweichung rund, nichts Rotes ist ganz ungetrübt rot usw. Diese Feststellungen können wir aber nur machen, weil wir die Beschaffenheit der Dinge an einem Maßstab messen, den wir dabei voraussetzen. Dieser Maßstab ist das uneingeschränkte Rundsein, Rotsein usw.; denn nur weil wir solche vollkommenen Beschaffenheiten schon geistig im Blick haben, können wir von dem, was uns jeweils als rund, rot oder sonstwie beschaffen erscheint, feststellen, daß es unvollkommen ist, d. h. daß ihm zum vollkommenen Rundsein oder Rotsein etwas fehlt.

Also gibt es zweierlei Beschaffensein und damit zweierlei Sein, ein Sein höchsten Grades und ein Sein minderen Grades. "Sein" und "Sein" ist nicht einfach dasselbe, sondern in sich steigerbar und verminderbar. Das Sein höchsten Grades ist das vollkommene Sein der Maßstäbe, die wir von vornherein an alles anlegen und dabei schon geistig im Blick haben – Platon bezeichnet sie als die Ideen (Näheres in Kapitel 6). Das Sein minderen Grades ist das unvollkommene Sein alles dessen, womit wir in unserer alltäglichen Welt zu tun haben. Bei diesem Sein fehlt immer etwas an der Vollkommenheit; das eine oder andere, was zur Vollkommenheit erforderlich wäre, ist nicht vorhanden, d. h. nichtseiend. Das unvollkommene Sein ist also mit Nichtsein durchsetzt, und das bedeutet: es ist etwas zwischen Sein und Nichtsein, es fällt aus der eleatischen Alternative von "seiend" und "nichtseiend" heraus.

Auf das vollkommene Sein der Ideen treffen die Thesen des Parmenides über das Seiend in gewissem Umfange zu. Aber bei seiner Kritik des normalen Menschenverstandes hat er noch nicht gesehen, daß wir in unserer Alltagswelt mit unvollkommen Seiendem zu tun haben. Dieses Seiende liegt zwischen Sein und Nichtsein, und deshalb befindet sich der Alltagsmensch nicht im Irrtum, wenn er voraussetzt, daß es Nichtsein gibt. Auch Platon kritisiert die Doxa des Alltagsverstandes, aber die Kritik bekommt bei ihm einen anderen Sinn als bei Parmenides.

Platons größter Schüler Aristoteles hat die Unterscheidung seines Lehrers zwischen dem vollkommenen Sein der Ideen und dem unvollkommenen Sein unserer Welt so nicht akzeptiert. Aber eines hat er für eine bleibende Errungenschaft gegenüber Parmenides gehalten: Platon hatte damit begonnen, bei der Bedeutung des Begriffs "seiend", die Parmenides noch für eindeutig hielt, zu differenzieren. Die Bedeutung des "Seiend", also die Frage, was wir eigentlich meinen, wenn wir von etwas behaupten, daß es "ist" – das wird deshalb für Aristoteles zum Grundproblem der Philosophie. Er formuliert das Problem kurz und bündig in der Frage:»Was ist das Seiend?" Daß die Philosophie ihr Grundproblem so auf den Punkt bringen kann, verdankt sie Parmenides; denn er hatte als erster vom "Seiend" gesprochen. Aber im Grunde ging es in der Philosophie von Anfang an um diese Frage, die Frage nach dem Sinn des Begriffes "Sein". Das behauptet jedenfalls Aristoteles, und im 20. Jahrhundert ist Heidegger ihm darin gefolgt.

Bei Aristoteles gibt es einen Zentralbereich der Philosophie, den man später im Anschluß an ihn als Metaphysik bezeichnet hat. Hier geht es darum, die vielfältige Bedeutung des Begriffs "seiend" zu klären, weil dieser Begriff nicht die Eindeutigkeit besitzt, die Parmenides noch vorausgesetzt hatte. Der gemeinsame Zug von allem, was es gibt, ist der Umstand, daß es i s t, das Sein. Deshalb betrifft die Bedeutungsklärung für den Begriff "Sein" alles, was es gibt, jegliches Seiende überhaupt. Durch die genaue Analyse dessen, was man unter Sein zu verstehen hat, kommt die Metaphysik zu Aussagen, die für alles Seiende gültig sind. Das unterscheidet diese philosophische Wissenschaft von allen Einzelwissenschaften, denn die wollen und können immer nur zu Erkenntnissen gelangen, die für bestimmte Ausschnitte aus der Gesamtwirklichkeit gelten.

Die Metaphysik ist in der Lage, über alles überhaupt Aussagen zu machen; deshalb kann sie auch den Versuch wagen, wissenschaftlich von dem zu sprechen, was jenseits der Alltagswelt liegt und was die Menschen traditionell unter dem Namen "Gott" verehren. Damit wird die Metaphysik zur Gotteslehre, zur philosophischen Theologie. So hat man später auch ihren Namen verstanden: Die philosophische "Physik" des Aristoteles handelt von der "phýsis", der Natur, worunter hier der Gesamtbereich des Veränderlichen zu verstehen ist. Das Wort "metá" bedeutet unter anderem "über hinaus", "jenseits". Die Metaphysik als philosophische Theologie befaßt sich mit dem, was über die Natur hinausliegt, dem "Übernatürlichen", Jenseitigen.

Dieser Teil der Metaphysik hat verständlicherweise bei den Nichtphilosophen sehr viel mehr Aufmerksamkeit erregt als die trockenen Analysen zu den Begriffen Sein und Seiendes (hierzu mehr in Kapitel 11). Deshalb stellt man sich unter Metaphysik meistens eine mehr oder weniger nebulöse Beschäftigung mit dem Jenseitigen und Übersinnlichen vor. Aber die grundlegende Aufgabe der klassischen Metaphysik des Aristoteles war die Klärung der Seinsproblematik, und die ging zurück auf Parmenides aus Elea.

IV

Agrigent

Nachdenken über die Elemente

In den ersten Jahrzehnten des 5. vorchristlichen Jahrhunderts wurde in der Griechenstadt Akragas, Agrigent, auf Sizilien Empedokles geboren, eine der schillerndsten Gestalten der frühgriechischen Philosophie und Wissenschaft. Sein Leben fiel in die Blütezeit der Stadt, während deren die meisten der Tempel errichtet wurden, deren Anblick heute die Besucher fasziniert. Die große Zahl und die noch in Trümmern stattliche Erscheinung dieser Bauwerke bezeugen den Wohlstand und die religiöse Prägung dieses bedeutenden Gemeinwesens. In ihm hat Empedokles eine wichtige Rolle gespielt, als anerkannter Politiker – sogar die Königswürde wurde ihm angeboten –, aber mehr noch als Arzt, als Verkünder einer eigenartigen Heilslehre, ja als Wundertäter, den das Volk tief verehrte.

Von seinen vielfältigen Schriften haben sich zahlreiche, zum Teil längere Passagen aus zwei umfangreichen Lehrgedichten erhalten. Sie wirken auf uns so verschieden, als ob sie von zwei Autoren stammten: Das eine Gedicht ist ein frühes Stück Naturwissenschaft, das andere, die 'Reinigungen', handelt vom Schicksal und Verhalten der Menschen und appelliert an sie, sich durch Frömmigkeit und Askese um ihr leibliches und seelisches Heil zu kümmern.

Die naturwissenschaftlichen Erklärungen des Empedokles beruhen auf zwei einfachen Grundannahmen. Die erste besagt, daß das Weltganze aus kleinsten Teilen besteht und daß alle Veränderungen in der Welt nichts anderes sind als Prozesse der Trennung oder Vereinigung von solchen Teilchen. Die andere Grundannahme ist die Behauptung, daß es zwei Kräfte der Anziehung und Abstoßung gibt, die diese Prozesse auslösen; Empedokles nennt sie Zuneigung und Streit. Diese Kräfte bewirken, daß die Teilchen, aus denen sich die Welt zusammensetzt, periodenweise alle zu einem einzigen differenzierungslosen Ball verschmelzen und dann wieder in immer stärkerer Differenzierung aus-

einandertreten. Im zweiten Stadium entsteht der in sich gegliederte
Kosmos, also die Welt in dem Zustand, wie wir sie heute erleben.

Das alles ist ein erster Anlauf zu mikro- und makrophysikalischen
Theorien, wie sie dann die Naturwissenschaft in reicher Fülle bis zum
heutigen Tage hervorgebracht hat. All dies hat der Fortschritt der Wissenschaft schon in der Antike überholt, so daß es sich nur für die historische Gelehrsamkeit lohnt, die Lehren im einzelnen aus den erhaltenen
Textstücken und antiken Berichten zu rekonstruieren. Anders steht es
mit der ersten Grundannahme des Empedokles: den kleinsten Teilchen,
aus denen sich der Kosmos zusammensetzt. Diese Annahme beruht auf
einem Denkansatz der frühen Philosophie und Wissenschaft, der für
unsere Kultur bleibende Bedeutung bekommen hat.

Die kleinsten Teile des Empedokles sind nicht zu verwechseln mit
den "Atomen", die seine jüngeren Zeitgenossen Leukipp und Demokrit
eingeführt haben. "Á-tomon" bedeutet wörtlich "un-teilbar", also
etwas, das nicht mehr in räumlich unterscheidbare Teile zerlegt werden
kann. Auch die kleinsten Teile des Empedokles sind "un-teilbar", aber
bei ihm kommt es nicht wie bei Demokrit auf die räumliche Unzerleg-
barkeit an, sondern auf etwas anderes: Die Teile bei Empedokles sind
etwas Letztes in ihrer Beschaffenheit, ihrer Art. Ihre Beschaffenheit läßt
sich nämlich nicht mehr als eine Zusammensetzung oder Mischung aus
noch einfacheren Eigenschaften erklären, so wie z. B. die Farbe Grün
als eine Mischung aus Blau und Gelb. Etwas in diesem Sinne "der Art
nach Unteilbares" nennt die griechische Wissenschaft seit dem 4. vorchristlichen Jahrhundert, wie man bei Aristoteles nachlesen kann, "Element".

Die Elemente sind die Bausteine, aus deren Verhältnissen und Bewegungen untereinander die Naturwissenschaft seit Empedokles den Aufbau der materiellen Welt erklärt. Als "Elemente" in einem verwandten
Sinne bezeichnet man in der Wissenschaft auch – ebenfalls seit den
Griechen – die Bestandteile, aus denen sich eine wissenschaftliche
Theorie und der Unterricht in einer solchen Theorie aufbaut. So trägt
eines der berühmtesten Lehrbücher der Wissenschaftsgeschichte den
Titel 'Elemente'. Es handelt sich um die erste systematische Darstellung
der Mathematik, verfaßt von Euklid, der zu Beginn des 3. vorchristli-
chen Jahrhunderts im wissenschaftlichen Zentrum der hellenistischen
Welt, in Alexandria in Ägypten, tätig war. Seine 'Elemente' blieben in
Europa über zwei Jahrtausende in Gebrauch.

So ist der Begriff "Element" geradezu ein Markenzeichen des zerglie-
dernd erklärenden Geistes der Wissenschaft. Aber unter "Element"

Rundaltar eines griechischen Heiligtums in Agrigent auf Sizilien, der Heimat des Empedokles, zu seiner Zeit, im 5. Jahrhundert v. Chr., erbaut. Der Tempel des Heiligtums war einer chthonischen Gottheit, d. h. einem Gott der E r d e, geweiht; als Gebäude der Hafenstadt Agrigent liegt er nahe am M e e r; seine hier abgebildeten Säulen ragen in die l u f t i g e Höhe des Himmels; und als freistehendes Haus ist er voll dem b r e n n e n d e n Licht der südlichen Sonne ausgesetzt: so verweist er in die Richtungen, aus denen dem Menschen die vier Elemente erscheinen.

kann man auch noch etwas anderes verstehen als die Bausteine der wissenschaftlich analysierten Welt und solcher Analyse selbst. Wir sprechen zum Beispiel davon, daß jemand "in seinem Element" ist, wenn er etwas tut, das ihn wahrhaft erfüllt. Hier ist das Element das, was jemanden in Begeisterung versetzt und in eine sonst vielleicht nur mechanisch oder widerwillig ausgeübte Tätigkeit Leben bringt. So ist das Element überhaupt das, worin und wodurch etwas lebt: man kann die Manege als das Element des Zirkusartisten oder die Laborarbeit als das des Chemikers bezeichnen.

Im gleichen Sinne ist das Element der Vögel die Luft, das der Landtiere und der Menschen die Erde, das der Fische das Wasser. Als Lebensräume bilden diese Elemente zugleich die großen Gegenden der

Welt, in der wir Menschen leben und zu Hause sind, der "Lebenswelt": der Himmel über uns, Land oder Meer unter uns. Die Elemente in diesem Sinne brauchen wir, um leben und befriedigend leben zu können. Wenn wir sie verunstalten oder mißbrauchen, schaden wir uns selbst, wie wir heute im Zeitalter der ökologischen Krise nur allzugut wissen.

Damit aber werden die Elemente zu einem Thema der rechten Lebensführung, der Besinnung auf das, was dem Menschen Heil oder Unheil bringt. Wie erwähnt, war genau dies im Lehrgedicht über die "Reinigungen" die andere Thematik im Denken des Empedokles. Das Wort "Element" schlägt mit seiner Doppeldeutigkeit die Brücke zwischen den beiden so auffallend verschiedenen Seiten dieses Philosophen: dem Wissenschaftler und dem ethisch-religiösen Mahner. Als Denker des Elements ist er beides, und darin ist er Pythagoras vor ihm und Platon nach ihm verwandt (vergleiche Kapitel 6).

Durch seinen Doppelsinn kann das "Element" für uns Heutige wie für Empedokles ein Schlüsselwort der Besinnung sein. Wir sind gespalten zwischen dem Vertrauen in die Macht wissenschaftlicher Analyse, die alles in der ersten Bedeutung des Begriffs "elementarisiert", und dem Wunsch, die Elemente in der zweiten Bedeutung als das Lebenspendende unserer Lebenswelt heil zu bewahren. Beide Einstellungen zum Element reichen bis in die Entstehungszeit unserer wissenschaftsgeprägten Kultur im 6. Jahrhundert v. Chr. zurück. Von den beiden Gesichtern des anfänglichen Elementdenkens, der analytischen Elementarisierung und der Bindung an die Elemente der Lebenswelt, soll nun ein wenig eingehender die Rede sein.

Wie kam der Elementgedanke zu seiner grundlegenden Bedeutung für die Wissenschaft? Unter Wissenschaft verstehen wir ein Ganzes, das sich aus vielerlei Wissen aufbaut. Wissen seinerseits besteht im Behalten von Erkenntnissen. Das Erwerben und Behalten von Erkenntnissen nennen wir Lernen. Nicht alles, was man erkannt hat, kann man behalten und damit lernen. Deshalb fragten sich die Griechen: Was ist überhaupt erlernbar? Auf diese Frage gaben sie eine für sie typische Antwort, die mit ihrer Sprache zusammenhing. Das griechische Wort für "wissen" bedeutet sprachlich "gesehen haben". Auch in unserem deutschen Wort "wissen" steckt übrigens ursprünglich die Vorstellung des Sehens; der Beleg dafür ist die Sprachverwandtschaft von "wissen" mit dem lateinischen Wort "videre" (vgl. "Vision"), das "sehen" bedeutet. Weil Wissen darin besteht, daß man etwas bereits gesehen h a t , kamen die Griechen zu der Überzeugung: Erlernbar ist grundsätzlich das, was man schon im voraus gesehen hat, bevor man auf dieses oder jenes seinen Blick lenkt.

Wie das gemeint ist, kann man sich an vielen Beispielen klarmachen. Ein antikes Beispiel wäre der Sport, der im griechischen Leben eine so bedeutende Rolle gespielt hat. Denken wir nur an die Spiele in Olympia, denen übrigens auch Empedokles einen – viel Aufsehen erregenden – Besuch abgestattet hat, weil er in seinen letzten Jahren wegen politischer Streitigkeiten in seiner Vaterstadt gezwungen war, auf der Peloponnes zu leben. Eine besonders beliebte Sportart unter den fünf olympischen Disziplinen der Griechen war der Ringkampf. Was man beim Ringkampf lernen und durch Einüben behalten kann, sind die verschiedenen Grundstellungen, die sich in jedem Kampf wiederholen. Alle Ringkämpfe bieten uns den Anblick einer bestimmten Anzahl identischer Grundstellungen, unabhängig von der Mannigfaltigkeit der vielen immer neuen und oft überraschenden Bewegungen der Ringer.

Das griechische Wort für alle solche dauernd wiederkehrenden identischen Anblicke, die uns eine in Veränderung befindliche Mannigfaltigkeit darbietet, lautet "idéa". Eingedeutscht ist dieses Wort als "Idee" bekannt, aber man darf dabei nicht an das denken, was wir uns heute alles unter einer "Idee" vorstellen, sondern nur an das gerade Beschriebene: einen identischen Grundzug, der einen bleibenden Anblick in einer bewegten Mannigfaltigkeit bildet. In dieser Bedeutung ist das Wort "Idee" dann auch bei Platon zu einem Zentralbegriff geworden (Näheres in Kapitel 6). Ein solcher Grundzug aber ist nun etwas, was man schon im voraus gesehen hat; den Anblick einer Grundstellung im Ringkampf erkennt man wieder, weil ihn unser Gedächtnis schon im Blick hat, bevor man dem Kampf in der ganzen Mannigfaltigkeit seiner

Bewegungsabläufe zuschaut. Die "idea" ist das, was man in der Vielfalt und dem Wechsel des jeweils Gesehenen von vornherein und ständig geistig vor Augen hat; das Wort "idea" bedeutet denn auch sprachlich nichts anderes als "Sicht", nämlich die Sicht, die einem auf solche Weise vor Augen steht.

Das eigentliche schulische Lernen begann bei den Griechen wie bei uns mit dem Schreibenlernen. Ein sechsjähriges Kind erkennt schon, daß es möglich sein muß, das, was wir reden, irgendwie mit schriftlichen Zeichen wiederzugeben. Es wird deshalb beispielsweise für das Wort "Mensch" als Zeichen ein Strichmännchen auf seine Tafel malen. Auf diese Weise kann man durch abstrakte Vereinfachung und immer komplexere Kombination solcher Zeichen eine Bilderschrift erfinden, wie dies etwa bei den Chinesen geschehen ist. Aber dagegen hätten die Griechen eingewendet: Eine solche Schrift ist kaum erlernbar, und damit hätten sie weitgehend recht gehabt; denn die Ostasiaten brauchen in der Tat Jahre, um auch nur einen Bruchteil ihrer vielen Tausende von Zeichen zu erlernen.

Das Problem ist hier die unüberschaubare Mannigfaltigkeit dessen, was behalten werden soll. Aber dieses Problem ist auf eine überaus elegante Weise lösbar, wenn man sich von dem Gedanken leiten läßt, daß es in jeder Mannigfaltigkeit im voraus gesichtete identische Anblicke, "Ideen", gibt. Die Sprache ist, wie das Wort sagt, zunächst nicht das Geschriebene, sondern das Gesprochene. Als ein gewaltiger Strom unendlich vielfältiger Lautbilder zieht es an unseren Ohren vorbei. Und doch können wir aus dieser überreichen akustischen Mannigfaltigkeit mit unserem geistigen Auge so etwas wie Anblicke herausschauen, die wie beim Ringkampf immer wiederkehren. Das sind die Laute, die Konsonanten und Vokale, aus denen sich die ganze Mannigfaltigkeit zusammensetzt. Diese Laute lassen sich mit schriftlichen Zeichen wiedergeben, die wir Buchstaben nennen. Die Griechen bezeichneten sie mit dem Wort "stoicheíon", das im Zeitalter des Hellenismus mit "elementum", "Element", ins Lateinische übersetzt wurde. Dies ist der Ursprung des Begriffs "Element".

Die Buchstaben kann man im Unterschied zu einer Bilderschrift mit Tausenden von Zeichen leicht lernen, weil sie die Zeichen für die "ideai", für das im voraus Erblickte, in der akustischen Sprachmannigfaltigkeit sind. Im östlichen Mittelmeerraum war erstmals in der Menschheitsgeschichte eine Schrift mit Zeichen für einzelne Laute entstanden. Das war die Schrift der Phönizier, aus der sich die hebräische und die arabische Schrift entwickelt haben. Die Griechen haben die meisten Zeichen ihres Alphabets, aus dem auch die lateinische und sehr viel später die kyrillische Schrift der slawischen Völker hervorgegangen ist, von den Phöniziern übernommen. Sie fügten nur im 7. Jahrhundert v. Chr. den Konsonanten, auf die sich die phönizische Schrift beschränkte, Zeichen für die Vokale hinzu.

Hinter dieser geringfügig erscheinenden Ergänzung steckte der weltgeschichtlich epochemachende Einfall, die scheinbar unüberschaubare Mannigfaltigkeit der gesprochenen Sprache als vielfältige Kombination einer abzählbaren Menge von "ideai", von Elementen aufzufassen. Kombinationsmöglichkeiten gibt es beinahe unendlich viele, aber nur eine begrenzte Anzahl von Lautelementen. Man kann den ganzen Reichtum der gesprochenen Sprache mit wenigen Schriftzeichen darstellen, wenn diese Zeichen die endliche Menge der Lauteinheiten vollständig wiedergeben. Auf diese Vollständigkeit kommt es freilich an. Deshalb war es für das umstürzend Neue der griechischen Erfindung der europäischen Schrift entscheidend, daß man das phönizische Alphabet mit den Zeichen für die Vokale komplettierte.

Die Griechen hatten ein ausgeprägtes Bewußtsein von der Bedeutung dieser Erfindung. Deshalb besaß jeder Buchstabe für sie seine eigene Würde. Bei manchen griechischen Inschriften fällt auf, daß die Abstände der Buchstaben nicht ausgeglichen sind. Jedes Stoicheion beansprucht gewissermaßen als Raum ein imaginäres quadratisches Kästchen, und dadurch hat das große I beispielsweise im Vergleich zu einem M gegenüber den Nachbarbuchstaben für unser Gefühl zuviel Abstand. Aber für das griechische Empfinden zeigt sich so gerade das Eigengewicht jedes Elements.

Der Gedanke, eine unübersehbare Mannigfaltigkeit auf eine endliche und vollständige Zahl von Elementen zu reduzieren und damit erst eigentlich erlernbar und wißbar zu machen, ließ sich nicht nur bei der Schrift, sondern auch auf anderen Gebieten nutzbar machen. Es ist charakteristisch, daß Demokrit seine Atome, die auf ihre Art Elemente sind, gerne mit Buchstaben verglichen hat. Aber lange bevor er die frühe wissenschaftliche Elementenlehre zur Atomistik ausgestaltete, kamen schon die ersten Wissenschaftler im jonischen Milet des 6. vorchristlichen Jahrhunderts auf den Gedanken, die unendlich erscheinende Mannigfaltigkeit dessen, was es im Kosmos gibt, auf so etwas wie ein Element zurückzuführen (Näheres in Kapitel 1). So bereiteten sie bereits den Weg für die Versuche des 5. Jahrhunderts – Empedokles, Demokrit und dazu der Athener Anaxagoras –, das Weltall zu buchstabieren wie unsere Sprache.

Ein Element für alles anzunehmen war ein Gedanke, der den Menschen in Jonien schon einige Jahrzehnte vor Beginn der Wissenschaft nicht mehr fremd war. In dieser Zeit wurde nämlich ausgehend vom außergriechischen Hinterland der jonischen Küste – auch dies ein weltgeschichtlich epochaler Umbruch – der Handel revolutioniert. An die Stelle des überkommenen Warentauschs trat die Bezahlung mit staatlich geprägtem Münzgeld, eine Erfindung, die in der ganzen griechischen Welt schnell Schule machte und darum auch im Agrigent des Empedokles in Gebrauch war. Alles, was man mit Geld bezahlen kann, wird damit zur Ware, und wenn man will, kann man, wie wir heute aus schlimmer Erfahrung wissen, alles zur Ware machen. Daß dies möglich ist, begriff man schon im 6. Jahrhundert. Durch ein Fragment aus der Schrift des Heraklit von Ephesus ist das bezeugt. Das Geld kann für alles stehen; alles läßt sich in einem Geldbetrag ausdrücken. Damit aber ist das Geld so etwas wie das Element für alles, womit als Ware gehandelt werden kann. In gewissem Sinne kann man davon sagen: Alles ist Geld.

Inschrift beim Apollontempel in Delphi: "Délphoi édōkan Chíois promantéiēn" – "Delphi hat den Chiern (den Bewohnern der Insel Chios) die Promantie (den Vortritt bei der Befragung des Orakels) gegeben". Die Abbildung zeigt, wie die griechischen Bildhauer darauf achteten, für jeden Buchstaben gleichen Raum zu lassen; die Wörter sind nicht getrennt.

So lag es für die frühe Wissenschaft nahe, alles, was es im Kosmos gibt, auf ein einziges Element zurückzuführen, sozusagen als Währung für alles, was in der Welt vorkommt, überhaupt. Aber damit stellte sich die Frage, was dieses Element sein könnte. Die Antwort ergab sich aus der Naturerfahrung der Jonier, die auch hinter der Bezeichnung "Kosmos", "schmuckvolle Ordnung", für das Weltganze steckt, die in der jonischen Wissenschaft des 6. Jahrhunderts aufkam. Inwiefern ist dieses Ganze eigentlich etwas schön Geordnetes? Man versteht dies, wenn man in sich das Erlebnis der offenen Weite der freien Natur wachruft, das wir am Meer noch ebenso haben können wie damals die Jonier an der westlichen Mittelmeerküste der heutigen Türkei. In diesem Erlebnis kann es geschehen, daß uns das überwältigende Ganze der Welt aufgeht. Dabei tritt dieses Ganze in den drei großen Gegenden der Lebenswelt in Erscheinung, von denen schon die Rede war: Himmel, Land und Meer.

Diese Gegenden eröffnen sich dem Menschen entsprechend seinen räumlichen Orientierungsrichtungen. In der Vertikale gibt es den grundlegenden Orientierungsunterschied von "oben" und "unten": Über uns wölbt sich die Weite des Himmels, unter uns ruht die tragende Erde. Der andere grundlegende Orientierungsunterschied, "links" – "rechts", gliedert die Horizontale. In ihr gibt es das Nebeneinander zweier Weltgegenden: die Masse des festen Landes und das offene Meer. Mit diesen unteren Gegenden hat der Mensch ursprünglich auf andere Weise zu tun als mit dem Himmel, zu dem er damals noch mit Staunen und Schrecken aufblickte; die unteren Gegenden sind uns als Lebensräume vertraut: Das Land ist die fruchttragende Erde, die die Griechen als Bauern bestellten, und das Meer die bewegliche Flut, auf die sie sich als Fischer und Händler ständig hinauswagten. Freilich ist auch der Himmel Lebensraum, aber ursprünglich nur für die Vögel und Insekten, die "in der Luft" leben, während die anderen Lebewesen – wie wir noch heute sagen – "zu Lande" oder "zu Wasser" ihren ständigen Aufenthalt haben. Diese Dreigliederung: Himmel, Land und Meer – das ist die schöne Anordnung der Weltgegenden, wie sie gut ein Jahrhundert vor dem Beginn der Wissenschaft schon Homer, der Vater der europäischen Dichtung, in der 'Ilias' beschreibt. Auch Homer hatte übrigens in Jonien gelebt.

Die drei großen Weltgegenden halten nun das bereit, was die ersten Wissenschaftler als Element ansehen konnten: Der Himmel, die Weltgegend über uns, ist von der Luft erfüllt und außerdem von dem Feuer, das in der Sonne und den Sternen, im Blitz und im Wetterleuchten lodert und glänzt. Das Land besteht aus der Erde, und das Meer enthält das Wasser. Feuer und Luft, Wasser und Erde kamen so als Elemente in Betracht. Thales erklärte das Wasser, Anaximenes, einer seiner Nachfolger in Milet, die Luft und Heraklit aus Ephesus das Feuer zum Element des Weltganzen. Empedokles war es dann, der alle vier Elemente, die die Weltgegenden anboten, zu den Bausteinen des Kosmos erhob, und die von ihm begründete Kosmologie der vier Elemente hat sich über zweitausend Jahre gehalten, bis Lavoisier unser periodisches System der Elemente entdeckte – das aber noch immer ein System der "Elemente", der Weltbuchstaben ist. Auch unsere Wissenschaft buchstabiert noch die Welt und ordnet sie also auf griechische Weise.

Die Elemente, Feuer und Luft, Wasser und Erde, wurden den drei großen Weltgegenden entnommen. Aber damit ist eigentlich noch nicht erklärt, wieso diese Stoffe als Elemente aufgefaßt werden konnten. Elemente müssen ja – ebenso wie die Lautelemente in der Sprache – überall im Kosmos gegenwärtig sein und für Kombinationen oder Mischungen zur Verfügung stehen. Doch das Wasser aus dem Meer beispielsweise konzentriert sich nur auf einen Teil des Kosmos, nämlich die Weltgegend "Meer". Das Wasser als Element zeigt sich aber nicht nur im Meer, sondern auch am Himmel, z. B. als Regen, oder auf dem Land, im Schlamm und in allem, was überhaupt feucht ist. Genaugenommen ist das Element Wasser also das Feuchte überhaupt. Entsprechendes gilt für die anderen Elemente. Das Feuer erglänzt nicht nur in Sonne und Blitz am Himmel, sondern es steckt – ebenso wie ein Buchstabe in vielen Wörtern auftritt – in allem, was warm oder heiß ist. Das heißt, das Feuer ist eigentlich das Warme oder das Heiße überhaupt.

Wenn wir heute Formulierungen verwenden, wie sie gerade vorkamen: "das Warme", "das Feuchte" usw., wird uns kaum noch bewußt, daß wir uns dabei eine merkwürdige und keineswegs selbstverständliche Möglichkeit unserer Sprache zunutze machen. Voraussetzung dieser Formulierungsmöglichkeit ist nämlich der bestimmte Artikel. Er entwickelte sich im Griechischen in den Jahrhunderten, die der Entstehung der Wissenschaft vorangingen. Diese Entwicklung war ein Unikum in den Hochkulturen. Eine so intelligente und differenzierte Sprache wie das Lateinische besaß keinen bestimmten Artikel. Deshalb hätte in dieser Sprache die Wissenschaft wohl nie erfunden werden können.

Der bestimmte Artikel kennzeichnet die Substantive. Diese Wörter – "der Mensch", "das Haus", "der Stein" – benennen in der Alltagssprache eine andere Gruppe von Vorkommnissen in der Welt als beispielsweise die Adjektive oder Verben. Adjektive und Verben bezeichnen Eigenschaften bzw. Tätigkeiten. Eigenschaften gibt es nur als Merkmale v o n etwas, "rot" kann nur irgendein "Ding" sein, und Tätigkeiten finden nur statt, wenn etwas existiert, das die betreffende Tätigkeit ausübt; Gehen ohne jemanden, der geht, gibt es nur im absurden Theater. Eigenschaften und Tätigkeiten setzen etwas als Träger ihrer Existenz voraus, und der Träger muß seinerseits selbständig existieren, d. h., er darf keinen Träger mehr voraussetzen. Solche selbständigen Träger werden in der Alltagssprache durch die Substantive benannt (mehr dazu in Kapitel 11).

Wenn eine Sprache nun über den bestimmten Artikel verfügt, um damit die Substantive zu markieren, gibt ihr das die Möglichkeit, dieses Instrument mit einer gewissen Freiheit zu gebrauchen: Man kann dann nämlich auch solches zum selbständigen Träger machen, was uns im alltäglichen Leben gerade nicht als solcher erscheint. Z. B. kann man dann sagen: "das Rot", obwohl "rot" eigentlich nur eine unselbständige Eigenschaft-von-etwas ist. Man kann mit Hilfe des bestimmten Artikels aus "rot", wie wir sagen, ein abstraktes Substantiv machen. Sprachen ohne bestimmten Artikel tun sich mit dieser Aufgabe sehr schwer; es ist dort kaum möglich, etwas anderes substantivisch aufzufassen als die Dinge, die uns schon im außerwissenschaftlichen Alltag als selbständige Träger begegnen, also Häuser, Menschen, Steine usw. Im Griechischen hingegen konnte man erstmals zwanglos mit Hilfe des bestimmten Artikels substantivieren.

Man konnte also z. B. aus den an sich unselbständigen Eigenschaften so etwas wie selbständige Dinge machen. Genau damit aber war die Möglichkeit vorgezeichnet, die Elemente zu bestimmen. Das Wasser – das ist nur eine Erscheinung aus einer der drei großen Weltgegenden. Hingegen statt "das Wasser" zu sagen: "das Feuchte" – erst diese sprachliche Möglichkeit macht aus dem Wasser ein Element. Und so finden wir diese Redeweise schon in den frühesten Formulierungen der Wissenschaft. Der Begriff "stoicheion", "Element", als Bezeichnung für Feuer, Luft, Wasser, Erde hat sich erst nach Empedokles eingebürgert. Aber das, was man das Elementare nennen könnte: das Feuchte und das Trockene, das Heiße und das Kalte, das Dichte und das Dünne – solches Elementare stand von vornherein im Mittelpunkt der Wissenschaft. Die Milesier und in ihrer Nachfolge auch Empedokles benutzen zwar als Bezeichnungen für das Elementare überwiegend noch die vertrauten vorwissenschaftlichen Namen wie "Meer" oder "Wasser", "Himmel" oder "Luft", aber was sie meinen, drücken die künstlichen abstrakten Substantive viel genauer aus. So waren diese Substantive die erste Stufe unserer wissenschaftlichen Begriffsbildung.

Auf dem damit begonnenen Wege der Elementarisierung und Analyse ist die Wissenschaft inzwischen weit fortgeschritten. Aber der Mensch mußte dafür in Kauf nehmen, daß ihm die Elemente, wie er sie ursprünglich in den drei großen Weltgegenden erlebt, auf merkwürdige Weise fremd und gleichgültig wurden. Erst seit dem Schock der Umweltkrise interessieren sich die Menschen auf einmal wieder intensiv für die alten und naturwissenschaftlich längst überholten vier Elemente. Sie sprechen von der Verschmutzung des Wassers, der Erde und der

Luft und meinen damit eigentlich das Elementare, das den Griechen in den Gegenden der Lebenswelt zu Gesicht kam, als sie Formulierungen wie "das Warme", "das Trockene" usw. bildeten. Die Erinnerung an Empedokles aus Agrigent mag ein Anlaß sein, dieses Elementare noch ein wenig genauer zu beschreiben.

Beim Studium der Zeugnisse der frühen Wissenschaft fällt auf, daß es nur ganz bestimmte Eigenschaften waren, die man als etwas Elementares substantiviert hat, in erster Linie Kälte und Wärme, Trockenheit und Feuchtigkeit. In der alltäglichen Erfahrung des Menschen wecken diese Qualitäten vor allem beim Wechsel der Tages- und der Jahreszeiten seine Aufmerksamkeit. Tages- oder jahreszeitliche Zustände wie Tag und Nacht, Winter und Sommer betreffen nicht nur Teile der Welt, mit denen dieser oder jener Einzelne zu tun hat, sondern das Ganze, das alle angeht. Deswegen ist das Wetter ja auch das erste Thema, über das alle miteinander reden können. Tages- und jahreszeitliche Zustände umspannen in der außerwissenschaftlichen Erfahrung das Ganze unserer Lebenswelt, weil alle drei Weltgegenden davon betroffen sind. Wenn wir sagen: "es ist kalt", und dabei die Nacht oder den Winter meinen, dann ist für uns das Ganze aller drei Weltgegenden von Kälte durchdrungen. Ein Satz wie "es ist kalt" oder "es ist warm" hat also im außerwissenschaftlichen, alltäglichen Leben etwas Weltumspannendes.

Zugleich aber – das ist als zweites bemerkenswert – ist die Erfahrung solcher Zustände wie Kälte oder Feuchtigkeit nicht davon abzulösen, daß der Mensch einen Körper hat und daß sein leibliches Befinden einem Wechsel unterliegt. Bei Kälte und Wärme können wir das im Deutschen durch eine leichte Modifikation der weltumspannenden Sätze "es ist kalt" oder "es ist warm" zum Ausdruck bringen, indem wir sagen: "mir ist kalt" oder "mir ist warm".

Solche Zustände wie Wärme oder Kälte, ebenso aber auch Feuchtigkeit oder Trockenheit betreffen also unser Befinden, und zwar in der doppelten Bedeutung dieses Wortes. Einmal das Befinden in dem Sinne, wie wir vom Sichwohlbefinden und dergleichen sprechen. Zum anderen aber auch das Befinden in dem Sinne, wie wir von etwas sagen, daß es sich an einem bestimmten Ort befindet: Der Mensch befindet sich in seiner außerwissenschaftlichen Welterfahrung an einem ausgezeichneten Ort. Er ist nämlich der Bezugspunkt der Orientierungsrichtungen "oben – unten", "links – rechts", und wie erwähnt, eröffnen sich ihm in diesen Richtungen die drei Weltgegenden, also das Ganze der Lebenswelt. In diesem Sinne hat das menschliche Befinden den Charakter der

Weltorientierung. Dieses Orientierungsbefinden bildet nun aber mit
dem leiblichen Sichwohl- oder Sichunwohlbefinden eine unauflösliche
Einheit; denn wovon die großen Weltgegenden, in denen wir uns orientieren, beherrscht werden, empfinden wir hautnah in den elementaren
Zuständen der Kälte, der Feuchtigkeit usw.

Wenn man diese im konkreten Leben nicht auflösbare Doppelbedeutung von "Befinden" beachtet, lernt man das Elementare wieder verstehen. Es gehört zum Leben, weil Leben sich unaufhebbar als ein Sichbefinden abspielt, das in diesem Sinne immer zugleich auf das Ganze der
durch Orientierung erlebten Welt und den eigenen Leib bezogen ist.
Dieser Zusammenhang begründet das sachliche Recht der heutigen
Rückbesinnung auf das Elementare.

Es ist nicht einfach ein primitiver Rückfall hinter den erreichten Stand
der Wissenschaft, wenn die Menschen heute wieder vom Elementaren
des Wassers, der Erde und der Luft die Qualitäten erwarten, die das
Sichbefinden in den Gegenden des Ganzen der Lebenswelt zu einem
Wohlbefinden machen: die lebenspendende Frische und Klarheit des
Wassers, die reine und durchlässige Helle der Luft, die uns frei atmen
und dadurch leben läßt, die tragende und bergende Festigkeit und
Fruchtbarkeit der Erde, und das Feuer schließlich mit jener milden
Strahlungskraft und maßvollen Wärme, die es beispielsweise bei einer
Kernkraftwerkskatastrophe einbüßen würde. Als naturwissenschaftli-
che Theorie ist die Vierelementenlehre des Empedokles längst überholt,
aber als Erinnerung an eine Lebenswelt, in der der Mensch leben kann,
enthält sie eine bleibende Wahrheit.

V

Delphi

Die vielen griechischen Götter
und der eine Gott

Delphi war der religiöse Mittelpunkt der griechisch sprechenden Welt. Sogar in dem Touristenrummel, der sich heute dort ausbreitet, kann man noch etwas von dem Zauber spüren, der von diesem Ort ausging. Apoll, der Herr des Orakels, Athene, die in einem tiefer am Berghang gelegenen Heiligtum verehrt wurde, Dionysos, der periodisch in Delphi erschien, alle diese Götter sind unwiederbringlich entschwunden. Und doch kann dem Wanderer, der hoch in die Berge über dem Ausgrabungsgelände klettert, vielleicht etwas Seltsames widerfahren. In der Mittagshitze des griechischen Sommers begegnet ihm zwischen den Felsbrocken ein Ziegenbock. Der steht wie versteinert, und es scheint, als ließe der Blick aus den Lidspalten seiner rätselhaften Augen in der flirrenden Luft die Umgebung erstarren. Die Welt ist wie in Bann geschlagen – wovon? Die Antike hätte dafür einen Namen gehabt: den Gott Pan. Doch wie die Legende berichtet, hörten zur Zeit des Kaisers Augustus, als im fernen Bethlehem ein Kind geboren wurde, römische Fischer, die aufs Meer hinausgefahren waren, den Ruf erschallen: "Der große Pan ist tot!"

In Pan verzaubert uns die Natur, und die überwältigende Kulisse der Bergnatur, in die das Heiligtum von Delphi eingebettet ist, läßt die Besucher noch etwas ahnen von dem, was den Griechen in ihren Göttern begegnete. Doch es wäre ein Mißverständnis, deshalb zu meinen, ihre Religion sei ausschließlich oder vorwiegend aus dem Erlebnis der freien Natur hervorgegangen. Davon kann keine Rede sein. Den Mittelpunkt, den Pol des griechischen Lebens bildete die Polis, die städtische Bürgergemeinde – "Pol" und "Polis" stammen auch aus derselben Sprachwurzel. In der "Polis" war, wie wiederum der Zusammenhang der Wörter zeigt, das "Politische" zu Hause, und es war das politische, öffentliche Leben, worin der Götterkult seinen wichtigsten Platz hatte.

Aber von da ausstrahlend durchdrangen die religiösen Überzeugungen und Bräuche der Griechen, wie in allen alten Kulturen, das ganze Leben bis in die privaten und alltäglichsten Verrichtungen. Deshalb gab es nichts in ihrem Leben, wo die Verehrung der Götter gefehlt hätte, und die Zeugnisse, die sich an den Ausgrabungsstätten und in den Museen von diesem Leben erhalten haben, lassen sich ohne den religiösen Hintergrund nicht verstehen. Das Stadion, das Theater, die Schatzhäuser im Apollonheiligtum von Delphi führen dies exemplarisch vor Augen: Die Wettkämpfe auf der Laufbahn, die Aufführungen auf der Bühne, die Aufstellung von Kriegstrophäen – all dies bezog seinen Sinn daraus, daß es zu Ehren des Gottes Apoll und der Götter überhaupt geschah. Nichts davon war eine ganz profane Angelegenheit. Wer sich auch nur ein wenig gründlicher auf das einlassen will, was es aus der vorchristlichen Antike am Mittelmeer zu sehen gibt, tut deshalb gut daran, über die Götterverehrung nachzudenken.

Die griechischen Götter begegnen dem Reisenden zunächst überall in den Statuen, in denen man sie dargestellt hat, und in Verbindung mit den Tempeln, in denen die Kultbilder aufgestellt waren. Die oft außerordentliche Schönheit dieser Kunstwerke verführt leicht dazu, sich mit einem unverbindlichen ästhetischen Genuß des Gesehenen zufriedenzugeben. Deshalb verlieren wohl die meisten Besucher der Schauplätze altgriechischen Lebens kaum einen Gedanken an die Tatsache, daß die Griechen in der Religion, die hinter den Kunstwerken stand, den Sinn ihrer Existenz fanden. Man hat das Gefühl, ohne sich lange dabei aufzuhalten: Eine polytheistische Religion braucht man nicht für voll zu nehmen. Wer an viele Götter glaubt, steht geistig noch auf einer primitiveren Entwicklungsstufe; der Polytheismus gehört ins Panoptikum der abgelegten Wahnvorstellungen in der Menschheitsgeschichte; er ist für einen aufgeklärten Menschen des 20. Jahrhunderts nur noch von historischem Interesse.

Das scheint festzustehen, und doch läßt sich dagegen ein gewichtiges Bedenken ins Feld führen. Die Griechen waren in vieler Hinsicht und gerade im gründlichen Nachdenken über den Sinn menschlichen Daseins keineswegs primitiver oder weniger kritisch und nüchtern als wir – eher im Gegenteil. Und wir erkennen dies ja auch heute noch an, indem wir die von den Griechen erfundenen Ideen der Wissenschaft und der Demokratie zu Leitbildern der gesamten Menschheitsentwicklung erhoben haben. Dann haben wir aber eigentlich auch kein Recht, anzunehmen, in puncto Religion dürften wir die Griechen von vornherein als geistig unterentwickelt betrachten.

Trotzdem wagt kaum jemand etwas gegen die allgemeine Überzeugung zu sagen, daß die Überwindung der Vielgötterei in Europa durch den Monotheismus des Christentums ein intellektueller und kultureller Fortschritt gewesen sei. Diese Überzeugung bildet wohl die größte Barriere für ein unbefangenes Verständnis und eine lebendige Vergegenwärtigung der griechischen Religion. Aber vielleicht kann man von dieser Barriere doch ein wenig abbauen.

Unser Fremdwort "Religion" stammt aus dem Lateinischen und bedeutet "Rückbindung", nämlich Rückbindung des Menschen an etwas ihm Überlegenes, Höheres, Mächtigeres. Dabei bleibt zunächst offen, von welcher Art das Verhältnis zum Höheren ist, das der Begriff "Rückbindung" umschreibt. In der christlichen Religion wird dieses Verhältnis als Glaube bezeichnet. Der Glaube beruht auf einer ausdrücklich vollzogenen Lebensentscheidung, dem Entschluß, auf Gottes Gnade und Erlösung zu vertrauen. Diesen Entschluß faßt jeder Einzelne für sich, und niemand kann ihm die Entscheidung abnehmen. Die Glaubensentscheidung gehört zur christlichen Existenz; denn auch wenn jemand durch Erziehung, Sitte und Gewohnheit in die Glaubenswelt sozusagen von selbst hineingewachsen ist, wird von ihm doch erwartet, daß er eines Tages – beispielsweise bei der Konfirmation oder der Firmung – die Entscheidung für den Glauben aus eigenen Stücken bestätigt.

Wenn wir uns mit diesen Vorstellungen im Rücken dem Verhältnis der Griechen zu ihren Göttern zuwenden, stoßen wir auf eine Reihe von Überraschungen: Die klassischen Griechen kennen weder die Vorstellung von einem ganz auf sich gestellten Einzelnen noch den Gedanken, daß er erlösungsbedürftig sei. Und sie besitzen auch keinen Begriff, mit dem man die Bedeutung wiedergeben könnte, die das Wort "glauben" im Christentum hat.

Die Griechen sind nicht auf die Idee gekommen, daß die Existenz der Götter etwas sei, woran man glauben müsse. Dies ist für uns vielleicht das Merkwürdigste an ihrer Religion. Die Existenz der Götter war eine völlige Selbstverständlichkeit. Man konnte im klassischen Griechenland daran zweifeln, daß wir uns die Götter richtig vorstellen oder daß wir sie uns überhaupt vorstellen können oder daß unsere Art, sie zu verehren, die richtige ist, aber eigentlich nicht daran, daß es sie gibt.

Daß wir uns der Existenz von etwas fraglos sicher sind, kennen wir aus dem Alltagsleben. Was wir im Alltag mit unseren Sinnen wahrnehmen, dessen Existenz brauchen wir uns normalerweise nicht durch ein ausdrückliches Glauben oder Vertrauen zu versichern, sondern es ist einfach da, in unserer Erfahrung gegenwärtig. Von solcher Art war auch die Überzeugung der Griechen, daß es Götter gibt. Götter kann man zwar nicht wahrnehmen wie Häuser, Bäume oder Berge, und doch waren sie für die Griechen wie etwas Sichtbares oder Erfahrbares in der Welt gegenwärtig. Aber wie soll man das verstehen?

Man kann das, woran sich der Mensch in der Religion bindet oder gebunden fühlt, verschieden bezeichnen, z. B. als "Gott" oder als "Götter" oder vielleicht auch als "das Göttliche". Wie drückten sich da die Griechen aus? Das Griechische besitzt als erste alte Sprache und im Unterschied zum Lateinischen eine für die modernen europäischen Sprachen selbstverständlich gewordene Errungenschaft: den bestimmten und unbestimmten Artikel (dazu auch Kapitel 4). Die Griechen konnten also wie wir zwischen drei Formulierungen wählen: "Gott", "der Gott" und "ein Gott". Wir sind vom Christentum her gewohnt, von "Gott" ohne Artikel zu reden. Der griechische Sprachgebrauch hält hier erneut eine Überraschung für uns bereit: Die Griechen bevorzugen die Formulierung "der Gott". Jeder ihrer vielen Götter kann "der Gott" sein.

Damit hängt eine zweite Eigenart des griechischen Sprachgebrauchs zusammen: Wir benutzen in der christlichen Tradition das Wort "Gott", um über ihn etwas auszusagen, z. B. "Gott ist die Liebe" oder "Gott ist Mensch geworden". Grammatisch gesehen steht das Wort "Gott" in solchen Sätzen als Subjekt, d. h. als Gegenstand der Aussage. Jeder Aussagesatz enthält aber neben dem Subjekt noch mindestens einen weiteren Bestandteil, das Prädikat, also das, was man über den Gegenstand aussagt, z. B.: "ist Mensch geworden", "ist die Liebe". In der griechischen Literatur finden wir nun oft das Merkwürdige, daß das Wort "Gott" – meist in der Form "der Gott" – nicht an der Subjektstelle im Satz steht, sondern die Stelle des Prädikats einnimmt. Es ist beispielsweise von der leidenschaftlichen Liebe eines Menschen oder von einem erschreckenden Ereignis im Krieg die Rede, sie bilden das Subjekt der Aussage, und nun wird über dieses Subjekt ausgesagt: "das ist der Gott".

Wegen dieses prädikativen Gottesbegriffs kann den Griechen alles mögliche als "ein Gott", also als etwas Göttliches erscheinen. Aber damit stellt sich für uns die Frage: Was kommt für die Griechen überhaupt als etwas Göttliches in Betracht? Was eignet sich in ihren Augen dazu, als "der Gott" aufgefaßt zu werden? Man könnte meinen, für sie sei vielleicht nur ein besonders herausgehobener Teil oder Ausschnitt der Welt für die Auszeichnung mit dem Prädikat "der Gott" in Frage gekommen. Aber keineswegs. Als der Gott konnte alles, was es gibt, überhaupt erscheinen. "Alles ist voll von Göttern", soll der erste Philosoph und Wissenschaftler, Thales von Milet, ein Jahrhundert vor Beginn des klassischen Zeitalters gesagt haben.

So ist bei den Griechen die ganze Welt durch die Götter, die uns überall begegnen können, heilig. Auch darin liegt ein fundamentaler Unterschied zu unserer christlich geprägten Welterfahrung; denn das Christentum hat die Welt mehr und mehr konsequent entheiligt, weil nichts heilig ist außer dem einen Gott, und der ist nicht von dieser Welt. Wenn alles in der Welt als "der Gott" erscheinen kann, muß man die Frage so stellen: Welche Bedingung muß erfüllt sein, damit den Griechen irgendein Vorkommnis in der Welt als göttlich vorkommt? Wann ist etwas "der Gott"?

Denken wir uns als Beispiel, daß jemand vor lauter Verliebtheit ganz kopflos wird und Dinge anstellt, über die die anderen nur den Kopf schütteln. Warum tut er solche Dinge? Weil er seiner selbst nicht mehr Herr ist. Man kann sagen, in einem solchen Menschen ist etwas Übermächtiges ausgebrochen, und gegenüber diesem Übermächtigen erweist er sich als ohnmächtig. Immer, wenn eine solche Übermacht im Menschenleben auftaucht, können die Griechen sagen: Hier erscheint "der Gott" oder auch "ein Gott".

Das Übermächtige kann wie beim Beispiel der sinnlichen Verliebtheit das staunenswert Schöne an der Geliebten, das bezwingend Reizvolle, das atemberaubend Verführerische sein, es kann etwas sein, das unser Erstaunen, unsere Bewunderung, unsere Ehrfurcht hervorruft, es kann aber auch die Gestalt des Furchtbaren, Erschreckenden, Grauenvollen, Entsetzlichen haben. In den Kriegstaten der griechischen Helden vor Troja etwa, wie sie uns der erste Dichter Griechenlands, Homer, schildert, begegnet den Menschen immer wieder "der Gott".

In allen Lebenssituationen kann uns das Übermächtige, das, was die durchschnittlichen und alltäglichen Begebenheiten übersteigt, also das Göttliche im griechischen Sinne begegnen. Aber woran liegt das? Daran, daß wir Menschen zutiefst ohnmächtig sind. Wir sind im letzten nicht Herr unserer Existenzbedingungen. Dafür aber ist der eigentliche Grund, daß wir sterben müssen. Wir können das Übermächtige, Göttliche erfahren, weil wir nicht nur vom Tage unserer Geburt an zum Tode verurteilt sind, sondern dies außerdem auch wissen. Wir verenden nicht bloß bewußtlos wie die Tiere, sondern wir "sterben", d. h., wir sind die einzigen Lebewesen, denen ihr Tod auf solche Art gegenwärtig ist, daß sie darüber sprechen können. Die Bäume oder der Rhein können nicht sterben, auch wenn man das jetzt überall in den Zeitungen liest. Deswegen haben die Griechen ursprünglich als Bezeichnung für uns Menschen den Ausdruck "die Sterblichen" verwendet. Uns Sterblichen ist unser Leben so gegeben, daß wir es – ob wir uns das eingestehen oder nicht – immerfort vor den dunklen Hintergrund unseres möglichen Todes stellen müssen. Vor diesem Hintergrund geht uns das Übermächtige auf, dessen wir als Sterbliche nicht Herr sind. Das bedeutet aber, daß dieses Übermächtige dem Tod überlegen sein muß. Deshalb erscheint den Griechen das Übermächtige, Göttliche als das Unsterbliche.

Die Götter sind die Unsterblichen, das bedeutet: Sie sind lebendige Wesen, d. h. aus Fleisch und Blut wie wir, also keine reinen Geister wie der christliche Gott. Deshalb können sie in plastischen Kunstwerken dargestellt werden. Aber ihr Leben ist frei von den Zügen der Ohnmacht, die unserem sterblichen Dasein durch den ständig drohenden Tod anhaften. Die Last der Todeserwartung macht uns die Existenz schwer und macht es uns unmöglich, ohne jeden Abstrich glücklich zu sein. Demgegenüber können die unsterblichen Götter unbeschwert und in einem Zustand des uneingeschränkten Glücks leben. Sie existieren, wie Homer das ausdrückt, "leichtlebend" und "selig".

Wir Menschen verkennen unsere sterbliche Existenzlage von Grund auf, wenn wir meinen, wir könnten irgend etwas unternehmen, das uns ein Leben wie die Götter verschafft. Wenn wir das glauben, verrennen wir uns in gefährliche Machenschaften. Deswegen müssen wir uns immer wieder auf den Unterschied von Unsterblichen und Sterblichen besinnen. In diesem Sinne stand am Apollontempel in Delphi der berühmte Spruch: "Erkenne dich selbst". Die Besucher sollten damit nicht aufgefordert werden, Psychologie zu treiben, sondern die Grenze ihrer Sterblichkeit zu beachten und zu wahren (mehr dazu in Kapitel 6).

Die beständige Möglichkeit zu sterben bildet den dunklen Hintergrund oder Untergrund unserer Existenz. Wir nennen diesen Hintergrund dunkel, so wie wir umgekehrt bei der Geburt, dem Gegenteil des Sterbens, davon sprechen, daß ein Mensch "das Licht der Welt erblickt". Das Leben erscheint uns vor seiner dunklen Kehrseite, dem Tod, als etwas Lichthaftes, Helles, und der Raum, worin sich unser Leben abspielt, die Welt, ist deshalb von Licht erfüllt. In diesem Raum der Welt gibt es eine wunderbare Fülle von Dingen, Menschen, Ereignissen. All dies ist aus dem verborgenen Dunkel, das uns im Tode droht, hervorgetreten in das helle Licht der Welt.

Im Unterschied zu den unsterblichen Göttern sind die Menschen "die Sterblichen". Wie die Griechen sich als Sterbliche erfahren haben, zeigen am eindrucksvollsten die Grabreliefs aus der klassischen Zeit Athens. Das Grabmal der Hegeso
stammt aus dem 5./4. Jahrhundert v. Chr. und steht im Nationalmuseum Athen.

In diesem Sinne ist nach griechischem Verständnis alles, was es gibt, etwas Sichtbares, nämlich etwas in der Helligkeit der Welt Erscheinendes, auch wenn wir es hören oder fühlen. Deshalb ist für die Griechen jegliches Wahrnehmen und Erfahren grundlegend ein Sehen. Bei jeder Erfahrung öffnen wir uns für den hellen offenen Raum der Welt, worin wir leben. Dieser offene Lebensraum, die Lebenswelt gibt für das Erscheinen der einzelnen Vorkommnisse in unserem Leben das Licht, so daß wir Menschen sie sehen, d. h. erfahren und erleben können (auch dazu mehr in Kapitel 6).

Welche Erfahrung machen wir nun, wenn uns etwas als "der Gott", als göttlich erscheint? Normalerweise, im Alltag, richtet sich unsere Aufmerksamkeit nicht auf das Ganze unseres Lebensraums, sondern wir beschäftigen uns mit den Vorkommnissen, den Menschen, Dingen und Ereignissen, die unser konkretes Leben ausmachen und unseren Alltag erfüllen. Aber immer wieder geschieht es, daß das Leben nicht normal und alltäglich bleibt; dann bricht das Übermächtige herein, wie bei den Beispielen von vorhin: der Leidenschaft der sinnlichen Verliebtheit oder den Ereignissen im Krieg. Was passiert dann eigentlich? Dann geht uns auf einmal das Ganze unserer Lebenswelt auf.

Wenn ich verliebt bin, erscheint mir, wie unsere Sprache ganz treffend und sozusagen ganz griechisch sagt, meine ganze Welt in einem anderen Licht. Alles, womit ich zu tun habe, die Menschen, die Dinge, die Ereignisse, strahlt mich an, macht mich beschwingt und gelöst. Mein Lebensraum als ganzer ist gleichsam in eine neue, rosige Farbe getaucht, und genau diese zauberhafte Verwandlung meiner ganzen Lebenswelt ist das, was mich als Übermächtiges in seinen Bann schlägt.

Der Mensch kann auf diese oder jene einzelnen Vorkommnisse in seiner Lebenswelt Einfluß nehmen. Aber was sich jedem Einfluß des Menschen entzieht, ist die Art und Weise, wie ihm das Ganze seiner Lebenswelt erscheint. In dieser Grenze unserer Verfügungsgewalt zeigt sich unsere Ohnmacht, d. h. unsere Sterblichkeit. Deshalb erleben wir eine solche Verwandlung unserer Lebenswelt, wie sie uns beispielsweise in der Verliebtheit oder im Krieg widerfährt, mit Staunen oder Erschütterung.

Bei der Verliebtheit tritt die Welt in ein strahlendes Licht. Aber es kann auch sein, daß die Welt sich als ganze gewissermaßen verdunkelt. Dafür ist der Krieg ein Beispiel. Er läßt alle Vorkommnisse: Menschen, Dinge und Ereignisse, als erschreckend, bedrückend, aussichtslos erscheinen. Nicht die Freude des Staunens, sondern Fassungslosigkeit, Angst und Schrecken überwältigen uns angesichts einer solchen Ver-

düsterung der Welt. Aber beide Male begegnet uns darin, daß unsere
Lebenswelt als ganze in ein anderes Licht rückt, das Unverfügbar-
Übermächtige, Göttliche.

Dieses Göttliche nennen die Griechen nun mit ihrem prädikativen
Gottesbegriff gerne "der Gott" oder auch "ein Gott". Warum? Weil es
jeweils eine ganz bestimmte Art und Weise des Erscheinens der Lebenswelt ist, die uns überwältigt. Jede Form, in der uns das Übermächtige
überkommt, gibt der ganzen Lebenswelt ein besonderes Gepräge. In
diesem Sinne hat das Übermächtige eine jeweils eigentümliche Gestalt.
Und deshalb erscheint es als "der Gott", nämlich als der jeweilige Gott,
durch den die Lebenswelt eben die Gesamtfärbung erhält, in der sie mir
jetzt gerade erscheint.

Wenn es die sinnliche Liebe ist, die den Gott erscheinen läßt, heißt die
Gestalt der überwältigenden Übermacht "Aphrodite". Und die übermächtige Gestalt, in deren Licht die ganze Lebenswelt durch den Krieg
tritt, nennen die Griechen Ares.

Ein anderes Beispiel für den Gott ist das Übermächtige, das uns in
unserer eigenen Geschicklichkeit und Tüchtigkeit begegnet. Jeder, dem
etwas wirklich Gutes, eine nützliche Tat, ein vollkommenes Werk
glückt, kann die Erfahrung machen, daß er nachher den Eindruck hat:
das war ich nicht selbst, irgend etwas anderes hat mich beflügelt. Und er
kann schon vorher die Zuversicht haben: Es gibt etwas, das mich zum
Gelingen meiner Aufgabe befähigen wird. Auch in diesem Hochgefühl
einer mich tragenden Geschicklichkeit und Tüchtigkeit kann mir meine
Lebenswelt als ganze in einem neuen Licht, im Licht einer bestimmten Gestalt erscheinen. Diese göttliche Gestalt nennen die Griechen
Athene.

Als Gestalt ist jeder Gott ein lebendes, wenngleich mit unsterblicher
Lebendigkeit ausgestattetes, Wesen wie wir. Aber wie kann ein einzelnes Lebewesen, "der" jeweilige Gott, dem Ganzen der Lebenswelt
Gestalt geben? In meiner Welt habe ich mit unzählig vielen Dingen und
Menschen zu tun und bin in tausend Ketten von Ereignissen verwickelt.
Die Lebenswelt ist ein Geflecht von unüberschaubar vielen Sinnzusam-
menhängen. Wie kann jeweils eine Gottesgestalt dieses ganze Geflecht
auf einen Schlag in ein bestimmtes Licht tauchen und den Gesamtzusammenhang anders erscheinen lassen als vorher?

Diese Frage kann man mit begrifflichen Erklärungen nicht mehr
beantworten. Hier versagen alle Begriffe – ein neuer Beleg für unsere
menschliche Ohnmacht. Aber man kann doch auf andere Weise ausdrücken und darstellen, wie sich das Sinngefüge unserer ganzen Lebens-

welt von einer einzigen Gottesgestalt her entfaltet. Man kann nämlich
Geschichten von diesem Gott erzählen – ursprünglich spielt und singt
man sie im Kult –, Geschichten, in deren Beziehungsreichtum spürbar
und ansatzweise verstehbar wird, wie sich der ganze Sinnzusammen-
hang der Lebenswelt um eine solche Gestalt herum formt. Diese Geschichten nennen die Griechen Mythen. "Mythos" heißt "Geschichte".
Der Mythos ist für den sterblichen Menschen die einzige Möglichkeit, darzustellen, was mit dem umfassenden Sinngefüge seiner Lebenswelt passiert, wenn sie durch die überwältigende Erfahrung einer
bestimmten Gestalt des Göttlichen als ganze auf einen Schlag einen
anderen Charakter annimmt. Jeder Mythos ist ein spielerischer Versuch, den Reichtum der Sinnbezüge im Bereich des Unverfügbaren
aufleuchten zu lassen. Aber dies kann dem Menschen nie vollständig
gelingen. Deshalb darf und muß man einen Mythos immer wieder neu
und anders erzählen. Das ist der Grund dafür, daß die Griechen an ihren
Mythen zu jeder Zeit frei weitergedichtet haben.

Alle Göttergestalten stellen die Lebenswelt vor dem Hintergrund des
Dunkels unserer Sterblichkeit in ein bestimmtes Licht. Ohne dieses
Licht bliebe die Welt dunkel. Die Sterblichen verdanken die Helligkeit
ihres Lebensraums den Göttern. Diesen Lebensraum nennen wir die
Erde. Die Erde bliebe als Lebensraum dunkel, wenn sie nicht von oben
her erhellt würde, von dem her, was über ihr ist: Sonne, Mond und
Sterne in dem hellen offenen Raum über uns. Dieses offene Ganze über
uns nennen die Griechen den Himmel. Weil das Licht für die Erde von
dorther kommt, wohnen die Götter oben, im Bereich des Lichts, auf
dem Olymp.

Es kann eine ganz besondere Erfahrung des Gottes geben, nämlich
die, worin uns die Lichthaftigkeit selbst erscheint, die das Göttliche
kennzeichnet. Das geschieht dann, wenn uns das Staunen darüber
befällt, daß alles Erscheinen überhaupt ein Wunder ist: Immer neue
Vorkommnisse tauchen auf unter dem Himmel. Dadurch wird das
Dunkel der Vergänglichkeit, die Verschlossenheit der Erde, aus der wir
Sterblichen stammen und in die wir ja auch zurückkehren, gleichsam
aufgebrochen. Dieses Wunder kann uns überwältigen, und in diesem
Erlebnis erhält alles in der Welt einen neuen Glanz, weil das Welter-
scheinen selbst zur Erscheinung kommt. Das Licht, das den Raum
unserer Lebenswelt erfüllt und belebt, tritt selbst ans Licht. Das Göttliche, das uns in dieser einzigartigen Erfahrung begegnet, nennen die
Griechen Apoll. So hat der Gott, dem das Heiligtum von Delphi gewidmet ist, einen ausgezeichneten Rang: in seiner Gestalt kommt das zum

Vorschein, was die Götter insgesamt zu Göttern macht, ihre himm-
lische, olympische Lichthaftigkeit. Über dieses Licht hat auf seine
Weise Platon nachgedacht, als er zu seiner Philosophie fand (Näheres
in Kapitel 6).

Vielleicht konnten die bisherigen Erläuterungen spürbar machen,
daß sich in der griechischen Religion tatsächlich eine Erfahrung aus-
spricht, oder genauer gesagt: nicht e i n e Erfahrung, sondern viele
Erfahrungen, nämlich die der verschiedenen Gestalten des Unverfüg-
bar-Übermächtigen. Wenn man sich diese Verschiedenheit vor Augen
geführt hat, kann man sich eigentlich nicht mehr wundern, daß die
Griechen Polytheisten waren. Man mag vielmehr umgekehrt in eine
gewisse Betroffenheit darüber geraten, daß die Erfahrung der Vielfalt
des Göttlichen verlorengehen konnte. Wie war das möglich?

Vorbereitet hat sich dieser Verlust wiederum bei den Griechen selbst.
Schon in der Zeit, als Philosophie und Wissenschaft entstanden, begannen sie ihre eigene Göttererfahrung nicht mehr zu verstehen. Das zeigt
sich am deutlichsten in der Religionskritik der Philosophen. Die griechische Dichtung und die bildende Kunst präsentieren uns die Götter
als Lebewesen mit einer leiblich sichtbaren Gestalt, nur ohne die
Beschränkungen und Beeinträchtigungen der Vollkommenheit, wie sie
der Mensch wegen seiner Sterblichkeit hinnehmen muß. Das bedeutet:
Das übermächtige Leben der Götter kann man nicht ablösen von der
ohnmächtigen sterblichen Existenz des Menschen; es kommt nur vor
diesem Hintergrund zum Vorschein. Die Sterblichkeit der Menschen
und die Unsterblichkeit der Götter sind wie die Ober- und Unterseite
einer Schale: dieselbe Wölbung, die von oben her konkav aussieht,
erscheint von unten betrachtet konvex.

Deshalb können die Götter nur in Menschengestalt, "anthropo-
morph", dargestellt werden; sie erscheinen menschengestaltig, weil sie
die lebendige Kehrseite, die unsterblichen Gegenbilder zur sterblichen
Existenz des Menschen sind. Diese Gegenbildlichkeit, das komplemen-
täre Verhältnis der Unsterblichen zu den Sterblichen wurde nicht mehr
verstanden. Daß die Götter nur als Gegenbilder für die Sterblichen
erscheinen können, bedeutet zugleich: Sie gehören mit zu der Welt, die
wir, die Sterblichen, erleben. Sie sind nichts Jenseitiges, von der Welt
Unabhängiges wie der eine biblische Gott.

Die griechischen Philosophen kritisieren die Menschengestaltigkeit
der Götter, d. h. aber im Grunde ihre Weltzugehörigkeit. Damit ebnen
sie von ferne bereits den Weg für den christlichen Schöpfergott mit
seiner absoluten Souveränität und Transzendenz gegenüber der Welt.

Xenophanes aus Kolophon in Jonien an der Ägäisküste der heutigen Türkei, der später in Süditalien lebte, wurde im letzten Drittel des 6. vorchristlichen Jahrhunderts berühmt für seinen beißenden Spott über den Anthropomorphismus der Göttervorstellungen: Wenn die Rinder, die Pferde, die Löwen Hände hätten, um Bildwerke zu schaffen wie die Menschen, dann, schreibt er, würden ihre Götter wie Rinder, Pferde oder Löwen aussehen.

Auf die Kritik des Anthropomorphismus der Götter folgt bei Platon ein zweiter Angriff: Die Götter sind nicht moralisch. Das liegt an einem wesentlichen Zug der Göttererfahrung, der bisher ausgespart blieb. Das Beispiel der Überwältigung durch die sinnliche Liebe hatte gezeigt, daß dem Menschen bei so einer Gelegenheit die Welt in einem strahlenden Licht erscheinen kann. Aber es blieb unerwähnt, daß auch das Gegenteil möglich ist. Die Sehnsucht nach der oder dem fernen oder verstorbenen Geliebten kann das Hochgefühl umschlagen lassen in eine Qual und Trübsal, durch die dieselbe von Aphrodite beherrschte Welt in ein ganz trübes Licht getaucht wird. Und ebenso kann es umgekehrt geschehen, daß jemanden in der Erfahrung von Grauen und Schrecken des Krieges plötzlich die Kraft eines unbegreiflichen Widerstandsgeistes und Durchhaltevermögens überkommt und erstaunlicherweise der ganzen Welt des Krieges ein neues positives Aussehen gibt.

Die Doppeldeutigkeit gehört zum Charakter eines jeden griechischen Gottes. Sie alle sind zweideutig und unberechenbar. Gerade darin kommt am stärksten die menschliche Ohnmacht zum Ausdruck, die den Hintergrund der Göttererfahrung bildet. Eben diese Doppeldeutigkeit aber erhebt das Handeln der Götter über alle moralischen Normen. Der erwähnte Xenophanes nimmt auch daran Anstoß und greift die ältesten Mythendichter an, die an der Wende vom 7. zum 6. vorchristlichen Jahrhundert den olympischen Göttern ihre konkrete, von dann an maßgebende Gestalt gegeben hatten: Homer und Hesiod. Sie, bemerkt er kritisch, haben den Göttern alles angehängt, was bei den Menschen mißbilligt und getadelt wird: Diebstahl, Ehebruch und Betrug. Diese Züge erscheinen Xenophanes (zu ihm auch Kapitel 1) und nach ihm Platon und vielen anderen bis hin zu den christlichen Kirchenvätern unvereinbar mit der Vollkommenheit der Götter. Sosehr uns heute diese Kritik einleuchten mag, sie war doch eine Verharmlosung der Göttererfahrung. Die unberechenbare Zweideutigkeit gehört unaufhebbar dazu, wenn "der Gott" den Sterblichen erscheint.

Die Zweideutigkeit macht es sogar möglich, daß zwei Götter, deren Wesen einander fundamental entgegengesetzt ist, sich im Mythos mit-

einander vereinigen. Ein hervorragendes Beispiel dafür ist wiederum
Delphi. Im dortigen Kult bringt der Mythos den eigentlichen Herrn des
Heiligtums, Apoll, mit dem Gott Dionysos zusammen. In diesem Gott
aber bekundet sich gerade auf eine bestimmte Weise die überwältigende
Übermacht der Erde, des dunklen Bereichs der Sterblichkeit, also dessen, was der Helle der olympischen Götter und insbesondere Apolls
entgegengesetzt ist (Näheres in Kapitel 7). Apoll kann sich mit diesem
Gott so eng verbinden, weil seine Lichthaftigkeit keineswegs nur strahlende Heiterkeit bedeutet. Auch Apoll hat wie alle Götter seine dunkle
und unberechenbare Kehrseite.

Die philosophische Religionskritik am Anthropomorphismus und
an der Unmoralität der Göttervorstellung war das wesentliche außer-
religiöse Motiv für die Aushöhlung des griechischen Polytheismus.
Ein anderes Motiv lag in der inneren Entwicklung der griechischen
Religion selbst. Alle griechischen Götter gehören trotz der Verschiedenheit ihrer Gestalten doch zusammen. Der Mythos bringt das dadurch zum Ausdruck, daß er die Götter durch ihre Abstammung zu
einer einzigen großen Götterfamilie verbindet. Alle Götter zusammen
sind das eine Übermächtige gegenüber unserer sterblichen Existenz.
Unser menschliches Leben ist ein in sich gebrochenes, unvollkommenes Leben, weil es von der Möglichkeit des Sterbens bedroht ist.
Demgegenüber ist das unsterbliche Leben der Götter ein "Leben" im
uneingeschränkten Sinne dieses Wortes. Unsterblichkeit ist also die
eigentliche Lebendigkeit.

Dieser Gedanke steckt in der griechischen Bezeichnung für den obersten Gott: Zeus. Das Wort "Zeus" hängt sprachgeschichtlich zusammen mit dem griechischen Wort für "leben": "zēn". (Derselbe Wort-
stamm steckt in "Zoo-logie", "Lehre von den Lebewesen".) Zeus ist
deshalb der oberste Gott, der die ganze Götterfamilie zusammenhält,
weil er das verkörpert, was alle Götter gleichermaßen sind: aufs Äußerste gesteigertes, uneingeschränktes, vollkommenes Leben. Deswegen
können die Griechen sogar davon sprechen, daß in allem Erscheinen der
Götter im Grunde immer nur ein einziger Gott erscheint: Zeus. Die
großen Dichter der frühen klassischen Zeit: Pindar in seinen Hymnen
und Aischylos in seinen Tragödien, haben das besonders deutlich zum
Ausdruck gebracht.

Die Konzentration alles Göttlichen in Zeus verbindet sich schon früh
mit dem Gedanken, daß das vollkommenste Leben nicht moralisch
zweideutig sein kann. So entwickelt sich Zeus allmählich zu derjenigen
einen göttlichen Übermacht, die in letzter Instanz dafür garantiert, daß

es moralisch gerecht zugeht in der Welt. Damit aber ist der Weg zum Monotheismus eingeschlagen, und so konnte einige Jahrhunderte nach dem klassischen Zeitalter die biblische Gotteserfahrung im Mittelmeerraum Fuß fassen, weil die durch die Griechen geprägte Welt dafür reif geworden war.

VI

Olympia

Der Gott Apoll und das Schöne – ein Weg zu Platon

Ein Museumsbesuch in Olympia gehört zu den Erlebnissen am Mittelmeer, die dem Betrachter die Schönheit griechischer Kunstwerke an besonders erlesenen Beispielen vor Augen führen. Zum Schönsten zählt in Olympia der Westgiebel des großen Zeustempels mit der beherrschenden Zentralfigur des Gottes Apollon, von der im folgenden noch die Rede sein soll. Immer wieder hat sich der europäische Kunstgeschmack an den klassischen Werken der Griechen orientiert. Was hat dieses Volk zur Vorbildlichkeit des Klassischen befähigt?

Man kann als Antwort auf diese Frage vieles anführen, aber als grundlegend darf man die Art und Weise ansehen, wie die Griechen die Welt überhaupt erlebt haben. Vielleicht kann man sagen: Alles, was ihnen in der Welt begegnete, nahmen sie wahr mit einem Gefühl der Dankbarkeit dafür, daß die Welt es ihnen nicht vorenthalten und unter Verschluß gehalten hatte. So erschien ihnen jedes Vorkommnis in der Welt als etwas, was aus einer Verborgenheit ans Licht gekommen und damit sichtbar geworden war. In diesem Sinne war für sie j e d e Beziehung zu etwas – auch das Hören oder Fühlen – im weiteren Sinne ein Sehen, d. h. ein Sichöffnen für das, was sich im Licht zeigt (dazu auch Kapitel 2 und 5).

In der überwältigenden Erfahrung des Lichts der Welt geht den Griechen die Gottesgestalt des Apoll auf. Was vom Licht beschienen wird, glänzt und leuchtet. Der Glanz, der auf allem liegt, was vor dem dunklen Hintergrund der Sterblichkeit in den Lichtschein der Welt hervortritt, das ist für die Griechen eigentlich das Schöne, und "Apoll" ist der Name für die göttliche Übermacht, der alles in der Welt seine Schönheit verdankt.

Nur bei Licht kann man sehen. Damit man sehen kann, braucht man einen Zwischenraum zwischen unseren Augen und dem, was man sieht,

Apollon, Westgiebel des
Zeustempels von Olympia

einen offenen Zwischenraum, worin sich das Licht ausbreitet. Wenn
der Abstand zwischen Gesichtssinn und Gegenstand zu kurz wird,
kann man nichts sehen. Zum Erscheinen und damit zur Schönheit
gehört also Distanz. Distanz entfernt uns von den Dingen und entfernt
die Dinge untereinander, sie hebt die Nähe auf, in der alles eins wird. Es
gibt eine überwältigende Erfahrung der Einheit und Nähe aller Menschen und Dinge. In ihr erscheint dem Menschen die Gottesgestalt des
Dionysos, ohne die man das griechische Theater und die Tragödie nicht
verstehen kann (dazu mehr in Kapitel 7). Apoll ist als Lichtgott die
Übermacht der Distanz, er ist der Gott der Ferne.

Als der, der Distanz schafft, erscheint Apoll im Westgiebel des Zeustempels. Mit der Gebärde seines ausgestreckten Arms ruft er die Lapi-
then und Kentauren, die sich im Nahkampf ineinander verwickelt
haben, zum Abstand voneinander und damit zum Frieden. Auch Dionysos stiftet Frieden, aber den Frieden durch die Nähe und Wärme der
Vereinigung. Der apollinische Friede erwächst aus der Distanz.

Die Wahrung von Distanz bringt uns Menschen zur Besinnung; sie
umschließt dreierlei: die Respektierung des Abstands der Sterblichen zu
den Unsterblichen – gemäß der Inschrift im Apollontempel von Delphi:

"Erkenne dich selbst"; die Einhaltung des Abstands der Menschen untereinander, d. h. Scham und Respekt; und schließlich die Distanznahme des Einzelnen zu sich selbst, die ihn befähigt, sich nicht von seinen Neigungen und Leidenschaften treiben und zur Maßlosigkeit hinreißen zu lassen. Diese Haltung nennen die Griechen "sōphrosýnē", Besonnenheit. Die entspannte und gesammelte Ruhe in den Gesichtszügen des Apolls von Olympia ist ein Bild der Sophrosyne, d. h. des Maßhaltens, der Verhaltenheit. In der Vorhalle des Apollontempels von Delphi stand nicht zufällig auch der Spruch: "Nichts zu sehr!", d. h. eine Aufforderung, das Übermaß zu vermeiden.

Licht schafft nur durch Distanz Sichtbarkeit, und Distanz überwindet Maßlosigkeit. Deshalb gehört für die Griechen der Lichtglanz der Schönheit mit dem Maß zusammen. Das Erscheinende ist dann schön, wenn es ein Maß einhält. In der griechischen Sprache ist wie im Deutschen von dem Wort "Maß" das Wort "messen" abgeleitet. Wir müssen nicht, aber wir können mit Hilfe von Zahlen messen. Deshalb liegt es für die Griechen nahe, das Maß, das zur Schönheit gehört, in Zahlenverhältnissen zu suchen. Festgelegte Zahlenverhältnisse verbürgen das schöne Maß, weil dadurch bei einem Ganzen die einzelnen Bestandteile in ihren Grenzen bleiben. Auch beim Menschen bedeutet die besonnene Einhaltung des Maßes Wahrung der Grenzen.

Der griechische Begriff "Kosmos" für das Weltganze bedeutet ursprünglich "schmuckvolle Ordnung" (Näheres dazu in Kapitel 1). Möglicherweise – so vermuteten die Griechen – ist alles im Kosmos deshalb schön, weil in seiner Wohlgefügtheit Zahlenverhältnisse zum Vorschein kommen. Diesen Gedanken haben die "Pythagoreer" auf die Formel gebracht: "Alles ist Zahl". Sie waren die im antiken Denken immer einflußreichen Anhänger des legendenumwobenen Pythagoras, der in der zweiten Hälfte des 6. vorchristlichen Jahrhunderts von der Insel Samos nach Süditalien auswanderte und dort als ethischer und religiöser Reformator eine Gemeinde von verschworenen Anhängern gründete.

Die Annahme, daß Schönheit auf Maß und damit vielleicht sogar auf Zahlenverhältnissen beruht, fanden die Pythagoreer durch eine Entdeckung bestätigt, die uns heute zu Unrecht als Selbstverständlichkeit erscheint. Die Schönheit, durch die bestimmte Töne in der Musik im Klang gut zueinander passen, beruht tatsächlich auf Zahlenverhältnissen, nämlich dem, was wir seitdem Intervalle nennen. Wenn man bei einem Saiteninstrument – denken wir bei den Griechen an die Lyra, die Leier – eine Saite in ganzzahligen Verhältnissen teilt und die dadurch entstehenden Abschnitte der Saite anzupft, dann erhält man erstaunlicherweise durchweg Klänge, die für unser Ohr zusammenpassen.

Dieses Gutzusammenpassen durch Zahlenverhältnisse nannten die Griechen seit jener Entdeckung "Harmonie", und wenn wir diesen Begriff gebrauchen, sprechen wir noch immer altgriechisch. Die Harmonie, die zahlhafte Wohlgefügtheit, begegnet uns bei den Griechen nicht nur in der Musik, sondern ebenso in den Proportionen ihrer klassischen Statuen oder des Tempelbaus, wo sich überall bestimmte ganzzahlige Maßverhältnisse feststellen lassen. Mit der Entdeckung der zahlhaften Harmonie beginnt eigentlich das Nachdenken der griechischen Philosophie über das Schöne.

Seit der ersten Hälfte des 4. Jahrhunderts v. Chr. gab es in der Philosophie eine Stätte, an der Apoll besonders verehrt wurde: die von Platon gegründete Akademie (Näheres in Kapitel 8). Platons Lehrer Sokrates wurde im Jahre 399 v. Chr. unter anderem deswegen zum Tode verurteilt, weil er angeblich eine unfromme, gottlose Haltung zur Schau gestellt und vor allem bei den jungen Leuten verbreitet hatte. Aber in Wahrheit war Sokrates ein frommer Mann, er wußte sich im Leben von Gott begleitet. Die Mahnung aus dem Apollontempel in Delphi, "Erkenne dich selbst", interpretierte er als eine Aufforderung, die Grenzen menschlichen Wissens zu prüfen, und zwar nicht des Wissens von allem Möglichen und Beliebigen, sondern des Wissens, das der Mensch von sich selbst haben kann.

Die Menschen sind sich im großen und ganzen einig in der Meinung, daß man eigentlich gerecht, einsichtig, tapfer und dergleichen mehr sein sollte, und wegen dieser Übereinstimmung im Grundsätzlichen denken sie, sie wüßten auch, was das ist: Einsichtigsein oder Gerechtsein usw. Sokrates machte sich unbeliebt, weil er seine Mitbürger durch lästig bohrende Fragen zwang, sich einzugeste-

Sokrates (470–399 v. Chr.)

hen, daß in ihren Köpfen in all diesen Dingen eine heillose Unklarheit herrschte. In seiner Verteidigungsrede vor Gericht – der 'Apologie', die Platon aufgezeichnet hat – erwähnt Sokrates, das Orakel des Gottes Apoll in Delphi habe ihn als den weisesten der Griechen bezeichnet. Sokrates läßt das gelten, aber ironisch, wie er ist, mit einer Umkehrung: Seine ganze Weisheit, die ihn vor den übrigen Griechen auszeichnet, besteht darin, daß er w e i ß , daß er nichts weiß.

Man kann die platonische Akademie als Europas erste Hochschule bezeichnen, aber sie unterschied sich von den heutigen Hochschulen dadurch, daß sie eine Gemeinschaft des Kultes, der Religion war. In Erinnerung an Sokrates verehrte man in dieser Kultgemeinschaft den Gott Apoll. Später wurde in der Akademie auch der Geburtstag ihres Gründers Platon begangen. Das dafür gewählte Datum war aber zugleich der Tag, an dem man in Athen den Geburtstag von Apoll feierte. Außerdem stand in der Akademie ein Altar für die Musen, d. h. für das Göttliche, das uns bei der Hervorbringung künstlerisch schöner Werke inspiriert. Als der Gott der harmonischen Schönheit führt Apoll in der Mythologie die Musen an, er ist der "Musaget". Im 'Phaidon' – das ist der Dialog, worin Platon in dichterisch ergreifender Weise die Hinrichtung des Sokrates und das letzte Gespräch mit seinen Schülern und Freunden schildert – bezeichnet Platon die Philosophie einmal als die höchste Musenkunst und bringt sie so mit Apoll in Verbindung.

Aber was hat die Philosophie für Platon mit dem Schönen zu tun? Philosophie ist für die Antike noch eins mit der Wissenschaft. Die Wissenschaft will wissen, was die Dinge sind. Ihre elementarste Frage lautet: Was ist das? Wenn die Wissenschaft ihre Fragen radikal und d. h. philosophisch stellt, führt die Frage "Was ist das?" zu einer merkwürdigen Erkenntnis, auf die Platon als erster gekommen ist.

Wir sehen beispielsweise etwas Schönes, eine schöne Blume, ein schönes Haus oder was auch immer. Auf die Frage, was das Betreffende ist, könnten wir jedesmal antworten: "es ist etwas Schönes". Damit drücken wir aus, daß alle schönen Dinge etwas gemeinsam haben, den Umstand nämlich, daß sie schön sind, kürzer formuliert: das Schönsein. Indem wir von etwas sagen: "es ist schön", behaupten wir also, daß in einem solchen Falle das Schönsein stattfindet und uns vor Augen tritt. Aber nun stellt Platon eine kritische Frage: Findet bei den angeführten Beispielen, der Blume, dem Haus und den vielen anderen Vorkommnissen in unserer Welt, die wir schön nennen, wirklich das Schönsein statt, begegnet es uns wirklich in diesen Fällen?

Klar ist, daß das Schönsein etwas anderes ist als das einzelne schöne Ding, etwa diese Blume hier. Zwischen dem Schönsein und dem einzelnen Ding besteht aber ein Zusammenhang, und den sprechen wir aus, indem wir den Satz bilden: "Diese Blume i s t schön". Diesen Satz kann man auch abwandeln und beispielsweise sagen: "Diese Blume ist sehr schön", oder: "sie ist ziemlich schön", "sie ist gar nicht schön" usw. Das zeigt, wie wir den Zusammenhang zwischen der Blume und dem Schönsein zu verstehen haben: Das Schönsein ist der Maßstab, an dem wir messen, in welchem Grade das einzelne Schöne, mit dem wir gerade zu tun haben, schön ist. Alles einzelne Schöne, diese Blume hier, jenes Haus dort, hat am Schönsein Anteil, aber jeweils in unterschiedlichem Maße; das Schönsein kommt in dem einzelnen Schönen jeweils mehr oder weniger stark zum Vorschein.

Daraus ergeben sich nun überraschende Konsequenzen. Erstens müssen wir die Existenz des Schönseins selbst voraussetzen, sonst wäre es nicht möglich, daß es in Dingen, die an ihm Anteil haben, in Erscheinung tritt. Wenn – zweitens – das Schönsein darin in Erscheinung tritt, daß das einzelne Ding schön ist, muß es selbst etwas Schönes sein. Dann aber stellt sich die Frage: Wie schön ist das Schönsein selbst, in welchem Maße ist es schön? Wenn das Schönsein selbst und die einzelnen schönen Dinge etwas Verschiedenes sind, müssen diese Dinge alle in geringerem Maße schön sein als das Schönsein selbst; denn sonst wäre das Schöne an ihnen nicht vom Schönsein selbst unterschieden. Mag also in unserer Welt etwas noch so schön sein, es bleibt notwendig hinter der Schönheit des Schönseins selbst zurück. Nichts ist einschränkungslos, ohne jeden Makel schön, außer – und das ist die wichtigste Konsequenz – das "Schönsein-selbst".

Das Schönsein-selbst bildet als das absolut Schöne den Maßstab für den Grad, in dem uns das Einzelne schön vorkommt. Einen Maßstab muß man schon im Blick haben, um an ihm messen zu können, ob etwas ihm mehr oder weniger entspricht. Demnach muß uns auch das Schönsein-selbst schon als Maßstab vor Augen gekommen sein, wenn uns etwas Einzelnes in höherem oder geringerem Maße mit einem schönen Aussehen begegnet. Das Schönsein-selbst öffnet uns durch sein unübertrefflich schönes Aussehen die Augen für das Aussehen des einzelnen Schönen. Wir haben also das Schönsein-selbst von vornherein im Blick als die Sicht, in der uns Einzelnes als etwas mehr oder weniger Schönes erscheint.

Die griechischen Wörter für "Sicht" und "Aussehen" lauten "idéa" und "eidos". Deshalb benutzt Platon diese Wörter, um damit das

Schönsein-selbst zu bezeichnen und außerdem alles, was sonst von der Art des Schönseins-selbst ist. Dies gilt für jegliches Vollkommensein; denn jedes Vollkommensein bildet die Sicht und den Maßstab, den wir im voraus im Blick haben müssen, um etwas Einzelnes, das daran teilhat, bezüglich des Grades seiner Vollkommenheit beurteilen zu können. So ist jede Vollkommenheit eine "idea", eine Idee – aber eine "Idee" nicht in den heutigen Bedeutungen dieses Wortes wie etwa "Einfall" oder "Vorstellung", sondern in dem beschriebenen platonischen Sinne (zur "idea" auch Kapitel 4).

Vollkommenheiten gibt es auch beim Menschen, nämlich gute Eigenschaften wie Gerechtigkeit, Tapferkeit usw. Der Rechtschaffene bietet uns den inneren Anblick der Ausstattung mit solchen Qualitäten, weil er sein Leben am Maßstab, an der moralischen Norm der entsprechenden Ideen, des Gerechtseins-selbst, des Tapferseins-selbst usw., ausrichtet. Auch für Platon ist wie für die Griechen überhaupt alles in der Welt etwas Sichtbares im weitesten Sinne. Was sichtbar ist, bietet uns ein Aussehen. Durch sein Aussehen kann etwas mehr oder weniger ansehnlich sein. Das Ansehnliche bezeichnen wir als das Schöne. Das Ansehnliche ist aber auch das, was sich sehen lassen kann. Die Teilhabe an Ideen wie Gerechtsein oder Tapfersein verleiht dem Rechtschaffenen ein inneres Aussehen, aufgrund dessen er sich moralisch sehen lassen kann. So ist der rechtschaffene, gute Mensch auch schön.

Charakteristischerweise haben die Griechen für "gut" und "schön" dasselbe Wort "kalós" ("Kalli-graphie" = "Schön-schrift"). Für das Schönsein des guten Menschen kommt es auf das äußere Aussehen nicht mehr an. Sokrates, nach dem Urteil seiner Schüler am Ende des schon erwähnten Dialogs 'Phaidon' der rechtschaffenste Mann seiner Zeit, war äußerlich häßlich wie ein Satyr. Aber durch seine innere Schönheit konnte er die Menschen motivieren, sich dem eigentlich, uneingeschränkt Schönen zuzuwenden, den Ideen. Das gab seinen bohrenden und ironischen Fragen die Autorität.

Auch die innere Schönheit beruht wie die äußere auf dem Maß. Wer gerecht ist, hält ein Maß ein, indem er jedem gibt, was ihm zusteht, und nicht untertreibt oder übertreibt. Wer tapfer ist, hütet sich vor den Extremen der Feigheit und der blinden Waghalsigkeit, d. h., auch er wahrt ein Maß. Wer Besonnenheit an den Tag legt, tut nichts anderes, als in seinem Urteil maßvoll zu sein. So kann man zeigen: Alle Züge menschlicher Rechtschaffenheit beruhen auf dem Maß (dazu auch Kapitel 12). Es macht den Rechtschaffenen zugleich gut und schön. Das

Schönsein hängt innerlich mit dem Gutsein zusammen, es ist gleichsam der Glanz des Gutseins.

Dieser von Platon entdeckte Zusammenhang von Gutem und Schönem ist vielleicht die eigentliche Wurzel des Klassischen bei den Griechen. Wir haben diesen Zusammenhang heute fast ganz aus dem Blick verloren. Das Schöne betrachten wir als eine Sache des Geschmacks, d. h. des subjektiven ästhetischen Empfindens, und das Gute finden wir in irgendwelchen ethischen Normen, die uns sagen, wie wir handeln sollen. Solche Normen haben mit dem Geschmacksempfinden nichts zu tun. So sind das Gute und das Schöne auseinandergefallen. Aber das hat Folgen, an denen wir schwer tragen: Das Schöne wird damit zur letztlich unverbindlichen Dekoration und das Gute zur moralischen Vorschrift ohne inneren Bezug zur Lebenserfüllung im Schönen.

Die Lebenserfüllung im Schönen sucht der Mensch in der erotischen Liebe. Von ihr handelt das 'Symposion', einer der schönsten Dialoge Platons. Für seinen griechischen Titel hat sich die Übersetzung 'Das Gastmahl' eingebürgert. Aber das ist ganz irreführend. Es handelt sich um ein handfestes Trinkgelage, das am Abend beginnt und bei dem Sokrates, als es auf den Morgen zugeht, alle unter den Tisch getrunken hat – und dann davongeht, als ob nichts gewesen wäre, ein Bild der apollinischen Besonnenheit, dem der dionysische Rausch nichts anhaben kann.

Bei diesem Trinkgelage werden Reden gehalten. Als Thema wird festgesetzt: das Lob des Eros, der Liebe. Die Liebe, um die es hier geht, ist das sinnliche Verliebtsein in einen Menschen oder auch in etwas anderes. Der Verliebte verzehrt sich in der Sehnsucht nach der Nähe dessen, was er liebt und begehrt; er möchte es ständig bei sich haben. Zur erotischen Liebe gehört dieses elementare Begehren, das eine Not ist, denn man leidet an einem Mangel. Was einem fehlt, ist der dauerhafte Anblick der Schönheit dessen, was man liebt. Die Schönheit einer Kostbarkeit, die man gern besitzen würde, die Schönheit eines Tieres, das man um sich haben möchte, die Schönheit einer Frau, die ein Mann vergöttert, die Schönheit eines Knaben, an der die Griechen der Antike wegen ihrer Bevorzugung der männlichen Homoerotik besonderen Gefallen fanden – all dies kann die Menschen durch seine Schönheit krank machen vor Begierde, es für immer im Besitz zu haben.

Wegen dieses begehrlichen Wesens ist der Eros, die Macht der sinnlich das Schöne begehrenden Liebe, mythisch gesprochen ein Sohn der unverlierbaren, ewigen Lebensfülle, die wir in unserem Begehren erstreben, und des Mangels, der sich im Begehren meldet. Die ewige

Lebensfülle besitzen die unsterblichen Götter, der Mangel kennzeichnet die Existenz der sterblichen Menschen. Deshalb ist der Eros weder Gott noch Mensch, sondern ein Zwischenwesen zwischen Unsterblichen und Sterblichen, zwischen Himmel und Erde, d. h. ein "Dämon", wie Platon sagt. Dieser Dämon macht den Menschen ihre Mangelhaftigkeit bewußt und treibt sie zugleich darüber hinaus zum Schönen. Aber zu welchem Schönen, dem einzelnen Schönen in der Welt oder dem Schönsein-selbst?

Alles Schöne und Vollkommene in der Welt bleibt, wenn man es im Licht der Ideen betrachtet, hinter ihnen, den absoluten Maßstäben, zurück. Konkret bedeutet das, daß alles Schöne in dieser Welt zerstörbar, veränderlich, vergänglich ist. Deshalb findet unser erotisches Begehren, das im Schönen die bleibende Lebenserfüllung sucht, daran keinen wirklich festen Halt. Bei aller Wandelbarkeit und Hinfälligkeit des Schönen in dieser Welt bleibt aber eines unverändert bestehen: das Schönsein-selbst. Denn alles einzelne Schöne in dieser Welt kann nur schön sein, weil es an seinem Maßstab, dem Schönsein-selbst teilhat. Also muß dieser Maßstab unverrückbar feststehen. Er ist unwandelbar und unvergänglich. Deshalb kommt das Begehren in der Idee des Schönseins ans Ziel und zur Ruhe.

Alle erotische Sehnsucht flieht den Mangel und strebt nach einem Schönen, das uns nicht verlorengehen kann. Darum sagt Platon: Der Eros treibt uns immer über das vordergründig Anziehende oder gar nur sexuell Reizvolle hinaus zur Idee des Schönen, nur bemerken wir es normalerweise nicht. Sich auf die Ideen zu besinnen, das ist die Aufgabe der Philosophie. Demnach gibt es im Leben der Menschen eine Kraft, die sie zur Philosophie lenkt, die erotische Liebe. Als Zuwendung zu den Ideen ist die Philosophie die eigentliche Erfüllung dieser Liebe. Denn erst sie befriedigt den Drang, das Schöne als etwas Bleibendes zu besitzen. Und so ist sie, wie erwähnt, die höchste Musenkunst.

Für die Ausübung dieser Kunst genügt es nicht, bloß sein Denken zu betätigen, um zur Erkenntnis der Ideen zu gelangen. Ideen wie das Gerechtsein, das Tapfersein sind nicht nur intellektuelle Maßstäbe, um unbeteiligt festzustellen, wieweit es jemand in puncto moralische Rechtschaffenheit gebracht hat. Nur in der unwandelbaren Schönheit der Ideen kann der Mensch die volle Lebenserfüllung finden, das bleibende Glück. Damit der einzelne Mensch zu diesem Glück gelangen kann, muß er den ewigen Maßstab der Ideen zur Richtschnur für sein Handeln machen. Er muß sich bemühen, in seiner Lebensführung der Ideenerkenntnis zu entsprechen.

Genau dies hat nach Platons Urteil Sokrates vorgelebt. Im 'Phaidon' charakterisiert Sokrates das Streben nach moralischer Rechtschaffenheit – nach der "Tugend" – als eine Reinigung der Seele. Darin liegt wiederum eine Anspielung auf die Verehrung Apolls; er war nämlich auch der Gott der kultischen Reinigung, der "kátharsis". Mit der Mahnung zur Reinigung übernimmt Platon zugleich etwas Pythagoreisches; denn die Pythagoreer strebten nach einem reinen Leben, wie es dem Maß entsprach, das uns in der Harmonie von Zahlenverhältnissen geistig vor Augen steht. Die Zahlen sind den Ideen ähnlich, deshalb haben sie in Platons Nachdenken über die Ideen eine immer stärker werdende Rolle gespielt. Nicht zufällig gehören zwei junge Pythagoreer zu den Dialogpartnern des Sokrates bei seinem letzten Gespräch im 'Phaidon'.

Platons Ideenlehre steht seit alters bis heute – man denke nur an den Ausdruck "platonische Liebe" – im Geruch der lebensfernen Schwärmerei. Aber die Besinnung auf die Ideen entsprang keineswegs einem Hang zu verstiegenen Spekulationen, sondern der handfesten Frage: Wie soll der Mensch sinnvollerweise sein Leben führen, damit er dauerhaft glücklich werden kann? Platon ist ein strenger Moralist, er antwortet auf diese Frage: Der Mensch muß durch die Bemühung um moralische Rechtschaffenheit den Weg der Reinigung seiner Seele einschlagen.

Die Seele ist in Platons Begrifflichkeit dasjenige in uns, wodurch wir in der Lage sind, die Ideen zu erkennen. Die Ideen sind die maßstäblichen Sichten, aber mit unseren leiblichen Augen können wir diese Sichten und ihr Aussehen nicht erkennen. Im Gegenteil, unsere Augen wie unsere Sinne überhaupt lenken unsere Aufmerksamkeit auf die einzelnen Dinge in unserer Welt. Diese Dinge aber sind, verglichen mit den Ideen, an denen sie teilhaben, prinzipiell unvollkommen. So fesseln uns unsere Sinne mit ihrem Bezug auf die Dinge an das Unvollkommene, Veränderliche, Vergängliche und halten uns davon ab, uns den Ideen, dem absolut Unwandelbaren und Ewigen, zuzuwenden und darin die zuverlässige und feste Orientierungsbasis für unsere Lebensführung zu finden. Die Sinne trüben die Klarheit des geistigen Anblicks der Ideen und hindern uns so an ihrer Erkenntnis. Die Reinigung der Seele ist die Befreiung von dieser Trübung der Ideenschau.

Die Sinne nehmen uns ein für die Welt, die wir durch unsere Wahrnehmung erkennen. Aber alles in dieser Welt bleibt hinter den Ideen zurück. Nichts ist hier vollkommen das, was es ist, wie sich am Beispiel des Schönen zeigte. Dem einzelnen Schönen, das wir in dieser Welt mit unseren Sinnen wahrnehmen, fehlt immer etwas von dem, was es zu etwas Schönem macht. Nun sagen wir aber vom einzelnen Schönen, von dieser Blume etwa, daß sie etwas Schönes i s t. Wir tun so, als fände das Sein des Schönen und der Ideen überhaupt in dieser unserer wahrgenommenen Welt statt; denn dieses Sein drücken wir mit dem schlichten Wort "ist" aus; "sein" ist nichts anderes als der Infinitiv zu "ist". Solange wir nicht mit Platon philosophieren, sind wir ganz selbstverständlich davon überzeugt, daß die Vorkommnisse in unserer wahrgenommenen Welt "sind". Wir setzen dabei voraus, daß sie die Beschaffenheiten besitzen, die wir ihnen zusprechen, z. B. das Schönsein. Aber eben dies ist die grundlegende Täuschung, zu der uns die Sinne verleiten. Die Dinge dieser Welt besitzen nur ein eingeschränktes Sein, ein Sein, das hinter dem vollkommenen Sein der Ideen immer zurückbleibt.

"Sein" ist, das ist Platons verblüffende Entdeckung, steigerbar und verminderbar. "Sein" im Superlativ, im Vollsinne, besitzen nur die Ideen. Sie bilden ein eigenes Reich des ungeminderten, wahren Seins. Weil unserer wahrgenommenen Welt dieses volle Sein fehlt, muß man das Reich der Ideen von dieser Welt unterscheiden, es liegt jenseits unserer wahrnehmbaren materiellen Welt. Die Seele muß ihre wahre Heimat in der jenseitigen Welt der Ideen finden, wenn der Mensch zu dauerhaftem Glück gelangen soll. Dafür muß sie sich reinigen, d. h. sich vom Körper befreien; denn als der Träger der Sinne ist eigentlich er es, der unserer Ideenerkenntnis und damit der Verwirklichung dauerhaften Glücks im Wege steht. Deshalb muß sich die Seele, um die Ideen ungetrübt zu erblicken, vom Körper trennen.

Trennung der Seele vom Körper – das ist aber nichts anderes als eine Umschreibung des Todes; denn der Tod besteht darin, daß das, was unseren Leib lebendig macht, die Seele, den Körper verläßt; im Sterben trennt sich das den Körper Beseelende, d. h. Lebendigmachende, das wir "Seele" nennen, vom Körper. Wir kommen so zu einer paradoxen und schockierenden Schlußfolgerung: Der Mensch muß sich einüben in den Tod; das Sterbenlernen ist der Weg zum wahren Glück.

Wer geht diesen Weg? Derjenige, der sich wie Sokrates auf die Ideen besinnt. In der Zuwendung zu den Ideen, behauptet Platon, besteht die Philosophie. Also führt der Weg zum wahren Glück, der Weg der Trennung der Seele vom Körper, durch die Philosophie. Philosophie ist Sterbenlernen. Das ist die erste klassische Definition der Philosophie, die bis heute nichts von ihrer Anstößigkeit verloren hat. Die Philosophie ist spätestens seit Sokrates und Platon – nicht erst seit Heidegger und der Existenzphilosophie – in ihrem Zentrum eine Auseinandersetzung mit dem Tod (in Wirklichkeit schon seit Anaximander und Heraklit, siehe Kapitel 1).

Der Mensch ist für Platon das Wesen zwischen der geistigen Welt der Ideen und der wahrnehmbaren Körperwelt. Erst in der erreichten Trennung der Seele vom Körper gelangt der Mensch zu seiner eigentlichen Bestimmung. Darum muß es für Platon eine Fortexistenz der Seele nach dem Tode, nach ihrer Trennung vom Leibe geben. Im 'Phaidon' hat Platon deshalb versucht, die Unsterblichkeit der Seele zu beweisen.

Den Unsterblichkeitsglauben hat sich die christliche Tradition mehr als anderthalb Jahrtausende lang so sehr zu eigen gemacht, daß noch heute das populäre christliche Bewußtsein den christlichen Glauben mit diesem ursprünglich platonischen und nicht etwa neutestamentlichen Gedanken identifiziert. Den Jesus des Neuen Testaments erwartet nicht der Trost der Unsterblichkeit; er stirbt sehr menschlich mit einem Schrei der Verzweiflung und Verlassenheit. Der platonische Sokrates im 'Phaidon' nimmt – ein wenig übermenschlich – in philosophischer Gelassenheit und Heiterkeit von diesem Leben Abschied. Sein letzter Wunsch ist, man möge dem Heilgott Asklepios einen Hahn opfern, weil er nun von der Krankheit der Fesselung der Seele an den Leib befreit ist.

Asklepios begegnet uns immer wieder an den Stätten der Griechen, als Helfer und Heiland der Kranken im großen Sanatorium von Epidaurus, als göttlicher Patron der von Hippokrates begründeten wissenschaftlichen Medizin im eindrucksvollen Heiligtum auf der Insel Kos vor der türkischen Küste. Wer aber ist Asklepios? In der griechischen Mythologie gilt er als Sohn des Apoll. So sind wir mit dem Tod des Sokrates noch einmal zu Apoll zurückgekehrt.

VII

Epidaurus

Philosophie und Tragödie

Wer die Stätten besucht, die Griechen besiedelt haben, wird fast überall Theater antreffen; denn kein Zentrum ihres Lebens, von der Großstadt bis zum Kurort wie Epidaurus, war ohne Theater. Das lag später gewiß daran, daß die Menschen Unterhaltung suchten, vor allem in der Komödie. Aber von Hause aus war das Theater ein Ort der Frömmigkeit, des Kultes für den Gott Dionysos.

Ursprünglich auf der Peloponnes brachte man diesem Gott einen Chorgesang voll Schwung und Leidenschaft dar, den "dithýrambos", bei dem die Sänger im Kreis um einen Altar standen – daher die ursprüngliche Kreisform der Orchestra im Theater, wie sie sich in Epidaurus erhalten hat. Der Dithyrambos gelangte von der Peloponnes nach Athen, und dort ist aus ihm allmählich die Tragödie hervorgegangen, der die Komödie folgte. Seit dem Beginn des 5. vorchristlichen Jahrhunderts fanden jedes Frühjahr in Athen am drei Tage dauernden großen Dionysosfest Dichterwettkämpfe mit Tragödienaufführungen statt. Drei Dichter brachten jeweils eine Dreiergruppe von Stücken, eine Trilogie, zur Aufführung, und einer wurde Sieger. Von den knapp dreihundert Dramen, die die drei Klassiker der Tragödiendichtung im Athen des 5. Jahrhunderts: Aischylos, Sophokles und Euripides, verfaßt haben, sind uns 32 erhalten geblieben.

Man kann die griechische Tragödie auf doppelte Weise sehen: einmal als eine Spielart der Dichtung und damit als ein kulturelles Phänomen neben anderen. Sie läßt sich aber auch als Ausdruck eines Lebensgefühls betrachten, einer Bewußtseinslage, in der das Tragische der menschlichen Existenz vorherrscht. Ein solches tragisches Bewußtsein hat es im Leben der Griechen tatsächlich gegeben, und zwar schon bevor die Kunstform "Tragödie" entstand. Gleich der erste erhaltene Satz der Philosophie, den Anaximander aus Milet in der Mitte des 6. vorchristlichen Jahrhunderts geschrieben hat, zeigt, daß die Auseinandersetzung mit dem Tragischen im frühen Denken eine wesentliche Rolle spielte (Näheres in Kapitel 1). Das Tragische steht in einem inneren Zusammenhang mit dem Gott Dionysos, aus dessen Kult die Tragödie hervorging. Worin besteht dieser Zusammenhang?

Dionysos, der u. a. auch den Namen Bakchos, lateinisch: Bacchus, trug, ist heute noch unter den antiken Göttern am populärsten, denn jeder halbwegs Gebildete kennt ihn als den Gott des Weines und Rausches. Was hat dieser Gott mit der Tragödie zu tun? Ursprünglich handelt es sich um einen orientalischen Gott, der später in die griechische Götterfamilie aufgenommen wurde. Damit wurde er in ihrer Wohnstätte, dem Himmelslicht des Olymp, heimisch. Aber aufgrund seiner Herkunft gehört er von Hause aus in den Bereich derjenigen griechischen Gottheiten, die man als chthonisch, d. h. erdhaft, bezeichnet.

In Gestalt der unsterblichen Götter begegnete den griechischen Menschen vor dem Hintergrund ihrer eigenen Sterblichkeit das überwältigend Übermächtige, Unverfügbare unserer Existenz (Näheres in Kapi-

Das am schönsten gelegene Theater Griechenlands in der Asklepios-Heilstätte Epidauros, im 4. Jahrhundert v. Chr. erbaut. Von dem hohen Bühnengebäude hinter der Orchestra hat sich nichts erhalten.

tel 5). Als Sterbliche wohnen wir Menschen auf der Erde. Diese für
unseren Aufenthalt bestimmte Weltgegend ist in sich dunkel und bedarf
des göttlichen Himmelslichts. Der Himmel läßt über der Erde erst den
Lebensraum aufgehen, worin die Sterblichen existieren können. Die
Erde ist im Gegensatz zur offenen Helle des Himmels in sich verschlossen. Die Sterblichen sind für den hellen Raum des Himmels geöffnet;
was wir Menschen erfahren und erleben, erscheint uns in seinem Licht.
Weil wir diesen Bezug zum Himmel haben, also nach oben orientiert
sind, gehen wir – so kann man mehrfach bei den antiken Schriftstellern
lesen – als einziges Lebewesen aufrecht. Und doch bleiben wir an die
Erde gebunden.

   Daß wir Menschen der Erde verhaftet bleiben, zeigt sich daran,
wie wir unsere Welt erleben. Alles begegnet uns im Licht des Himmels. Was im Licht erscheint, sieht man. So ist unser Erlebnis der
Welt für die Griechen ein Sehen. Wir denken noch immer griechisch,
wenn wir sagen, daß ein Mensch, wenn er geboren wird, "das Licht
der Welt erblickt". Aber dieses Licht ist bei uns sterblichen Menschen jederzeit von Dunkelheit durchsetzt und getrübt, und das ist die
Bindung an die Erde. Die Dunkelheit taucht in Gestalt vieler Faktoren
unseres Daseins auf: Schlaf und Ohnmacht unterbrechen unser Sehen
der Welt. Der Tod macht unserem Sehen für immer ein Ende. Schlaf
und Tod sind Geschwister; Hesiod, nach Homer der zweite Ahnherr
der griechischen Dichtung, bezeichnet sie als Kinder der Nacht. Ein
Abkömmling der Nacht ist auch das Vergessen; es entzieht das einmal vor Augen Gehabte der Beständigkeit unserer geistigen Anschauung. Und ebenso trüben und verzerren Alter und Krankheit, Einbil-
dungen und Wahnvorstellungen, Irrtum und Lüge unsere Sicht der
Welt.

   Alle solche Beeinträchtigungen unseres sterblichen Daseins sind für
die Griechen Weisen, wie das Gesehene und Sichtbare uns aus der hellen
Offenheit unseres Lebensraumes in ein Dunkel, in eine Verborgenheit
und In-sich-Verschlossenheit entgleitet. Charakteristisch für diese Auffassung ist das griechische Wort, das wir mit "vergessen" übersetzen. Es
bedeutet eigentlich: sich etwas ins Verborgene entgehen lassen. Der
Gesamtbereich der dunklen Verborgenheit und In-sich-Verschlossenheit aber ist die Erde.

   Es gibt eine ganze Gruppe von eigentümlichen Erfahrungen göttli-
cher Übermacht, in denen uns die Ohnmacht unserer Bindung an die
Erde überwältigt. Die auffälligste Gestalt, in der "der Gott" – wie die
Griechen sagen – auf solche Weise erscheint, ist Dionysos. Eigentlich

handelt es sich also um einen Gott, worin in einer gesteigerten Weise unsere Sterblichkeit zum Vorschein kommt. Das unheimliche Dunkel, das unser ganzes Dasein umgibt und durchdringt, begegnet uns in der Gestalt des Hades, des Gottes des Todes und der Unterwelt, d. h. der abgründig in sich verschlossenen Finsternis der Erde. Heraklit von Ephesus, der tiefsinnigste vorklassische Philosoph und Zeitgenosse des Aischylos, mit dem Beinamen "der Dunkle" (mehr über ihn in den Kapiteln 1 und 2), sagt in einem seiner Sprüche: Hades und Dionysos sind ein und derselbe.

Wie vereinbart sich mit dieser finsteren Natur des Dionysos die fröhliche Ausgelassenheit des Gottes, von dem der Mythos erzählt, daß er uns den Wein gebracht hat, und der im Kult in turbulenten, bunten Umzügen gefeiert wird, in einer Art Narrenschiff wie der Prinz im rheinischen Karneval?

Alle griechischen Götter bieten uns zwei Gesichter dar, ein heiteres und ein ernstes. Das heitere Gesicht des Dionysos läßt sich daraus verstehen, daß auch zur Erde eine positive Seite gehört. Gerade als Bereich der dunklen Verschlossenheit ist die Erde zugleich das, wohinein wir uns bergen und was uns trägt wie der dunkle geschlossene Mutterleib, aus dem die Sterblichen bei der Geburt ans Licht hervorkommen. Das bedeutet: Die eben angeführten negativen Züge unserer sterblichen Existenz beeinträchtigen unser Leben nicht nur, sondern sie ermöglichen es auch. Besonders deutlich zeigen das Schlaf und Vergessen. Das Leben würde grauenvoll und unerträglich, wenn wir wie ein Computer alles behalten müßten, und den Schlaf brauchen wir, um aus seiner Geborgenheit und Ruhe frische Kraft zu schöpfen. So bedarf unsere Lebenswelt des tragenden, ruhenden und bergenden Grundes der Erde, damit daraus das schöpferisch Neue, das Junge und Strahlende hervorwachsen kann. Aus der Erde bezieht das blühende, körperlich und geistig zeugungskräftige Leben seine Kraft.

Eben dieses aus der Erde genährte pralle Leben in seiner unermeßlichen Erneuerungsfähigkeit erscheint in der überwältigenden, die ganze Lebenswelt revolutionierenden Gestalt des Dionysos. Deshalb bietet sich Dionysos zunächst als ein Gott der Fruchtbarkeit und Zeugungskraft dar. In dem burlesken Umzug für ihn an den Lenäen, einem der großen griechischen Feste, wird eine große Darstellung des erigierten männlichen Gliedes, der Phallos, umhergetragen. Im Mythos begleiten den Dionysos Wesen, die alle die Leidenschaft der entfesselten naturhaften Zeugungskraft zur Schau stellen: ausgelassen tanzende und wie an Weiberfastnacht über die Männer herfallende Frauen, die Mänaden;

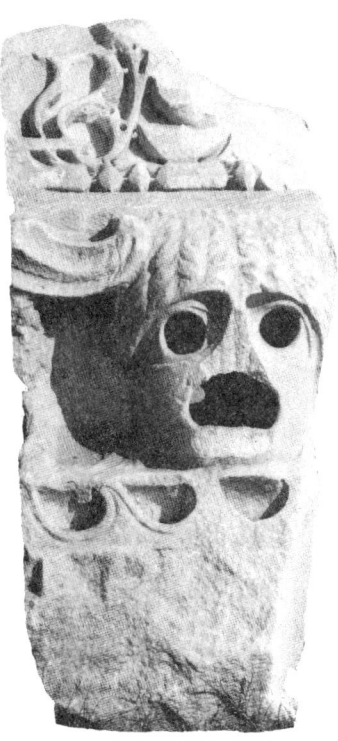

*Masken der griechischen Tragödie.
Die steinerne (links) findet sich am
Theater in Perge an der Südküste der
Türkei.*

die betrunkenen und sexuell erregten, zu allen Verrücktheiten aufgelegten Satyrn und ihre Gefährten, die Silene.

Der dionysische Überschwang des Lebensrauschs ist das gerade Gegenteil der Besonnenheit und Distanziertheit, die die Gottesgestalt des Apoll kennzeichnet, wie man ihn beispielsweise im Westgiebel des Zeustempels von Olympia sehen kann (dazu Kapitel 6). Die besinnliche Distanznahme trennt; sie bewirkt, daß man die Menschen und die Dinge auseinanderhält. Der Rausch läßt alles verschwimmen, ineinander übergehen, zur Einheit werden. Deshalb feiert der Dionysoskult überschwenglich die Einheit und d. h. zugleich die Versöhnung zwischen allem Lebendigen. Die Menschen liegen sich selig in den Armen, die wilden Tiere werden zahm, die ganze Natur erscheint als urwüchsig-friedliches Paradies.

Apoll war als Gott der Distanz auch der Gott der Ferne. Das dionysische Lebensgefühl bedeutet Nähe. Deshalb gehört zum Dionysoskult wie noch zum Fasching und zum Karneval die Maske. Denn wer sich in einer Maske nähert, wird darin auf eine unheimliche Weise gegenwärtig. Das Unheimliche an der Maske ist freilich, daß sie mir den, der mir darin nahekommt, zugleich entzieht. Die Maske verbirgt in der Form einer aufdringlichen Annäherung. Dadurch ist sie das vielleicht charakteristischste Requisit des Dionysoskults. Wie erwähnt, ist Dionysos nach Heraklit identisch mit Hades, der Übermacht der dunklen, erdhaften Verborgenheit. Die Maske ist das Sinnbild der dionysischen Einheit von überlebendiger Nähe und abgründiger Verborgenheit, von Rausch und Tod. Einen großen Teil ihrer Wirkung bezog die Tragödie sicher daraus, daß sie mit Masken aufgeführt wurde.

Mit der Unheimlichkeit und Zweideutigkeit des Dionysos nähern wir uns dem Ursprung der Tragödie. Der Spruch des Heraklit wies auf die Identität von Dionysos und Hades hin. Gerade im Dionysoskult, in der Feier der animalischen Erneuerungsfähigkeit des Lebens ist der Tod mitgegenwärtig, denn das Leben brauchte sich ja nicht immer wieder zu erneuern, wenn es nicht beständig auf das Sterben zuginge und unaufhaltsam darin endete.

Der Tod ist im Leben beständig mitanwesend, indem uns das Negative, die "Kinder der Nacht" wie Krankheit, Vergessen, Alter, Hunger, Krieg und dergleichen mehr, an unsere Vergänglichkeit erinnert. Wir versuchen solche Zustände zu verdrängen, aber daß sie immer als verborgene Gegenpole in den Zuständen von Glück, Wohlbefinden und Frieden mitgegenwärtig sind, zeigt sich daran, daß sie irgendwann im Leben unaufhaltsam aus der Verborgenheit, in die wir sie abdrängen, hervorbrechen. Dieses tragische Gesetz hat Anaximander von Milet in dem eingangs erwähnten ersten erhaltenen Satz der Philosophie formuliert. Die Maske der Tragödie erinnert auf ihre Weise an dieses Gesetz: der Krieg maskiert sich als Frieden, der Hunger als Sattheit, die Krankheit als Gesundheit. Die Lebensfülle, die in Dionysos übermächtig in Erscheinung tritt, ist nur die Maske, durch die der Tod in unser Leben hineingrinst.

Die Mitgegenwart des Todes im Leben können wir Menschen uns im Kult bewußt halten, indem wir unserer Ahnen gedenken. Wir finden darin einen Halt vor der Übermacht des Todes, weil das Weiterleben der Ahnen in der Erinnerung uns in gewissem Sinne von der Last des Todes befreit. Derjenige, dessen Andenken wir nicht vergehen lassen, wird dadurch nämlich vor dem Todesdunkel der Vergessenheit bewahrt. Im Gedächtnis bleiben vor allem diejenigen Menschen, die wegen ihrer großen Taten von der Nachwelt gerühmt werden. Die größten Taten sind für die Griechen die, bei denen sich Sterbliche in besonderer Weise vor dem Tode bewähren. Solche Taten haben die Heroen der griechischen Vergangenheit vollbracht. Indem sie damit für ihr unvergängliches Andenken sorgten, überwanden sie die Sterblichkeit zumindest ihres Namens, der nicht mehr in Vergessenheit gerät. In der Unsterblichkeit des Ruhms wird solchen Menschen ein wenig von der Unvergänglichkeit der unsterblichen Götter zuteil. Deshalb kann der Mythos die Anerkennung der Größe der Heroen sogar als eine Art Vergöttlichung darstellen.

Weil im Dionysoskult der Tod mitgegenwärtig ist, wurden im tragischen Dithyrambos vor allem die Schicksale der todesmutigen Helden besungen, und daraus entstand die Tragödie. Aber was interessiert den Tragödiendichter an den Schicksalen der Heroen? Nicht alles und jedes, sondern nur diejenigen Taten und ihre Folgen, in denen die Grenze des sterblichen, an die Erde gebundenen Menschseins besonders deutlich hervortritt. Wie eben erklärt, zeigt sich diese Grenze überall dort, wo die helle, klare, unverstellte Sicht des Menschen in die Welt sich verdunkelt.

Eine ganze Serie von Beispielen dafür enthält die 'Orestie', eine grandiose Trilogie, die sich von Aischylos erhalten hat. Die Geschehnisse in dieser Trilogie setzen ein anderes aus dem Mythos bekanntes Ereignis voraus: die Opferung der Iphigenie vor der Ausfahrt der griechischen Flotte nach Troja. Fürst Agamemnon, der Vater der Iphigenie, will mit der Hingabe seiner Tochter einem Befehl des Gottes gehorchen, der seine Gunst von diesem Menschenopfer abhängig macht. Aber Agamemnon sieht nicht die Folgen, den unauslöschlichen Haß, der in seiner Gemahlin Klytemnästra, der Mutter der Iphigenie, aufsteigen wird. Sie wird ihn bei seiner Heimkehr von Troja ermorden, und mit dem Drama um diesen Mord beginnt die Orestie. Klytemnästra ihrerseits ist blind für die Folgen ihrer Tat: ihr Sohn Orestes wird sich aufgerufen fühlen, den Tod seines Vaters zu rächen. Aber mit diesem Mord an der Mutter – im zweiten Drama der Trilogie – übersieht er wiederum, daß er damit die Rachegöttinnen, die Erinnyen, auf den Plan ruft.

So waltet überall in der Tragödie die Blindheit, das Sichversehen am Gegebenen, das Versagen durch eine Verstellung der Sicht, und das löst jedesmal die Ereignisse aus, die wir tragisch nennen. Aristoteles, der beinahe alles unter die Sonde der Wissenschaft gelegt hat, hat ein Jahrhundert nach der großen Zeit der Tragödie ihr Wesen analysiert, in einem Werk über die Dichtkunst, der 'Poetik'. Von dieser Schrift ist uns nur ein kleiner Teil erhalten, die Partie über die Tragödie. Aristoteles sagt dort treffend, daß es immer ein Irrtum, d. h. ein Fehlgriff,

ein Sichversehen der beschriebenen Art ist, wovon die Tragödie ausgeht. Die Mustertragödie, die mit äußerster Meisterschaft und Konsequenz die Blindheit des tragischen Helden vorführt, ist das Meisterwerk
des Sophokles und eines der schlechthin vollendeten Kunstwerke in
unserer Geschichte, der 'König Ödipus'. Das Drama wurde um 430
v. Chr. aufgeführt. Welch außerordentlich hohes Niveau die Tragödie
damals erreicht hatte, erkennt man daran, daß Sophokles damit im
Wettbewerb nur den zweiten Platz bekam.

König Ödipus ist in einer so ausweglosen Weise in die Verblendung seines Nichtsehens verstrickt, daß man daran das ganze Elend
des sterblichen Menschen ablesen kann. Das Drama des Sophokles
beginnt erst, nachdem die Ereignisse im Leben des Ödipus, die allgemein aus der Sage bekannt sind, alle bereits geschehen sind. Ödipus
ist also schon längere Zeit König in Theben, als Ehemann seiner Mutter. Die Tragödie setzt damit ein, daß in der Stadt die Pest ausgebrochen ist. Sophokles präsentiert uns Ödipus als einen Mann, der nun
mit aller Energie darangeht, die Seuche zu bekämpfen. Das delphi-
sche Orakel offenbart ihm, daß die Pest deswegen über die Stadt
Theben verhängt ist, weil in der Stadt ein Mann lebt, der als Vater-
mörder und Mutterschänder eine Beleidigung für die Götter darstellt.
Nun legt Ödipus seine ganze Tatkraft darein, diesen Menschen, der
die Pest verursacht, zu finden. Aber eines sieht und ahnt er nicht:
daß er selbst dieser Mensch ist und daß seine intensive Suche ihn
schließlich auf ihn selbst stoßen lassen wird.

Das ganze bisherige Leben des Ödipus war voller Erfolge, weil er in
der Lage war, alles zu durchschauen und aufzuklären. So hatte er die
Stadt Theben befreit, weil er das Rätsel der menschenfressenden Sphinx
lösen konnte, die nur zu besiegen war, indem ihr Rätsel gelöst wurde.
Das Rätsel hatte gelautet: Am Morgen geht es auf vier Beinen, am
Mittag auf zweien und am Abend auf dreien – was ist das? Ödipus
erkennt, daß es der Mensch ist – das bedeutet: er durchschaut, was der
Mensch als der Sterbliche ist: er kann sich nur auf der Höhe seines
Erwachsenendaseins nach oben in den offenen Lebensraum des Him-
mels hinein aufrichten, während ihn Schwäche und Gebrechlichkeit in
Kindheit und Alter zum Kriechen bzw. an den Stock zwingen und d. h.
zur Erde beugen. Ödipus ist so hellsichtig, daß er nicht bloß irgendein
Rätsel, sondern das des sterblichen, d. h. unter dem Himmel auf der
Erde beheimateten Menschen selbst löst, und doch bleibt er in bezug auf
sich selbst blind und sieht das Nächstliegende nicht.

Deshalb folgt unvermeidlich die Katastrophe – "katastrophé", "Umschlag", ist ein Begriff aus der Tragödientheorie des Aristoteles –: Die Glücks- und Erfolgssträhne des Ödipus reißt ab, sie schlägt um ins Unglück; die vermeintliche Hellsicht des Ödipus entpuppt sich als Blindheit. Deshalb sticht Ödipus sich selbst am Ende des Dramas die Augen aus; damit stellt er seine bis dahin verborgene Verblendung ans Licht: alle sollen ihn, den Geblendeten, sehen. Als leiblich sehender Mensch war er blind, und jetzt als Blinder ist er sehend.

Die Gestalt des Ödipus zeigt einen weiteren Zug des tragischen Helden: die Leidenschaft, nämlich die ungeheure und ungeheuerliche Entschiedenheit, mit der er das tut, was er im Drama tut. Der Held tut das, was er tut, so intensiv, daß er ganz in seiner zur Katastrophe führenden Handlung aufgeht. Der Held der griechischen Tragödie hat genauso wie die klassische griechische Skulptur wenig individuelle Züge. Er interessiert den Dichter und den Zuschauer nicht als psychologischer Fall, sondern nur als leidenschaftlicher Täter seiner unheilvollen Tat. Dies erklärt auch die Bezeichnung "Drama" für die Tragödie. "Drama" bedeutet "Handlung" und ist ein Substantiv zu dem Verb "drān", "handeln, tun". Gemeint ist hier aber nicht irgendein Tun, sondern nur dasjenige, wodurch ein Mensch ganz zum Täter einer bestimmten Tat wird: Ödipus beispielsweise, das ist der und nur der, der unwissend seinen Vater tötete, seine Mutter heiratete und die Folgen dieser Taten zu tragen hatte.

Wesentlich für die Tragödie ist, daß die großen tragischen Helden sich am Ende in das Schicksal fügen, die schrecklichen Folgen ihrer Verblendung zu tragen. Oft protestieren oder jammern sie zunächst, sie versuchen den Konsequenzen ihrer Tat auszuweichen, aber dann nehmen sie sie bewußt auf sich, weil sie einsehen, daß damit die verborgene Ordnung der Welt, nämlich das richtige Verhältnis zwischen der Übermacht des Göttlichen und der Ohnmacht der Sterblichen gewahrt wird.

An dieser Stelle bereitet die griechische Tragödie freilich unserem modernen Bewußtsein besondere Schwierigkeiten. Der tragische Held fügt sich in sein oft – aber übrigens keineswegs in allen Fällen – furchtbares Schicksal, weil er es als Konsequenz seiner Schuld anerkennt. Diese Schuld besteht immer – nicht nur, wenn die Tat moralisch verwerflich war wie bei einem Teil der tragischen Helden, etwa bei Klytemnästra, sondern auch, wenn der Täter sich moralisch nichts hatte zuschulden kommen lassen: Agamemnon beispielsweise befolgte ja gerade ein göttliches Gebot, als er das Menschenopfer an seiner Tochter zuließ, und Ödipus tat nichts moralisch Ruchloses, wenn er als Retter der Stadt Theben deren verwitwete Königin heiratete; denn er wußte ja nicht, daß sie seine Mutter war. In gewissem Sinne sind nicht einmal Gestalten wie Klytemnästra moralisch schuldig; denn immer wieder lassen die Tragödiendichter durchblicken, daß in solch extremen Taten "der Gott" handelt. In jeder leidenschaftlich und entschlossen vollführten Tat ist wie schon bei Griechenlands erstem und maßgebendem Dichter Homer ebenso die menschliche Freiheit wie göttliche Übermacht am Werke. Beides ist in solchen Taten eins.

Wir tun uns heute schwer mit dem Gedanken einer tragischen Schuld, d. h. einer Schuld, für die der Mensch moralisch nicht verantwortlich ist und die er doch verantworten muß, weil sie aus einer Verblendung erfolgt, die zu seiner Sterblichkeit gehört. Aber dieser Gedanke ist doch nachvollziehbar: Der sterbliche Mensch ist ein endliches Wesen; d. h., er hat viele Möglichkeiten zu handeln, aber er kann grundsätzlich nicht vermeiden, daß er sich schuldig macht, indem er jeweils eine dieser Möglichkeiten ergreift; denn indem er das tut, vernachlässigt er notwendig andere Möglichkeiten, und mit den Folgen, die daraus erwachsen, macht er sich schuldig. Dieser tragischen Schuld kann der Mensch, eben weil er kein Gott ist, nicht ausweichen. Die tiefste Frömmigkeit bestand für die Griechen darin, im Aushalten solcher Schuld die Übermacht des Göttlichen gegenüber uns Sterblichen anzuerkennen.

Die philosophische Auseinandersetzung mit dem Tragischen, für die Anaximander, Heraklit und Aristoteles schon als Beispiele genannt wurden, hat sich bis in die Moderne fortgesetzt. Das wohl bekannteste Beispiel dafür ist Nietzsches Frühwerk 'Die Geburt der Tragödie aus dem Geist der Musik' aus dem Jahre 1871. Hier wurde in der Philosophie zum ersten Mal der Zusammenhang zwischen dem frühgriechischen Denken und dem tragischen Bewußtsein der Griechen gesehen. Nietzsche behauptet, mit Sokrates, der die klassische Epoche der Philosophie begründete, habe das Denken begonnen, sich gegen die Erschütterung durch die tragische Grundverfassung unseres Lebens zu immunisieren. Seit Sokrates breitete das Denken einen Schleier der Illusion, eine Oberfläche von vermeintlich ewigem Glück über die tragischen Abgründe.

Das Bewußtsein, das sich durch den schönen Schein gegen die tragische, dionysische Beunruhigung schützt, verbindet Nietzsche mit dem Namen des Gottes Apoll, des Gottes der lichthaften Schönheit. In diesem Sinne stellt Nietzsche das apollinische gegen das dionysische Bewußtsein. Die These seiner Schrift lautet: Seit Sokrates setzt sich in wachsendem Maße das Apollinische gegen das Dionysische durch, und mehr und mehr verbreitet sich in unserer Kultur ein illusorischer, für die Tiefendimension des Tragischen blinder Optimismus. Dieser oberflächliche Optimismus gewinnt Gestalt in der begrifflichen Rationalität der Wissenschaft, die Nietzsche wiederum bei Sokrates beginnen sieht.

Die deutschen Philologen vor hundert Jahren haben diese Thesen ihres Kollegen – Nietzsche war damals noch Professor für Griechisch und Latein in Basel – durchweg heftig abgelehnt. Und in vieler Hinsicht mit Recht. Trotzdem bleibt daran etwas Entscheidendes richtig: Sokrates und sein Schüler Platon bedeuten in der Tat eine Kehrtwendung im Verhältnis zum Tragischen.

Platon scheut sich in seinem Hauptwerk, der 'Politeia', nicht vor einer extremen Provokation. Er erklärt, in dem idealen Gemeinwesen, das er dort entwirft, hätte die Tragödiendichtung und alle damit verwandte Dichtung und Musik nichts zu suchen. Die Kunst überhaupt wird von nun an für die Philosophie zum großen Problem. Eine der Begründungen Platons für seine Ablehnung der Tragödie ist die folgende: In der auf philosophische Einsicht gegründeten Polis sollen die Menschen zur Tugend angehalten werden. Ein unverzichtbarer Bestandteil der Tugendhaftigkeit ist das besonnene Maßhalten. Die Leidenschaft des tragischen Helden, die die Zuschauer mitreißt und ansteckt, bildet dafür das denkbar schlechteste Vorbild. Der Moralist und Antidemokrat Platon (mehr dazu in Kapitel 9) scheut also nicht vor der Theaterzensur zurück.

Doch was stört ihn eigentlich so an der ansteckenden Leidenschaft des tragischen Helden? Er sagt: die Maßlosigkeit. Aber das ist nicht ohne weiteres verständlich; denn der Sinn der Tragödie liegt gerade darin, daß durch das Scheitern der Leidenschaft in der Katastrophe Maß und Ordnung in der Welt dionysisch wiederhergestellt werden. Außerdem kann es ja auch sein, daß man als Zuschauer gerade dadurch von der eigenen Leidenschaftlichkeit geheilt wird, daß man das Schicksal eines tragischen Helden miterlebt. Genau diese Auffassung hat der nüchterne Aristoteles später gegen Platon vertreten: In dem Wechselbad der Gefühle, die unsere Seele durchläuft, wenn sie mit "Schauder und Jammer", wie Aristoteles formuliert, die grauenvollen Ereignisse einer Tragödie verfolgt, reinigt sich die Seele gerade von den Leidenschaften. Durch das dionysische Wechselbad der Gefühle gewinnt sie ihr Maß zurück in der Anerkennung der Übermacht des Göttlichen.

Platons Verbannung der Tragödie aus dem Staat muß einen tieferen Grund haben als seine Bedenken gegenüber der Maßlosigkeit der Leidenschaft. Was Platon im Grunde nicht akzeptiert, ist die Art und Weise, w i e in der Tragödie das Maß wiederhergestellt wird. Nach Anaximander ist es die Zeit, die alles wieder in Ordnung bringt, indem sie die in die verborgene Mitgegenwart abgedrängten Negativzustände, die "Kinder der Nacht", ans Licht treten läßt (Näheres in Kapitel 1). In diesem "Umschlagen von Glück in Unglück", wie Aristoteles formuliert, erweist sich die Zeit als Richter über alles, und an diesem Punkt entzündet sich Platons Widerspruch. Nach Platon ist der Mensch nur in seinem Körper an die Zeit gebunden. Seine Seele aber ist geöffnet für das, was jenseits aller Zeit liegt, die unwandelbaren Ideen. Deshalb ist die Seele, das Wesentliche im Menschen, unsterblich (mehr dazu in Kapitel 6).

Mit der platonischen Entdeckung der Ideen, d. h. eines ewigen Jenseits gegenüber der Zeitlichkeit unseres irdischen Lebens, kurz: mit dem Dualismus von Zeit und Ewigkeit, beginnt ein ganz neues Kapitel in der Philosophie, das seit der "Ersten Philosophie" des Aristoteles als "Metaphysik" bezeichnet wird (Näheres in Kapitel 11). Platon gibt der Philosophie die metaphysische Neuorientierung auf eine transzendente Dimension, die Ewigkeit. Er stellt dem Menschen damit in Aussicht, sich über die tragischen Umschwünge zwischen Glück und Unglück und allen entgegengesetzten Zustandslagen des Lebens überhaupt erheben zu können. Die Leidenschaftlichkeit der Tragödie fesselt den Menschen an die Zeitlichkeit dieser Glücksumschwünge, der er nach Platon nicht mehr ausgeliefert zu sein braucht, weil es die Ewigkeit gibt. Der Richter "Zeit" des Anaximander wird im Namen der Ewigkeit entmachtet. Damit aber, das hat Nietzsche richtig gesehen, ist das tragische Bewußtsein gebrochen. Platon sprengt hier die griechische Tradition; er begründet ein neues Lebensgefühl, das dann in Europa vorgeherrscht hat, solange die Metaphysik nicht von Grund auf in Frage gestellt wurde, also bis weit in die Neuzeit.

VIII

Syracus

Platons Kampf gegen die Sophisten

Platons Name ist nicht nur mit seiner Vaterstadt Athen verbunden, sondern vor allem auch mit Syracus in Sizilien. Seine Kindheit und Jugend fielen in die Jahrzehnte des Peloponnesischen Krieges, als Athen im letzten Drittel des 5. Jahrhunderts v. Chr. mit Sparta um die Vorherrschaft unter den griechischen Staaten kämpfte und schließlich unterlag. Athen strebte einen umfassenden Seebund gegen Sparta an, dem auch die Griechenstädte in Süditalien und Sizilien angehören sollten. Aber Syracus, die mächtigste unter diesen Städten, stand mit seinem eigenen Expansionsstreben diesem Plan im Wege. Deshalb überredete Alkibiades, wie später Platon Schüler des Sokrates, die Athener, im Jahre 415 eine große Übersee-Expedition gegen Syracus zu entsenden, um es zum Bündnis zu zwingen. Das Unternehmen endete mit einem militärischen und moralischen Desaster. Etwa 7000 athenische Soldaten gerieten im Jahre 413 in Gefangenschaft und erlitten in den alten Steinbrüchen von Syracus, den Latomien, die man heute noch sehen kann, ein qualvolles Schicksal.

Zur Vorgeschichte dieser Katastrophe gehörte eine Gesandtschaft aus Sizilien in Platons Geburtsjahr 427. Man bat Athen um Hilfe gegen die Übermacht von Syracus. Der Führer der diplomatischen Mission war der Sophist Gorgias aus der Stadt Leontinoi, nördlich von Syracus an der Ostküste Siziliens gelegen (heute Lentini, ein Dutzend Kilometer vom Meer entfernt). Gorgias war in Athen nicht nur als Delegationsleiter erfolgreich, sondern auch als Lehrer der Redekunst. Als solchen lernen wir ihn in Platons gleichnamigem Dialog kennen, wo Platons Lehrer Sokrates mit Gorgias und dessen Anhängern darüber diskutiert, was die Redekunst ist.

In diesem Dialog holt Platon, der selbst aus einer vornehmen Familie stammte und mit einer Reihe von einflußreichen Athener Politikern verwandt war, zu einer umfassenden Kritik gegen alle Großen der athe-

Eine künstliche Höhle in den Latomien, den Steinbrüchen von Syracus

nischen Politik im 5. Jahrhundert aus, wobei er sogar den überragenden Perikles nicht ausnimmt. Er bereitet damit sein Hauptwerk vor, die 'Politeia', die er wahrscheinlich gleich nach dem 'Gorgias' verfaßt hat. Der Titel dieses Werks wird meistens mit 'Der Staat' übersetzt. Gemeint ist mit dem Begriff "politeía" die Ordnung der Polis, des städtischen griechischen Gemeinwesens. Platon entwirft eine ideale Polisordnung, die er den korrupten Verhältnissen entgegenstellt, die seit dem Peloponnesischen Krieg in seiner Heimatstadt herrschen.

Für die vollkommene Politeia, sagt Platon in seinem Werk, ist auf Erden "kein Ort", "u tópos". Trotzdem hält er es für möglich und sinnvoll, sich mit der utopischen Ordnung als Vorbild für eine Verbesserung der realen politischen Verhältnisse einzusetzen. Die Chance dafür bietet ihm die Polis Syracus, die mittlerweile zur größten Stadt der griechisch sprechenden Welt aufgestiegen ist. Das Denkmal ihrer Macht aus dieser Zeit bildet heute noch das Kastell Euryelos, die gewaltigste altgriechische Stadtbefestigung überhaupt. Die Alleinherrscher, die den Stadtstaat Syracus in der ersten Hälfte des 4. vorchristlichen Jahrhunderts nacheinander regieren, laden Platon als Berater an ihren Hof ein. In denselben Jahrzehnten zwischen 390 und 360 v. Chr., in denen er den 'Gorgias', die 'Politeia' und die vielen anderen Dialoge seiner früheren und mittleren Schaffensperiode geschrieben und irgendwann seine Schule, die Akademie, gegründet hat, weilte Platon mehrfach in Syracus, aber ein bleibender Erfolg bei der Neugestaltung der politischen Verhätnisse in dieser Stadt war ihm nicht beschieden.

Platon hat die Reihe der Schriften, in denen er das Publikum mit seiner revolutionär kritischen Sicht des bestehenden Gemeinwesens bekanntmachte, möglicherweise mit einem Dialog begonnen, worin Protagoras im Mittelpunkt steht und der nach ihm benannt ist. Protagoras gilt neben Gorgias als Ahnherr der Sophisten. Er stammte von der Nordküste Griechenlands, östlich der Chalkidike. Beide Begründer der Sophistik sind etwa um 480/470 v. Chr. geboren und um die Wende zum 4. Jahrhundert gestorben. Auch die jüngeren Sophisten stammten aus allen Teilen der griechisch besiedelten Welt. Man kann die Sophisten aus der Reihe der großen Persönlichkeiten, die der klassischen Zeit Griechenlands ihr Gepräge gegeben haben, nicht wegdenken. Aber was war die Sophistik, und warum hat Platon die Auseinandersetzung mit den Sophisten gewählt, um sich der Öffentlichkeit als politischer Denker vorzustellen?

Die Erklärung liegt in der Entwicklung der griechischen Polis – und vor allem der führenden Polis Athen – zur Demokratie. Die Demokratie, die Herrschaft des Demos, des Volkes, die die Griechen erfunden haben, ist die Staatsform der Gleichberechtigung aller. Im alten Griechenland war dem König oder dem Adel das Recht auf Herrschaft vorbehalten. Nun, in der Demokratie werden im Prinzip alle Vorrechte hinfällig – jedenfalls für die Bürger, die mitbestimmungsberechtigten Mitglieder des Gemeinwesens. Jeder hat jeden zu respektieren als jemanden, der genau wie man selbst das Recht hat, über die öffentlichen Angelegenheiten in der Polis mitzureden und mitzuentscheiden. Jeder, der im Gemeinwesen zur Macht kommen möchte, darf in der Demokratie danach streben, aber er darf es nur auf e i n e Weise, nämlich so, daß er dabei niemanden in seinem Selbstbestimmungsrecht verletzt, d. h. ihm Gewalt antut. Positiv bedeutet das: Es gibt in der Demokratie nur einen legitimen Weg zur Macht: nämlich, die anderen durch die eigene Leistung und das eigene Auftreten davon zu überzeugen, daß man selbst der Beste, der "áristos" ist, d. h. der Geeignetste zur Übernahme der Verantwortung.

Um diese Überzeugungskraft zu besitzen, braucht man in erster

Linie e i n e Fähigkeit: Man muß in der Lage sein, bei den öffentlichen Beratungen der Bürger über ihre gemeinsamen, d. h. politischen Angelegenheiten so mitzureden, daß die anderen der eigenen politischen Meinung folgen. Wenn ich die anderen Bürger nicht mit Gewalt politisch auf meine Seite bringen darf, bleibt nur ein erlaubtes Mittel übrig: das Wort, das die anderen überzeugt. Ich respektiere die Freiheit des anderen in der Demokratie, indem ich ihn durch meine Worte dazu bringe, freiwillig mit mir einer Meinung zu sein. Und wer sich von den Worten eines anderen überzeugen läßt, der erliegt nicht der Gewalt, sondern macht Gebrauch von seiner Freiheit.

So wird im Zeitalter der Demokratie eine neue Fähigkeit entscheidend wichtig: die Kunst, öffentlich überzeugend zu reden. Diese Kunst bezeichnen wir noch heute mit einem Begriff, den Platon geprägt hat, als Rhetorik. Die Rhetorik, das Gutredenkönnen, war für die Griechen der klassischen Zeit kein schöngeistiger Luxus, sondern die Grundfähigkeit des Bürgers, der politisch mitbestimmen wollte. Der "Rhetor", der Redner, wovon der Begriff "Rhetorik" abgeleitet ist, bedeutet im Griechischen sachlich zunächst nichts anderes als "der Politiker", d. h. der Bürger, der bei der politischen Mitbestimmung öffentlich mit einem Führungsanspruch hervortritt. Deswegen kann Platon in dem Dialog 'Gorgias', der entsprechend der Hauptperson von der Redekunst handelt, Athens große Politiker kritisieren.

Normalerweise kann man nicht von selbst gut reden. Man muß es lernen. Deshalb verlangte das neue Ideal öffentlichen Zusammenlebens, die Demokratie, eine neue Art von Unterricht und Erziehung, die Ausbildung im Gutredenkönnen als Befähigung zur Mitbestimmung in der Demokratie. Die Sophisten hatten die Zeichen der Zeit erkannt. Sie boten die geforderte neue Art von unterrichtlicher Erziehung an. Sie vertraten sie theoretisch, als Erziehungskonzept, und sie praktizierten sie, indem sie die griechischen Städte bereisten und Erziehungsvorträge für die jungen Leute hielten, die dadurch lernen sollten, öffentlich gut zu reden.

Wer öffentlich auftritt, der Politiker, bietet sich dem Urteil aller Mitbürger dar. Er kann in diesem Sinne von allen gesehen werden. Darum muß er sich mit seinem Auftreten sehen lassen können. Wenn irgend etwas auf der Bühne der Welt auftaucht, gleichgültig, was es ist: etwas Unbelebtes, eine Pflanze, ein Tier, ein Mensch – immer ist für die Griechen der Eintritt ins Sein ein Erscheinen, ein Sichtbarwerden, Ans-Licht-Treten (mehr dazu in den Kapiteln 5 und 6). Nach diesem griechischen Verständnis sind auch die Reden der Politiker, obwohl man sie eigentlich hört, im weiteren Sinne etwas Erscheinendes, Sichtbares. Öffentliche Reden zu den gemeinsamen Angelegenheiten der Polis gehen nämlich alle Mitbürger etwas an und sind deshalb dazu bestimmt, von allen gehört zu werden. Als etwas für alle Vernehmbares stehen die Reden, wie wir noch heute gut griechisch sagen, im Licht der Öffentlichkeit, und etwas, das im Licht steht, ist etwas Sichtbares.

Nicht alles Sichtbare verdient aber auch gesehen zu werden. Das, was es wert ist, im Licht zu stehen, das Ansehnliche, ist für die Griechen das Schöne. Damit öffentliche Reden die politische Überzeugungskraft bekommen, die sie haben sollen, müssen sie sich sehen lassen können, also schön sein. Deshalb kam es bei der griechischen Rhetorik auf die Fähigkeit an, s c h ö n e Reden zu halten. Die griechische Forderung nach Schönheit für die Reden der Politiker diente also nicht einfach einem harmlos-unverbindlichen ästhetischen Vergnügen, sondern bildete die Grundlage für die allgemeine politische Anerkennung. So lehrten und praktizierten die Sophisten das durch rhetorische Schönheit überzeugungskräftige Reden. Sie zogen nach dem Vorbild des Gorgias mit Paradereden durch die Lande und warben damit für ihre neuartige unterrichtliche Erziehung zur Demokratie. Diese unterrichtliche Erziehung nannte man "paideia". Der Begriff "Paideia" gehört zu den Leitworten des klassischen Zeitalters.

Vor dem Hintergrund der Entstehung der Demokratie verwundert es nicht, daß die Sophisten vor allem bei der Jugend allenthalben begeisterten Anklang fanden. Abgelehnt wurden sie zu ihrer Zeit eigentlich nur von den Konservativen, also denen, die am liebsten vielleicht noch immer die alte Aristokratie anstelle der neuen Demokratie gehabt hätten. Der berühmteste konservative Kritiker der Sophisten war der Athener Komödiendichter Aristophanes. Als jüngerer Zeitgenosse von Gorgias und Protagoras verfaßte er seine Stücke in den Jahrzehnten vor und nach der Wende vom 5. zum 4. Jahrhundert. Auch Platon kritisiert in den erwähnten Dialogen die Sophisten. Aber er hat ganz andere Motive als Aristophanes, obwohl die unvergleichliche Art, wie er Sokrates im Dialog die Sophisten ironisch entlarven läßt, im komödiantischen Effekt hinter dem meisterlichen politischen Kabarett des Aristophanes nicht zurücksteht. Auch wenn die antike Nachricht nicht wahr ist, Platon habe zuerst Theaterdichter werden wollen, so ist sie zumindest gut erfunden.

Platon hat die klassische Tradition der Philosophie begründet, von der das Urteil der Gebildeten in Europa bis ins 19. Jahrhundert geprägt blieb. Deshalb waren die Sophisten seit Platons Kritik für über zwei

Jahrtausende als negative Vertreter des Griechentums abgestempelt. Die Ausdrücke "Sophist" und "sophistisch" bekamen den schlechten Beigeschmack, den sie bis heute behalten haben. Ein Sophist, das ist einer, der die Menschen mit intellektuellen Tricks blendet und mit Scheinargumenten verführt.

Aber welchen Grund hatte Platon eigentlich, in seinen Dialogen durch den Mund des Sokrates die Sophistik zu kritisieren, obwohl die großen Begründer Protagoras und Gorgias zur Zeit der Abfassung dieser Dialoge schon zwei oder mehr Jahrzehnte tot waren? Der Grund lag in Platons politischem Erneuerungswillen. Ihm war auch schon klar, was in den siebziger Jahren einigen Bildungsreformern in der Bundesrepublik wieder aufging: Um die politischen Verhältnisse von Grund auf zu ändern, muß man bei der Erziehung der Jugend ansetzen. Deshalb gründete Platon irgendwann zwischen 387 und 361 v. Chr. am Stadtrand von Athen eine höhere Schule, die "Akademie", wo er Vorlesungen hielt. Auf heutige Altersverhältnisse übertragen, handelte es sich um eine Art Mittelding zwischen Oberstufe des Gymnasiums und Universität. Die Akademie, das Urbild unseres Bildungswesens, hat fast ein Jahrtausend existiert, bis sie 529 n. Chr. von dem oströmischen Kaiser Justinian geschlossen wurde.

Platons Schulgründung war nicht die einzige in seiner Zeit. Es gab Konkurrenten, die dasselbe Ziel wie Platon verfolgten, vor allem sein Altersgenosse Isokrates, der sich mit politischen Flugschriften für die Erneuerung der Polis Athen einsetzte und dort ebenfalls eine höhere Schule gründete. Isokrates war möglicherweise ein Schüler des Gorgias. Jedenfalls stand er mit seinen Erziehungsvorstellungen in der Nachfolge der Sophisten, und das dürfte der Hauptgrund gewesen sein, weshalb Platon seinen eigenen geistigen Ahnherrn Sokrates gegen die Sophisten auftreten ließ.

Ein zweiter Grund lag darin, daß Sokrates in Athen, vor allem wohl durch eine Komödie des Aristophanes, 'Die Wolken', in den Ruf geraten war, der übelste aller Sophisten zu sein, und dies war eine der Ursachen dafür gewesen, daß man ihn im Jahre 399 zum Tode verurteilt hatte. Platon ging es also auch um die Rehabilitierung seines verehrten Lehrers. Seine wesentliche Frage aber bezog sich auf die Wiederherstellung von menschlichen und geordneten Verhältnissen in der Polis: Was ist dafür das richtige Erziehungsprogramm? Diese Frage bewegte ihn ebenso wie seinen Hauptkonkurrenten Isokrates, und mit ihren unterschiedlichen Antworten haben Platon und Isokrates die Grundlagen des gesamten europäischen Bildungswesens bis in unser Jahrhundert gelegt

(Näheres in Kapitel 13). Die Vorläufer aber waren hierbei die Sophisten, und deshalb mußte sich Platon in erster Linie mit ihnen kritisch auseinandersetzen.

Wie erwähnt, nimmt Platon in dem programmatischen Dialog 'Gorgias' die Rhetorik, d. h. das öffentliche Auftreten der Politiker unter die Lupe. Dabei stellt er eine bis heute relevante Grundüberlegung an. Das öffentliche Reden dient dem Politiker als Mittel zur Erlangung der Macht. Nun liegt es aber in der Natur eines Mittels, daß es für verschiedene Zwecke benutzt werden kann. Der Politiker steht deswegen, wenn er das Instrument "Rhetorik" perfekt beherrscht, immer in der Gefahr, es für einen Machtgebrauch einzusetzen, der dem demokratischen Prinzip der Gewaltlosigkeit und der Respektierung der Freiheit der anderen widerspricht. Daher geht es nicht an, wie Gorgias das nach Platons Darstellung tut, das Reden gleichsam als ein neutrales Instrument des Machterwerbs anzusehen und sich um die Frage des Machtgebrauchs nicht zu kümmern.

Ein verantwortbarer Machtgebrauch hängt von der inneren Verfassung der Person ab, die die Macht innehat. Man erwartet von so jemandem, daß er zugleich leistungsfähig und rechtschaffen ist. Die Erziehung zur Demokratie darf sich also nicht wie bei Gorgias auf die Einübung rhetorischer Fähigkeiten beschränken, sondern muß in erster Linie darauf abzielen, aus dem jungen Menschen einen Mann zu machen, der als Bürger und damit potentiell als verantwortlicher Politiker Leistungsfähigkeit und Rechtschaffenheit besitzt. In dieser grundlegenden Überzeugung stimmt Platon überein mit dem anderen Ahnherrn der Sophistik, dem großen Protagoras. Deshalb behandelt er ihn in seinen Dialogen bei aller sokratischen Ironie doch mit hohem Respekt.

Für die Verfassung eines Menschen, die gerade mit "Leistungsfähigkeit und Rechtschaffenheit" umschrieben wurde, besaßen die Griechen einen Begriff, der mit dem Wort "aristos", "der Beste", zusammenhängt, das im Zusammenhang mit dem Kampf um die Macht in der Demokratie schon einmal auftauchte. Der Begriff lautet "areté". Wörtlich übersetzt würde er "Bestheit" bedeuten. Üblicherweise gibt man das Wort "areté" aber mit "Tugend" wieder. Doch das klingt eigentlich viel zu feierlich. Arete ist die erworbene Befähigung, der Beste zu sein, d. h. ein "guter Mann", wie wir heute noch sagen. Ein "guter Mann" im alltagssprachlichen Sinne, das ist jemand, der durch seine Tüchtigkeit und Leistungsfähigkeit, zugleich aber auch durch seine Rechtschaffenheit allgemeine Anerkennung findet. Es ist jemand, von dem man sagt:

"der taugt etwas". In diesem Sinne kann man das Wort "Arete", "Best-heit", im Deutschen wohl am passendsten mit "Tauglichkeit" wiederge-ben. Seine Arete kann der junge Mensch nach griechischer Auffassung zunächst im Wettkampfsport wie z. B. bei den Olympischen Spielen an den Tag legen. Da zeigt er, was er körperlich taugt. Um freilich an der Führung der Polis verantwortlich beteiligt zu sein, muß er darüber hinaus auch seelisch etwas taugen.

In dem Dialog 'Protagoras' zeigen sich der Mitbegründer der Sophi-stik und sein Kritiker Sokrates, aus dessen Mund Platon spricht, ge-meinsam zutiefst davon überzeugt, daß das Gedeihen des demokrati-schen Gemeinwesens von der Arete der politisch Verantwortlichen abhängt, und an der Wahrheit dieser Einsicht hat sich bis heute nichts geändert. Man kann manchmal bei oberflächlichen Philosophie- oder Pädagogikgeschichtsschreibern lesen, das griechische Ideal der Arete habe sich überlebt. Aber das stimmt nicht. Wenn wir heute ganz selbst-verständlich von unseren Medien erwarten, daß sie im Interesse der Demokratie rücksichtslos prüfen, wie leistungsfähig und zugleich wie rechtschaffen unsere Politiker sind, dann legen wir noch immer den Maßstab der Arete an.

Aber nun ist die pädagogische Frage, die bis heute für die Erziehung zur Demokratie die Grundfrage geblieben ist: Wie kann man zur Arete erziehen? Platon und Protagoras haben eine weitere Überzeugung gemeinsam: Zur Erziehung, zur Paideia gehört Unterricht. Im Unter-richt wird gelernt, und Lernen ist der Erwerb von Wissen. Platon und Protagoras denken also: Man kann durch den Erwerb von Wissen zur Arete gelangen; anders ausgedrückt: Lernen ist der Weg zu einer seeli-schen Verfassung, die Leistungsfähigkeit und Rechtschaffenheit verei-nigt.

Diese Überzeugung darf man als das eigentliche Fundament des gesamten europäischen Bildungswesens über viele Jahrhunderte be-zeichnen. Platon hat sogleich selbstkritisch erkannt, daß diese Über-zeugung alles andere als selbstverständlich ist. Mit welchem Recht darf man denn annehmen, daß die gute seelische Verfassung des Menschen von einem höheren Grad an Wissen abhängt? Was hat die innere Verfas-sung eines Menschen, und vor allem das Entscheidende dabei: die Rechtschaffenheit, der moralische Zustand – was hat das mit Wissen zu tun? Könnte man nicht mit gutem Grund den Einwand machen: Auch einfache Leute mit niedrigem intellektuellem Niveau – vielleicht sogar gerade solche Leute – können sehr anständige Menschen sein?

Platons Kritik an Protagoras beginnt an diesem Punkt: Protagoras

Platon (427–348/347 v. Chr.)

und die Sophisten setzen bei ihrem Erziehungsprogramm unkritisch voraus, daß die anerkennenswerte Haltung eines Menschen irgendwie von seinem Wissensstand abhängt; deshalb vermitteln sie bei ihren Unterrichtsvorträgen Wissen. Aber es bleibt dabei ungeklärt, welcher innere Zusammenhang eigentlich zwischen einem moralisch guten Handeln und dem Wissen besteht.

Diesen Zusammenhang hat Platon ans Licht gebracht. "Wissen" kann bedeuten, daß jemand in seinem Gedächtnis eine Fülle von Informationen gespeichert hat, und so denkt man ja heute weithin, wie die Quizsendungen des Fernsehens zeigen, wo Menschen dafür Anerkennung ernten, daß sie auf irgendeinem belanglosen Wissensgebiet die entlegensten Dinge kennen. Platon macht darauf aufmerksam: Eigentliches Wissen beruht darauf, daß man sich eine Einsicht zu eigen gemacht hat. Ich besitze beispielsweise mathematisches Wissen, wenn ich nicht bloß gedankenlos nachreden kann, daß die Winkelsumme im Dreieck gleich der von zwei rechten Winkeln ist, sondern verstanden habe, warum das so ist. Dann besitze ich eine Einsicht in die Sache, und das ist echtes Wissen.

Die Frage nach dem Zusammenhang von Rechtschaffenheit und Wissen muß man demnach so stellen: Beruht moralisch anerkennenswertes Handeln auf einer Einsicht? Platons These lautet: Ja, und nur deshalb ist Paideia, unterrichtliche Erziehung zur Arete, möglich.

Ich handle moralisch anständig, wenn ich mich beispielsweise im Umgang mit anderen gerecht verhalte oder wenn ich, falls erforderlich, Zivilcourage, Tapferkeit an den Tag lege oder wenn ich mich im Umgang mit mir selbst beherrschen kann. Gerechtigkeit, Tapferkeit, Selbstbeherrschung und andere Eigenschaften dieser Art – das sind charakteristische Aspekte der Arete (dazu auch Kapitel 12). Bei der Gerechtigkeit versteht man leicht, daß sie auf Einsicht beruht. Man ist gerecht, wenn man den Mitmenschen das zukommen läßt, was ihnen zusteht. Aber dafür muß man verstanden und eingesehen haben, w a s ihnen zusteht.

Bei Selbstbeherrschung und Tapferkeit sieht man den Zusammenhang mit der Einsicht nicht auf den ersten Blick. Die Selbstbeherrschung scheint mehr eine Sache des Willens als der Einsicht zu sein. Aber das scheint nur so: Soll man den eigenen Neigungen nachgeben oder sie im Zaum halten, soll man seinen Begehrlichkeiten freien Lauf lassen oder sie zügeln? Das Vernünftige ist ja wohl, sich nicht einfach gehenzulassen, sich aber andererseits auch davor zu hüten, verkrampft oder verklemmt zu werden. Doch dafür muß man wissen oder sich überlegen, an welchen Stellen und in welchem Maße man sich selbst disziplinieren muß. Um vernünftig maßzuhalten, muß man das Maß kennen. Das aber ist eine Einsicht. Die richtige Selbstbeherrschung setzt also ebenfalls Einsicht voraus.

Ähnlich bei der Tapferkeit. Man könnte meinen, nicht feige zu sein, das sei ausschließlich eine Sache des Gefühls oder der Veranlagung. Ob einer mutig oder ängstlich sei, das habe mit Einsicht nichts zu tun. Aber Mut ist noch nicht Tapferkeit. Tapferkeit als Bestandteil der Arete, der Rechtschaffenheit, ist eine Haltung, für die man bei den Mitmenschen Lob erntet. Man findet aber nicht dafür Anerkennung, daß man in jeder Situation als wilder Draufgänger auftritt, sondern dafür, daß man bei der passenden Gelegenheit Mut zeigt. Und es kann durchaus vernünftig und deshalb anerkennenswert sein, daß man sich bei anderer Gelegenheit zurückhält. Tapferkeit beruht also darauf, daß man weiß, in welchen Situationen es sinnvoll ist, Mut an den Tag zu legen, und in welchen nicht. Also ist auch Tapferkeit eine Sache der Einsicht.

Es war nötig, diese Beispiele ein bißchen ausführlicher zu erläutern, weil man vielfach lesen kann, Platon und sein Lehrer Sokrates hätten die ganz unsinnige These aufgestellt, Tugend, Arete, sei dasselbe wie Wissen. Das sei eine typisch griechische und inzwischen überholte Überschätzung der Bedeutung des Intellekts und eine Unterschätzung von Wille und Gefühl. Aber diese Kritik trifft nicht zu. Es ist keine Frage, daß wir noch immer von einem moralisch anerkennenswerten Verhalten als erstes erwarten, daß es vernünftig ist. Rechtschaffenheit beruht heute wie eh und je auf Einsicht. Nur weil wir das voraussetzen, können wir das für sinnvoll halten, was die Erwachsenen auch heute noch ständig bei der Erziehung junger Menschen tun: Sie appellieren an ihre Einsicht, um sie zu motivieren, sich anständig zu verhalten. Die Frage ist nur, worin nun wiederum diese Einsicht besteht, und in diesem Punkte gibt Platon tatsächlich eine typisch griechische Antwort.

Von dieser Antwort soll ein wenig später die Rede sein. Zunächst muß noch eine bisher nicht erwähnte einschneidende Neuerung der Paideia zur Sprache kommen, die die Sophisten eingeführt haben. Sie waren die ersten Lehrer, die für ihre Lehrtätigkeit Honorar nahmen. Platon fand das skandalös, und zwar aus zwei Gründen: Bezahlen lassen kann man sich für irgendein Produkt, das man als Ware verkauft. Aber die moralische Anständigkeit, um die es letztlich bei der Erziehung geht, ist keine Ware, und also kann man sich nicht dafür bezahlen lassen, daß man in einem jungen Menschen die Arete fördert.

Wenn diese Kritik richtig wäre, würde sie noch heute unseren ganzen besoldeten Lehrerstand treffen. Aber die Kritik Platons läßt sich in diesem Punkte entschärfen. Der Lehrer wird nicht unmittelbar dafür bezahlt, daß er in den Seelen seiner Schüler ein Produkt namens Arete herstellt, sondern dafür, daß er ihnen dafür die Wissens- und Einsichtsgrundlagen vermittelt, und die Weitergabe von Wissen darf man sich durchaus honorieren lassen.

Allerdings, und das ist Platons zweiter Kritikpunkt, dieses Wissen soll letztlich als Grundlage der Arete dienen. Also muß klar sein, in welchem Sinne Arete auf Wissen beruht. Solange die Sophisten den Zusammenhang von Arete und Wissen nur vorausgesetzt, aber nicht geklärt hatten, besaßen sie in der Tat kein Recht, sich für die Wissensvermittlung bezahlen zu lassen. Und das bleibt bis heute richtig. Ein Lehrer, der sich keine Gedanken darüber gemacht hat, inwiefern das Wissen, das er seinen Schülern weitergibt, überhaupt für deren gute menschliche Verfassung, griechisch ausgedrückt: deren Arete, förderlich ist, ein solcher Lehrer kann letztlich nicht rechtfertigen, daß er für sein Tun einen Lohn verlangt; denn er verfährt wie ein Arzt, der Medizin verschriebe, ohne zu wissen, wofür.

Das eigentliche Versagen der Sophisten lag für Platon darin, daß sie im Grunde nicht wußten, woraufhin sie erzogen. Sie vermittelten Wissen für eine Arete, von der ihnen nicht klar war, worauf sie eigentlich beruhte. Das aber lag daran, daß sie die gängige Vorstellung von Arete übernahmen, ohne nach der Verbindlichkeit dieser Vorstellung zu fragen. Man betrachtete in der Polis Haltungen wie Gerechtigkeit oder Tapferkeit ganz selbstverständlich als Normen für das menschliche Zusammenleben, aber man gab sich keine kritische Rechenschaft darüber, warum wir Menschen uns eigentlich an solche Normen halten sollen. Man begnügte sich mit der Feststellung, daß jedermann in der Polis solche Normen anerkannte.

Aber diese Feststellung konnte als Begründung für die Verbindlichkeit der Normen genaugenommen nicht ausreichen. Gerade die Griechen hatten nämlich bei ihrer Kolonisationstätigkeit und ihren Handelsbeziehungen im ganzen Mittelmeerraum und weit darüber hinaus die Erfahrung gemacht, daß für andere Völker und Kulturen andere Verhaltensnormen verbindlich waren. Und es war ausgerechnet Protagoras, der aus dieser Erfahrung eine radikale Konsequenz zog: Alle solche Normen sind relativ, sie gelten nur für die jeweilige Gemeinschaft von Menschen, die sie anerkennen.

Überhaupt alles, womit der Mensch zu tun hat, nicht nur die Normen seines Verhaltens, hängt von der Einstellung der jeweiligen Menschengruppe ab; sie entscheidet darüber, was für sie und nur für sie Geltung hat und was nicht. Diese These hat Protagoras in einem der wenigen Sätze formuliert, die uns von ihm im Originalwortlaut erhalten sind. Der berühmte und berüchtigte Satz lautet: "Der Mensch [gemeint ist der jeweilige Mensch oder Menschenschlag] ist das Maß aller Dinge, der seienden, daß sie sind, und der nichtseienden, daß sie nicht sind."

Wenn dieser Satz stimmt, dann kann man immer nur feststellen, daß in einer bestimmten Menschengemeinschaft, beispielsweise in unserer europäischen Kultur oder damals etwa: in der Polis Athen, allgemein diese oder jene Sitten und Bräuche gelten und daß in diesem Rahmen gewisse Verhaltensnormen anerkannt werden. Aber es läßt sich dann nicht begründen, warum es ein verbindliches Gebot ist, daß man sich an gerade diese zufällig hier geltenden Normen halten soll. Man kann dann mit Recht darauf hinweisen, daß die Menschen anderswo anders denken und daß man sich ja auch deren Denkweise anschließen könnte.

Gegen diesen Relativismus, für den Protagoras mit seinem Satz die griffige Formel gefunden hat, ist Platon in einem Dialog seiner Spätzeit angetreten, dem 'Theaitetos', worin er sich noch einmal gründlicher mit Protagoras auseinandersetzt. Dabei kommt heraus, daß der Relativismus aus einer Reihe von Gründen nicht haltbar ist, z. B. schon aus dem einfachen Grunde, daß er sich selbst widerspricht: Wer die Behauptung aufstellt, daß ausnahmslos alles relativ ist, der muß das auch für eben diese seine Behauptung gelten lassen; aber damit nimmt er der Behauptung die ausnahmslose Gültigkeit.

Die entscheidende Frage ist nun: Woher bekommen Verhaltensnormen wie Gerechtigkeit, Tapferkeit usw. ihre ausnahmslose, nicht relativierbare Gültigkeit für alle Menschen? D. h., was verschafft der für die

Arete grundlegenden Einsicht in diese Normen ihre Verbindlichkeit?
Auf diese Frage gibt Platon die eben angekündigte typisch griechische
Antwort.

Wie vorher erwähnt, ist für die Griechen alles, was es gibt, etwas im
weitesten Sinne Sichtbares, Gesehenes. Das gilt nun auch für die Normen der moralischen Rechtschaffenheit. Was Gerechtigkeit, Tapferkeit, Selbstbeherrschung usw. sind, das können wir nach Platons Auffassung gleichsam mit unseren geistigen Augen sehen. Wir verstehen,
was es heißt, gerecht oder tapfer zu sein, indem wir uns das Bild dieser
moralischen Qualitäten geistig vor Augen führen. Wir schauen auf diese
Weise an, was das ist: das Gerechtsein, das Tapfersein, das Selbstbe-
herrschtsein.

Was man anschauen kann, bietet uns einen Anblick. Das griechische
Wort für "Anblick", das Platon benutzt, lautet "eídos" oder "idéa". In
der eingedeutschten Form "Idee" ist uns das Wort "idea" zu einer geläufigen Vokabel geworden. Aber wir verstehen heute unter einer Idee so
etwas wie einen guten Einfall oder einen Begriff. Damit haben wir uns
weit von der ursprünglichen Bedeutung entfernt. Bei Platon ist "idea"
der Anblick, den etwas bietet, indem es uns geistig vor Augen tritt. In
diesem Anblick zeigt sich, was die Sache ist – also bei unseren Beispielen, was Gerechtigkeit ist, was Tapferkeit ist usw. (Mehr zur "idea" in
den Kapiteln 4 und 6).

Damit haben wir die wesentlichen Bestandteile von Platons Pädago-
gikbegründung beieinander: Paideia, unterrichtliche Erziehung, ist
Hinführung zur Arete des Bürgers in der Demokratie. Als moralische
Rechtschaffenheit muß die Arete auf Wissen beruhen, sonst ließe sie
sich nicht durch Unterricht fördern. Dieses Wissen ist die Einsicht, auf
der alle moralischen Grundhaltungen beruhen. Und diese "Einsicht"
wiederum ist eine "Sicht" im wörtlichen Sinne, nämlich der geistige
Anblick der Idee der Gerechtigkeit, der Idee der Tapferkeit usw. Diese
Ideen stehen jedem Menschen geistig vor Augen. Deshalb sind sie
moralische Normen, die für jedermann und nicht bloß relativ gelten.
Diesen ganzen Zusammenhang aber hat Platon in der Auseinandersetzung mit den großen Sophisten entfaltet. In dieser Auseinandersetzung
ging es ihm darum, bis zum letzten und allgemeinverbindlichen Fundament der Erziehung zu einem menschenwürdigen Gemeinwesen vorzu-
dringen. Als letztes Fundament aber erwies sich für Platon die Einsicht
in die Ideen.

IX

Marathon

Der Streit um das beste Gemeinwesen: Platon und Aristoteles

Noch immer erinnert uns das Sportereignis eines Marathonlaufs an die Legende von jenem Boten, der im Jahre 490 v. Chr. nach dem Sieg über die Perser in einem Stück nach Athen lief und dort tot zusammenbrach, nachdem er die triumphale Meldung erstattet hatte. Der Grabhügel, den die Athener nach dem Sieg in der Küstenebene von Marathon für 192 Gefallene errichteten, gibt für touristisches Sightseeing wenig her. Eher lohnt es sich, von einer Anhöhe aus die topographischen Bedingungen der Schlacht zu studieren. Noch sinnvoller könnte es sein, bei dieser Gelegenheit einmal darüber nachzudenken, von welcher Art das Gemeinwesen war, von dem die Athener so tief überzeugt waren, es müsse gegen den übermächtigen Ansturm aus dem Osten verteidigt werden.

Es ging darum, so lesen wir bei den griechischen Autoren, die Freiheit der Demokratie gegen den Despotismus des persischen Großreichs zu bewahren. Aber was hielten die Griechen selbst von dieser Freiheit? Athens großer Staatsmann Perikles rühmt sie in der eindrucksvollen Gefallenenrede aus den ersten Jahren des Peloponnesischen Kriegs, die Thukydides, der erste streng wissenschaftlich arbeitende Historiker, in seiner Darstellung des Kriegs aufgezeichnet hat. Aber gerade dieser Krieg zeigt, daß die Griechen – und vor allem die Vormächte Athen und Sparta – sich über die beste Gestalt eines menschenwürdigen Gemeinwesens nicht einig waren.

In dem korrupten inneren Zustand Athens nach dem verlorenen Krieg konnte es zu so skandalösen Ereignissen wie dem Justizmord an Sokrates 399 v. Chr. kommen. Sein großer Schüler Platon sieht seitdem die Demokratie als ein Unternehmen an, das von seinem Wesen her zum Scheitern verurteilt ist, und sympathisiert mit der autoritären Staatsform Spartas. Aber ihm wiederum widerspricht sein Meisterschüler

Aristoteles, der um der Freiheit willen für eine, wenn auch gemäßigte, Demokratie plädiert.

Wo es um Wesentliches geht, gibt es im philosophischen Denken keinen Problembereich ohne inneren Zusammenhang mit den übrigen Gebieten der Philosophie. Deshalb muß man die Kontroverse zwischen Platon und Aristoteles in den Grundlagenproblemen der Politik vor dem Hintergrund sehen, daß sie im ganzen verschieden gedacht haben. Diesen Gegensatz zwischen den beiden ersten Klassikern der Philosophie hat man in der Tradition fast immer gespürt und oft sogar zu sehr hochgespielt. In den Gemächern der Renaissancepäpste in Rom, heute Teil des Vatikanischen Museums, befindet sich eines der schönsten Wandgemälde von Raffael, die 'Schule von Athen'. Inmitten aller bedeutenden griechischen Philosophen und Wissenschaftler schreiten die Geistesfürsten Platon und Aristoteles aus einem Torbogen auf den Betrachter zu. Platon deutet mit einer feierlichen Handbewegung nach oben zur jenseitigen Welt der Ideen, vielleicht auch ins Reich der Utopie; sein nüchterner Schüler Aristoteles zeigt nach unten, auf diese irdische Welt.

An diesem Bild ist gewiß auch einiges schief: Platon war kein versponnener Phantast und Aristoteles ebensowenig der rein an der handfesten Erfahrung orientierte, empiristische Wissenschaftler, als den man ihn vielfach interpretiert hat. Aber in der Gegenüberstellung bei Raffael ist doch etwas von dem tiefen Gegensatz zwischen beiden getroffen.

Aristoteles war zwanzig Jahre lang Platons Schüler in der Akademie und gründete dann seine eigene Schule, deren Gebäude "Lykeion" oder latinisiert "Lyzeum" hieß. Die bekanntere antike Bezeichnung für die Hochschule des Aristoteles lautete "Perípatos". Wie Platon hat Aristoteles Vorlesungen gehalten, die von ihm oder seinen Schülern aufgezeichnet wurden, und wie sein Lehrer hat er Dialoge verfaßt, mit denen er außerhalb der Schule für seinen Lehrbetrieb warb. Es ist charakteristisch, was die späteren Jahrhunderte für bewahrenswert gehalten haben.

Platons große Vorlesung 'Über das Gute' kennen wir nur aus antiken Berichten, aber seine Werbeschriften – Dialoge wie den 'Protagoras', den 'Gorgias', das 'Symposion', den 'Phaidon' oder die 'Politeia' –, die besitzen wir noch. Von diesen Dialogen ist kaum einer verlorengegangen. Sie bilden heute das umfangreiche Gesamtwerk. Umgekehrt haben wir von den Dialogen, mit denen Aristoteles das große Publikum für seine Schule gewinnen wollte, nur noch wenige Fragmente, aber die Vorlesungstexte sind in großem Umfange erhalten. Platon erweist sich in den Dialogen, deren Hauptperson bis auf wenige Ausnahmen sein Lehrer Sokrates ist, als Schriftsteller von einer unvergleichlichen Meisterschaft und Brillanz. Die Dialoge vereinen alles, was das Lesen zu einer Lust macht: Atmosphäre und Spannung, spielerische Eleganz und Ironie, Scharfsinn und unausschöpfliche Tiefe. Die Antike hat nicht umsonst vom "göttlichen Platon" gesprochen.

Den Vorlesungsnotizen des Aristoteles, den man treffend den ersten Professor in unserer Geschichte genannt hat, fehlt dieses ganze Flair. An die Stelle des tiefsinnig-heiteren Gedankenspiels der platonischen Dialoge tritt die Nüchternheit der Wissenschaft, telegrammstilartige Prägnanz und Dichte. Aristoteles beherrscht das gesamte Wissen seiner Zeit. In seinem Urteil legt er auf allen Wissensgebieten eine nur ganz selten noch einmal in der Philosophiegeschichte erreichte Unvoreingenommenheit an den Tag. Seine Leidenschaft ist die Sachangemessenheit. Seine Begriffsprägungen und Definitionen haben bis heute den Grund gelegt für die gesamte Wissenschaft. Es ist kein Zufall, daß von den Begriffen, die aus der Wissenschaft in die Alltagssprache eingegangen sind, der größte Teil auf Prägungen des Aristoteles zurückgeht; seien dies die griechischen Ausdrücke selbst wie "Theorie" und "Praxis", "Kategorie" oder "Energie", seien dies die lateinischen Übersetzungswörter für seine griechischen Begriffe, wie etwa "konkret" und "abstrakt", "Substanz" und "Akzidens", "Substrat" und "Subjekt", "Qualität" und "Quantität", "Relation" und "Prinzip", "Definition" und "Materie", oder seien es schließlich deutsche Übersetzungswörter wie "Wesen" oder "Begriff" (Näheres in den Kapiteln 11 und 12).

Der Gegensatz zwischen den Schriftstellern Platon und Aristoteles wird bestätigt durch ihre Kontroversen in Sachfragen. An einigen markanten Stellen seines Werkes hat Aristoteles eine im Ton vornehme, aber im Inhalt harte Kritik an Platon geübt. Der Gegensatz zwischen ihm und seinem Lehrer kommt besonders deutlich im Bereich der politischen Philosophie zum Vorschein. Beide Denker waren aufs höchste daran interessiert, für das öffentliche Zusammenleben der Menschen im Gemeinwesen die beste Form zu finden. Das Hauptwerk Platons ist seine 'Politeia'. Man übersetzt das meistens mit 'Der Staat'. Eigentlich bedeutet es "Verfassung", und zwar in dem Doppelsinn, in dem wir dieses Wort verwenden: also Verfassung als grundlegende Rechtsordnung, als Grundgesetz – und Verfassung als Zustand, so wie wir von jemandes gesundheitlicher Verfassung sprechen. Platon geht es um die Grundordnung und den besten Zustand des öffentlichen Zusammenlebens der Menschen. Das entsprechende Werk des Aristoteles war seine Vorlesung über die politischen Angelegenheiten, die 'Politik', wie wir sie heute etwas mißverständlich nennen.

Platon und Aristoteles stellen übereinstimmend eine einfache Grundfrage. Sie lautet: Worauf kommt es eigentlich im politischen Zusammenleben der Menschen an? Ihre Wege trennen sich bereits bei der Antwort auf diese Frage. Platon sagt: Das Gelingen des Zusammenlebens hängt letztlich von der Gerechtigkeit und dem durch sie garantierten Frieden ab. Für Aristoteles hingegen bildet die Freiheit das höchste politische Gut. Damit bricht eine Spannung auf, um deren Auflösung sich in der Geschichte der politischen Ordnungen Europas – und heute der Welt – im Grunde alles gedreht hat. Gerade heute wieder geht es innen- und außenpolitisch um Fragen wie: Was hat in letzter Instanz den Vorrang: Freiheit oder Gerechtigkeit? Lassen sich Freiheit und

Gerechtigkeit aufs letzte gesehen miteinander vereinbaren? Unsere eigene staatliche Ordnung, der soziale Rechtsstaat, ist als Ausgleich zwischen beiden Leitvorstellungen gedacht. Der Rechtsstaat ist der Staat der Freiheit, denn das öffentliche Recht ist die Ordnung, durch die jedem Menschen im Staat seine Freiheit ermöglicht und bewahrt werden soll. Der Sozialstaat ist diejenige Ordnung, die gewährleisten soll, daß nach Möglichkeit jedem das Seine entsprechend seinen Fähigkeiten und Bedürfnissen zugeteilt wird. Wir nennen das soziale Gerechtigkeit. So versteht sich der soziale Rechtsstaat als ein Versuch, das Freiheits- und das Gerechtigkeitsbedürfnis seiner Bürger miteinander in Einklang zu bringen.

Aber die Formulierung "sozialer Rechtsstaat" zeigt auch, daß sich nach Auffassung unserer Verfassungsgeber Freiheit und Gerechtigkeit nicht ohne Rest harmonisieren lassen. Das grundlegende Merkmal unserer Verfassung ist das Recht, also die Freiheitlichkeit der Ordnung. Das Merkmal "sozial" tritt erst als zweite Kennzeichnung hinzu. Das bedeutet: In Grenzfällen hat die Freiheit vor der sozialen Gerechtigkeit den Vorrang. Unsere Verfassungsgeber haben sich also – nicht anders als die Gründer aller westlichen Demokratien – für die Grundauffassung des Aristoteles entschieden: für die Freiheit als das höchste politische Gut – das Gut, das die Athener gegen den Ansturm der Perser verteidigt haben.

In der östlichen Welthälfte hat man jahrzehntelang die Akzente umgekehrt gesetzt. Karl Marx, der geistige Ahnherr der späteren "Volksdemokratien", wollte wie unsere Verfassungsgeber eine Synthese von Freiheit und Gerechtigkeit. Er war von Hause aus Philosoph, und seine Philosophie war eine Philosophie der Freiheit. Die Revolution durch die unterdrückten Proletariermassen, die Marx erwartete, sollte den Übergang der Menschheit zur Freiheit bilden. Der künftige Zustand der Freiheit ist die klassenlose Gesellschaft. Aber in der Art, wie sich Marx dann diese befreite Gesellschaft denkt, bekommt die soziale Gerechtigkeit ein Übergewicht.

Man mag sich darüber wundern, daß es in diesem entscheidenden Punkt eine wesentliche Übereinstimmung gibt zwischen dem Materialisten Marx und dem Idealisten, dem Ideendenker Platon. Aber die Übereinstimmung geht sogar noch weiter. Platon war ebenso wie später Marx ein Revolutionär; er dachte auf den großen Umsturz und Umschwung aller Verhältnisse hin. Das hat er in seinem berühmten Höhlengleichnis, das im Mittelpunkt der 'Politeia' steht, zum Ausdruck gebracht. Im Höhlengleichnis kommt die ganze Radikalität des

Moralisten Platon zum Vorschein. Weil er ein Moralist war, war Platon auch politisch ein Radikaler. Im Höhlengleichnis gibt er ein Bild für den Zustand des Menschen vor seiner philosophischen Erweckung. Diesen Zustand nennt Platon Unbildung. Gebildet, d. h. wahrhaft Mensch, wird der Mensch, indem er zur Philosophie geführt wird (mehr dazu in Kapitel 13).

Im Zustand der Unbildung, vor der philosophischen Erweckung leben die Menschen wie in einer Höhle. Die Höhle hat eine Öffnung zum Tageslicht, und vor dieser Öffnung werden Gegenstände herumgetragen, die auf die Rückwand der Höhle Schatten werfen. Die Menschen im Zustand der Unbildung sind auf ihre Stühle gefesselt, und zwar so, daß sie nur die Schatten auf der Höhlenrückwand sehen können. Das bedeutet: Sie halten die Dinge, mit denen sie alltäglich umgehen, für das, was wirklich i s t, für das Seiende, und sie bemerken nicht, daß diese Dinge nur die Schatten sind, die das wahrhaft Seiende, die jenseitigen Ideen, in unsere Welt wirft (Näheres in Kapitel 6).

Der Prozeß der philosophischen Bildung beginnt damit, daß die Menschen von ihren Fesseln befreit werden. Sie können sich nun unter Schmerzen bewegen, sich umdrehen und das Licht und die Gegenstände am Höhleneingang erblicken. Diese schmerzhafte Befreiung und Umkehr ist die Philosophie. So ist die Wendung zur Philosophie tatsächlich eine Revolution, eine radikale Kehrtwendung und Entfesselung.

Wie jede Revolution ist die philosophische Umkehr damit, daß man blinzelnd das Licht am Ausgang der Höhle erblickt, noch nicht beendet. Nun beginnt der mühselige und steinige Aufstieg aus der Höhle ans Tageslicht. Der harte Arbeitsprozeß der Bildung muß durchlaufen werden. Dieser revolutionäre Prozeß schließt nach Platon auch eine radikale Umgestaltung der Ordnung des menschlichen Zusammenlebens ein. Diese Ordnung muß nunmehr bewußt entsprechend den Ideen erneuert werden. Freilich erscheint den Menschen, die in der Höhle bleiben, die neue Ordnung als etwas Überspanntes und Unerreichbares, als etwas, was auf Erden keinen Ort finden kann und wird. "Kein Ort" heißt auf Griechisch "u tópos".

So entwirft der moralische Revolutionär Platon in der 'Politeia' die "Utopie" eines wahrhaft menschlichen Gemeinwesens. Seitdem gibt es in Europa als platonisches Erbe die Sozialutopie. Es waren nicht die Schlechtesten, die dieses Erbe weitergetragen haben, so z. B. der große englische Staatsmann und Heilige der Renaissancezeit Thomas Morus. Die bewegte studentische Jugend am Ende der sechziger Jahre forderte,

Das Schatzhaus der Athener in Delphi. Das Gebäude in der Form eines einfachen dorischen Tempels ohne Säulenumgang wurde zum Dank für den Sieg über die Perser bei Marathon nach 490 v. Chr. errichtet, um darin die kostbarsten Beutestücke aufzustellen.

gut platonisch, einen neuen Mut zur Utopie. Platon war, seit seinem Lehrer Sokrates unter anderem wegen jugendverderbender Kritiksucht der Prozeß gemacht worden war, immer der Philosoph der revolutionär gesinnten Jugend.

Platon hat die Vorstellung, daß das neue Gemeinwesen nach dem Maßstab der Ideen gestaltet werden kann. Zufolge dessen erscheint ihm die neue politische Ordnung als ein Problem, das durch die entschiedene Orientierung an gewissen idealen Normen gelöst werden kann. Auch diese Leitvorstellung des politischen Platonismus ist in Europa immer lebendig geblieben. Man kann sagen: Gerade heute lebt sie wieder auf in den Köpfen derer, die sich um keinen Preis mit dem Bestehen-

den zufriedengeben wollen und es verächtlich finden, angesichts des
Unheils in unserer Welt zynisch zu reagieren oder skeptisch zu resignie-
ren. Gerade bei diesen Menschen, überwiegend aus der jüngeren Generation, herrscht heute vielfach die Vorstellung, daß es für eine Verbesserung der politischen Verhältnisse nur darauf ankomme, sich die norma-
tiven Maßstäbe klarzumachen und sich engagiert danach zu richten.
Man denkt: Wenn man den Frieden und die soziale Gerechtigkeit nur
ernsthaft will, dann m ü s s e n sie einfach kommen.

Mit dieser Überzeugung, die leicht Gefahr läuft, ins Schwärmertum
abzugleiten, verbindet sich vielfach eine andere, ursprünglich ebenfalls
platonische Vorstellung: Weil es für die gerechte und friedvolle politische Ordnung ein Vorbild, ein Muster im Reich der Ideen gibt,
erscheint diese Ordnung als etwas nach jenem Vorbild Planbares,
Machbares. Die volle Teilhabe der sozialen Wirklichkeit an den
urbildlichen Ideen kann und soll hergestellt werden. Das bedeutet
aber: Das politische Handeln wird wesentlich als ein Machen und Herstellen aufgefaßt. Die Probleme, die sich auf politischem Feld stellen,
erscheinen im Grunde als technische Fragen, als Aufgaben, die sich
"technokratisch" lösen lassen, wie man heute sagt. So paart sich
eine moralisch engagierte, sozialrevolutionär gesellschaftskritische Bewußtseinslage oft mit einem technokratischen Verständnis von politischem Handeln. Es liegt auf dieser Linie, daß in den östlichen 'Volksdemokratien' der ursprünglich revolutionäre Elan jahrzehntelang zur
Starre und Öde der totalen Planung und bürokratischen Verwaltung
verkommen konnte.

Platons lebendiger, jugendlicher, kritischer Geist war von alldem
weit entfernt. Aber die inneren Zusammenhänge zwischen moralischer
Revolution, normativer Orientierung an maßgebenden Ideen und tech-
nokratischem Politikverständnis und die darin angelegten Verfallsmög-
lichkeiten kündigen sich bei ihm doch schon deutlich an. Das wird vor
allem dann sichtbar, wenn Platon darangeht, den utopischen Modell-
staat der vollendeten Gerechtigkeit in seinen Grundzügen zu entwerfen.

Es gibt eine Form von menschlicher Gemeinschaft, in der in vorbild-
licher Weise Gerechtigkeit verwirklicht wird, wenn das Zusammenleben gelingt: die Familie. In der Familie ist es besonders gut möglich,
jedes Mitglied entsprechend seinen Bedürfnissen und Fähigkeiten zu
behandeln, also soziale Gerechtigkeit walten zu lassen. Deshalb denkt
sich Platon den Idealstaat im Grunde in der Art einer Familie. Wenn die
Menschen im Gemeinwesen eine einzige große Familie bilden, braucht

man die Kleinfamilien nicht mehr. Ihre Aufgaben, die Kindererziehung z. B., können dann von der gesellschaftlichen Großfamilie übernommen werden. Deswegen schlägt Platon vor, die natürliche Familie aufzulösen und die Kinder nach dem Vorbild von Sparta ganz in staatliche Obhut zu geben. Aber das Motiv dafür ist nicht eine besondere tagespolitische Sympathie Platons für Sparta, sondern es liegt in seiner politischen Leitvorstellung, der Gerechtigkeit.

In der antiken Familie gibt es einen, dem alle zu gehorchen haben: den Vater und Hausherrn. Deshalb kommt in Platons familiär organisiertem Staat alles darauf an, wer letztlich zu sagen hat, d. h. wer "König" ist, wie Platon in der Sprache seiner Zeit formuliert. Hier schlägt er nun eine Lösung vor, die seitdem immer wieder leidenschaftlich diskutiert worden ist: Die Philosophen sollen die Könige und die Könige Philosophen sein. Dahinter steckt Platons technokratische Konzeption von moralischer Politik. Der vollendet gerechte Staat erscheint ihm als etwas Machbares, Herstellbares. Für die Herstellung guter Produkte braucht man Fachleute; denn sie kennen den Bauplan, das Konstruktionsmuster und den Weg zu seiner Verwirklichung. Deshalb benötigt man auch für Aufbau und Leitung eines perfekt gerechten Gemeinwesens Experten. Die Fachleute für das wahrhaft gerechte Gemeinwesen müssen den Maßstab und Bauplan für eine gerechte soziale Ordnung kennen, d. h. aber: die Ideen, nach denen sich eine solche Ordnung zu richten hat. Diejenigen, die sich professionell, als Fachleute, mit den Ideen beschäftigen, sind die Philosophen. Also müssen sie die letzte Verantwortung im Staat bekommen (dazu auch Kapitel 17).

Hier meldet sich nun der entschiedene Widerspruch des Aristoteles. Für ihn gibt es im Grunde nichts Schlimmeres, als wenn die Philosophen die Könige werden. Warum? Platon will die maßgebende Gestaltung des Zusammenlebens den besten Experten überlassen; die verantwortlichen Politiker bekommen das Gütesiegel, Fachleute zu sein. Solchen Leuten aber kann und darf man nicht in die Karten gucken. Sie können mit den von ihnen Abhängigen alles machen, und was das Schlimmste ist: sie haben als Philosophen auch noch die beste moralische Legitimation dafür. Das kann nur zu einer Reglementierung des ganzen Lebens führen – einer Reglementierung, die obendrein noch durch ihr eigenes gutes Gewissen abgesegnet ist. Die perfekt organisierte Gerechtigkeit führt so in den Augen des Aristoteles zur Unterdrückung, zur Unfreiheit, und so erhebt er die Freiheit jedes einzelnen Bürgers zum Leitbild der politischen Ordnung.

Um dieser Freiheit willen muß Aristoteles auch die anderen politischen Leitvorstellungen Platons ablehnen. Wenn alle Bürger frei sein
sollen, dann müssen sie grundsätzlich auch alle in der Lage sein, verantwortlich mitzuentscheiden. Dann darf es aber keine Fachleute für
politische Gerechtigkeitsfragen geben, denen das Regiment überlassen
wird. Statt dessen gilt der Grundsatz: Jeder mündige Staatsangehörige
hat die gleiche Fähigkeit und das gleiche Recht mitzuentscheiden. Alle
sind gleich in ihrer Freiheit. Dieses Prinzip hatte Perikles in der erwähnten Gefallenenrede als die Grundlage der athenischen Demokratie
bezeichnet. Die Gleichheit in der Freiheit ist dann auch zur Grundlage
unserer modernen Demokratien geworden.

Wenn es im Prinzip keine Fachleute für Politik geben darf, sondern
die Gestaltung des politischen Zusammenlebens eine Sache aller ist,
dann bedeutet das auch: das politische Handeln selbst ist in seiner
Beschaffenheit grundsätzlich nicht von der Art, daß es in die Zuständig-
keit von Experten gehört. Eine Spezialaufgabe für Fachleute ist ein
Bereich menschlichen Handelns immer dann, wenn es um das Machen,
das Herstellen oder Organisieren von etwas geht. Es gibt aber menschliches Handeln von ganz anderer Art, und dazu gehört auch die Beteiligung am politischen Zusammenleben. Für diese Art von Handeln
braucht man kein Expertenwissen, sondern eine ganz andere Art von
Fähigkeit. Man muß in der Lage sein, die Situationen, die im Zusammenleben immer wieder neu und überraschend entstehen, angemessen
einzuschätzen und für die Zukunft jeweils die richtigen Konsequenzen
zu ziehen. Dieses Vermögen der richtigen Beurteilung von Situationen
im Zusammenleben ist das Wichtigste beim politischen Handeln. Aristoteles bezeichnet es mit einem griechischen Wort, das man am besten
mit "Klugheit" übersetzt.

Zur politischen Klugheit gehören zwar Wendigkeit und Anpassungs-
fähigkeit, Geschicklichkeit und Einfallsreichtum, aber es wäre verfehlt,
sie deshalb mit dem bloßen Opportunismus des gewissenlosen "Prag-
matikers" gleichzusetzen. Was die Klugheit als etwas Gutes und
Lobenswertes, als "Tauglichkeit" (siehe Kapitel 8 und 12) kennzeichnet, zeigt sich im Vergleich mit dem Vermögen zu wissenschaftlicher
Erkenntnis einerseits und der "téchnē", der "Kunst", andererseits.
Auch die Klugheit ist eine Fähigkeit des Erkennens, aber das wissenschaftliche Erkennen richtet sich auf das Bleibende und Allgemeine, vor
allem die Gesetzmäßigkeiten, die in bestimmten Bereichen der Welt
herrschen. Demgegenüber bezieht sich die Erkenntnis, die man im Falle

der Klugheit an den Tag legt, gerade auf das Veränderliche, die immer neuen Situationen, in die unser Handeln gestellt ist.

Mit dem Veränderlichen hat es nun auch die "technē" zu tun, die "Kunst" – aber nicht im modernen Sinne als Tätigkeit und Produkt von "Künstlern", sondern als die Art von Sichauskennen, die man überall dort braucht, wo es darum geht, etwas zu machen, zu schaffen, hervorzubringen, zu produzieren. Die "Kunst" in diesem allgemeinen Sinne findet ihre Erfüllung in etwas, was bei dem Schaffensprozeß am Ende herauskommt und ihn überdauert, einem "Werk", wie die Griechen sagen. Demgegenüber geht es bei der Betätigung der Klugheit nicht primär um irgendein "Werk", sondern schlicht darum, das, was man tut, jeweils gut zu tun, d. h. situationsgerecht zu handeln, gleichgültig, ob dabei etwas herausspringt, das nach Abschluß des Tuns noch weiter existiert. Das unangemessene Verständnis von politischem Handeln entsteht vor allem daraus, daß die Klugheit mit den Erkenntnisarten der "Wissenschaft" und "Kunst" verwechselt oder in einen Topf geworfen wird, und das ist einer der Fundamentalfehler, die Aristoteles an Platon kritisiert (dazu auch Kapitel 17).

Die Aneignung und Schulung der Klugheit ist ein schwieriges Geschäft. Man kann sie nicht ohne Übung, Gewöhnung und Erfahrung erwerben. Deshalb ist sie keine Sache der Jugend, sondern die Tugend des reif und wirklich mündig gewordenen Erwachsenen. Hatte die politische Mentalität Platons etwas Jugendliches – mit allen Vorzügen und Schwächen dieser Lebensphase –, so ist die politische Denkart des Aristoteles die des reifen Erwachsenen. Wer politisch klug geworden ist, weiß, daß es für eine Verbesserung der Verhältnisse in dieser Welt nicht genügt, die philosophische Ideensicht in die hiesigen Verhältnisse umzusetzen, d. h. hohe moralische Normen wieder entschieden ernst zu nehmen. Der politische Alltag beginnt für die Klugheit da, wo diese Normen sich von Situation zu Situation neu und in der ganzen Kompliziertheit der Situationen bewähren müssen. Das ist die politische Moral des Aristoteles.

Was schließlich Platons Vorstellung von der gerechten Großfamilie des Gemeinwesens betrifft, so setzt Aristoteles im Gegenzug dazu die natürliche Familie wieder in ihr Recht ein. Die Familie ist diejenige menschliche Gemeinschaft, in der Leben erzeugt und weitergegeben wird. Sie ist auch die Gemeinschaft, in der die tägliche Lebenserhaltung stattfindet. Sie ist, kurz gesagt, die Überlebensgemeinschaft. In der Antike war sie das noch mehr als heute. Unser Überleben organisieren wir, indem wir arbeiten und wirtschaften. Deshalb war in der Antike

die Familie der Ort des Wirtschaftens, des Ökonomischen. Im ökonomischen Bereich sind wir letztlich nicht frei, wir unterliegen dem
Zwang des Überlebenwollens. Die politische Gemeinschaft steht aber
für Aristoteles unter dem Leitbild der Freiheit. Deshalb muß nach Aristoteles das Ökonomische, und das hieß damals: die Familie, von der
politischen Gemeinschaft getrennt bleiben. Aus dem Gemeinwesen
eine Art Familie zu machen ist deshalb in den Augen des Aristoteles für
die Freiheit verheerend (mehr dazu in Kapitel 10).

Wenn das Gemeinwesen – griechisch ausgedrückt: die "Polis", d. h.
die Bürgergemeinde der "Stadt" – so etwas wie eine große Familie wäre,
dann ginge es dort im wesentlichen nur um das ökonomische Überleben. Platon erklärt in seiner 'Politeia' die Entstehung der Polis in diesem Sinne: Als die Menschen begannen, in größeren Gruppen zusam-
menzuleben, merkten sie, daß sie ihr Überleben besser organisieren
konnten, wenn sie die Aufgaben, die Arbeiten für das Überleben, plan-
voll aufteilten. Die Polis wurde zur öffentlichen Organisation dieser
Arbeitsteiligkeit erforderlich. Demgegenüber erklärt Aristoteles zu
Beginn seiner Politikvorlesung programmatisch: Die Polis ist zwar entstanden, weil sich so die Lebenserhaltung besser organisieren ließ, aber
ihr Sinn und Zweck liegt gerade nicht im bloßen Überleben, sondern im
"guten Leben", d. h. in einer gemeinsamen freien und schönen Lebens-
gestaltung von Menschen, die dabei nicht durch Notwendigkeiten der
Lebenserhaltung gedrängt sind.

Wäre das Gemeinwesen dadurch definiert, daß es ein "Werk" der
Lebenserhaltung ist, so käme es beim politischen Handeln in der Tat in
erster Linie auf wissenschaftliche Erkenntnis und Techne an: auf die
Erkenntnis der Gesetze, von denen das ökonomische Leben abhängt,
und auf die "Kunst", zum "Werk" der bürokratischen Planung dieses
Lebens beizutragen. Für das "gute Leben" aber ist die Klugheit das
maßgebende Erkenntnisvermögen.

In der Neuzeit hat die Menschheit die von Aristoteles gezogene
Grenze, die das "gute Leben", das die eigentliche Aufgabe des politi-
schen Handelns sein sollte, vom ökonomischen Leben trennt, auf brei-
ter Front überschritten (Näheres dazu Kapitel 10). Die ehemals private
Ökonomie wurde zur "Volkswirtschaft". Die private Hauswirtschaft
der Familie hat demgegenüber ihre wesentliche Bedeutung verloren.
Heute sichert die öffentliche Wirtschaft unser Überleben, weil inzwi-
schen alle von allen abhängig sind. Ein Großteil der Politik kreist um die
Steuerung der öffentlichen Wirtschaft. So ist das Ökonomische zur
Sache der Politik geworden. In unserer umfassenden wechselseitigen

wirtschaftlichen Abhängigkeit bilden wir so etwas wie die von Platon geforderte große Familie. Wir nennen diese Familie die Gesellschaft. So ist heute einiges von Platons Utopie auf ungeahnte Weise in Erfüllung gegangen. Das ist der eigentliche Grund dafür, weshalb, je weiter die Neuzeit fortschreitet, auch die anderen politischen Gedanken Platons wiederaufleben. Es liegt in der Konsequenz des Politischwerdens des Familiär-Ökonomischen, daß man wieder dazu neigt, dem Gesichtspunkt der sozialen Gerechtigkeit den Vorrang einzuräumen, und daß die technokratische Vorstellung vom politischen Handeln als einer Wissenschaft und Techne erneut Oberwasser bekommt. Der Geist des platonischen politischen Denkens ist so aktuell wie nie zuvor. Aber auch die Einwände, die Aristoteles dagegen im Namen der Freiheit erhoben hat, enthalten Einsichten, die um keinen Preis verlorengehen dürfen. So ist der Streit "Aristoteles gegen Platon" nichts Vergangenes.

X

Athen

Der "Markt" in der Antike und heute

Im Mittelpunkt des antiken Athen, im Norden der Akropolis, lag die Agorá, ein Platz mit einer großen Zahl öffentlicher Gebäude, darunter beispielsweise dem Gefängnis, worin Sokrates im Jahre 399 v. Chr. längere Zeit auf seine Hinrichtung gewartet hat. Die Grundmauern dieser Baulichkeit haben die amerikanischen Archäologen, die mit den Forschungsarbeiten an der Agora betraut sind, inzwischen einigermaßen zuverlässig identifiziert. Sie haben auch die Rekonstruktion der langgestreckten Säulenhalle des Herodes Atticus, des bedeutenden Kunstmäzens aus dem 2. Jahrhundert n. Chr., errichtet, die heute zusammen mit dem unversehrten Hephaistostempel ein Bild davon geben kann, wie es auf der Agora ausgesehen hat.

In anderen Städten der Griechen und Römer hat sich von den Gebäuden der Agora oder vom Forum, ihrer römischen Entsprechung, mehr erhalten: etwa in Priene, einer kleineren Stadt in Jonien an der westlichen Mittelmeerküste der heutigen Türkei, der nach oben gestufte Versammlungsraum für den Stadtrat; oder in Ephesus, ungefähr 100 km weiter nördlich, auf der größten Agora, die die Stadt besaß, das mächtige Tor. Ein entsprechendes Tor aus der konkurrierenden jonischen Weltstadt Milet ist im Pergamon-Museum in Berlin wiederaufgebaut. Am Forum in Rom oder Pompeji kann man in Italien verschiedene staatliche Amtsgebäude sehen, den Senatssaal der "Kurie", die Gerichtshalle von Pompeji, aber auch Markthallen und Nischen für die Stände der antiken Kaufleute und Bauern, auf die man im übrigen vielerorts rings um das Mittelmeer stößt.

Die Beispiele zeigen bereits, daß die Agora oder das Forum eine doppelte Bedeutung besaß. Ihre Baulichkeiten konnten dem Handel dienen, aber auch der Stadtverwaltung, der politischen Führung, der Gerichtsbarkeit. Die Gebäude der zweiten Art haben etwas gemeinsam: Dort versammelten sich Menschen, um über die verschiedenen öffentli-

Die Trümmer der Agora von Athen am Fuße der Akropolis

chen Angelegenheiten gemeinsam zu beraten und Beschlüsse zu fassen. Das setzte voraus, daß man miteinander redete, und von daher haben die Agora und das Forum ihre Bezeichnung erhalten. Sie sind ihrer Grundbedeutung nach der Versammlungsplatz, wo man miteinander redet. So ist im Griechischen von dem Wort "agora" ein Verb abgeleitet, das "öffentlich reden" bedeutet, und ein anderes Verb bezeichnet das Reden, mit dem man vor Gericht gegen jemanden eine Anklage vorträgt. Ein Substantiv zu diesem Verb lautet übrigens "katēgoría", und dieses Wort, die "Kategorie", hat Aristoteles dann zu einem Grundbegriff der Philosophie gemacht (mehr dazu im Kapitel 11).

Ein weiteres Verb, das von "agora" abgeleitet ist, hat aber eine ganz andere Bedeutung. Es heißt "einkaufen". Das hängt mit der Agora als Handelsmarkt zusammen. In einer griechischen Polis konnte es ein und dieselbe Agora sein, die sowohl der Verwaltung, Politik und Gerichtsbarkeit als auch dem Handel diente. Je nach Größe der Stadt konnte es aber auch mehrere solcher Plätze geben, auf die die Funktionen aufgeteilt waren. So ist der Begriff "agora" doppeldeutig.

Wir übersetzen das Wort ins Deutsche mit "Markt". Auch dieses Wort verwenden wir in der modernen Sprache in zwei Bedeutungen. Aber dieser Doppelsinn ist ein anderer als der des antiken Begriffs "agora". Die Handelsagora und die politische Redeagora kann man sich beide anschaulich-konkret vorstellen. Der moderne Begriff "Markt" hingegen hat neben seiner konkreten eine abstrakte Bedeutung. Der anschaulich sichtbare Markt ist ein Handelsplatz mit Verkaufsständen von Bauern oder Händlern. Wenn wir den Begriff abstrakt verwenden, meinen wir damit jede Gelegenheit, bei der ein Warenangebot auf eine Nachfrage trifft. Das ist der Begriff des Marktes in der neuzeitlichen Ökonomie, und er ist für unsere moderne Gesellschaft viel wichtiger geworden als der konkrete Wortgebrauch. Auf dem Markt der Beziehungen zwischen Angebot und Nachfrage wird zwar auch gehandelt, aber man kann sich das nicht in der Weise anschaulich vor Augen führen wie das bunte Treiben vor den Warenständen auf einem Marktplatz.

Könnte es sein, daß die konkrete Doppelbedeutung der antiken Agora entgegen dem ersten Eindruck mit der abstrakt-konkreten Doppelbedeutung unseres modernen Begriffs "Markt" doch etwas zu tun hat? Die Handelsagora hat sich bis zur Gegenwart im Marktplatz erhalten, aber die politische Redeagora gibt es heute nicht mehr, und den Markt im Sinne des neuzeitlichen ökonomischen Begriffs gab es damals noch nicht. Was hat sich da geändert, und was kann man aus dem Vergleich der alten und der neuen Verhältnisse lernen?

Könnten wir den Betrieb auf einem antiken Handelsmarkt anschaulich betrachten, so würde uns wahrscheinlich als erstes auffallen, daß sich dort ganz überwiegend Männer aufhalten. Es sind Männer, die irgendwelche Agrarerzeugnisse oder andere Produkte in die Stadt, in die Polis bringen und zum Verkauf anbieten, und wiederum Männer, die die eingekauften Waren in ihre Häuser tragen, wo die Frauen oder auch Sklaven sie benutzen oder verwerten. Der Umsatz der Waren findet öffentlich auf dem Markt statt, und an diesem Geschäft in der Öffentlichkeit sind im wesentlichen nur die Männer beteiligt. Das gleiche gilt für die Öffentlichkeit der politischen Rede- und Verwaltungsagora. Auch dort treffen wir nur Männer an.

Offenbar gibt es also einen Lebensraum, den Bereich der Öffentlichkeit, der ausschließlich den Männern vorbehalten ist. In einer Zeit neuer Aufmerksamkeit für die Emanzipation der Frau fällt uns natürlich als erstes auf, daß den Frauen der Zugang zu einem ganzen Lebensbereich verwehrt blieb, aber für den Gesamtzusammenhang unserer geschichtlichen Entwicklung ist die Voraussetzung für diesen Tatbestand noch wichtiger: daß es nämlich überhaupt in der Polis zwei streng getrennte Lebensbereiche gab. Der eine war, wie gerade deutlich wurde, die Öffentlichkeit. Die Griechen hätten diesen Lebensraum einfach die

Polis genannt. Der öffentliche Charakter der Polis wird besonders auf der Agora anschaulich sichtbar, aber z. B. auch auf dem Versammlungsplatz der Volksversammlung: in Athen war das der Hügel der Pnyx, der nicht weit entfernt im Südwesten der Agora liegt.

Wenn die Polisöffentlichkeit ein abgegrenzter Lebensbereich ist, muß es einen zweiten Bereich geben, von dem sie sich abgrenzt. Diesen Lebensbereich nennen die Griechen "oíkos", das "Haus". Der Oikos ist nicht nur das Gebäude, sondern gemeint ist zugleich der Lebensraum für eine bestimmte Gemeinschaft von Menschen, die Familie. Noch heute sprechen wir beispielsweise vom Königshaus und meinen damit die königliche Familie. So wie das Wort "Oikos" die Familie mitbezeichnet, ist auch unter der Polis, der Stadt, nicht nur der von einer Mauer umgebene Gebäudekomplex zu verstehen, sondern zugleich die Gemeinschaft von Menschen, die durch dieselben Gesetze und ein gemeinsames politisches Schicksal miteinander verbunden sind.

Polis und Oikos sind streng voneinander abgegrenzt. Was unterscheidet sie eigentlich? Im Oikos gebraucht und verbraucht die Familie die Waren, die der Mann von der Handelsagora nach Hause bringt. Im Oikos werden die meisten dieser Waren aber auch produziert, seien es die Gebrauchsgegenstände, die die Handwerker in ihren Häusern innerhalb der Polismauern herstellen, seien es die Nahrungsmittel, die die Bauern im Umland, das zu einer Polis gehört, auf ihren Gehöften, d. h. in ihrem ländlichen Oikos erzeugen. Der Handelsmarkt ist also im wesentlichen ein Umschlagplatz zwischen Oikos und Oikos. Dabei sei von der Ausnahme abgesehen, daß es auch schon einige größere Gewerbebetriebe außerhalb des Oikos gab.

Der Mensch ist gezwungen, für sein Leben zu sorgen. Deshalb muß er einerseits "Lebensmittel" im weitesten Sinne dieses Wortes: Nahrung, Geräte, Kleidung und anderes, produzieren und dafür arbeiten, und er gebraucht und verbraucht andererseits die Lebensmittel, um tagtäglich seine verschiedenen Bedürfnisse zu befriedigen. Das Haus, der Oikos, ist – von den besagten Ausnahmen abgesehen – der Ort für beides, für die produktive Arbeit und für die tägliche Bedürfnisbefriedigung. Beides dient dem Leben, d. h. der Erhaltung des Menschen in seiner Familie.

Die Familie hat aber auch noch auf andere Weise mit der Lebenserhaltung zu tun. Sie sorgt für das Überleben der Menschheitsgattung überhaupt, denn im Haus werden die Kinder gezeugt, geboren und großgezogen. Der Erneuerung des Lebens durch das Aufwachsen der neuen Generation entspricht das Hinschwinden der Alten, der Gesundheit des jugendfrischen Lebens halten die Krankheiten des vom Sterben bedrohten Lebens die Waage. So ist der Oikos auch der Ort für die fortpflanzungsbezogene Sexualität und für die Kindererziehung, für Geburt und Tod, für Gesundsein und Kranksein. All dies vollzieht sich in der Gemeinschaft der Familie, wobei man sich darunter nicht unsere moderne Kleinfamilie vorstellen darf, sondern eine große Gemeinschaft von mehreren Generationen, dazu – zumindest im ländlichen Bereich – die Tiere und in einem begüterten Haushalt die Sklaven. Man kann sich das in seiner ursprünglichen Gestalt vielleicht am ehesten vorstellen, wenn man an einen alten westfälischen Bauernhof denkt, wo die Menschen, Familie und Gesinde, und die Tiere buchstäblich unter einem Dach wohnten und wo sich das Familienleben und die handwerkliche Arbeit in ein und demselben Gebäude abspielte. Alles, was überhaupt zur Lebenserhaltung von Individuum und Menschheitsgattung gehört, in der ganzen Spannbreite zwischen produktiver Arbeit und täglicher Bedürfnisbefriedigung, konnte sich im Gemeinschaftsleben der antiken Großfamilie vereinigen.

Natürlich geht das nicht ohne eine Ordnung. Es sind Regeln, ungeschriebene Gesetze erforderlich, nach denen sich alle Familienmitglieder richten. Das griechische Wort für "Gesetz" lautet "nómos", und "Haus" heißt "oikos". Die Ordnung des Hauses ist deshalb die "oikonomía", die Ökonomie. Unter Ökonomie ist also ursprünglich die Gesetzmäßigkeit für das Leben der antiken Großfamilie zu verstehen, die Ordnung ihres "Haushalts", der "Haus-Wirtschaft" in der wörtlichen Bedeutung dieses Begriffs.

Wir denken heute bei den Begriffen "Wirtschaft" und "Ökonomie" zunächst an den Handel. Aber das Wirtschaften im Oikos ist ursprünglich so gedacht, daß dabei der Handel, also der Verkauf von überschüssigen Produkten und der Einkauf von fehlenden Gütern, im Prinzip entbehrlich ist. Das Leben im Oikos muß man sich zunächst, in seiner Reinform, als einen in sich geschlossenen Kreislauf vorstellen: Die Großfamilie leistet soviel produktive Arbeit, wie sie für die tägliche Bedürfnisbefriedigung braucht, und sie braucht soviel, wie sie produziert. Daß sich in diesen internen häuslichen Kreislauf von außen der Handel einschiebt, also der Markt, das gilt der klassischen Antike nicht als wesentlich für die Ökonomie im ursprünglichen Sinne des Wortes.

Der Oikos mit seiner Ökonomie ist streng von der Polis geschieden. Den Lebensbereich der Polis kennzeichnet, daß er öffentlich ist.

"Öffentlich" nennt man das, was jedem zugänglich ist, was für jedermann offen zutage liegt, oder um es griechischer auszudrücken: was für jedermann sichtbar ist. Wer sich politisch für die Belange der Polis engagiert, steht im Licht der öffentlichen Sichtbarkeit (dazu auch Kapitel 8).

Die Trennung des Oikos von der Polis bedeutet, daß alles, was sich im Haus abspielt, der öffentlichen Sichtbarkeit entzogen ist, also verborgen bleibt und auch verborgen gehalten werden soll. In der Abgeschlossenheit des orientalischen Harem hat sich das von der griechisch geprägten Mittelmeer-Antike her erhalten. Sofern wir uns scheuen, Sexualität und Geburt, Krankheit und Sterben öffentlich zur Schau zu stellen, haben wir auch im Westen noch etwas vom Lebensgefühl des Oikos bewahrt. Die Verborgenheit, die zu den Lebensvorgängen im Oikos gehört, ist der eigentliche Grund dafür, weshalb sich die Frau in der Öffentlichkeit der Agora nicht sehen läßt. Ihre Verantwortlichkeit ist auf das verborgene häusliche Leben beschränkt, und dort kann sie als Partnerin des Mannes durchaus eine wichtige Rolle spielen.

Im Unterschied zu Frau, Kind und Sklave ist der Mann in beiden Lebensbereichen zu Hause, in der Verborgenheit des Oikos und in der Polis-Öffentlichkeit. Er redet mit bei den öffentlichen Angelegenheiten, also bei dem, was alle im Gemeinwesen angeht, und er begibt sich auf den Markt, der öffentlich ist, weil der Handel nicht ins Innere des häuslichen Wirtschaftskreislaufs gehört. Zugleich hat der Mann im Haus die letzte Entscheidung in den ökonomischen Fragen. So ist er in der Familie der Hausherr, griechisch: der "despótēs", der Despot. Das Wort "Despot" hatte ursprünglich nicht den üblen Klang, den es für uns besitzt. Wenn man einen Blick darauf wirft, wie das Wort seinen schlechten Beigeschmack bekam, wird das Verhältnis von Polis und Oikos noch deutlicher.

Vielleicht urteilt man vorschnell, wenn man die Führungsrolle des Hausherrn in der antiken Großfamilie in jeder Hinsicht kritisiert. Im Oikos geht es, wie gesagt, um das Überleben der Menschen als Einzelner und als Gattung. Der Überlebenswille zwingt uns Menschen, das Wirtschaften, also produktive Arbeit und Bedürfnisbefriedigung, straff zu organisieren. Nach aller Erfahrung ist dafür eine Hierarchie der Leitungsbefugnisse nötig. Bei der Organisation des Überlebens muß es eine Instanz geben, die letztverantwortlich zu sagen hat. Das gilt noch heute für jeglichen Wirtschaftsbetrieb, gleichgültig, ob er privatwirtschaftlich-kapitalistisch oder staatswirtschaftlich-sozialistisch betrieben wird.

Was man an den antiken Verhältnissen kritisieren kann und was wir gewiß nicht akzeptieren können, ist der Ausschluß der Frauen von der letzten Verantwortlichkeit. Richtig bleibt aber wahrscheinlich die Erkenntnis, daß die Überlebensnotwendigkeit in der Oiko-nomia, der Ordnung des Wirtschaftens, eine Führungsspitze mit höchster Vollmacht erforderlich macht. Deshalb hatte die Bezeichnung "Despot" für den Träger der hauswirtschaftlichen Letztverantwortung ursprünglich auch keinen schlechten Beigeschmack. Den bekam der Begriff erst durch die Gefahr, daß man den im Haus legitimen Führungsstil auf die Polis übertrug, wo er nicht legitim war.

Die demokratische Polis schließt im Prinzip eine von vornherein personell festgelegte Führungshierarchie aus; denn dort soll und darf nur der bestimmen, der sich durch die Überzeugungskraft seiner Worte und guten Ratschläge durchsetzt. Dies ist die einzige Art des Machterwerbs, die sich mit der Respektierung der gleichen Freiheit aller in der Demokratie vereinbaren läßt und deshalb legitim ist (dazu auch Kapitel 8). Der Hausherr im Oikos hingegen braucht im Prinzip keine ver-

Das Buleuterion, der Versammlungsraum des Stadtrats, an der Agora von Priene, einer griechischen Stadt in der Nähe von Milet. Von vergleichbaren Gebäuden auf der Agora von Athen haben sich nur die Spuren von Grundmauern erhalten.

bale Überzeugungskraft. Seine Führungsrolle wird deshalb anerkannt, weil die wirtschaftliche Organisation des Überlebens dies verlangt. Wer aber die Polis so regiert, als wäre sie ein Haus und als wäre er selbst darin der Hausherr, der überträgt auf das Gemeinwesen Verhältnisse, die dort nicht hingehören. Wer über die Polis wie ein "despotēs" herrscht, der verhält sich tatsächlich despotisch im üblen Sinne des Wortes.

Die größte Gefahr für die demokratische Polis bildet ein Machtmißbrauch, bei dem die Grenze zwischen den getrennten Lebensbereichen Polis und Oikos verwischt wird. Das ist eine der grundlegenden Erkenntnisse aus der ersten Vorlesung über politische Philosophie, der sogenannten 'Politik', die Aristoteles, der zweite große Klassiker der Philosophie, im letzten Drittel des 4. Jahrhunderts v. Chr. gehalten hat. Das eigentlich Unakzeptable am persischen Großreich ist für Aristoteles, daß der Perserkönig seine Untertanen wie eine einzige große Familie beherrscht und ihnen damit die Chance auf die demokratische Freiheit nimmt, die der Polisbürger hat (mehr dazu in Kapitel 9).

Zu beachten ist, daß diese Kritik unabhängig davon gilt, ob der König seine Landeskinder gut oder schlecht behandelt. Der persische Großkönig beispielsweise war gegenüber den Völkerschaften in seinem Riesenreich durchweg außerordentlich großzügig. Das Verkehrte war für Aristoteles nur, daß er die Angehörigen seines Reiches überhaupt als eine Art Familienmitglieder ansah. Gelegentlich kann man lesen, wenn die Griechen ihre Kriege mit den Persern als Kampf für die Freiheit interpretiert hätten, dann sei das nur als ideologischer Aufputz eines reinen Machtkampfes um die Bewahrung oder Erweiterung von Einflußsphären zu werten. Aber die nüchterne Kritik des Aristoteles am persischen Herrschaftssystem zeigt, daß man sich mit diesem wohlfeilen Urteil die Sache zu leicht macht. Es gab wirklich eine Freiheit zu verteidigen.

Noch Kant, wohl der größte Philosoph der Neuzeit, hat sich ganz auf der Linie des Aristoteles und ebenso unpathetisch wie er über zwei Jahrtausende später gegen einen Begriff wie "Landesvater" gewandt, weil durch die Verwechslung der politischen Führung mit der Rolle eines Hausherrn die Regierungsart grundsätzlich freiheitsfeindlich, despotisch wird, gleichgültig, ob man den Landesvater lieben oder hassen muß.

Die Lebensbereiche Polis und Oikos sind strikt auseinanderzuhalten. Und doch haben sie miteinander zu tun. Die Verbindung stellen die freien Bürger her, die einerseits in der Öffentlichkeit über die politischen Verhältnisse diskutieren, andererseits aber einen Oikos im Rükken haben, der ihnen und ihren Familien das Überleben sichert. Man muß sich die öffentlichen Diskussionen und das Engagement der Männer in der Polis sehr viel intensiver und extensiver vorstellen als unsere heutige Teilhabe am Gemeinwesen. Es wurde wirklich unentwegt geredet. Nicht umsonst trägt die Agora, das Zentrum der Polisöffentlichkeit, ihre Bezeichnung vom Reden her. Und nicht zufällig definiert Aristoteles in der besagten Vorlesung über politische Philosophie den Menschen als das Lebewesen, das reden kann (mehr zu dieser Definition in den Kapiteln 12 und 13).

Soviel Zeitaufwand fürs Reden können sich nur Männer leisten, bei denen der Oikos den Lebensunterhalt für sie und ihre Familie gewährleistet. Das Haus entlastet den freien Mann und verschafft ihm allererst den Freiraum für das politische Engagement. Deshalb war die demokratische Mitbestimmung für die kleinen Leute, die eigentlich den ganzen Tag arbeiten mußten, damit ihr Oikos funktionierte, ein Riesenproblem. Die Polis Athen mußte sich denn auch in den vierziger Jahren des 5. vorchristlichen Jahrhunderts entschließen, solchen Bürgern für die Teilnahme an den politischen Geschäften ein Tagegeld zu zahlen. Und Aristoteles diskutiert noch hundert Jahre später, wiederum in der Politik-Vorlesung, inwieweit es überhaupt sinnvoll ist, die kleinen Leute als Bürger zuzulassen, d. h. ihnen das Recht auf politische Beteiligung einzuräumen.

Vor diesem Hintergrund wird auch der Ausschluß der Frauen noch verständlicher. Der Oikos hätte sich ihre Freistellung für die Politik gar nicht leisten können. Die Neuzeit hat das Menschenrecht der Freiheit für ausnahmslos alle verkündet, und die großen Emanzipationsbewegungen der Moderne haben dahin geführt, daß kein mündiger Mensch von der politischen Beteiligung ausgeschlossen bleiben darf. Aber man übersieht leicht, daß dies nur deshalb real durchsetzbar war, weil sich in der Moderne die Art des Wirtschaftens, d. h. der ganze Zusammenhang von produktiver Arbeit und Bedürfnisbefriedigung von Grund auf geändert hat. Die Ökonomie behielt zwar ihren griechischen Namen "Oikonomia", aber sie bekam einen völlig anderen Charakter. Und ein markantes Signal für diese vielleicht einschneidendste Veränderung der ganzen Lebensverhältnisse in unserer Geschichte ist der Bedeutungswandel des Begriffs "Markt".

Die antike Agora kann politisches Zentrum und sie kann Handelsmarkt sein. Diese Doppelbedeutung zeigt, daß sich hier schon Politik und Wirtschaft berühren. Aber die Berührungsfläche ist noch schmal. Es gibt zwar schon Aufgaben des Gemeinwesens, bei denen man über wirtschaftliche Probleme diskutieren muß, z. B. im Athen des perikleischen Zeitalters die Getreideeinfuhr oder der öffentliche Bauauftrag für die Prachtbauten der Akropolis, über den jährlich genau abgerechnet wurde; aber es gab doch noch keinen Staatshaushalt im modernen Sinne. Das elementare Wirtschaften, wodurch sich das Gros der Bevölkerung ihr Überleben sicherte, war keine politische, d. h. öffentliche Angelegenheit, sondern vollzog sich in der Verborgenheit des Oikos. Und nur über den Handel auf der Agora, der, wie gesagt, für den hausinternen Wirtschaftskreislauf im Prinzip als nicht wesentlich galt, kam die im Haus verborgene Ökonomie mit der Öffentlichkeit in Berührung.

Obwohl die Griechen, wie noch heute die Mittelmeervölker, das öffentliche Handeln und Feilschen gewiß liebten und obwohl es schon in klassischer Zeit manche Händler und Bankiers zu erheblichem Wohlstand brachten, behielten der Händler und die Grundlage seines Berufs, das Geld, für die Griechen charakteristischerweise etwas Zwielichtiges.

Die Fragwürdigkeit des Geldes hat Aristoteles mit der ihm eigenen Präzision aufgedeckt. Die Erfindung des staatlich geprägten Münzgelds im 7. vorchristlichen Jahrhundert, die sich in den griechischen Poleis schnell verbreitet hatte (siehe auch Kapitel 4), sieht er als einen großen Fortschritt an, denn es befreit die Menschen von der Schwerfälligkeit des Handels durch Warentausch. Aber das Geld hat seinen Sinn ausschließlich als ein Zahlungsmittel, das die Bezahlung in Naturalien ersetzt. Das Geld ist nicht selbst dasjenige, was einen Wert hat, sondern einen Wert haben nur die Produkte, die man dafür bekommen kann. Geld steht nur gut für etwas Wirkliches, so wie ein Paßfoto nicht die darauf dargestellte Person i s t , sondern als bloßes Bild auf sie verweist.

Das Geld besitzt wie ein Bild nur eine Existenz zweiter Klasse, eine Wirklichkeit, die von den Waren, die im Vollsinne wirklich sind, bloß entliehen ist und auf sie verweist. Deshalb ist es eigentlich unsittlich, mit Geld Geld zu verdienen, indem man für das Verleihen von Geld Zinsen nimmt – was im klassischen Griechenland übrigens durchaus üblich war, und zwar zu teilweise schamlos hohen Zinssätzen. Aber im Prinzip behandelt man mit dem Zinsnehmen das Geld so, als besäße es selbst die volle Wirklichkeit einer Ware. Man täuscht also eine Existenz vor, die nicht vorliegt. – Diese griechisch-aristotelische Auffassung galt übrigens noch im Mittelalter, und deshalb schob man das fragwürdige Geschäft des Zinsnehmens und damit das aufkommende Bankwesen auf die ohnehin verachteten Juden ab.

Das alles ändert sich grundlegend in der Neuzeit. Das politische Gemeinwesen, das seit dem Ausgang des Mittelalters die neue Bezeichnung "Staat" trägt (mehr dazu in Kapitel 17), beginnt, sich in großem Stil um den Handel zu kümmern. Schon in der klassischen Antike konnten Poleis bei bestimmten Waren zeitweilig Einfuhrgebühren erheben. Nun aber wird es wesentlich für das Selbstverständnis des Staates, daß er mit Zöllen als Schutzmacht für seine einheimischen Produzenten auftritt. Darüber hinaus erläßt er Gesetze, die innerhalb des Landes den Handel regulieren, und dies wird das Wichtigste, was man von ihm erwartet. So wird das Wirtschaften mehr und mehr eine Angelegenheit von öffentlichem Interesse, und zwar von primärem Interesse. Die Oikonomia tritt aus der Verborgenheit des antiken Haushalts heraus und ans Licht der politischen Öffentlichkeit. Kurz gesagt, die Ökonomie wird politisch, sie wird zur Angelegenheit der Gemeinschaft, die den neuzeitlichen Staat trägt. Diese Gemeinschaft bekommt in der Neuzeit die Bezeichnung "Nation". Die Ökonomie wird deshalb als politische Ökonomie zur "Nationalökonomie"; sie wandelt sich von der "Hauswirtschaft" zur "Volkswirtschaft".

Ein englischer Philosoph des 18. Jahrhunderts, der Schotte Adam Smith, durchschaut erstmals voll diese Zusammenhänge und zieht die Konsequenz: Die Verständigung über die ökonomischen Verhältnisse muß zu einer Wissenschaft werden, der Volkswirtschaftslehre. In der Antike war diese Verständigung eine bloße "Kunst" geblieben, d. h. ein unsystematisches empirisches Sichauskennen ohne den Anspruch auf strenge Wissenschaftlichkeit. Das Wissen in der Wissenschaft unterscheidet sich ja dadurch vom Alltagswissen, daß allgemeine Gesetze und Zusammenhänge aufgedeckt und formuliert werden. Solange die Ökonomie weitgehend der Verborgenheit des Hauses angehörte, entstand kein Bedarf, die ökonomische Ordnung in allgemeinen Gesetzen zu formulieren. Als sie aber zu einer Angelegenheit der Öffentlichkeit wurde, der "Allgemeinheit", wie wir bezeichnenderweise sagen, bekam sie damit auch den Charakter der Allgemeinheit, und als etwas Allgemeines wurde sie wissenschaftsfähig.

Wie sich die Politisierung der Ökonomie des näheren vollzogen hat, ist allgemein bekannt: Ein Aspekt war die energische Bemühung, die Warenproduktion effektiver zu gestalten. Man zerlegte jeden Arbeitsprozeß systematisch in Phasen, die auf verschiedene Gruppen von Arbeitern verteilt wurden. Mit dieser Organisationsform, der durchgreifenden Arbeitsteilung, die es in der klassischen Antike nur in unsystematischen Ansätzen gegeben hatte, entstand die Industrialisie-

rung. In der zweiten Phase der Industrialisierung konnten dann für
bestimmte Teile des Arbeitsablaufs Maschinen eingesetzt werden, aber
nur deswegen, weil er schon arbeitsteilig organisiert war.

Hinter der industriellen Effektivierung der Produktion steckte ein
grundlegender Wandel in der Einstellung zum Geld. Selbstverständlich
erschien es den Menschen schon in der Antike verlockend, Geld anzu-
häufen und reich zu werden. Aber mit dem angesammelten Geld wiederum Geld zu verdienen, das blieb, wie erwähnt, zwei Jahrtausende
lang eine anrüchige Sache. Erst die Neuzeit nimmt dem Geld den
schlechten Geruch. Man schafft sich ein Vermögen, um damit, wie wir
heute sagen, zu arbeiten, d. h. vor allem, um das Geld zu investieren.
Die Investitionen wiederum treiben die Industrialisierung voran. Das in
solcher Absicht angesammelte Geld bekommt die Bezeichnung "Kapital". Die klassische Antike kannte diesen Begriff noch nicht, sondern
nur den Begriff des Schatzes. Ein Schatz dient als Rücklage für Not-
zeiten oder auch als Reservoir für gute Zwecke, aber nicht als ein be-
wegliches Instrument, um damit den Profit zu steigern. Der Schatz
ruht, das Kapital lebt gleichsam. Beides ist also etwas Grundverschie-
denes.

Aber warum kam es eigentlich zur Neubewertung des Geldes als
Kapital? Entscheidend war der Umbruch im Selbstverständnis des Bürgers. Der Bürger, der in der frühen Neuzeit den Staat trägt, ist der
Wirtschaftsbürger, der "Bourgeois", d. h. jemand, der in der Konkurrenz mit anderen Warenproduzenten um die Sicherung und Steigerung
seines Profits kämpft. Er versucht sich durch eine möglichst vorausschauende Abschätzung der Nachfrage für sein Warenangebot gegen
die Konkurrenten durchzusetzen. Das bedeutet aber, daß er trotz der
Konkurrenz mit seinen Konkurrenten das Feld gemeinsam hat, auf dem
sie sich auseinandersetzen. Dieses Feld ist der Bereich des Aufeinander-
treffens von Angebot und Nachfrage, d. h. aber der Markt im modernen Sinne dieses Wortes. Was die Konkurrenten miteinander verbindet,
ist das Interesse am Funktionieren des Marktes. Deshalb erwarten sie
vom Staat in erster Linie einen Bestandsschutz für den Markt. Und das
ist der eigentliche Grund dafür, daß die bis dahin verborgen gebliebene
Ökonomie ans Licht der Öffentlichkeit und ins Zentrum der Politik
tritt.

Schon in der Antike war der Handelsmarkt öffentlich. Aber nicht die
Gesetze des Marktes bestimmten den Haushalt, also den Kreislauf von
Arbeit und Bedürfnisbefriedigung im einzelnen Oikos, sondern der
Haushalt bestimmte den Markt, indem er seinen Überschuß an ihn

abgab. Nun aber kehrt sich das Verhältnis um: Die Gesetzmäßigkeit der
öffentlichen Konkurrenz um die Marktanteile wird bestimmend für die
produktive Arbeit und für die Bedürfnisbefriedigung. Was industriell
produziert wird, richtet sich nach der Marktlage, und auch die Bedürfnisse der Menschen bleiben nicht mehr stabil. Das Warenangebot auf
dem Markt verändert die Bedürfnisse, ja läßt immer neue Bedürfnisse
entstehen. Umfang und Anspruchsniveau der Bedürfnisse beginnen
immer schneller zu steigen.

Die Maschinen, die man seit der zweiten Phase der Industrialisierung
konstruiert, dienen dem Zweck, die wachsenden Bedürfnisse immer
perfekter zu befriedigen. Schon die Antike hatte eine Ingenieurskunst
mit teilweise genialen Konstruktionen entwickelt. Aber dem antiken
Menschen blieb der Gedanke ganz und gar fremd, sie für eine umfassende Industrialisierung im Dienste einer entschlossenen Anhebung
des allgemeinen Lebensstandards nutzbar zu machen (dazu auch Kapitel 14).

Die moderne Revolutionierung der Ökonomie hat im 19. Jahrhundert dazu geführt, daß die Menschen weitgehend in dem, was sie mit
ihrer Arbeit produzierten und was sie zur Bedürfnisbefriedigung kon-
sumierten, in eine umfassende wechselseitige Abhängigkeit gerieten.
Heute sind die Menschen in den Ländern mit hochentwickelter Wirtschaft alle in Bedürfnisbefriedigung und Arbeit völlig voneinander
abhängig. Es ist ein "System der Bedürfnisse" entstanden; so hat der
Philosoph Hegel schon zu Beginn des 19. Jahrhunderts diese allgemeine
wirtschaftliche Abhängigkeit aller von allen erstmals treffend charakterisiert.

Hegel führte aber noch eine weitere Bezeichnung für diese allgemeine
Interdependenz ein: "die bürgerliche Gesellschaft". Von dieser Bezeichnung ist im heutigen Sprachgebrauch nur noch ein Bestandteil
übriggeblieben: "die Gesellschaft". Wir benutzen heute ganz selbstverständlich den Ausdruck "die Gesellschaft", weil wir davon ausgehen,
daß alle Menschen durch ihre wirtschaftliche Interdependenz miteinander zu tun haben. Was wir meist nicht beachten, ist der Umstand, daß
der moderne Begriff "Gesellschaft" genaugenommen auf die antiken
Verhältnisse nicht anwendbar ist. Die Griechen der klassischen Zeit
lebten noch nicht in einer "Gesellschaft" zusammen; denn der ökonomische Kreislauf von Arbeit und Bedürfnisbefriedigung vollzog sich im
wesentlichen noch nicht in der großen Gemeinschaft der Polisöffentlichkeit, sondern in der kleinen, vor der Öffentlichkeit verborgenen
Gemeinschaft der Familie.

Die Polisöffentlichkeit hatte zwar mit der Familie schon eine öffentliche Berührungsfläche, die Agora. Dieselben Bürger, die auf dem Handelsmarkt als Hausherren öffentlich feilschten, waren auch die, die auf dem politischen Markt miteinander debattierten. Diese Identität der Personen verband zwar schon beide Funktionen des Markts miteinander, noch hob sie aber die grundsätzliche Trennung der beiden Lebensbereiche Polis und Oikos nicht auf. Erst als die beiden Bereiche miteinander verschmolzen, entstand die moderne Gesellschaft.

Mit der Politisierung, dem Gesellschaftlichwerden des Ökonomischen ist in der Moderne vieles zu einer Aufgabe der Allgemeinheit geworden, was ursprünglich in der Verborgenheit des Oikos beheimatet war. Die Hilfe beim Gebären und Sterben, die Aufzucht der Kinder, der Beistand beim Altern, öffentliche Kliniken für Geburt und Krankenpflege, Kindergärten und Grundschulen, allgemeine Schulpflicht und kommunale Seniorenheime – dies und vieles andere belegt, daß die "Gesellschaft" heute weithin an die Stelle der antiken Großfamilie getreten ist. Der Oikos hat sich gleichsam durch sein Öffentlichwerden ins Gigantische der modernen Gesellschaft ausgeweitet, der "Menschheitsfamilie", wie wir bezeichnenderweise sagen.

Was diese riesige Familie, die "Weltgesellschaft", verbindet, ist der "Weltmarkt", die planetarisch gewordene Handelsagora. Das Wohngebäude der Weltfamilie bildet das Ganze unseres Planeten, das Raumschiff Erde, und so kann es eigentlich nicht überraschen, daß am bisherigen Ende dieser Entwicklung der Oikos des Erdganzen zum Gegenstand der Menschheitssorge wird. Die Politisierung der Öko-nomie mündet ein in die planetarische Öko-logie. Aber der Führungsstil im Oikos ist die Herrschaft des "despotēs". Droht unter dem Druck der ökologischen Überlebensnot vielleicht ein neuer, planetarischer Despotismus?

XI

Athen

Aristoteles und die Wissenschaft

Wenn man einen geschichtlich interessierten Laien fragt, welche alt-europäische Stadt er am meisten mit der Wissenschaft und vielleicht auch mit ihrem Ursprung in Verbindung bringt, so wird er wahrscheinlich Athen nennen. Athen, der Ort der ersten institutionalisierten Philosophenschulen, der Akademie des Platon, des Lykeion des Aristoteles, der ursprüngliche Sitz der Stoiker und Epikureer. Die großäugige Eule, das Wahrzeichen der Göttin Athene und der nach ihr benannten Stadt, ist zum Symbol der in die Tiefe dringenden Einsicht geworden: So wie die Eule bei Nacht sehen kann, vermag die Wissenschaft dort noch zu erkennen, wo für den Alltagsverstand Dunkelheit herrscht.

Athen hat für die Wissenschaft vor allem durch zwei Namen überragende Bedeutung: Durch Platon, weil er die Philosophie erst auf den Weg derjenigen Tradition gebracht hat, aus der auch die moderne Wissenschaft hervorgegangen ist. Vor allem aber durch Aristoteles, weil er mit der inneren Differenzierung der Wissenschaft begonnen und ihr ihre grundlegenden Begriffe gegeben hat. Von beidem soll im folgenden die Rede sein.

Seit ihrem griechischen Anfang war das Schicksal der Wissenschaften über zweitausend Jahre lang untrennbar mit dem der Philosophie verbunden. Erst seit knapp zweihundert Jahren lösen sich die sogenannten Einzelwissenschaften von der Philosophie ab. Bis dahin war es selbstverständlich, daß der Wissenschaftler auch Philosoph war. Die großen Physiker und Mathematiker der Neuzeit beispielsweise, Pascal, Leibniz, Newton, waren Philosophen, und die Philosophen waren zugleich Einzelwissenschaftler. Noch Kant hielt im ausgehenden 18. Jahrhundert Vorlesungen über Geographie, Anthropologie, Pädagogik und Astronomie. Von ihm stammt eine der noch heute zur Diskussion stehenden Theorien über die Entstehung des Weltalls.

Athene.
Liebieghaus,
Frankfurt a. M.

Mit der Ablösung der Einzelwissenschaften von der Philosophie geht ein anderer Prozeß Hand in Hand. Immer schneller und immer häufiger spalten sich innerhalb der einzelnen Wissenschaften neue Disziplinen ab, die nach kurzer Zeit selbständig werden. Die Masse der Erkenntnisse in den einzelnen Wissenszweigen wächst so sehr an, und die Forschungsmethoden spezialisieren sich in solchem Maße, daß das Gespräch zwischen den Einzelwissenschaften immer schwieriger wird. Ein neuer Typ des Wissenschaftlers ist entstanden, der "Fachidiot" mit einem immensen Wissen auf seinem Gebiet, aber einem Bildungshorizont und einem allgemeinen Weitblick wie ein Frosch.

Solange die Wissenschaften zum Gesamtverband der Philosophie gehörten, konnte sich der Prozeß der Spezialisierung noch nicht so rasant beschleunigen. Es gab aber schon eine Gliederung der wissenschaftlichen Erkenntnis in verschiedene Bereiche. Das war keine Selbstverständlichkeit. Platon, der Lehrer des Aristoteles, hatte das, worum es ihm ging, zwar schon als Wissen bezeichnet, griechisch: "epistémē".

Das ist das Wort, das wir mit "Wissenschaft" übersetzen. Aber ebenso wie seine Vorgänger kam er noch nicht auf die Idee, dieses philosophische Wissen in Bereiche aufzuteilen. Erst als Aristoteles seine eigene Schule gründete, wurde aus dem e i n e n Wissen ein gegliedertes Gefüge verschiedener Erkenntnisabteilungen. Damit erst bekam das eine Wissen die Gestalt von Wissenschaft im heutigen Sinne.

Die Vorlesungstexte des Aristoteles, die sich in großem Umfang erhalten haben, sind aufgeteilt entsprechend der Gliederung des philosophischen Gesamtwissens in Erkenntnisbereiche. Da gibt es zunächst einmal eine Grundlagenwissenschaft, das Herzstück der Philosophie von Aristoteles bis Kant, also bis zum 18. Jahrhundert. Aristoteles bezeichnete diesen Bereich der Fundamentalerkenntnis kurz und trokken als die "erste Philosophie", d. h. als erstrangige Abteilung der Philosophie. Die spätere Tradition nannte sie Metaphysik. Darauf bauten sich die nachrangigen Disziplinen auf, solche Gebiete wie die Physik – das war bei Aristoteles die philosophische Lehre von den Grundstrukturen der veränderlichen Welt – oder die Ethik, die Lehre von der dem Menschen angemessenen Lebensführung. Die Grunddisziplinen bildeten ihrerseits die Grundlage für Bereiche mehr empirischer, erfahrungswissenschaftlicher Forschung. So gibt es von Aristoteles Vorlesungen über Fragen der Biologie, der Astronomie, der Meteorologie, der Physiologie.

Wissenschaft ist immer nur so gut, wie ihre Begriffe sachlich treffend und systematisch klärend sind. Die Prägekraft der begrifflichen Festlegungen des Aristoteles war so elementar überzeugend, daß wir noch heute in der Bildungs- und Wissenschaftssprache seine Ausdrucksweise benutzen, meist allerdings, ohne davon auch nur etwas zu ahnen. Wir sagen etwa: Wissenschaft ist "Theorie" und besteht aus "Begriffen". Das scheinen selbstverständliche Feststellungen zu sein, und doch beruhen sie auf Denkentscheidungen, die Aristoteles getroffen und begründet hat.

Der Begriff "Theorie" ist dadurch entstanden, daß Aristoteles als erster deutlich geklärt hat, durch welchen Grundzug sich wissenschaftliches Denken und Erkennen von der Denkweise des vorwissenschaftlichen Alltags unterscheidet. Im alltäglichen Leben bemüht sich der Mensch um Erkenntnis, weil er sie für dieses oder jenes braucht. Er verweilt deshalb nicht betrachtend bei dem, was er erkennt, sondern benutzt es für einen Zweck. Im Vergleich dazu ist das wissenschaftliche Erkennen in seinem Kernbereich ein um seiner selbst willen vollzogenes verweilendes Betrachten. Aristoteles sah das Neue und Eigenartige dieser Erkenntnishaltung und bezeichnete sie mit einem Wort, das in der griechischen Alltagssprache das Zuschauen bei einem Fest bezeichnete, als "theōría", d. h. als eine von Zwecksetzungen entspannte Betrachtung (dazu auch Kapitel 12).

Das Wort "Begriff" ist eine künstliche Sprachbildung zur Übersetzung des Kunstworts "conceptus", womit im Lateinischen ein griechisches Wort wiedergegeben wird, das Aristoteles benutzt hat. Den Vorläufern des Aristoteles von Thales bis Platon war noch gar nicht klar, daß es "Begriffe" waren, die sie bei jener neuartigen Aktivität benutzten, die wir heute Wissenschaft nennen. Aristoteles konnte das aufdecken, weil er als erster erklärt hat, was ein Begriff ist:

Vieles, was uns in der Welt begegnet, gehört dadurch zusammen, daß es eine mehr oder weniger große Zahl von Eigenschaften gemeinsam hat. Tannen beispielsweise stimmen in der Nadelform ihrer Blätter und in ihrer Wachstumsgestalt überein. Sie sind so geartet, daß sie uns den gleichen Anblick bieten; ihr Aussehen zeigt, daß sie von derselben Art sind. Das Aussehen im Sinne der Artung von etwas bezeichnet das griechische Wort "eídos", das Aristoteles im Anschluß an seinen Lehrer Platon in diesem Zusammenhang verwendet hat. Ins Lateinische wurde dieses Wort mit "species" übersetzt. Aufgrund des arthaften Aussehens können wir allem, womit wir zu tun haben, eine Bezeichnung geben, also den Baum da "Tanne" nennen und dieses Möbelstück "Tisch".

Bei Dingen, die ihrer Art nach zusammengehören, haben wir die Möglichkeit, eigens auf ihr gemeinsames arthaftes Aussehen zu achten. Auf diese Weise tritt uns geistig das vor Augen, was einen Tisch zum Tisch, eine Tanne zur Tanne macht, nämlich das Tischsein als solches, das Tannesein überhaupt. Was wir mit diesen künstlichen Ausdrücken umschreiben, können wir vereinfachend zwar auch noch "der Tisch" oder "die Tanne" nennen – so wie irgendeine einzelne Tanne oder einen einzelnen Tisch, die man mit den Augen sehen und auf die man mit dem Finger zeigen kann, aber wir meinen nun nicht mehr diesen oder jenen Tisch hier, diese oder jene Tanne dort, sondern etwas Allgemeines, das in allen einzelnen Tischen oder Tannen notwendig wiederkehrt und auf das man nicht zeigen kann. Für dieses Allgemeine, das uns nur in unseren Gedanken gegeben ist, hat Aristoteles die Bezeichnung "Begriff" eingeführt.

Wenn wir sagen: der Begriff steht für etwas Allgemeines, benutzen wir damit abermals einen aristotelischen Ausdruck; denn das Wort "das Allgemeine" ist die Übersetzung des von Aristoteles erfundenen Kunstausdrucks "ta kathólu", den wir noch in der Bezeichnung "katholisch" verwenden. Wir finden das Allgemeine des Begriffs durch eine Hervorhebung und Absonderung des arthaften Aussehens selbst von den einzelnen Dingen, zu denen es eigentlich gehört, weil es sie zu dem macht, was sie sind: ein Tisch, eine Tanne usw. Wie die geistige Operation dieser "Absonderung", auf der die Begriffsbildung beruht, möglich ist und worin sie genau genommen besteht, diskutieren die Philosophen bis heute. Sie benutzen dabei, um die Absonderung zu bezeichnen, aus dem Lateinischen den Begriff "Abstraktion", und der geht wiederum auf eine Wortprägung des Aristoteles zurück. Das Wort "Abstraktion" hat übrigens erst achthundert Jahre später Boëthius eingeführt, von dem Kapitel 22 handelt.

Mit Hilfe der abstrakten Begriffe können wir in Allgemeinheit angeben und umgrenzen, was etwas seiner Art nach ist. Dieses Umgrenzen bezeichnen wir mit dem lateinischen Wort für "umgrenzen" als "definieren". Das ist die Übersetzung eines entsprechenden griechischen Worts von Aristoteles. Er hat aber nicht nur den Begriff der Definition erfunden, sondern auch erstmals beschrieben, wie man das macht, Definieren.

Wenn man beispielsweise definieren wollte, was ein Stuhl ist, müßte man zunächst geistig danach Ausschau halten, wo man das arthafte Aussehen "Stuhlsein" überhaupt findet. Gibt es einen Bereich von Dingen, die in ihrer Art so aussehen, daß unter ihnen auch der Stuhl auftauchen kann? Den Bereich, aus dem her etwas auftaucht, bezeichnen wir als die Herkunft oder Abstammung. Wir nennen das auch das Geschlecht: jemand kann von einem vornehmen Geschlecht abstammen. Für all dies gibt es ein gemeinsames Wort: die "Gattung", griechisch "génos", lateinisch "genus". Der geistige Herkunftsbereich, die Gattung, für das arthafte Aussehen "Stuhl" liegt auf der Hand: ein Stuhl ist ein Möbelstück.

Nachdem das klar ist, kann man definieren. Man braucht jetzt nur noch diejenigen Merkmale anzugeben, durch die sich Stühle von allem anderen, was innerhalb der Gattung "Möbelstücke" sonst noch auftauchen mag, unterscheiden. Mit der Angabe des Merkmals oder einer Merkmalsgruppe – beim Stuhl vielleicht, daß er zum Sitzen für eine Person bestimmt ist, eine Lehne hat und möglicherweise noch dieses oder jenes andere – hat man das eingekreist, was die Art – die Species – ausmacht: das "Spezifische". Und das, zusammen mit der Angabe der zugehörigen Gattung, genügt für die Definition.

Das Ganze klingt so trivial wie vieles bei Aristoteles, aber es ist in Wirklichkeit ein raffinierter Einfall; denn wenn jemand es normalerweise unternimmt, etwas zu definieren, beginnt er zumeist, alle möglichen Eigenschaften der Sache, um die es geht, aufzuzählen, und kommt zu seinem Ärger an kein Ende. Natürlich ist es in der Wissenschaft seit Aristoteles nicht darum gegangen, so läppische Dinge wie das Stuhlsein zu definieren, sondern es handelte sich zum Beispiel um so ernste Angelegenheiten wie das Menschsein. Die Definition des Menschen, die sich bei Aristoteles findet, ist nach dem gerade skizzierten Muster von Gattung und artbildendem Unterscheidungsmerkmal gebaut: Der Herkunftsbereich des Menschseins ist das Leben überhaupt, und der Unterschied, durch den der Mensch sich vor allen anderen Lebewesen auszeichnet, ist das Vernünftig-sprechen-Können, was die Griechen "lógos" nannten (zum Logos mehr in den Kapiteln 2 und 12). Der Mensch ist "das Lebewesen, das den Logos besitzt".

Das arthafte Aussehen "Tischsein" macht einen Tisch zum Tisch, d. h., es gibt ihm das Gepräge, wodurch wir ihn als Tisch erkennen. Aber damit etwas ein Gepräge erhalten kann, muß schon etwas bereitliegen, dem das Gepräge verliehen werden kann, bei einer Münze etwa ein rundes Metallplättchen. So kann man bei allem, was es gibt, von seinem arthaften Aussehen etwas anderes unterscheiden, das dieses Aussehen annimmt und aufnimmt. Das ist immer das, woraus das betreffende Ding besteht. Ein Tisch kann beispielsweise aus Holz sein. Das Holz hat durch das arthafte Aussehen "Tischsein" die Gestalt eines Tisches erhalten. Was so für die Formung durch eine Gestalt bereitliegt, nennt Aristoteles den Stoff, und wir bezeichnen es mit der lateinischen Übersetzung dafür als Material oder Materie. Der Stoff, so sagen wir wie Aristoteles, "unterliegt" der Formung. In diesem Sinne ist er das "Darunterliegende" – in der lateinischen Wiedergabe: das "Substrat".

Bei allem, was es gibt, lassen sich die als Substrat zugrunde liegende "Materie" und das arthafte Aussehen als prägende Gestalt unterscheiden. Das griechische Wort des Aristoteles für "Gestalt" wurde ins Lateinische mit "forma" übersetzt, und so kam es dazu, daß uns das Begriffspaar "Form und Materie", "Form und Inhalt", in Fleisch und Blut übergegangen ist. Die Unterscheidung von Form und Materie ist aber etwas durchaus Künstliches, sie ist uns nur durch eine "Abstraktion" möglich, weil wir das gestaltgebende Aussehen in Gedanken vom Material absondern und unterscheiden können. In Wirklichkeit ist das Tischsein, die Gestalt, die einen Tisch zum Tisch macht, von dem Holz, woraus der Tisch besteht, nicht getrennt und unterschieden.

Ich sehe nicht Holz vor mir, das außerdem das Aussehen des Tisches angenommen hat, sondern ich erblicke einfach einen Tisch. Und umge-

kehrt sehe ich auch nicht ein sozusagen erst einmal alleinstehendes
Tischsein, das sich dann ein Material als Partner ausgesucht hat, um es
zu prägen, sondern vor mir habe ich ein Ganzes aus Form und Materie.
Die beiden Bestandteile dieses Ganzen treten normalerweise überhaupt
nicht als ein Zweierlei in Erscheinung. Aristoteles spricht deshalb von
einem "Zusammen-Ganzen". Form und Materie sind miteinander ver-
wachsen wie die Teile von etwas Lebendigem, wo alles ineinanderge-
hört. Deshalb hat der schon erwähnte Boethius das Zusammen-Ganze
des Aristoteles als "zusammengewachsen" charakterisiert, und das ist
uns in dem Fremdwort "konkret" zu einem der selbstverständlichsten
und auch abgegriffensten Ausdrücke unserer Alltagssprache geworden.

Dabei steckt gerade hinter dem Begriff "konkret" eine Problematik
von höchstem Schwierigkeitsgrad. Wenn man betont: k o n k r e t verhält es sich so und so, will man sagen: so i s t es wirklich. Von jemandem, der die Wahrheit sagt, erwarten wir, daß er aus dem, was wirklich
i s t, nicht etwas anderes macht, als es i s t. Was meinen wir eigentlich
damit, wenn wir davon sprechen, daß etwas "wirklich i s t", daß es –
dasselbe anders ausgedrückt – "wirkliches Sein" besitzt? Wenn ein
Tisch vor mir steht, den ich mit meinen Augen sehen und mit meinen
Händen anfassen kann, dann sage ich die Wahrheit, wenn ich behaupte:
hier "ist" ein Tisch. Die Frage ist aber, was diesen Tisch zu einem Ding
macht, das wirkliches Sein besitzt.

Die Frage könnte einem auf den ersten Blick an den Haaren herbeige-
zogen oder abstrus erscheinen. Aber man merkt sofort, daß sie das nicht
ist, wenn man bedenkt, daß der "konkrete" Tisch ein Ganzes aus Form
und Materie ist. Dann kommt man nämlich nicht darum herum, zwei
Möglichkeiten zu prüfen: Es könnte sein, daß das, was an dem Tisch das
wirkliche Sein ausmacht, nur die Materie ist. Das Gekünstelte an dem
Ausdruck "das Tischsein" scheint doch darauf hinzudeuten, daß die
damit bezeichnete Form nur ein Gedanke in unserem Kopf ist, aber
nichts Wirkliches. Es könnte aber auch umgekehrt sein: Das, was
eigentlich i s t, ist gerade das Tischsein, das arthafte Aussehen, das
Aristoteles im Anschluß an Platon Eidos nannte.

So hatte Platon gedacht, und auch er hatte gute Gründe. Denn wenn
wir von etwas sagen, daß es i s t, dann meinen wir damit unter anderem, daß es mit einer gewissen Zuverlässigkeit und Dauerhaftigkeit
existiert. Etwas, das bloß auftaucht, um gleich wieder zu verschwinden,
macht auf uns eher den Eindruck, daß es nichts ist. So können wir
jemanden, der sich über eine kleine Verletzung aufregt, damit trösten,
daß wir sagen: "das ist n i c h t s", und wir meinen damit, daß die

Wunde so schnell, wie sie entstanden ist, auch wieder verschwinden wird. Was in der Welt überhaupt unaufhörlich entsteht und verschwindet, ist das Material der Dinge. Das Holz dieses Tisches kann man bei Reparaturen auswechseln, ohne daß er aufhört, als Tisch zu existieren. So wie das Tischsein überdauert jede Möglichkeit arthaften Aussehens den Austausch der Materialien. Während das materielle Substrat der Dinge kommt und geht, scheint ihr Eidos die Dauerhaftigkeit des wirklichen Seins zu besitzen.

So denkt jedenfalls die eine Partei in dieser Debatte, die Platon-Anhängerschaft. Das Eidos hieß bei Platon auch Idea (Näheres in Kapitel 6), und so ist dies die Partei der philosophischen Idealisten. Die andere Seite kann vor allem darauf pochen, daß wir im Alltag das für wirklich seiend halten, was wir mit unseren Augen sehen und mit unseren Händen anfassen können, also die Materie, und so bildet sie die Partei der Materialisten. Seit Parmenides um 500 v. Chr. (siehe Kapitel 3) die Frage nach dem wirklichen Sein in die Welt gesetzt und Aristoteles diese Frage in begriffliche Bahnen gelenkt hat, tobt – so Platons Formulierung – "der Gigantenkampf um das Sein", nämlich der Streit zwischen Materialismus und Idealismus, der spätestens, seit Marx seinen "dialektischen Materialismus" dem Idealismus Hegels entgegenstellte, sehr spürbare weltgeschichtliche Folgen gehabt hat.

Aristoteles wollte den Gigantenkampf eigentlich schon beenden, und zwar durch eine dritte Lösung der Frage nach dem wirklichen Sein: Das, was wirklich ist, ist weder das Eidos, die Idea, für sich genommen noch die Materie für sich, sondern die Einheit von beidem, die sich nur mit Hilfe abstrakter Begriffe in zwei Bestandteile zerlegen läßt: also das Konkrete. Aber damit ging die Debatte erst richtig los. Denn was ist das Konkrete und in welchem Verhältnis steht es zum Abstrakten? An dieser Frage arbeiten die Philosophen bis heute.

Aristoteles (384–322 v. Chr.)

Wie erwähnt, hält man das Konkrete auch für das, was "wirklich" ist. Hinter dieser Gleichsetzung steckt abermals Aristoteles. Der Begriff "wirklich" klingt wie ein harmloser Ausdruck der Alltagssprache. Aber er stammt aus einer künstlichen Wortschöpfung der Philosophie. "Wirklichkeit" ist nämlich die Übersetzung von "actualitas", womit im Lateinischen das griechische "enérgeia" wiedergegeben wurde, und dieses Wort, das es in der Alltagssprache nicht gab, hat Aristoteles erfunden. Kurios ist bei der ganzen Geschichte übrigens, daß sich auch die beiden fremdsprachigen Wörter in unserem Sprachschatz erhalten haben: "Energie" und "Aktualität" – nur daß ihre Bedeutung sich viel weiter von der ursprünglichen "energeia" entfernt hat als der Begriff "Wirklichkeit".

Wir benutzen den Begriff "wirklich" immer noch halbwegs im Sinne des Aristoteles, indem wir ihn als Gegensatz zu "möglich" verwenden. Alles, was wirklich ist, war möglich, sonst hätte es nicht zur Wirklichkeit werden können. Aber nicht alles, was möglich ist, wird zur Wirklichkeit. Ein Vorrat von Holz beispielsweise kann zur Anfertigung eines Tisches benutzt werden, muß aber nicht. Wenn er dazu verwendet wird, ist er in dem Herstellungsprozeß von vornherein mehr als bloßes Holz. Er ist dann Holz, das dazu bestimmt ist, ein Tisch zu werden, ähnlich wie es im Samenkorn schon angelegt ist, ein Grashalm zu werden. Das Holz im Fertigungsprozeß und den Samen im Wachstumsprozeß halten wir für geeignet und für fähig, das arthafte Aussehen des Tisches bzw. des Grashalms anzunehmen. Im Unterschied dazu würden wir bei der Luft oder bei den Zahlen von vornherein nie auf die Idee kommen, daß sie beispielsweise ein Grashalm werden könnten.

Doch was kann das heißen: sie besitzen diese Fähigkeit nicht, aber das Samenkorn hat sie? Es kann nur bedeuten: das arthafte Aussehen des Grashalms ist schon in dem Samenkorn gegenwärtig und braucht nur hervorzukommen, während es an der Luft beispielsweise nie in Erscheinung treten kann, weil es nicht darin liegt. Das Entsprechende gilt für das Holz. Von einem Bildhauer sagen wir etwa, daß er die Gestalt einer Statue aus dem Holz oder dem Marmor "herausholt". Er kann das nur, weil sie schon "darin" lag – nicht in jedem beliebigen Material in der Welt, wohl aber in dem Stück Holz oder Marmor, das er bearbeitet. Das arthafte Aussehen des Grases, des Tisches, der Statue ist schon zu Beginn ihres Entstehungsprozesses in ihrem Material enthalten – freilich auf eine verborgene Weise. Der Prozeß des Wachstums bzw. der Anfertigung ist nötig, damit aus diesem verborgenen ein offenkundiges Enthaltensein wird.

Alles, was wirklich geworden ist, ist "konkret": Irgendein arthaftes Aussehen ist als prägende Gestalt, als Tischsein, als Grassein, in ein zugrundeliegendes Material, das Holz, die pflanzlichen Zellen, eingegangen. Wenn wir davon sprechen, daß ein Tisch oder ein Grashalm "wirklich ist", meinen wir damit, daß das Material das arthafte Aussehen konkret enthält. Aber gerade hat sich herausgestellt, daß dies auch schon für das Holz im Anfertigungsprozeß und den Samen beim Wachstum gilt. Sie enthalten auch schon das arthafte Aussehen, das in ihnen verborgenermaßen gegenwärtig ist. Wegen der Gegenwart der Gestalt im Material sagen wir von etwas Konkretem, daß es "wirklich ist"; diese Gegenwart ist die Bedingung, die erfüllt sein muß, damit wir einer Sache "Sein" zusprechen. Demnach besitzt auch das Material am Beginn von Entstehungsprozessen schon Sein, aber auf andere Weise als das, was konkret am Ende solcher Prozesse herauskommt. Am Beginn ist das Sein die verborgene Gegenwart des arthaften Aussehens im Material und am Ende die offenkundig gewordene Gegenwart. Die erste Art von Sein nennt Aristoteles "Möglichkeit" oder "Fähigkeit", griechisch "dýnamis", und die zweite "Wirklichkeit", "energeia".

Das Ergebnis dieser Überlegung erscheint uns vielleicht wenig aufregend, weil uns der Unterschied von Möglichkeit und Wirklichkeit seit Aristoteles zur Selbstverständlichkeit geworden ist; aber bei Licht betrachtet ist das Ergebnis erstaunlich. Uns begegnet unendlich vieles, was "ist", vielerlei "Seiendes". Es ist klar, daß sich das Seiende voneinander unterscheidet. Aber vor Platon und Aristoteles ist niemand darauf gekommen, daß es auch bei dem "ist", dem Sein, das alles Seiende gemeinsam hat, Unterschiede gibt. Man meint, ohne groß darüber nachzudenken: Was i s t, ist, und was n i c h t ist, ist nicht – einen anderen Unterschied als den von Sein und Nichtsein gibt es beim Sein nicht. Das Sein unterscheidet sich vom Nichtsein, das weiß jeder aus schmerzlicher Erfahrung. Aber daß das Sein in sich selbst unterschieden ist, das mußte erst entdeckt werden. Es ist unterschieden in die beiden Weisen von Sein, die sich gerade gezeigt haben, das Möglichsein und das Wirklichsein.

Dieser Unterschied im Sein selbst ist nicht der einzige, den Aristoteles entdeckt hat. Im ganzen waren es vier; einer sei noch ein wenig erläutert. Die vorhin gestellte Frage, was an einem Ding wirklich i s t: das Materielle oder das Ideelle, kann man auch so formulieren: Was ist davon für das Ding wesentlich; was macht das Wesen des Dings aus, die Materie oder die arthafte Gestalt? Mit "Wesen" bezeichnet man im Deutschen unter anderem das, was – wie wir in der Alltagssprache sagen – "an einer Sache dran ist". Jemand erscheint vielleicht auf den ersten Blick als eine oberflächliche Person, aber dann zeigt sich: an ihr ist doch etwas dran, wenn man in ihr "Wesen" eindringt, sie hat doch "Substanz".

"Wesen" und "Substanz" sind zwei Übersetzungen des Begriffs "usía", den Aristoteles von seinem Lehrer Platon übernommen hat. "Usia" bedeutet in der griechischen Alltagssprache ungefähr dasselbe wie bei uns das Wort "Anwesen". Mit einem Anwesen wie etwa einem Bauernhof verbindet sich die Vorstellung des bodenständig Dauerhaften. "Anwesen" steckt aber auch in "Anwesenheit". Wenn jemand anwesend ist, ist er da. So ist das Anwesen – die Substanz – das, was dauerhaft da ist. Und darum ging es ja bei dem Gigantenkampf zwischen Idealismus und Materialismus: Was ist eigentlich dauerhaft da und hat in diesem Sinne Sein? Aristoteles hatte geantwortet: das konkrete Ganze aus Gestalt und Materie, also ein Stuhl, ein Baum, ein Mensch usw.

Ein konkretes Wesen ist normalerweise etwas, worauf man hinzeigen kann: der Tisch hier, die Tanne da, dies da und das da. Von so etwas denken wir, daß es ist, wir halten es für seiend, und das bringen wir auch in der Sprache zum Ausdruck, indem wir Sätze bilden, worin wir das Wort "ist" oder andere Formen von "sein" verwenden. Das einfachste Beispiel dafür sind Aussagesätze, die sich auf etwas beziehen, das man gerade wahrnimmt und worauf man hinzeigen kann, etwa: "das da ist ein Baum", "das hier ist grün" usw. Das Sein, das wir der Sache, auf die wir zeigen, in solchen Aussagen zusprechen, ist das Baumsein, das Grünsein usw. Wir behandeln die Sache in der Aussage so ähnlich wie ein Zeuge den Angeklagten bei seiner "Aussage" vor Gericht: Wenn er ein Zeuge der Anklage ist, unterstützt er die Behauptung des Anklägers, der durch sein Reden öffentlich ans Licht bringen will, was der Beschuldigte ist. Er zeigt auf ihn und sagt: Dieser Mensch da ist ein Dieb, ein Mörder oder was sonst. Dieses aufzeigende Reden, wodurch das Sein von jemand zum Vorschein kommen soll, heißt in der griechischen Gerichtssprache "katēgoría", "Kategorie".

Im Aussagesatz steht die konkrete Sache gleichsam hinsichtlich ihres Seins vor Gericht, und dabei zeigt sich nun der angekündigte weitere Unterschied im Sein. Das Sein kommt in der Aussage nämlich auf unterschiedliche Weise zum Vorschein. Nehmen wir das Baumsein und das Grünsein. Beide können auch zusammen in einem Aussagesatz auftreten: "dieser Baum ist grün". In diesem Satz sagen wir über den Baum etwas aus, und das, was wir über ihn aussagen, das Ausgesagte, ist, daß er grün ist. Damit wir dieses Ausgesagte, das Grünsein, aussagen können, brauchen wir etwas, worauf wir uns dabei beziehen, in diesem Falle den Baum. Ohne das Sein des Baumes hinge das Ausgesagte in der Luft. Ein freischwebendes Grün kann nicht existieren, es braucht, um zu sein, etwas anderes, das schon ist, etwa den Baum; von ihm kann man sagen, daß er grün i s t.

Das Grünsein ist ein unselbständiges Sein, der Baum hingegen ist für sein Sein nicht so wie das Grün auf ein anderes Sein angewiesen. Das liegt daran, daß er ein konkretes Wesen ist; denn solche Wesen besitzen, wie sich herausgestellt hatte, wirkliches Sein. Deshalb sind sie in der Lage, das Sein dessen, was man von ihnen aussagt, mitzutragen. Das Ausgesagte braucht nicht nur eine Eigenschaft wie das Grünsein zu sein, eine "Qualität", wie man in der Philosophie sagt – wir können eine ganze Reihe von anderen Aussagesätzen bilden, etwa: "das sind fünf Bäume", "dieser Baum steht neben dem Haus" usw. Obwohl in solchen Sätzen eine Form von "sein" nicht vorzukommen braucht, so haben sie nach Aristoteles doch die gleiche Struktur: das Sein von etwas Ausgesagtem wird auf ein konkretes Wesen bezogen. Statt der "Qualität" handelt es sich beim ersten Beispiel um die "Quantität", beim zweiten um das Verhältnis zu etwas anderem, die "Relation".

Bei all diesen und anderen Möglichkeiten des Aussagens handelt es sich um Weisen des Redens, in denen eine Weise von Sein ans Licht gebracht wird, das Sein als Qualität, als Quantität, als Relation usw.; Redeweisen, Aussagemöglichkeiten, in denen Seinsweisen zum Vorschein kommen – das sind die von Aristoteles entdeckten "Kategorien". In den zuletzt angeführten Kategorien ging es um unselbständige Seinsweisen. Damit das Sein von dergleichen wie Qualität, Quantität usw. einen Halt findet, muß schon das Sein eines konkreten Wesens stattfinden. Qualität, Quantität usw. können im Aussagesatz nur auftauchen, weil sie zum Sein des Wesens, zum wesentlichen Sein hinzugetreten sind. Das griechische Wort für "hinzugetreten", das Aristoteles hier benutzt, wurde ins Lateinische mit "accidens", "hinzufallend", übersetzt. Die Kategorien des Akzidens – das Akzidentelle – sind im wörtlichen Sinne etwas Zufälliges, etwas, was dem wesentlichen Sein zu-fällt. Hieraus entstand übrigens das Wort "Zufall".

Das akzidentelle Sein wird vom wesentlichen Sein getragen. Deshalb ist dieses wesentliche Sein und sein Ausgesprochenwerden im Aussagesatz die erste, die grundlegende Kategorie. Damit hat sich der kategoriale Unterschied im Sein herausgestellt: Substanz und Akzidens, wobei das Akzidens seinerseits aus einer ganzen Serie von Kategorien besteht:

Qualität, Quantität, Relation usw. Diese Kategorien werden ausgesagt
ü b e r das konkrete Wesen, die Substanz. Einem "über" entspricht
immer ein "darunter". Hier taucht erneut das schon einmal erwähnte
"Darunterliegende" auf. In diesem Zusammenhang ist es die Substanz
als Träger für das Akzidens. Die lateinische Übersetzung lautet in diesem Zusammenhang "Subjekt". Das konkrete Wesen, "der Baum",
"der Tisch" usw., ist im Aussagesatz das "Subjekt", das, worüber das
Ausgesagte ausgesagt wird. Man ahnt schon: Auch die Grundgedanken, auf denen sich die traditionelle Grammatik aufbaut, gehen auf
Aristoteles zurück. Die eigentlich grammatischen Begriffe stammen
allerdings ausnahmsweise nicht von ihm, sondern von den Stoikern.

Hinter den Sprachstrukturen, die die Grammatik aufdeckt, stecken
Formen und Regeln des Denkens. Die gerade skizzierte Kategorien-
lehre handelt vom Sein, aber zugleich von solchen Denkstrukturen.
Deshalb bildet sie ein grundlegendes Kapitel der "Logik", die von den
Gesetzmäßigkeiten des Denkens handelt. "Logik" kommt von "logos",
womit bei Platon und Aristoteles das rechenschaftgebende Reden
gemeint ist. Solches Reden vollzieht sich in einem Gefüge von Sätzen.
Aristoteles hat zum ersten Mal den Aussagesatz so gründlich, wie es
ihm damals möglich war, analysiert und auch die möglichen Verhältnisse zwischen solchen Sätzen, die Bedingung, die Folgerung und dergleichen mehr. Damit hat er die Logik begründet. Die Wissenschaft
braucht die Logik, um ihre eigenen Methoden zu klären. Auch in dieser
Hinsicht ist Aristoteles der eigentliche Vater der Wissenschaft.

XII

Pella

Aristoteles als Erzieher –
die Entstehung der Ethik

Wahrscheinlich kann man nur von wenigen Persönlichkeiten sagen, daß ohne sie die Weltgeschichte einen anderen Verlauf genommen hätte. Es ist reizvoll, sich vorzustellen, daß von diesen seltenen Menschen zwei einander begegnet sind. Aristoteles, der für das weltverändernde Unternehmen "Wissenschaft" die bis heute gültigen begrifflichen Fundamente gelegt hat, lebte von 343 bis 335 v. Chr. am Hofe der Makedonierkönige in Pella und war dort Privatlehrer des späteren Welteroberers Alexander.

Man kann nur Vermutungen darüber anstellen, ob oder inwieweit Aristoteles Alexander den Großen beeinflußt hat. Aber sicher ist, daß er das für die Entstehung Europas so überaus folgenreiche Zeitalter des Hellenismus im gleichen Maße geistig vorbereitet hat wie Alexander realpolitisch. Am deutlichsten sieht man das an den beiden bedeutendsten Philosophenschulen des Hellenismus, der Stoa und dem Epikureismus (mehr darüber in den Kapiteln 15 und 16). Beide sind nicht zu denken ohne ein Hauptwerk des Aristoteles, die 'Nikomachische Ethik', die erste Ethik der Philosophiegeschichte.

In dieser Ethik und ebenso in der damit zusammengehörigen 'Politik' kann man nachlesen, wie Aristoteles über das Problem der Erziehung, mit dem er sich als Privatlehrer auseinandersetzen mußte, gedacht hat. Warum ist der Mensch überhaupt erziehbar? Es muß daran liegen, daß er mehr besitzt als das bloße Leben. Das bloße Leben würde wie bei den Tieren aus einem instinktgeleiteten Verhalten bestehen, für das niemand Verantwortung trägt. Diese Art von Leben bezeichnet Aristoteles als "zōé". Wir kennen das damit zusammenhängende Wort "zṓon", "Lebewesen", noch aus dem Fremdwort "Zoologie". Der Mensch ist in der Lage, wie wir treffend sagen, "sein Leben zu führen", d. h., er kann und muß für das, was er tut, Verantwortung übernehmen. Das geführte

Das früheste Zeugnis antiker Mosaikkunst sind die Kieselmosaike des Palastes der Makedonierkönige in Pella. Der Palast stammt aus dem letzten Drittel des 4. Jahrhunderts v. Chr., der Zeit des Aristoteles.

Leben nennt Aristoteles "bíos" – eine "Bio-graphie" ist die Beschreibung des Lebens, das jemand geführt hat.

Der Bios, die Lebensführung, beruht auf gewissen Gewohnheiten. Sie können in uns von Natur angelegt sein, wir können sie aber auch erworben haben. Darüber, ob es gut war, sich bestimmte Gewohnheiten anzueignen, kann man mit anderen reden und sich Rechenschaft geben. Diese Rede- und Rechenschaftsfähigkeit heißt auf griechisch "lógos". Der Mensch ist das Zoon, das Lebewesen, das den Logos besitzt (siehe auch in den Kapiteln 10 und 13). So lautet die klassische und über zwei Jahrtausende immer wieder abgewandelte Definition des

Menschen durch Aristoteles. Im Logos, im rechenschaftgebenden Reden, vermag jeder Mensch sich klarzumachen, daß es gute Gründe geben kann, von Natur oder durch Angewöhnung bestehende Gewohnheiten zu ändern. Hierfür bedarf es der Einsicht in solche Gründe und der Umstellung auf die neuen Gewohnheiten. Die Einsicht kann man lernen, die Umstellung kann man einüben. Weil der Mensch durch seine Logosausstattung Einsichten lernen und Gewohnheiten einüben kann, ist er grundsätzlich erziehbar.

Aber zu welchen Gewohnheiten soll er erzogen werden? Um diese Frage beantworten zu können, muß man analysieren, welche Gewohnheit dem Menschen als Logoswesen gemäß ist, in welcher Gewohnheitlichkeit er sich als Mensch wirklich zu Hause fühlen kann. Den Aufenthaltsbereich, worin etwas gewohntermaßen heimisch ist, nennen die Griechen "éthos". Es stellt sich also die Aufgabe, das dem Menschen gemäße Ethos zu bestimmen. Dies ist die Sache der "Ethik", der Lehre vom Ethos, die Aristoteles begründet hat und die von ihm auch ihren Namen bekommen hat, der sich auf die Gewohnheit bezieht.

Daß es in der Ethik des Aristoteles um die Gewohnheit geht, unterscheidet sie fundamental von dem, was man heute üblicherweise unter Ethik versteht. Die meisten Menschen würden auf die Frage: "Was ist Ethik?" wohl ungefähr so antworten: Ethik, das ist der Katalog der Vorschriften dafür, wie man als moralisch anständiger Mensch leben soll, oder es ist eine Belehrung über solche Vorschriften, also sozusagen ein Kommentar zu den Zehn Geboten. Man könnte diese Vorstellung noch präzisieren, etwa so: Unter Ethik ist diejenige Disziplin der Philosophie zu verstehen, die die Normen für ein moralisch einwandfreies Leben begründet und entwickelt. Das klingt allerdings ein bißchen so, als tappten die Menschen ohne Ethik orientierungslos im moralischen Niemandsland umher und als müßte erst der Ethiker kommen, seinen moralischen Zeigefinger erheben und ihnen den Weg weisen, indem er mahnt: "Du sollst nach der und der Norm leben!"

Dieser Zeigefinger-Stil der Ethik lag Aristoteles noch ganz fern. Seine erste Frage ist nicht, nach welchen Normen der sonst orientierungslose Mensch sein Leben führen soll, sondern die, welche Orientierung für ihre Lebensführung die Menschen schon längst durch ihre Gewohnheit besitzen, bevor der Ethiker auftritt. Wenn man analysiert, nach welcher ethischen Orientierung die Menschen gewohnheitsmäßig ihr Leben führen, dann stellt man allerdings fest, daß es dabei Unstimmigkeiten gibt. Indem man diese Unstimmigkeiten ausräumt, kommt sozusagen

Alexander der Große (356–323 v. Chr.), Schüler des Aristoteles. Ausschnitt aus dem pompejanischen Mosaik (aus der Casa del Fauno, heute im Archäologischen Nationalmuseum in Neapel), auf dem die Schlacht zwischen Alexanders Truppen und dem Heer des Perserkönigs Dareios dargestellt ist. Vorbild für das Mosaik war ein nicht erhaltenes Gemälde aus der Zeit Alexanders. Mit seinem Tod 323 v. Chr. läßt die Geschichtsschreibung das Zeitalter des Hellenismus beginnen.

von selbst heraus, welche Art von Lebensführung die sinnvollste ist. Das ist die Methode der Ethik des Aristoteles. Sie ist im Vergleich mit ihrer modernen Variante, der Ethik des erhobenen Zeigefingers, durchaus konkurrenzfähig geblieben.

Um die Ethik des Aristoteles kennenzulernen, müssen wir uns zunächst mit ihm die gewohnte Lebensführung der Menschen anschauen. Sein Leben "führen" heißt: es nicht einfach laufen lassen, sondern irgendwelche Ziele verfolgen. Alle Menschen wollen bei dem, was sie bewußt tun, auf irgend etwas hinaus. Sie meinen ausgesprochener- oder meistens unausgesprochenermaßen, daß es auf irgend etwas im Leben ankommt, z. B. darauf, daß man genügend Geld verdient oder daß man gesund bleibt oder daß man zufrieden ist usw. Welches Lebensziel auch immer man annimmt, man denkt jedenfalls: Wenn ich dieses Ziel erreiche, dann kann ich glücklich sein, dann darf ich das Gefühl haben, daß mein Leben geglückt ist.

Aus dieser Überlegung ergibt sich eine erste Feststellung: Alle Menschen haben bei ihrer Lebensführung dasselbe Ziel. Sie streben ein geglücktes Leben an. Das ist die grundlegende Feststellung, mit der Aristoteles seine Ethik beginnt. Das griechische Wort für "geglücktes Leben" lautet "eudaimonía". Das gibt es im Philosophendeutsch auch als Fremdwort: "Eudämonie". Dem Wortsinn nach ist mit "eudaimonia" ungefähr dasselbe gemeint, wie wenn wir sagen: das Leben von jemandem steht unter einem guten Stern. In diesem Sinne kann man den Begriff "Eudämonie" mit dem Wort "Glück" wiedergeben. Nur darf man dann unter "Glück" nicht das verstehen, woran man bei der Redensart "ich habe Glück gehabt" denkt, also einen glücklichen Zufall, das Augenblicksglück, sechs Richtige im Lotto. Sondern als deutsches Wort für "Eudämonie" bedeutet "Glück" gerade eine den Augenblick überdauernde und nicht vom Zufall abhängige Lebensverfassung, das im ganzen gelungene Leben.

Darauf wollen alle Menschen hinaus, und darin sind sie sich auch einig. Verschiedener Meinung sind sie nur in der Frage, worin das dauerhafte Glück nun eigentlich besteht, anders ausgedrückt: worin unser Leben seine Erfüllung findet. Die verschiedenen Meinungen darüber vertreten die Menschen im Alltag normalerweise nicht in der Form, daß sie darüber Theorien aufstellen, sondern so, daß sie entsprechend einer der vielen möglichen Meinungen über die Lebenserfüllung gewohnheitsmäßig leben. Hinter jeder Art, sein Leben zu führen, steckt eine Auffassung, die man auch theoretisch formulieren kann, und das tut Aristoteles als nächstes.

Nun käme man natürlich ins Uferlose, wenn man die von den Menschen gewohnheitlich praktizierten Glücksauffassungen in allen ihren Spielarten und Nuancen durchsprechen wollte. Man muß deshalb die Grundtypen solcher Auffassungen herausarbeiten. Dabei stößt man auf eine grundlegende Alternative. Sie ergibt sich daraus, daß bei den Menschen zwei entgegengesetzte Aspekte des geglückten Lebens im Vordergrund stehen. Bei den einen herrscht der Eindruck vor, daß einem die Lebenserfüllung nicht in den Schoß fällt; man muß für das dauerhafte Glück arbeiten und dafür etwas leisten. Und die Lebenserfüllung springt nicht erst am Ende dieser Bemühungen heraus, sondern sie liegt schon in der Leistung selbst.

Tüchtig zu sein und dafür von den Menschen anerkannt zu werden, darin besteht bei Licht betrachtet bereits das Glück. Wesentlich ist für dieses Glücksverständnis die Anerkennung durch die anderen. Aber die anderen loben einen natürlich nur dafür, daß man im Zusammenleben etwas taugt. Diese Tauglichkeit nennen die Griechen "aretē", was man meistens mit "Tugend" übersetzt findet (mehr dazu in Kapitel 8). Worauf es für dieses Glücksverständnis im Leben ankommt, ist die Tauglichkeit, die Arete.

Nun gibt es aber auch Menschen, die in ihrer Lebensführung dem anderen Grundtyp angehören; sie lassen sich von einer völlig anderen Glücksauffassung leiten. Sie denken, daß das erfüllte Leben in einem Gefühl der Annehmlichkeit besteht. Ich fühle mich glücklich, wenn ich Dinge genießen kann, die mich befriedigen: gutes Essen und Trinken, sexuelle Genüsse, die schöne Natur, Reiseerlebnisse und was der Erfreulichkeiten mehr sind. Alles, was mir auf solche Weise Lust verschafft, nennen die Griechen "hēdonē", wovon unser Fremdwort "Hedonismus" abgeleitet ist. Das praktizierte Glücksverständnis sehr vieler Menschen ist hedonistisch. Wir können demnach mit Aristoteles zwei Grundtypen von Glücksauffassung unterscheiden: die hedonistische und die leistungs- oder anerkennungsorientierte.

Allerdings ist unser Überblick damit noch nicht vollständig. Es gibt nämlich einen dritten Typ. Das Glücksverständnis dieses Typs praktizieren diejenigen, die Bücher wie das vorliegende schreiben. Sie finden ihre Lebenserfüllung darin, daß sie Theorien darüber aufstellen, was die Menschen tun, und daß sie überhaupt Theorien bilden, also die Wissenschaftler. Für den überzeugten Wissenschaftler steht tatsächlich all das an zweiter Stelle, was die anderen vorrangig beschäftigt. Er ist nämlich weder in erster Linie darauf bedacht, sich Lusterlebnisse zu verschaffen, noch darauf, durch praktische Leistungen, durch Tauglichkeit im Dien-

ste des konkreten Zusammenlebens bei den Mitmenschen Anerkennung zu ernten. Beides muß dem Wissenschaftler nicht fremd sein, aber
was ihn eigentlich glücklich macht, ist die Befriedigung seiner theoretischen Neugier, bei der es darum geht, irgendwelche Zusammenhänge
oder Gesetzmäßigkeiten überzeugend nachzuweisen.

Daß Aristoteles diese theorieorientierte Glücksauffassung als dritten
Typ gleichrangig neben die beiden anderen stellen kann, kennzeichnet
ihn selbst und die Griechen überhaupt. Als Aristoteles seine Ethik erstmals vortrug, im letzten Drittel des 4. vorchristlichen Jahrhunderts,
existierte die Wissenschaft vielleicht gerade 250 Jahre. Aber diese kurze
Zeit hatte ausgereicht, um sie so stark im Leben der Griechen zu ver-
wurzeln, daß die Einstellung des Wissenschaftlers nicht nur für Aristoteles, sondern auch im allgemeinen Bewußtsein bereits als ein dritter
Grundtyp von Lebensauffassung etabliert war. Höchst erstaunlich,
wenn man bedenkt, daß es diesen Grundtyp in der Geschichte der
Menschheit bis dahin nicht gegeben hatte; die Wissenschaft ist eine
griechische Erfindung (Näheres in Kapitel 1).

Aristoteles selbst ist geradezu der Prototyp des Wissenschaftlers in
unserer Tradition. Er ist der eigentliche Vater aller systematisch-
begrifflich geordneten Wissenschaft. So ist er auch als erster auf die Idee
gekommen, seine Vorlesungen und damit die Wissenschaft in große
Bereiche einzuteilen (mehr dazu in Kapitel 11). Eines dieser umfassenden Gebiete behandelt die "Philosophie der menschlichen Angelegenheiten", wie Aristoteles diesen Sektor nennt. Dieser Großbereich
umschließt drei Unterabteilungen: Der erste Theoriekomplex befaßt
sich mit dem Zusammenleben der Menschen in der Polis, im Gemeinwesen. Der zweite hat die Haushaltsführung, die Ökonomie, zum
Gegenstand (zu beidem Näheres in den Kapiteln 9 und 10). Den dritten
Bestandteil der "Philosophie der menschlichen Angelegenheiten" bildet
schließlich die Theorie der Lebensführung überhaupt, die Ethik. Ver-
mutlich hat Aristoteles seine Ethik-Vorlesung seinem Sohn Nikoma-
chos gewidmet. Daher hat diese erste Ethik wohl ihren Namen 'Nikomachische Ethik'. Die drei Teilgebiete hängen für Aristoteles untrennbar zusammen. Man bekommt keine überzeugende Ordnung in die
menschlichen Angelegenheiten, wenn man die Politik unabhängig von
der Wirtschaft und beide getrennt von der Ethik behandelt. Dieser
Gedanke des Aristoteles dürfte nichts von seiner Aktualität verloren
haben.

Aber, um zur Ethik zurückzukehren, worauf kommt es bei der
Lebensführung an: Macht die von den Mitmenschen anerkannte Taug-

lichkeit, die Arete, glücklich oder das dem Genuß hingegebene hedonistische Leben oder die theoretische Existenz, für die sich Aristoteles selbst und seitdem riesige Scharen von Wissenschaftlern in Europa und inzwischen auf der ganzen Welt entschieden haben? Man könnte meinen, die drei Möglichkeiten schlössen einander aus, und man müßte mit der Entscheidung für eine Art von Lebensführung auf die beiden anderen verzichten. Aber Aristoteles zeigt, daß an allen drei Glücksauffassungen etwas Richtiges ist. Allerdings darf man sich das nicht schematisch vorstellen, so als ob Aristoteles als Rezept für die Zubereitung der Lebensmahlzeit empfohlen hätte, von jedem ein Drittel zu nehmen.

Um alle drei Aspekte des Glücks einander richtig zuzuordnen, muß man methodisch von vorne beginnen. Man muß fragen: Was ist überhaupt genauer betrachtet unter der Eudämonie, dem dauerhaft geglückten Leben, zu verstehen? Es soll sich dabei um die Lebenserfüllung handeln, auf die man durch die Art seiner Lebensführung irgendwie hinarbeitet. So etwas nennen wir im Alltag einen Zweck. Immer wenn wir handeln, verfolgen wir einen Zweck. Aber dabei, sagt Aristoteles, gibt es zwei Möglichkeiten: Entweder der Zweck steckt in der Handlung selbst, oder er liegt außerhalb. Wie meint er das?

Die eine Art des Handelns umschreiben wir in unserer Sprache mit Begriffen wie "Machen", "Herstellen", "Produzieren", "Zustandebringen". Jemand schreibt einen Brief oder eine Arbeit, er näht ein Kleidungsstück, er kocht eine Mahlzeit, er montiert eine Maschine, er organisiert eine Tagung, er plant eine Investition, er führt im Krankenhaus eine Operation durch usw. Alle solche Handlungen finden statt, damit am Ende etwas herauskommt, ein Werk, wie die Griechen sagen; und das, was man zustande gebracht hat, hat auch dann noch Bestand, wenn die Handlung, die dahingeführt hat, schon beendet ist. Ein Tempel ist so ein Werk, aber auch ein Paar Sandalen oder eine Maschine oder die mit ärztlichem Beistand wiederhergestellte Gesundheit.

Wenn der Zweck des Handelns ein Werk ist, liegt er außerhalb des Handelns; denn das Werk existiert weiter, auch wenn das Machen des Werks nicht mehr stattfindet. Diese Art von Handeln heißt auf griechisch "poíēsis", was einfach "Machen" bedeutet. In einer eingeschränkten Bedeutung ist uns dieses Wort noch aus dem Begriff "Poesie" vertraut.

Bei der anderen Art von Handeln geht es auch darum, etwas zustande zu bringen, aber nicht ein selbständig existierendes Werk, sondern die Handlung selbst. Das klingt merkwürdig, aber auch dafür gibt es genügend Beispiele: Wer auf einem Instrument musiziert, möchte gern, daß ihm eben diese Handlung, das Musizieren, gut gelingt, und dafür übt er, obwohl er weiß, daß seine musikalische Darbietung normalerweise keinen Bestand als Werk haben wird – es sei denn, man macht davon eine Schallplattenaufnahme; aber das ist nicht die Regel. Ein anderer Beispielbereich ist das ganze Spektrum der moralisch lobenswerten Verhaltensweisen. Wenn ich mich etwa darum bemühe, meinen Mitmenschen mit Güte und Verständnis zu begegnen, dann liegt der Zweck meines Handelns genau darin, wirklich gütig und verständnisvoll zu handeln.

Der Zweck bei dieser ganzen Gruppe von Handlungen besteht einfach darin, daß das jeweilige Handeln möglichst vollkommen gelingt. In diesem Sinne steckt hier der Zweck im Handeln selbst. Für diese Art von Handeln reserviert Aristoteles den uns seitdem geläufigen Begriff "Praxis", "Handeln"; im eigentlichen und engeren Sinne ist "Handeln" nur das Tun, das sein eigenes Gelingen zum Zweck hat (dazu auch Kapitel 9).

Das geglückte Leben ist der Zweck, den wir bei all unserem Handeln unser ganzes Leben hindurch verfolgen. Also stellt sich nun die Frage: Von welcher Art ist dieser Zweck? Handelt es sich hierbei um ein Werk oder um das volle Gelingen des Handelns selbst? Wie läßt sich das entscheiden?

Man braucht nur nach dem Verhältnis der beiden Arten von Handeln, des "Machens" und des "Handelns" im engeren Sinne, zu fragen. Welche ist der anderen übergeordnet? Wer ein Werk produziert oder organisiert, tut das in jedem Falle deshalb, weil er damit irgendeinen weiterreichenden Zweck verfolgt. Man stellt Schrauben her, weil man sie beispielsweise für Maschinen benötigt. Aber wofür baut man die Maschinen? Entweder wieder für ein Werk, z. B. ein Auto, dann stellt sich die Frage erneut, oder für ein Handeln, das seinen Zweck in sich selbst trägt, also darin, daß es selbst in gelungener Weise stattfindet. Erst in diesem Falle braucht man nicht weiterzufragen.

Daraus folgt: Alles Handeln läuft letztlich darauf hinaus, daß das Handeln selbst so gut wie möglich gelingt, und alles Machen, alles Zustandebringen von Werken steht im Dienst dieses Endzwecks. Dann kann aber der Zweck, um den sich das ganze Leben dreht, das dauerhafte Glück, kein Werk sein. Die Lebenserfüllung ist also nicht so etwas wie ein Spinnennetz, woran man das ganze Leben lang webt und das man am Ende als fertiges Werk zurückläßt.

Die Folgerung ist zwingend: Das geglückte Leben kann nur darin bestehen, daß das Handeln selbst auf möglichst vollkommene Weise zustande kommt. Nun beruht aber das gute Gelingen des Handelns auf einer Voraussetzung, von der schon die Rede war. Um so zu handeln, daß man selbst und die andern mit dem Handeln zufrieden sein können, braucht man die entsprechende Leistungsfähigkeit und Einstellung, also die Arete, die Tauglichkeit. Damit ist der Stellenwert der Tauglichkeit für das dauerhafte Glück bereits geklärt. Sie bildet die Grundlage dafür.

Welche Rolle spielt nun der Genuß, die Hedone? Wir neigen heute zu folgender Auffassung: Ein tauglicher, durch Leistungsfähigkeit und moralische Rechtschaffenheit anerkannter Mensch zu werden setzt viel Mühe und Selbstüberwindung voraus. Mühe und Selbstüberwindung aber sind normalerweise nicht lustvoll. Deshalb erkennt man das moralisch anständige Handeln gerade daran, daß es keinen besonderen Genuß bringt. Moral darf keinen Spaß machen, sonst ist sie uns verdächtig.

Auch in diesem Punkte denkt Aristoteles bemerkenswert und bedenkenswert anders. Nicht alle Genüsse sind von gleicher Art. Viele sind flüchtig und hinterlassen einen schlechten Nachgeschmack, einige aber bringen eine dauerhafte Befriedigung. Wenn es mir wirklich gelingt, zu meinen Mitmenschen großzügig, gütig und gerecht zu sein, meine Feigheit zu überwinden, und dergleichen mehr, so kann dies durchaus Spaß machen, und das darf es auch; denn es handelt sich nicht um eine minderwertige, oberflächliche Freude, die am Ende nur einen Kater hinterläßt, sondern um genau das, worin eine beständige Erfüllung zu finden ist. Der Rechtschaffene ist für Aristoteles gerade daran zu erkennen, daß seine innere Fröhlichkeit auf die anderen ausstrahlt.

Damit ist nun auch dem Genuß seine Stelle zugewiesen. Er bildet kein eigenständiges Lebensziel, wie die hedonistische Lebensauffassung meint, sondern er ist die notwendige Begleiterscheinung eines Handelns, das in der Tauglichkeit seine Grundlage hat. Dann fragt sich aber: Worin besteht die Tauglichkeit? Platon, der Lehrer des Aristoteles, bemüht zur Beantwortung dieser Frage die von ihm entdeckten Ideen (Näheres in den Kapiteln 6 und 8). Der Mensch soll sich an den ewigen unveränderlichen Normen, der Idee des Gerechtseins-selbst, des Tapferseins-selbst usw. orientieren.

Aristoteles ist da viel nüchterner. Die Normen rechtschaffenen Verhaltens brauchen wir Menschen eigentlich nicht lange zu suchen; sie sind uns aus unserem Zusammenleben vor aller Philosophie vertraut. Deshalb ist es überflüssig, wenn die Ethik die Menschen auf die Ideen verweist. Sie braucht nur an die Maßstäbe wechselseitiger Anerkennung und Kritik im Zusammenleben zu erinnern, an die sich jeder Erwachsene durch das Zusammenleben längst gewöhnt hat. Die Ethik ist als Wissenschaft vom Ethos die Bewußtmachung dieser Gewohnheit. Die Gewohnheit des Zusammenlebens richtet an jeden Einzelnen Ansprüche, die er erfüllen muß, um für das Zusammenleben zu taugen. Die grundlegende Erwartung ist die, daß der Einzelne sich gut ins Zusammenleben einfügt. Das tut er, indem er extreme Verhaltensweisen vermeidet. Extrem handelt beispielsweise der, der aus Feigheit bei Auseinandersetzungen in seinem Lebenskreis umfällt und die, die sich auf ihn verlassen haben, im Stich läßt. Umgekehrt verhält sich aber auch der extrem, der sich von einem besinnungslosen ungebremsten Wagemut hinreißen läßt und damit ebenfalls seine Mitstreiter in Mitleidenschaft zieht. Also liegt die Haltung des Tauglichen in der Mitte. Im Falle dieses Beispiels ist das die Tugend der Tapferkeit. Aber Aristoteles zeigt in detaillierten Analysen, daß jede Tugend, jeder Aspekt der Rechtschaffenheit eine Haltung der Mitte ist. Diese Mitte ist beim Menschen das Maß, von dem die Griechen des klassischen Zeitalters so gerne gesprochen haben (Näheres in Kapitel 6).

Daß jede Tauglichkeit eine Haltung der Mitte, eine mittlere Haltung ist, könnte man mißverstehen. Es könnte so klingen, als sei Rechtschaffenheit Mittelmäßigkeit und als könnte man die Mitte zwischen den Extremen gleichsam schematisch ausrechnen: beispielsweise so, als läge Tapferkeit auf gleiche Weise in der Mitte zwischen blinder Waghalsigkeit und Feigheit, wie die Zahl 4 die arithmetische Mitte zwischen den Zahlen 5 und 3 bildet.

Aber davon kann nicht die Rede sein. Tauglichkeiten hat man nicht so im Besitz wie ein in der Schweiz verstecktes Bankguthaben, sondern man muß sie in konkreten Verhaltensweisen immer neu an den Tag legen. Das Leben stellt uns ständig vor neue Situationen, und angesichts der jeweiligen Situation muß man die Mitte finden. Dafür aber bedarf es der Urteilsfähigkeit, der Klugheit im guten alten Sinne dieses Wortes. Nicht windige, opportunistische Schläue ist damit gemeint, sondern die Bereitschaft und durch Lebenserfahrung erworbene Kunst, sich auf die wechselnden und überraschenden Situationen immer neu sachgerecht einzustellen, um mit seinem Handeln nicht zu scheitern. (Dies gilt vor allem auch für den politischen Bereich; dazu mehr in den Kapiteln 9 und 17).

Die so verstandene Klugheit ist die eigentliche Grundlage aller Lebenstauglichkeit, sie ist die Fundamentaltugend – auch dies ein aristotelischer Gedanke, der nichts an Bedeutung verloren hat. Gerade heute denken viele, es käme nur oder in erster Linie auf die prinzipiellen

Einsichten an, z. B. daß wir nicht weiter aufrüsten oder weiter die
Natur hemmungslos ausräubern dürfen. Aristoteles würde wahrscheinlich darauf hinweisen, daß solchen Grundsatzerklärungen kein ver-
nünftiger Mensch widersprechen wird und daß das wirkliche Problem
immer erst da beginnt, wo es darum geht, im Lichte der Grundsätze eine
konkrete Situation klug zu beurteilen und die Handlungschancen entsprechend einzuschätzen.

Thomas von Aquin, der im 13. Jahrhundert die Ethik und das Denken des Aristoteles überhaupt für sein Zeitalter kongenial erneuert hat,
spricht ganz wie sein Meister der Klugheit, der "prudentia", die Führungsrolle unter den vier Haupttauglichkeiten, den "Kardinaltugen-
den", zu: Auf ihr beruhen die Gerechtigkeit, die Tapferkeit und das
Maßhalten.

Der bisherige Überblick über die Ethik des Aristoteles enthält noch
eine wesentliche Lücke: Neben der tauglichkeitsorientierten und der
hedonistischen Glücksauffassung gab es als dritten Typ die des Wissenschaftlers. Welchen Stellenwert weist Aristoteles bei der Analyse des
geglückten Lebens dieser Art der Lebensführung zu?

Das geglückte Leben ist der Endzweck jeglichen Handelns. Wenn
dieser Zweck erreicht wäre, wäre all unser Streben am Ziel. Demnach
wäre das Leben eines Menschen dann geglückt, wenn er es nicht mehr
nötig hätte, noch nach irgend etwas zu streben. Diese Situation ist aber
so lange nicht eingetreten, als uns noch etwas zur Lebenserfüllung fehlt.
Dann streben wir nämlich nach der Behebung dieses Mangels. Eine
Lebensverfassung, in der man nach nichts mehr zu streben braucht,
nannten die Griechen Autarkie, das heißt auf deutsch: Selbstgenügsamkeit. Einschränkungslos autark sind die Götter; denn sie sind für ihr
seliges und unbeschwertes, also rundum glückliches Leben auf nichts
und niemanden angewiesen. Auf die Frage: Was ist der eigentlich
grundlegende Zug dauerhaften Glücks? antwortet Aristoteles deshalb:
die Autarkie (dazu auch Kapitel 20).

Kann der Mensch das völlig ungetrübte Glück, die Autarkie erreichen? Aristoteles meint: Beim Zusammenleben in der Menschengemeinschaft ist das nicht möglich. Auch ein Höchstmaß an Rechtschaffenheit kann nie zur Autarkie führen – aus einem einfachen Grunde:
Um meine Tauglichkeit an den Tag zu legen, benötige ich alles mögliche; um mich tapfer gegen Feinde zu wehren, brauche ich Waffen, um
Güter gerecht zu verteilen, brauche ich diese Güter usw.

Anders stünde es dann, wenn der Mensch die Möglichkeit besäße,
seine Befriedigung in einer Beschäftigung zu finden, bei der er von allen

Gegebenheiten seiner äußeren Umwelt unabhängig wäre. Eine solche Beschäftigung gibt es nach Aristoteles tatsächlich: die Wissenschaft. Man darf dabei freilich nicht an unsere moderne Wissenschaft denken. Ein Historiker von heute benötigt dickleibige Quellensammlungen, ein Experimentalphysiker braucht immens teure Großgeräte usw. Der heutige Wissenschaftler ist alles andere als autark. Am wenigsten brauchen immer noch der Philosoph und der Mathematiker; die benötigen im Grunde nur ihren Kopf fürs Nachdenken und die geistigen Zusammenhänge, in die sie sich vertiefen. Aber diese geistigen Zusammenhänge sind keine äußeren Güter, bei deren Beschaffung es Schwierigkeiten geben könnte, sondern sie liegen jederzeit für unseren Geist offen, wenn wir nur bereit sind, uns dafür zu öffnen.

Die Gegenstände von Philosophie und Mathematik sind gleichsam immer sichtbar, wenn man nur die Augen des Geistes dafür aufmacht. In diesem Punkte bleibt Aristoteles Schüler von Platon, der die wesentlichen Gegenstände der Philosophie als "eídos" oder "idéa" charakterisierte, als einen Anblick oder eine Sicht, die uns von vornherein und beständig gegeben ist (Näheres in Kapitel 6).

Was die klassische Antike unter Wissenschaft verstand, war insgesamt von solcher Art wie Philosophie oder Mathematik. So war Wissenschaft für Aristoteles die geistige Anschauung von geistigen Gegebenheiten. Deshalb nannte er das Betreiben von Wissenschaft "Theorie"; das Wort "theōría" bedeutet ursprünglich eine Art von Anschauung (mehr dazu in den Kapiteln 1 und 11). Die Gegenstände dieser geistigen Anschauung stehen immer zur Verfügung. Sie können uns nicht abhanden kommen wie äußere Güter.

Die geistige Anschauung verschafft dem Menschen "wunderbare Genüsse", sagt der sonst so nüchtern-trockene Aristoteles – "wunderbar", weil durch keinen Autarkiemangel belastet. Der Theoretiker führt, jedenfalls sofern und solange er Theorie treibt, ein unbelastetes, also leichtes Leben wie die Götter. Die theoretische Existenz hat in sich etwas Göttliches; sie geht über die menschlichen Möglichkeiten hinaus. Der Mensch übersteigt, transzendiert hier sich selbst. Die urgriechische Schranke, die die Sterblichen von den unsterblichen Göttern trennt (siehe die Kapitel 5 und 7), wird durch die Theorie überschritten.

So entläßt Aristoteles seinen Leser bei der Frage nach dem geglückten Leben am Ende mit einer merkwürdigen Doppelantwort: Dem Menschen steht es frei, sich auf die rein menschlichen Möglichkeiten einer guten Lebensführung zu beschränken. Dann kann er seine Lebenserfüllung in der reinen und dauerhaften Freude finden, als ein tauglicher

Mensch praktisch zu handeln, seinen Mitmenschen zu dienen und dafür bei ihnen Anerkennung zu ernten. Er kann aber auch darüber hinausgreifen und sein Menschsein in autarker Theorie gleichsam vergöttlichen.

In der christlichen Spätantike und auf ihren Spuren im Mittelalter wird der Gedanke einer Lebenserfüllung in der Schau des wahrhaft Bleibenden auf neue Weise wieder lebendig. Plotin hatte im 3. nachchristlichen Jahrhundert das angeschaute Ewige – platonisch gesprochen: die Ideen – als die Gedanken Gottes interpretiert (Näheres in Kapitel 18). So kann Gott zum Gegenstand derselben Schau werden, die Aristoteles als "theōria" bezeichnet hatte. Aus dem geistigen Sehen der Wissenschaft wird die "Kontemplation" des in klösterlicher Abgeschiedenheit meditierenden Christen; auch die "Kontemplation", die "Betrachtung", ist noch immer eine Art des Sehens, wie diese richtige deutsche Übersetzung zeigt. Die der Theoria gewidmete Lebensführung hieß im Griechischen "bios theōrētikós". Daraus wird nun lateinisch-christlich die "vita contemplativa", das "betrachtende Leben".

Parallel zur Formulierung "bios theōrētikós" hieß die der Praxis (in der eigentlichen und engeren Bedeutung des Wortes) hingegebene Lebensführung auf griechisch "bios praktikós". Dieses "praktische Leben" findet nach Aristoteles in der wechselseitigen Anerkennung der Bürger im überschaubaren griechischen Stadtstaat, in der Polis, seine Erfüllung. In der Spätantike bietet die Polis solche Erfüllung nicht mehr (mehr dazu in den Kapiteln 15 und 21). Aus der in sich zweckerfüllten politischen Praxis wird die "Aktivität" des frommen, arbeitsamen Menschen, der weiß, daß das Leben nach dem Sündenfall eine Mühsal und nur ganz selten Kontemplation des Ewigen ist. Dies klingt an in der lateinisch-christlichen Wiedergabe von "bios praktikos" mit "vita activa", "aktives Leben". So ändert sich der Inhalt des "theoretischen" und des "praktischen" Lebens, aber der Aufriß für die Eudämonie, den Aristoteles mit der Unterscheidung von "bios theōrētikós" und "bios praktikos" gezeichnet hatte, bleibt dabei in Kraft.

Dieser Aufriß bestimmt auch das Erziehungskonzept des Aristoteles, von dem die Überlegungen ausgingen. Erziehung vollzieht sich beim Logoswesen Mensch durch Lernen von Einsicht und Einübung von Gewohnheit. Der Einübung bedürfen vor allem die Tugenden, die lobenswerten Haltungen, die das Handeln in der Stadtgemeinde tragen. Aber dieses Handeln im praktischen Bios ist nach Aristoteles nicht die höchste Möglichkeit des Menschen. Also kann die Vorbereitung darauf auch nicht das letzte Ziel der Erziehung sein. Höher als solche Einübung steht das Lernen, das die geistige Betrachtung vorbereitet.

Die spätantike Entwicklung, daß die Praxis zum "aktiven Leben", d. h. zur Arbeit für das tägliche Brot geworden ist, hat bis heute ihre Gültigkeit behalten. Deshalb sind wir versucht, das Lernen in der Schule ganz auf die spätere Arbeit in Beruf und Gesellschaft abzustellen. Aber der Mensch lebt nicht vom Brot allein. Worin kann er in den Zeiten seine Erfüllung finden, in denen ihn die Arbeit nicht mit Beschlag belegt? Die Antike hätte geantwortet: in der Betrachtung des Ewigen, worin der Mensch frei ist, nicht bedrängt von der Notwendigkeit der Arbeit für seine Selbsterhaltung. Hierfür sollte dann auch der Schulunterricht letztlich vorbereiten. Von daher hat die "Schule" ihren Namen erhalten. "Schule" ist die Eindeutschung des lateinischen Wortes "schola", das von dem griechischen "s-cholé" abgeleitet ist. Die "schole" ist die Muße. Gemeint ist nicht der Müßiggang, der "aller Laster Anfang" ist, sondern die von Arbeit freie Zeit, die dem Menschen die Chance zu einer besonders erfüllenden Tätigkeit bietet.

Wir sehen den Sinn der "Freizeit" fast nur noch darin, uns von der Arbeit zu erholen, um für die Arbeit neue Kräfte zu sammeln. So dreht sich alles um die Arbeit. Aber das geglückte Leben kann nicht nur durch die Arbeit definiert sein. Es ist eine Perversion, wenn wir die Muße ganz in den Dienst der Arbeit stellen. Denn eigentlich denken wir doch umgekehrt: "Wir arbeiten, um Muße zu haben", wie Aristoteles mit der ihm eigenen elementaren Treffsicherheit festgestellt hat. Die Freizeitgesellschaft täte gut daran, sich an dieses Wort aus der 'Nikomachischen Ethik' zu erinnern.

Von Pergamon bis Istanbul

4. Jahrhundert v. Chr.
bis 6. Jahrhundert n. Chr.

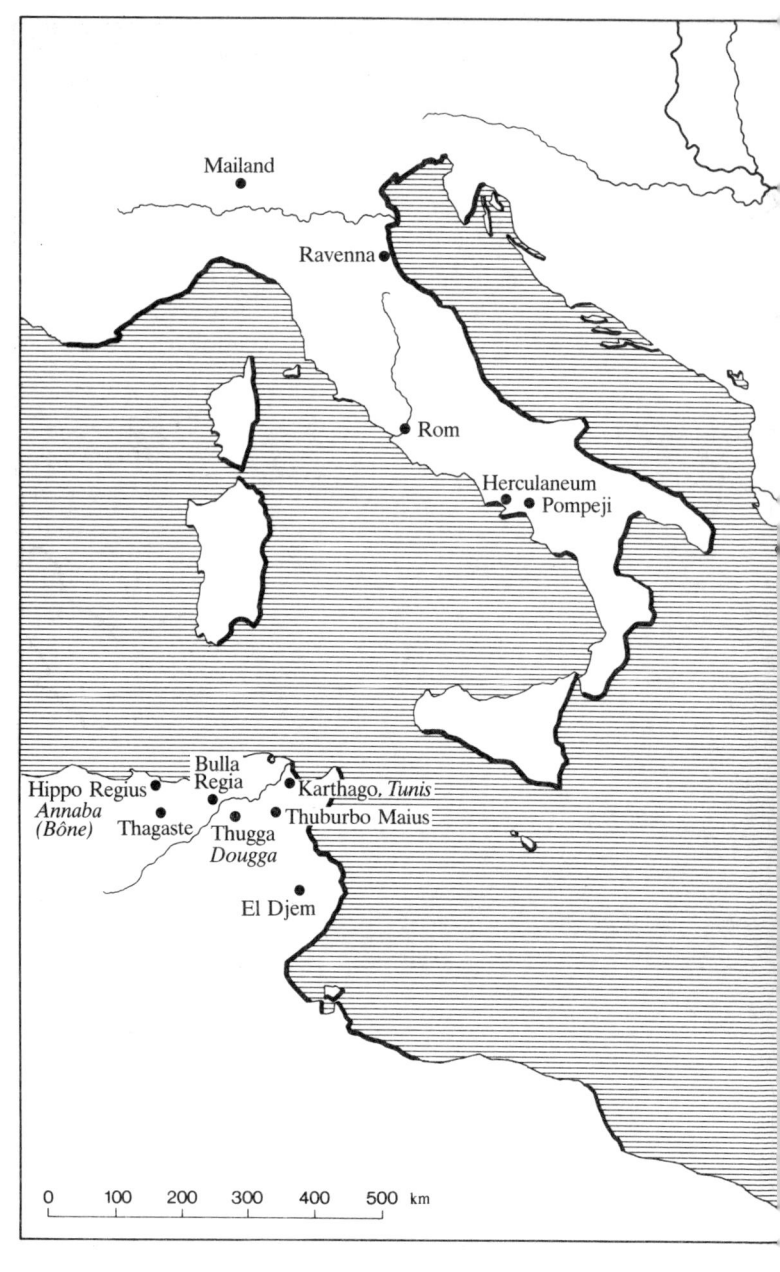

Mailand

Ravenna

Rom

Herculaneum
Pompeji

Hippo Regius
Annaba
(Bône)
Thagaste

Bulla
Regia
Thugga
Dougga

Karthago, *Tunis*
Thuburbo Maius

El Djem

0   100   200   300   400   500 km

Pergamon, Gymnasium der Epheben

XIII

Pergamon

Der Siegeszug der griechischen Bildung

In der Bildungsgeschichte Europas ist die Stadt Pergamon bekannt als der Ort mit der zweitgrößten Bibliothek der antiken Welt nach Alexandria in Ägypten; man spricht von zweihunderttausend Bänden. Das umfangreiche Ausgrabungsgelände auf dem Burgberg und seiner Umgebung, wo die Stadt gelegen hat, gibt noch heute ein hervorragendes Bild von einem florierenden Diadochenreich, also einem der Teilstaaten, die nach dem Zerfall von Alexanders Großreich unter seinen Feldherrn, den "Diadochen", entstanden. Mit dem Tod Alexanders des Großen 323 v. Chr. lassen die Historiker seit Droysen das Zeitalter des Hellenismus beginnen, die drei Jahrhunderte während Epoche der Ausbreitung griechischer Kultur über den ganzen Mittelmeerraum, in der eine überall verbreitete Spielart des Griechischen zur gemeinsamen Verkehrssprache in vielen Ländern wurde; deshalb hieß sie auch "koiné", die "Gemeinsame". In der Koine, dem Englisch der hellenistischen Welt, ist noch das Neue Testament geschrieben.

Das Königreich Pergamon war im 3. und 2. vorchristlichen Jahrhundert ein Zentrum der hellenistischen Kultur, eine wahre Schatzkammer der Kunst, vor allem durch den großen Altar, an dessen Reliefs die führenden Bildhauerschulen der Zeit mitarbeiteten. Heute ist er im Museum in Berlin zu sehen, weil Pergamon von dem Deutschen Karl Humann ausgegraben wurde. Von der Bibliothek erkennt man nur noch einige Grundmauern. Ein instruktiveres Bild bietet, wenn man den Burgberg ersteigt, das große Gymnasium. Es ist während des 2. Jahrhunderts v. Chr. in drei Stufen am Hang erbaut. Die einzelnen Stufen beherbergten die Unterrichtsräume für jeweils eine Altersphase und machen so für uns die Hauptabschnitte des Bildungsprozesses im Hellenismus topographisch sichtbar. Der zuoberst gelegene Gebäudeteil war für die jungen Männer – die "Epheben" – bestimmt. Ihr Alter lag an der Grenze zwischen heutiger Sekundarstufe II und Studienbeginn. Ein Hörsaal ist zu erkennen, worin sie hochschulartigen Vorlesungen folgten. Dieser Phase ging der höhere Unterricht voraus, in den die Schüler mit etwa elf Jahren eintraten, und ihm war die Elementarschule vorgelagert, die durchweg im siebten Lebensjahr begann.

Kaum eine von den griechischen Städten, wie wir sie heute durch die Ausgrabungen am Mittelmeer kennen, bietet uns noch das Bild der klassischen oder gar archaischen Zeit. Was wir sehen, stammt überwiegend aus dem Hellenismus oder der darauf folgenden römischen Kaiserzeit. Fast überall stoßen wir auf die Gymnasien; wenn man von Pergamon etwa 200 km in südlicher Richtung nach Ephesus fährt, gibt es dort gleich mehrere stattliche Anlagen zu besichtigen. Alle diese Gebäude dokumentieren eine der einschneidendsten und folgenreichsten Entwicklungen in der Geschichte Europas: das Öffentlichwerden des Schulwesens.

Im Stadtstaat der klassischen Zeit war die Erziehung eine Privatangelegenheit geblieben. Sie lag in den Händen der antiken Großfamilie im "Haus", in dessen Verborgenheit sich alles abspielte, was zum Überleben des Einzelnen und der Menschheitsgattung notwendig ist, darunter auch die Aufzucht der Kinder (mehr dazu in Kapitel 10). Das mußte sich ändern, weil sich die Polis, die Stadt, seit dem 5. vorchristlichen Jahrhundert demokratisierte. Die künftigen Bürger der Stadt mußten so erzogen werden, daß sie in der Lage waren, in der Öffentlichkeit Mitverantwortung zu tragen (Näheres in Kapitel 8). Damit aber wurde es zu einem öffentlichen Interesse der Polis, sich um die Erziehung zu kümmern und diese Aufgabe, jedenfalls teilweise, der Verborgenheit des Familienlebens zu entziehen. Eine entsprechende Gesetzgebung setzte ein, von der wir uns heute durch Inschriftenfunde ein relativ konkretes Bild machen können. Die Städte bestellten beispielsweise jährlich die Lehrer für die Grundschule – zu einem kümmerlichen Gehalt übrigens.

Größte Bedeutung für unsere Geschichte bis heute hat nun die Tatsache, daß Erziehung und Bildung in ihren Inhalten bei aller Vielfalt im Hellenismus und dann auch in der römischen Kaiserzeit doch ein einheitliches Gepräge aufwiesen. Was die Griechen Paideia nannten, die unterrichtliche Erziehung und Bildung, stellt den Zusammenhang zwischen den Generationen her und verschafft einer Gesellschaft so ihre fortdauernde Identität. Auf diese Weise hat es seit den Tagen des Hellenismus bis ins 19. Jahrhundert – in den romanischen Ländern noch länger – eine Kontinuität der europäischen Kultur gegeben.

Worauf die inhaltliche Einheitlichkeit der hellenistischen und kaiserzeitlichen Bildung beruhte, drückt ein lateinischer Begriff aus, der im
ersten vorchristlichen Jahrhundert aufkam. Er lautet "humanitas".
Wörtlich übersetzt heißt das "Menschlichkeit". Aber weder dieses
deutsche Wort noch das von "humanitas" abgeleitete Fremdwort
"Humanität" geben die Bedeutung wieder, die der Begriff "humanitas"
für das europäische Erziehungs- und Bildungswesen gehabt hat. Die
Renaissance hat das Leitbild der "humanitas" bewußt wiederaufge-
nommen. Die pädagogischen Bestrebungen, die in der Neuzeit daran
anknüpfen, nennt man seit dem vergangenen Jahrhundert Humanismus.

Was dabei unter "humanitas" und entsprechend unter "Humanismus" zu verstehen ist, kann man nur begreifen, wenn man bei den
Griechen beginnt. Sie haben zum ersten Mal versucht, den Menschen zu
definieren, d. h. mit Begriffen die Frage zu beantworten: Was ist der
Mensch? Auf diese Frage finden wir die erste und dem Sinne nach
gleichlautende Antwort bei den beiden Autoren, die unser Bildungs-
und Erziehungssystem begründet haben. Ihre Hauptlebenszeit fiel in
die erste Hälfte des 4. vorchristlichen Jahrhunderts, also in die Jahrzehnte unmittelbar vor dem Übergang zum Hellenismus.

Der eine Autor ist zugleich der erste Klassiker der Philosophie: Platon aus Athen, der Schüler des Sokrates. Sein Hauptwerk ist der 'Staat',
der Entwurf einer utopischen Idealpolis, mit dem er dem moralischen
Verfall der politischen Verhältnisse in seiner Zeit entgegenwirken
wollte (Näheres in den Kapiteln 8 und 9). In diesem epochalen Werk hat
Platon unter anderem ein Erziehungsprogramm aufgestellt, das man als
den ersten Entwurf einer wissenschaftlichen Bildungstheorie betrachten darf.

Mit diesem Entwurf hat von vornherein ein anderes Programm kon-
kurriert. Es stammt von dem zweiten Begründer unseres Erziehungs-
und Bildungssystems, dem politischen Publizisten Isokrates aus Athen.
Sein Geld hat er damit verdient, daß er Jungen aus besseren Kreisen im
Alter zwischen 14 und 18 Jahren Unterricht gegeben hat. Das war die
erste höhere Schule unserer Geschichte. Isokrates hat diese Schule im
Jahre 392 oder 390 v. Chr. eröffnet. Um für seinen Unterricht zu wer-
ben, hat Isokrates eine Programmschrift und später weitere Publikatio-
nen herausgegeben, die ebenso wie Platons 'Staat' die Grundzüge einer
pädagogischen Theorie enthalten.

Die Entwürfe von Platon und Isokrates sind einander in fast allen
Punkten entgegengesetzt. Unser europäisches Bildungssystem hat sich

im Hellenismus aus der Auseinandersetzung zwischen diesen beiden konträren Ansätzen entwickelt, bei der Isokrates am Ende Sieger geblieben ist.

In einem grundlegenden Gedanken stimmen beide allerdings überein, und auf ihn gehen die Begriffe "humanitas" und "Humanismus" zurück. Auf die erwähnte Frage "Was ist der Mensch?" geben Platon und Isokrates nämlich dieselbe Antwort. Sie lautet: Der Mensch ist dadurch definiert, daß er unter allen Lebewesen als einziger den Logos besitzt. Das griechische Wort "lógos" ist vielleicht der wichtigste Begriff unserer ganzen wissenschaftlichen Tradition. Jeder kennt ihn aus Begriffen wie "Logik" und aus Zusammensetzungen wie "Theologie" oder "Ökologie". Die Grundbedeutung von "logos" ist "Sprache" (mehr dazu in Kapitel 2).

Platon und Isokrates betrachten die Sprache als das Unterscheidungsmerkmal, das den Menschen vor allen anderen Lebewesen auszeichnet. Darum muß man nach ihrer Auffassung in erster Linie die Sprachfähigkeit ausbilden, wenn man einen jungen Menschen vernünftig erziehen will. Weil die Sprachfähigkeit den Menschen zum Menschen macht, kommt ihre Förderung dem jungen Menschen zugute, sofern er Mensch ist. Das heißt: Man erzieht damit nicht primär einen Griechen, einen Römer, einen Deutschen, sondern die Erziehungsenergie richtet sich auf das Allgemeine, das alle Menschen als Menschen gemeinsam haben: eben den Logos, die Fähigkeit zu sprechen. Deshalb war es genau dieser Gedanke, der die Bildungskonzepte von Isokrates und Platon über die Griechen hinaus bei der Hellenisierung der nichtgriechischen Völker für diese Völker akzeptabel machte.

Es ist am angemessensten, den Begriff "logos" mit "Sprache" zu übersetzen. Aber das kann mißverständlich sein, wenn man nicht beachtet, was genauer unter "logos" zu verstehen ist. Das Wort kommt im Griechischen in der Redewendung "lógon didónai" vor, auf deutsch: "Rechenschaft geben". Der Logos, die Sprache, wurde als das verstanden, womit wir Menschen wechselseitig Rechenschaft ablegen, d. h. unsere Handlungsweise erklären und eventuell rechtfertigen. Tiere können einander keine Rechenschaft geben. Deshalb bezeichnen wir ihr Tun auch nur als Verhalten und nicht als Handeln. Der Mensch ist das sprachbegabte Lebewesen – diese Definition besagt: er allein ist rechenschaftsfähig und kann handeln.

Rechenschaft geben heißt: sein Handeln begründen. Aber nun ist die Frage: Wie soll diese Begründung aussehen? An dieser Stelle stoßen wir auf den Punkt, an dem die Auffassungen von Isokrates und Platon auseinandergehen. Isokrates orientiert sich an den konkreten Situationen, in denen Menschen in der demokratischen Polis einander Rechenschaft geben müssen: Man steht gemeinsam vor Entscheidungen und berät öffentlich mit anderen darüber, was zu tun ist. Dabei sind alle daran interessiert, die eigene Meinung zur Geltung zu bringen. Das gelingt denen am besten, die sich in die Denkweise und Interessenlage der anderen hineinversetzen können und deshalb die jeweilige Entscheidungssituation so beurteilen, daß die anderen ihnen zustimmen können. Wer diese Art von Urteilsfähigkeit und Überzeugungskraft an den Tag legt, besitzt Gemeinsinn, "common sense", wie die Engländer sagen. In der Polisgemeinschaft muß man Common sense beweisen. Dann gibt man vernünftig Rechenschaft und macht von seiner Sprachfähigkeit den Gebrauch, auf den es ankommt.

Im höheren Schulunterricht den Logos ausbilden heißt deshalb für Isokrates: die jungen Menschen zur konkreten politischen Urteilsfähigkeit erziehen und ihnen damit das Rüstzeug an die Hand geben, sich in öffentlichen Debatten und Reden durchzusetzen. In diesem Sinne ist der höhere Unterricht bei Isokrates eine Schulung in der Kunst, öffentlich zu reden. Diese Kunst bezeichnen wir noch heute mit einem auf Platon zurückgehenden griechischen Fremdwort als Rhetorik (mehr dazu in Kapitel 8). Allerdings hat dieser Begriff mittlerweile einen Beigeschmack von Schönrednerei bekommen. Das Lob, jemand habe rhetorisch gut gesprochen, klingt in unseren Ohren zweideutig; es weckt den Verdacht, der Redner habe seine Worte zwar brillant gewählt, aber inhaltlich nichts geboten.

Eine solche leere Rhetorik ist Isokrates fremd. Ihm geht es nicht darum, daß seine Schüler eines Tages als erwachsene Bürger schöne Worte machen können, sondern darum, daß sie mit dem, was sie öffentlich sagen, wegen ihrer Urteilsfähigkeit Anerkennung finden. Um in dieser Weise beim Reden Erfolg zu haben, muß man aber auch als Mensch moralisch glaubwürdig sein. Deshalb ist das letzte Ziel des Rhetorikunterrichts die wegen ihrer Rechtschaffenheit von den Mitmenschen zu Recht anerkannte Persönlichkeit. Isokrates vertraut darauf, daß sich in der Demokratie am Ende derjenige durchsetzt, hinter dessen Urteils- und Redefähigkeit eine untadelige Haltung steht. Wenn wir heute von den Medien erwarten, daß sie den politisch Verantwortlichen mit Argusaugen auf die Finger gucken, dann legen wir noch immer den Maßstab des Isokrates an.

Isokrates betrachtet den Rhetorikunterricht als den geeigneten Weg, den Logos auszubilden. Platon interpretiert den Logos grundlegend anders. Für ihn kommt es beim Rechenschaftgeben nicht darauf an, daß man dem Handeln eine Begründung gibt, die Common sense beweist. Im Gegenteil: Der Antidemokrat Platon mißtraut dem Common sense. Wer sich bemüht, so zu urteilen, daß er bei den anderen ankommt, der erliegt nur allzuleicht der Versuchung, den anderen nach dem Munde zu reden: Rhetorik verführt dazu, skrupellos das politische Kalkül mit der Schlechtigkeit der Menschen zu machen. Deswegen hat Platon der Rhetorik immer sehr kritisch gegenübergestanden, und das hat wesentlich zu der Abwertung des Begriffs beigetragen, die wir heute beobachten können.

Wer eine Rechenschaft geben will, die standhält, der muß nach Platon für sein Handeln Gründe ins Feld führen, auf die er bauen kann, auch wenn jeder in der Polis gegen ihn ist. Das Musterbild eines Menschen, der solche Handlungsmotive hatte, ist für Platon sein Lehrer Sokrates, der sogar in Kauf nahm, von der verblendeten Athener Öffentlichkeit dafür zum Tode verurteilt zu werden.

Aber welche Gründe für das Handeln halten wirklich stand? Man hält es beispielsweise für wünschenswert, Gerechtigkeit zu üben, maßvoll zu handeln, kein Feigling zu sein, aber die wenigsten Menschen sind wirklich gerecht, maßvoll und tapfer. Die Lebensrealität entspricht der Vollkommenheit solcher moralischer Normen nur ganz entfernt und annäherungsweise. Bei der Rechenschaft über unser Handeln neigen wir dazu, uns damit zu entschuldigen, daß die anderen auch nicht besser sind als wir. Aber wenn wir aufrichtig sind, wissen wir ganz genau, daß das eine faule Ausrede ist. Im Grunde sind wir uns also dessen bewußt, daß allein solche vollkommenen Normen wie Gerechtigkeit, Maßhalten, Tapferkeit als Begründung für unser Handeln standhalten. Es genügt nicht, sich auf den durchschnittlichen Lebensstil der Menschen zu berufen, also auf ihr höchst unvollkommenes Gerechtsein, Maßvollsein oder Tapfersein. Aus dieser Erkenntnis leitet Platon ab, worauf es bei einer Erziehung, die den Logos, die Rechenschaftsfähigkeit fördern will, ankommt. Sie muß den Schüler davon abbringen, sich an den unvollkommenen moralischen Eigenschaften des Menschen in seiner Durchschnittlichkeit zu orientieren, und muß seine Aufmerksamkeit auf die reinen, vollkommenen Normen lenken. Das ist ein äußerst anspruchsvolles und schwieriges Erziehungsprogramm. Wie läßt es sich realisieren?

Das Programm beruht darauf, daß man einen Unterschied machen muß zwischen der reinen, vollkommenen Norm und der Beschaffenheit der konkreten Lebenswirklichkeit, die dahinter zurückbleibt. Diesen

Unterschied gibt es nun aber nicht nur im moralischen Bereich, also z. B. als Unterschied zwischen der Norm des vollkommenen Gerechtseins und dem unvollkommenen Gerechtsein der einzelnen Menschen. Denselben Unterschied können wir bei allen Beschaffenheiten und Eigenschaften überhaupt entdecken.

Wir betrachten beispielsweise ein Lineal als gerade oder einen Autoreifen als rund. Aber wir wissen, daß beide Gegenstände diese Eigenschaften nicht absolut vollkommen aufweisen. Kein Gegenstand auf dieser Welt ist wirklich einschränkungslos gerade oder rund. Das hindert uns aber nicht, das vollkommene Geradesein oder Rundsein als reine Norm zu denken. Ja, mehr noch: wir haben diese reine Norm geistig immer schon vor Augen. Wenn wir nämlich keine Vorstellung vom uneingeschränkten Geradesein oder Rundsein hätten, besäßen wir keinen Maßstab, aufgrund dessen wir von einem Lineal oder einem Autoreifen sagen können: sie sind n i c h t vollkommen gerade bzw. rund.

Daß es solche reinen Maßstäbe gibt, die uns immer schon geistig vorschweben und ohne die wir nirgendwo auskommen – das hat Platon entdeckt. Er nennt diese Maßstäbe die Ideen (Näheres dazu in Kapitel 6). Eine Erziehung, die die Rechenschaftsfähigkeit auf ein wahrhaft solides Fundament stellen will, kann für Platon nur einen Weg einschlagen: Sie muß den Schüler geistig in die Lage versetzen, die Ideen und damit die vollkommenen Normen von allem zu erkennen. Wer dazu in der Lage ist, der trägt bei Platon den Namen "Philosoph". In diesem Sinne sind Erziehung und Bildung für Platon eine Hinführung zur Philosophie.

Natürlich darf eine solche Erziehung nicht mit der Tür ins Haus fallen und mit dem Schwierigsten beginnen, den moralischen Normen. Sie muß dem Schüler die vollkommenen Maßstäbe zunächst in dem Bereich sichtbar machen, wo sie am leichtesten einleuchten. Aus diesem Bereich waren schon die gerade angeführten Beispiele gewählt: Es ist verhältnismäßig einfach zu verstehen, daß das Rundsein, also die Kreisgestalt, des Autoreifens hinter dem gedachten vollkommenen Rundsein zurückbleibt. Von derselben Art ist folgender Gedanke: Wenn ich ein Dreieck an die Tafel zeichne, darin die Winkel messe und die Meßwerte addiere, werde ich nie exakt auf 180 Grad kommen, also die Summe von zwei rechten Winkeln. Es ist aber ganz klar, daß in einem rein gedachten Dreieck, also platonisch gesprochen: in der Idee des Dreiecks, die Winkelsumme immer genau gleich zwei rechten Winkeln ist.

Dies gilt für alle Lehrsätze in der Mathematik. Sie gelten absolut
zuverlässig, weil sie sich auf die Ideenverhältnisse beziehen und nicht
auf das, was wir mit unseren Augen sehen. So bildet die Überzeugungskraft der Mathematik die ideale Einführung in die Verbindlichkeit rei-
ner Maßstäbe und Normen. Deshalb macht Platon den Mathematikun-
terricht zur Grundlage seiner philosophisch ausgerichteten Erziehung.

Man kann sich auch außerhalb der Mathematik mit geometrischen
Figuren und Zahlenverhältnissen befassen. Für den antiken Menschen
wurde das Mathematische vor allem in zwei Bereichen sinnenfällig: Der
erste Bereich war der Himmel, also nach antikem Verständnis das
Ganze dessen, was sich über uns befindet. Die geometrisch berechen-
bare Regelmäßigkeit, mit der die Himmelskörper ihre Bahn ziehen, ist
den Menschen von der Antike an bis ins vergangene Jahrhundert hinein
immer als das größte Wunder dieser Welt erschienen. Die Wissenschaft
von der Himmelsmathematik, die Astronomie, stand deshalb in höchstem Ansehen.

Der andere gewissermaßen mathematisch imprägnierte Bereich, der
den antiken Menschen in immerwährendes Erstaunen versetzte, war die
Musik. Ihre Faszination ging auf eine Entdeckung in der zweiten Hälfte
des 6. vorchristlichen Jahrhunderts zurück. Damals hatte Pythagoras
aus Samos (oder seine Anhängerschaft) erkannt, daß der Wohlklang der
Musik, die man auf einem Saiteninstrument macht, davon abhängt, daß
man die Saiten halbiert, drittelt usw., also in ganzzahlige Verhältnisse
teilt. Für die Griechen hat es wohl nie etwas intellektuell Aufregenderes
gegeben als diese Entdeckung des mathematischen Charakters der
musikalischen Intervalle; denn daran wurde ihnen klar: Schönheit, das,
was unserem Leben emotional Erfüllung schenkt, beruht auf mathema-
tischer Ordnung. Diese Überzeugung steht im übrigen auch hinter der
gesamten griechischen Tempelbaukunst. Ein besonders sprechendes
Beispiel dafür sind die neuentdeckten Bauzeichnungen am hellenistischen Apollontempel von Didyma bei Milet, 300 km südlich von Pergamon gelegen. Wenn man den großen Innenraum des Tempels betritt,
kann man bei genauem Hinschauen die Zeichnungen etwa in Kopfhöhe
an der rechten Wand entdecken.

Entsprechend der Hochschätzung der Mathematik bilden für Platon
vier Wissenschaften die Grundlage des höheren Unterrichts: die eigentliche Mathematik mit ihren beiden Bereichen Geometrie und Arithmetik, dazu die Astronomie und Musiktheorie. All dies ist aber letztlich
nicht Selbstzweck, sondern es dient der Ausbildung des Logos als
moralischer Rechenschaft.

Im Grunde verfolgen Isokrates und Platon das gleiche Bildungsziel: Der Mensch soll damit Ernst machen, daß er Logoswesen ist, indem er sich um moralische Rechtschaffenheit bemüht. Aber der Weg dahin führt für Isokrates über die Rhetorikausbildung und für Platon über einen mathematisch-wissenschaftsorientierten Unterricht. Man könnte diesen Gegensatz von ferne als den Vorläufer der heutigen Konkurrenz zwischen Natur- und Geisteswissenschaften bezeichnen. Mit diesem Gegensatz ist die Grundkonstellation vorgegeben, innerhalb deren sich das höhere Bildungswesen im Hellenismus entwickelt hat.

Wie ist diese Entwicklung verlaufen? Sie beginnt damit, daß Isokrates am Ende seines langen Lebens – er starb 338 v. Chr. mit 97 Jahren – gegenüber Platon eine Konzession macht: Er erklärt nunmehr, der mathematisch-wissenschaftsorientierte Unterricht sei nicht grundsätzlich abzulehnen; denn er könne dazu dienen, die Denk- und Konzentrationsfähigkeit der Schüler zu schärfen. Mehr Bedeutung hat er allerdings nicht; Mathematik, Astronomie usw. im Unterricht um ihrer selbst willen zu betreiben ist Zeitverschwendung. Isokrates wendet sich damit zum ersten Mal gegen eine übertriebene Verwissenschaftlichung des Unterrichts, wie wir sie auch heute wieder im höheren Schulwesen beobachten können, wo manche Leistungskurse in Mathematik, Genetik oder Atomphysik mehr dem Vorbild universitärer Proseminare nacheifern, als der schulischen Allgemeinbildung zu dienen. Für Isokrates muß der Unterricht grundsätzlich immer erkennen lassen, daß es letztlich nur auf eines ankommt: die Schüler für das Zusammenleben in der öffentlichen Gemeinschaft von Menschen tauglich zu machen, und dies geschieht, indem ihre Urteils- und Redefähigkeit geschult wird.

Diese Auffassung des Isokrates setzte sich im Hellenismus allgemein durch. Der mathematisch-wissenschaftliche Bereich wurde in den Unterricht integriert, aber nicht in dem Maße, wie sich das Platon gewünscht hatte. Die ganze höhere Bildung vollzog sich – und zwar bis zum Ende der Antike – als Rhetorikunterricht. Alle Lerninhalte mußten sich einem Unterricht einfügen, der grundsätzlich sprachlich-literarischen Charakter hatte.

Aber zugleich verlor dieser Unterricht den Sinn, den Isokrates ihm gegeben hatte. Bei den politischen Entscheidungen in einer Polis ohne außenpolitische Selbständigkeit vermag sich kaum noch das Bewußtsein einzustellen, daß es "ums Ganze" geht. Die große Politik findet woanders statt, und für den Rhetor, den Polispolitiker, gibt es nichts wahrhaft Bedeutendes mehr zu bewegen. So fehlte der Rhetorikausbildung im Hellenismus mehr und mehr der harte Bezug zur Lebenswirklichkeit, und damit mußte sich ihr Charakter grundlegend ändern. Aus der Schulung der politischen Urteilsfähigkeit wurde ein feuilletonistischer Sprach- und Literaturunterricht. Man lernte, für alle möglichen mehr oder weniger irrealen Zwecke Reden zu halten, ähnlich wie wir heute lernen, Aufsätze über beliebige Themen zu schreiben. Unter den Gegenständen der Lektüre befanden sich zwar auch noch die Musterreden der klassischen politischen Rhetoren Griechenlands, vor allem von Demosthenes, dem jüngeren Zeitgenossen und politischen Gegner des Isokrates. Mehr Raum beanspruchten aber die übrigen Formen von Literatur. Man braucht sich also den rhetorischen Unterrichtsbetrieb der Antike nicht allzu verschieden vom heutigen Deutsch- und Fremdsprachenunterricht vorzustellen.

Als das hellenistische Bildungswesen seit dem 1. vorchristlichen Jahrhundert in immer stärkerem Maße bei den Römern Fuß faßte, geschah etwas Überraschendes: Obwohl die Rhetorik ihre ursprünglich politische Bedeutung fast ganz verloren hatte, wurde die rhetorische Ausbildung im römischen Weltreich zur Voraussetzung, um in der Öffentlichkeit Karriere zu machen (so noch bei Augustinus, siehe Kapitel 21). Ihr Ansehen überlebte also geschichtlich ihre ursprünglichen Entstehungsbedingungen. Den entscheidenden Einfluß auf dieses Stadium der Entwicklung hatte der römische Staatsmann Cicero im 1. Jahrhundert v. Chr. (zu ihm mehr in Kapitel 17). Durch ihn wurde das Leitwort "humanitas", von dem eingangs die Rede war, zum Inbegriff der rhetorischen Bildung. Cicero verlebendigt noch einmal in neuer Weise den ursprünglichen Ansatz des Isokrates unter Einbeziehung der platonisch-philosophischen Komponente. Auch für ihn soll der höhere Unterricht nicht den literarischen Schöngeist produzieren, sondern den urteilsfähigen und ethisch hochstehenden politisch engagierten Bürger. Cicero selbst war die Verkörperung des philosophisch gebildeten Rhetors, der seine Bildung als Rüstzeug für die Betätigung im politischen Bereich betrachtete.

Cicero zog aus der Definition des Menschen als des sprachfähigen Lebewesens die Konsequenz, mit der er die Tradition des Humanismus begründet hat: Sprechen heißt konkret: eine bestimmte Sprache sprechen. Dann aber stellt sich die Frage: In welcher Sprache gewinnt der Logosbesitz des Menschen am vorzüglichsten Gestalt? Cicero antwortet: in der Sprache desjenigen Volkes, das nicht zufällig eben diese Auszeichnung des Menschen durch den Logosbesitz entdeckt hat, der Griechen. Deshalb muß die griechische Sprache und Literatur im Mittelpunkt der rhetorischen Bildung stehen. So wurde das Griechische zur Bildungssprache der Römer. Aber gerade diese Entwicklung trug wesentlich dazu bei, daß sich die Bildung endgültig vom realen politischen Leben entfremdete und zum reinen Literaturunterricht wurde.

Die Griechen hatten immer wieder erklärt: Das Sprechen der übrigen Völker ist nur ein Lallen und Brabbeln. Deshalb bezeichneten sie diese anderen Völker lautmalerisch als Brabbler, griechisch: "bárbaroi", "Barbaren". Der Logos, der den Menschen auszeichnet, ist die Sprache der Hellenen. Wahrhaft Mensch wird man, indem man Hellene wird. Aber dafür braucht man nicht griechischer Abstammung zu sein; das hatte Isokrates schon in einer politischen Flugschrift des Jahres 380 v. Chr. erklärt: es genügt, daß man die hellenische Sprache spricht. Diese Äußerung darf man als das Schlüsselwort für den aufkommenden Hellenismus betrachten.

Als Begründer der humanistischen Tradition nimmt Cicero drei Jahrhunderte später dieses Hellenisierungsprogramm ausdrücklich wieder auf. Dabei teilt er die Auffassung des alten Isokrates, daß die mathematisch-wissenschaftliche Ausbildung im Rahmen der grundlegend sprachlich-literarisch ausgerichteten Allgemeinbildung nicht mehr beanspruchen darf als eine Hilfsfunktion. Denn alle im Unterricht vermittelten Fähigkeiten, alle diese "Künste", wie die Antike das ausdrückt, sollen ja nur dazu dienen, aus dem jungen Menschen jemanden zu machen, der durch seine Urteilsfähigkeit und Rechtschaffenheit in der Lage ist, in der Öffentlichkeit seinen Mann zu stehen, kurz: einen guten Bürger.

Die Bürger sind im Unterschied zu den anderen Mitgliedern der antiken Polis die freien Leute, also die, denen niemand etwas zu sagen hat. Deshalb bezeichnet die lateinische Bildungstheorie die im höheren Unterricht erworbenen Fähigkeiten als freie Künste, "artes liberales". Das ist die lateinische Wiedergabe des griechischen Begriffs "enkýklios paideía". Man kennt diesen Begriff aus dem latinisierten Fremdwort "Enzyklopädie". "Paideia" bedeutet "Bildung" und "Erziehung". In dem Attribut "enkyklios" steckt das Wort "kýklos", latinisiert: "Zyklus", "der Kreis". "Enkyklios" heißt "im Kreis". Gemeint ist die Bildung derer, die in den Kreis der freien Bürger gehören, also die politisch ausgerichtete Ausbildung im Sinne des Isokrates.

Später ist diese Bedeutung des Wortes "enkyklios" in Vergessenheit geraten, und man hat es anders gedeutet: Unter der Enkyklios paideia, der Enzyklo-pädie, verstand man nun eine Bildung, die den vollständigen Kreis, also die Gesamtheit alles Wißbaren umfaßt. Aus dieser Deu-

tung entstand in der Aufklärungsepoche des 17. und 18. Jahrhunderts
die moderne Idee der Enzyklopädie, also der kompletten Zusammen-
stellung des Wissens einer Zeit.

*Antike Schulszene. Die Zeichnung von Duris auf einer rotfigurigen attischen
Schale (um 480 v. Chr.) zeigt den Unterricht in der frühen Zeit der griechischen
Klassik: Ein Schüler lernt auf der Lyra spielen, ein anderer muß dem Lehrer aus
Homers 'Ilias' aufsagen.*

Das aber ist das genaue Gegenteil der ursprünglichen Enkyklios paideia, der freien Künste. Hier sollte der junge Mensch gerade nicht
enzyklopädisch alles und jedes lernen, sondern nur das, was als Allgemeinbildung für den künftigen Bürger eine Lebensbedeutung hatte.
Das bedingte eine Auswahl: Sie umfaßte einerseits als weniger gewich-
tige Gruppe die schon von Platon genannten vier mathematischen Disziplinen: Geometrie, Arithmetik, Astronomie und Musiktheorie, und
andererseits als tragenden Bestandteil eine Dreiergruppe, die der bür-
gerlichen Urteils- und Redefähigkeit diente. Das war die Grammatik,
d. h. die elementare Schulung des Sprachvermögens, die Dialektik, d. h.
die Ausbildung der Diskutierfähigkeit, und als überragende Hauptsa-
che die Rhetorik. Für das Ganze aus Dreier- und Vierergruppe bürgerte
sich dann im Laufe der Spätantike die Bezeichnung "die sieben freien

Künste" ein, und die Gliederung in die sprachlich-literarische Dreiergruppe und die mathematisch-wissenschaftliche Vierergruppe hat dann das europäische Bildungswesen in höherer Schule und Universität im Mittelalter und bis in die klassische Fakultätengliederung der Universität des 19. Jahrhunderts hinein geprägt.

Weil vom Hellenismus her der rhetorische, also der sprachlich-literarische Bereich als die Grundlage für alles galt, bestand die höhere Schulbildung im Mittelalter schließlich nur noch aus der Dreiergruppe, dem sogenannten Trivium, als Unterbau jeglicher Bildung. Und der mathematisch-wissenschaftliche Bereich, die Vierergruppe des sogenannten Quadriviums, wurde zu einem spezialisierten Zusatzstudium, das sich anschließend darauf aufbaute. Diese Entwicklung hatte sich aber im Hellenismus schon angebahnt. Die fundamentale Allgemeinbildung war seit dem Hellenismus sprachlich-literarisch, weil sich die Grundeinsicht des Isokrates durchsetzte, daß das, was die Menschen als Menschen, d. h. als Logoswesen, im öffentlichen Zusammenleben miteinander verbindet, das rechenschaftliche Miteinanderreden ist, also die so verstandene Sprache.

Erst in den letzten Jahrzehnten hat dieses humanistische Bildungsideal endgültig seine allgemeine Geltung verloren. An die Stelle der Enkyklios paideia, der Allgemeinbildung als Sprachbildung, ist heute im deutschen höheren Schulwesen die Möglichkeit getreten, aus einem quasi-enzyklopädischen Katalog von Fächern fast nach Belieben Schwerpunkte zu bilden. Ob das wirklich ein Fortschritt zum Besseren war?

Die Bibliothek des Celsus in Ephesus

XIV

Ephesus

Die hellenistische Wissenschaft
und die Neuzeit

In den Anfangsjahrzehnten der Epoche, die in der deutschen Ge-
schichtswissenschaft seit Droysen als Hellenismus bezeichnet wird, im
Jahre 280 v. Chr., wurde in Alexandria, an der Mittelmeerküste Ägyp-
tens, das Museion gegründet. Sein Name, der soviel wie "Heiligtum für
die Musen" bedeutet, ist uns in der latinisierten Form "Museum" vertraut geblieben. Es handelte sich um die größte Bibliothek der hellenistischen Welt. Ihr Bestand wuchs im Laufe der Zeit, wie berichtet wird,
auf fünfhunderttausend Bücher. Die Gelehrten, die die Bibliothek von
Alexandria geleitet haben, gehören zu den besonders illustren Namen
der hellenistischen Wissenschaft. Im folgenden werden einige davon
vorkommen.

Das Museion wurde in den Diadochenreichen des Hellenismus, die
nach dem Tod Alexanders des Großen entstanden, zum Vorbild für eine
Reihe ähnlicher Institutionen, darunter die bedeutende Bibliothek von
Pergamon, die zweitgrößte der hellenistischen Kultur mit etwa zweihunderttausend Büchern. Die Gebäude des Museions wurden im letzten Drittel des 3. Jahrhunderts n. Chr. verwüstet. Im heutigen Alexandria erinnert nichts mehr an sie. Von der Bibliothek in Pergamon haben
die Ausgräber ein paar kümmerliche Reste freigelegt. Von den Gebäuden der Hochschule des Platon, des Aristoteles, der Stoiker in Athen
sieht man so gut wie nichts mehr. So haben sich die baulichen Spuren
der Zentren griechischer Wissenschaft verloren, und unser Bedürfnis
nach dem Sichtbaren und Faßbaren muß sich an die Reste von weniger
bedeutenden Einrichtungen halten.

Eine Halbtagsfahrt südlich von Pergamon hat das höchst sehenswerte
Ruinengelände des kaiserzeitlichen Ephesus, der reichen Provinzhaupt-
stadt und Weltmetropole im Osten des römischen Reiches, der Schau-
lust genügend zu bieten. Mehrere große Gymnasien erinnern an das von

der Wissenschaft nicht zu trennende hellenistische Bildungswesen, vor allem aber die prachtvolle Fassade der Bibliothek. Sie wurde im typischen Stil des beginnenden 2. Jahrhunderts n. Chr. zur Erinnerung an einen gerade verstorbenen Gouverneur der Provinz Asia mit Namen Celsus errichtet. Allegorische Figuren in den Nischen im Erdgeschoß der Fassade des damals zweistöckigen Gebäudes erinnern an die hervorragenden Eigenschaften des Celsus, darunter seine Weisheit (ΣΟΦΙΑ, "sophía") und sein Wissen (ΕΠΙΣΤΗΜΗ, "epistémē"). Das mag Anlaß sein, sich ein wenig über die Wissenschaft im Hellenismus ins Bild zu setzen. Man sagt von diesem Zeitalter nicht zu Unrecht, daß erst mit ihm und nicht schon mit der griechischen Klassik unsere heutige europäische Welt begonnen hat. Das gilt in gewisser Beziehung auch für die Wissenschaft. In anderer Hinsicht freilich trennt die hellenistische Wissenschaft von der unsrigen ein Abgrund. Von beiden Aspekten soll nun die Rede sein.

Das Museion von Alexandria oder die Bibliothek von Pergamon waren Mittelpunkte der Forschung wie heute etwa das Wissenschaftszentrum in Berlin oder die Max-Planck-Institute und von Hause aus keine Einrichtungen für den Unterricht. Aber die Gelehrten zogen natürlich doch Schüler an, und so entstand an diesen Stätten mit der Zeit eine Art von Universitätsbetrieb. Hochschulartigen Unterricht boten in erster Linie in vielen Städten die schon erwähnten Gymnasien an. Doch auch außerhalb der Gymnasien gab es Institutionen für eine wissenschaftliche Ausbildung, und zwar in den verschiedensten Fächern. Pergamon etwa besaß wie Epidaurus auf dem griechischen Festland oder die Insel Kos vor der heutigen türkischen Küste ein berühmtes Heiligtum für den Heilgott Asklepios (latinisiert: Äskulap), ein "Asklepieion", dessen Ruinen einen Besuch wert sind. Hier praktizierte und dozierte im 2. Jahrhundert n. Chr. Galen, der letzte überragende Arzt der Antike.

Seit dem Hellenismus hat die Rhetorik, d. h. grob charakterisiert: eine sprachlich-literarisch orientierte Bildung, mehr und mehr das Erziehungswesen der Antike geprägt und beherrscht (Näheres in Kapitel 13). Das galt ebenso wie für den höheren Unterricht, der sich etwa ab dem elften Lebensjahr an die Elementarschulzeit anschloß, auch für den hochschulartigen Lehrbetrieb. Eratosthenes – der berühmteste Leiter der Bibliothek von Alexandria, seit 246 v. Chr. dort tätig und der vielseitigste Gelehrte des Hellenismus überhaupt – hat sich charakteristischerweise als erster einen "Philologen" genannt. Der "philó-logos" ist dem Wortsinn nach jemand, dessen Neigung dem Logos gilt, also ein Liebhaber der Sprache. Dabei hat sich Eratosthenes keineswegs ausschließlich oder auch nur hauptsächlich mit Sprache und Literatur beschäftigt. Er war beispielsweise Philosoph und hat über Ethik geschrieben. Er hat ein grundlegendes Werk über die chronologische Bestimmung von Geschichtsereignissen verfaßt. Er war Mathematiker, und er hat als bedeutender Geograph und als Astronom die erste annähernd genaue Berechnung des Erdumfangs vorgelegt. Trotzdem bezeichnet er sich als Philologen. Das bedeutet: Das ganze reiche Spektrum der Wissenschaften, das er bearbeitet, gehört nach seiner Auffassung in den Umkreis der Sprache.

Die hellenistische Bildung durchzog eine innere Spannung, die sich sehr von ferne heute in dem Verhältnis von Natur- und Geisteswissenschaften wiederholt. Sie rührte daher, daß der Begriff für Sprache – "lógos" – seit der Auseinandersetzung zwischen Platon und Isokrates, den maßgebenden Wegbereitern hellenistischer Bildung im 4. Jahrhundert v. Chr., nicht eindeutig war: man konnte dabei im Sinne des rhetorischen Bildungsideals von Isokrates an den Gesamtbereich des Sprachlich-Literarischen denken, man konnte aber auch mit Platon unter dem Logos ein streng wissenschaftliches Rechenschaftgeben verstehen, wobei die Mathematik die Musterwissenschaft darstellte (auch hierzu Näheres in Kapitel 13).

Da die von Isokrates ausgehende Tendenz sich in der Entwicklung des Hellenismus stärker durchsetzte, fallen als wissenschaftliche Glanzleistungen dieses Zeitalters in erster Linie die Beiträge zur Literaturwissenschaft, also zur Philologie im strengen Sinne dieses Wortes ins Auge. Die philologische Aufarbeitung des gesamten überlieferten Literaturbestandes wird zum Gegenstand einer umfassenden und unglaublich hingebungsvoll fleißigen Gelehrsamkeit. Dies hat bis heute das Bild vom "alexandrinischen", d. h. ursprünglich: dem am Museion von Alexan-

Eine antike Handschrift auf dem in Pergamon erfundenen und nach der Stadt benannten Pergament. Die Pergamentblätter wurden – im Unterschied zu der bis dahin benutzten Papyros-Schriftrolle – zu einem Codex zusammengebunden, der Urform des heutigen Buches. Die abgebildete Seite zeigt den berühmtesten "Palimpsest", die spätere Wiederbeschriftung eines bereits beschriebenen Blattes: Die ausradierte (und heute wieder sichtbar gemachte) ältere Schrift (die großen Buchstaben aus dem 4. Jahrhundert n. Chr.) enthält Textstücke eines verlorenge-gangenen Werks von Cicero, 'Über das Gemeinwesen' (vgl. Kapitel 17). Darüber sind (in der kleinen Schrift aus dem 7. oder 8. Jahrhundert) Psalmenauslegungen von Augustinus geschrieben, des Augustinus, der sich in seinem 'Gottesstaat' (vgl. Kapitel 20) mit Ciceros Staatsauffassung kritisch auseinandersetzt.

dria arbeitenden, Wissenschaftler geprägt, mit allen Licht- und Schattenseiten dieser Art von Wissenschaftsbetrieb.

Im Vordergrund der alexandrinischen Philologie steht die kritische Prüfung der Textüberlieferung für die klassischen Werke griechischer Literatur. Jetzt wird aus der Textkritik, die in Ansätzen schon bei den Sophisten im 5. vorchristlichen Jahrhundert entstanden war, eine systematisch und äußerst penibel mit geradezu kriminalistischem Scharfsinn arbeitende Wissenschaft, die im wesentlichen schon alle die Methoden entwickelt, die dann in der Philologie der Neuzeit wiederkehren. Die bedeutenden Gelehrten am Museum von Alexandria geben im Laufe der Zeit auf der Grundlage ihrer umfassenden Kenntnis der Handschriften die Werke aller griechischen Klassiker heraus, Dramatiker und Lyriker, Redner und Philosophen, Mediziner und Historiker.

Es entstehen die ersten großangelegten Lexika und geschichtlichen Gesamtüberblicke für die verschiedenen Literaturbereiche, angefangen von der Philosophie, dazu immer wieder neue Kommentare zu den klassischen Werken mit allen wortgeschichtlichen, grammatischen und literaturhistorischen Erklärungen, wie sie auch die heutigen Literaturwissenschaften kennen. Kallimachos, einer der ersten Bibliotheksdirektoren von Alexandria im 3. vorchristlichen Jahrhundert, zugleich der größte Dichter des Hellenismus, hat als erster einen Bibliothekskatalog aufgestellt, und da seine Bibliothek beinahe lückenlos die gesamte Literatur enthielt, darf man diesen Katalog als die erste Bibliographie der Wissenschaftsgeschichte bezeichnen – gewiß ein Werk von gar nicht zu überschätzender Nachwirkung.

Etwas vereinfachend kann man sagen: Für das ganze sprach- und literaturwissenschaftliche Feld einschließlich Philosophie und Geschichte, also das, was wir heute mit einem fragwürdigen Begriff als Geisteswissenschaften bezeichnen – für diesen ganzen Bereich ist die hellenistische Wissenschaft schon Vorbotin der Neuzeit. Für den ganzen Sektor der mathematisch-naturwissenschaftlichen Forschungen hingegen kann man das mit solcher Bestimmtheit nicht sagen. Sie unterscheiden sich durch die Grundhaltung, in der sie betrieben werden, doch noch wesentlich von der neuzeitlichen Naturwissenschaft. Aber es wird sich zeigen, daß sie gerade durch diesen Unterschied für uns heute besonders interessant sein können.

Um die naturwissenschaftlichen Interessen des Hellenismus und der Antike überhaupt richtig einzuschätzen, muß man von der Vorrangstellung der Mathematik ausgehen, wie sie Platon begründet hat. Wissenschaft bedeutet für ihn einen unverbrüchlichen Besitz von Kenntnissen.

Das setzt voraus, daß sie mit wahrhaft Bleibendem, unbezweifelbar
Beständigem zu tun hat. Das ist in Platons Augen die geistige Ordnung
der Ideen (Näheres in Kapitel 6), und zu ihr steigen wir auf durch die
Mathematik. Daß beispielsweise die Winkelsumme im Dreieck gleich
zwei rechten ist, gehört zur Einsicht in geometrische Ordnungen, an
denen sich grundsätzlich nichts ändern kann.

Es sind solche absolut stabilen Ordnungen, die die Grundlage unserer Welt bilden und sie tragen. Deshalb betrachtet der antike Mensch
unsere Welt als harmonisch und schön. Die bleibende Ordnung im
Tiefengrund der Welt bleibt allerdings unseren leiblichen Augen, d. h.
unserem Wahrnehmen mit den Sinnen verborgen. Es ist die Aufgabe der
Wissenschaft, die unsichtbare unveränderliche Ordnung, auf der die
Welt beruht, ans Licht zu bringen. Den Anhaltspunkt dafür bietet das,
was wir sehen, die Erscheinungen – griechisch ausgedrückt: die Phänomene, vor allem solche Phänomene wie die Sternenbahnen am Himmel
oder die Musik, die die unsichtbare Ordnung am eindrucksvollsten
hervorleuchten lassen.

Die antike Naturwissenschaft bewegt sich zwischen diesen beiden
Polen, den Phänomenen und der unsichtbaren bleibenden Ordnung:
Es geht darum, durch die Phänomene hindurchzublicken, um die be-
wunderungswürdige dauerhafte Ordnung der Natur in einer geistigen
Anschauung zu erfassen. Diese geistige Anschauung heißt "theōria",
"Theorie". Die Haltung der antiken Theorie gegenüber ihrem Ge-
genstand ist die ehrfürchtige Bewunderung für die Ordnung der
Natur.

Da diese Ordnung unseren Sinnen verborgen ist, wird sie mit den
Augen des Geistes angeschaut. So wie Platon diese geistige Anschauung
ursprünglich aufgefaßt und eingeführt hat, ist sie unabhängig von der
sinnlichen Wahrnehmung der Vielfalt der Dinge. Es ist charakteristisch,
daß die frühe Wissenschaft oft mit genialem Schwung die kaum überschaubare Mannigfaltigkeit der empirischen Welt überspringt. Die
bedeutenden ersten wissenschaftlichen Konzeptionen bei den Griechen
sind nicht dadurch entstanden, daß man die Wirklichkeit Stück für
Stück detailliert durchmusterte, sondern indem man sie als Ganzes im
Licht von umfassenden Leitgedanken interpretierte. Als beispielsweise
die Schule des Hippokrates beim Asklepieion der Insel Kos im 5. Jahrhundert v. Chr. den ersten Anlauf zur wissenschaftlichen Medizin
unternahm, da ließ sie sich primär von den großen Entwürfen der frühen Philosophie leiten und nicht von der empirischen Überprüfung
möglichst vieler Krankheitsfälle, obwohl man bereits darauf bedacht

war, möglichst viele Berichte von der Heilung solcher Fälle in die Hand zu bekommen (siehe auch Kapitel 1). Oder: Die Grundlagen für die ersten Schritte wissenschaftlicher Astronomie wurden nicht durch Auswertung von Tausenden von Sternenbeobachtungen gefunden wie schon lange vorher bei den Babyloniern, sondern durch kühne Annahmen über die Gestalt der Erde und ihre Lage im Weltall.

Freilich konnte die Wissenschaft nicht bei solchen Großentwürfen stehenbleiben. Denn, wie gesagt, die verborgene Ordnung sollte durch die Erscheinungen unserer wahrnehmbaren Welt hindurchleuchten und aus ihnen herausgelesen werden können. Deshalb entstand im Hellenismus eine gegenläufige Tendenz. Das Stichwort dazu hatte am Ende der klassischen Zeit Aristoteles, der erste Großmeister der Wissenschaft, ausgegeben; es lautete: "die Phänomene bewahren", d. h. die empirischen Erscheinungen nicht vergewaltigen. Die verborgene Ordnung, die wir hinter den Phänomenen annehmen, muß den Beobachtungsbefunden gerecht werden. Dafür aber müssen wir die empirischen Verhältnisse möglichst vollständig kennenlernen. Deshalb setzt im Hellenismus ein emsiges Sammeln von empirischem Material in den verschiedensten Wissenszweigen ein.

Die Medizin geht nun wirklich an die Auswertung von Tausenden von Krankheitsfällen; man seziert in Alexandrien Tiere und Menschen, tot oder lebendig, und entwickelt auf dieser Grundlage die erste empirische Anatomie. Die Astronomie kehrt zur sorgfältigen Beobachtungspraxis der Babylonier zurück. In der Geographie und Ethnologie bemüht man sich mit noch mehr Entschiedenheit als schon einmal im Milet des ausgehenden 6. Jahrhunderts (dazu mehr in Kapitel 1), aller nur erreichbaren Nachrichten und Beobachtungen über fremde Länder und Kulturen habhaft zu werden. In der Biologie entstehen die ersten großen Durchmusterungen der Tier- und Pflanzenwelt mit entsprechenden Klassifikationssystemen.

Trotz all dieser bewunderungswürdigen Forschungsleistungen hat aber die emsige Sammeltätigkeit des Hellenismus aufs Ganze gesehen doch nicht entscheidend zum Fortschritt der Naturwissenschaft beigetragen. Die Wissenschaft braucht zwar auch das Sammeln möglichst vieler Daten. Aber die epochalen Fortschritte beruhen auf neuen Ideen und Konzeptionen, für die oft in der Wissenschaftsgeschichte charakteristisch gewesen ist, daß man sich zunächst über das empirisch Beobachtbare kühn hinweggesetzt hat. Und motiviert waren solche schöpferischen Einfälle weniger durch die Auswertung einer Fülle von empirischen Informationen als durch das Motiv, das eben schon für den Anfang der Wissenschaft zur Sprache kam: den griechischen Glauben an eine verborgene und bleibende Ordnung der Welt. Die großen Gedanken der Wissenschaft zielen eigentlich immer darauf, diese erstaunliche Ordnung für uns Menschen faßbar zu machen.

Man bewundert noch heute einen hellenistischen Mathematiker und Astronomen, der in der ersten Hälfte des 3. vorchristlichen Jahrhunderts gelebt hat: Aristarch von Samos, der Insel, die der ehemaligen Hafenstadt Ephesus am nächsten liegt. Aristarch hat als erster die These vertreten, daß die Erde sich um ihre eigene Achse und um die Sonne dreht. Die heutige Literatur erwähnt ihn voller Anerkennung: Dieser Mann hat alle wesentlichen Züge des heliozentrischen Weltbilds vorweggenommen, mit dem Kopernikus die neuzeitliche Astronomie auf den Weg gebracht hat. Aber wie gelangte er eigentlich zu diesem Weltbild? Anhaltspunkte in der Empirie hatte er wenige. Die empirischen Kenntnisse dürften damals mehr dafür gesprochen haben, daß die Erde unbewegt ist und sich im Mittelpunkt des Kosmos befindet. Was Aristarch inspiriert hat, muß abermals die Überzeugung gewesen sein, daß bei Annahme seiner Hypothese die Welt eine mathematisch noch geschlossenere, überzeugendere Ordnung zeigte. Auch als Kopernikus zwei Jahrtausende später die Hypothese wiederaufnahm, waren nicht in erster Linie astronomische Beobachtungen ausschlaggebend, sondern der Glaube an eine tiefere und schönere, d. h. mathematisch durchsichtigere Harmonie in den Gestirnsbewegungen.

Die entscheidenden Fortschritte der Naturwissenschaft, die aus solchen Überzeugungen entstehen, konnten sich im Hellenismus nicht durchsetzen. Die heliozentrische Astronomie des Aristarch beispielsweise unterlag der geozentrischen Hypothese, die schon Aristoteles vertreten hatte. Sie wurde dann endgültig für über ein Jahrtausend zementiert durch das Werk des Ptolemaios im 2. Jahrhundert n. Chr., des letzten großen Astronomen der Antike. Nach ihm bezeichnen wir das geozentrische Weltsystem als "ptolemäisch".

Für den Sieg der geozentrischen Astronomie gab es ein weiteres, tieferes Motiv, das uns den Charakter der hellenistischen Wissenschaft noch einmal deutlicher vor Augen führen kann. Der ptolemäische Kosmos, worin die Erde im Mittelpunkt ruht und die Sonne darum kreist, ist die Welt, in der wir alltäglich leben. Die Erde erfahren wir dabei als den festen, ruhenden Grund unter unseren Füßen, die Sonne hingegen sehen wir jeden Tag aufs neue sich bewegen, nämlich auf- und untergehen. Jedermann weiß heute, daß der Sonnenlauf am Himmel nur ein Schein ist, und doch sprechen wir weiter vom Auf- und Untergehen der

Sonne. Diese Beharrungskraft unserer Alltagssprache darf man nicht unterschätzen. In der Alltagssprache wird die Welt zu Wort gebracht, in der wir uns zu Hause fühlen und deshalb auch leben können, die "Lebenswelt".

Auf die Lebenswelt bezieht sich die Sprache des Alltags und auch der Dichtung. Die Sprache aber bestimmt den Geist von Bildung und Wissenschaft im Hellenismus. Durch die Sprache wiederum steht derjenige, der sie spricht, im Mittelpunkt: der Mensch. Der hellenistische Bildungsbetrieb war grundlegend dadurch gekennzeichnet, daß er auf den Menschen, das sprachfähige Wesen in dieser Welt, zugeschnitten war. Deswegen konnte er in den ersten "Humanismus", die Bemühung der römischen Gebildeten um die "humanitas", das voll entfaltete Menschsein des Menschen (lateinisch: "homo") einmünden (Näheres Kapitel 13). Humanistisch dachten aber der Sache nach auch schon die tonangebenden Philosophenschulen des Hellenismus, die Stoiker und Epikureer. Denn ihnen ging es primär um das Glück des Menschen, und die Wissenschaft sollte dafür nur Flankenschutz bieten (Näheres in den Kapiteln 15 und 16).

Zu einer solch humanistisch-sprachorientierten Bewußtseinslage paßt das Festhalten an einem astronomischen Weltbild, das die Heimat des Menschen, die Erde, zum ruhenden Pol des Weltalls erklärt. Es ist charakteristisch, daß Kleanthes, einer der beiden Gründer der stoischen Philosophie, erklärt haben soll, man müßte Aristarch von Samos wegen seiner heliozentrischen Astronomie der Gotteslästerung verklagen. Diese Klage hat es dann in anderer Form zwei Jahrtausende später tatsächlich gegeben, als Galilei, der eigentliche Begründer der modernen Naturwissenschaft, mit der Kirche in Konflikt kam, weil er die heliozentrische Konzeption von Aristarch und Kopernikus wissenschaftlich untermauert und ausgebaut hatte.

Wie Kleanthes verteidigt hier die Kirche die traditionell humanistische Position, der es menschenfeindlich erscheint, sich die Heimat und die ruhende Grundlage menschlichen Daseins, die Erde, als in Bewegung befindlich vorzustellen und nicht im Mittelpunkt des Universums stehenzulassen. Aber mit dieser durchaus ernst zu nehmenden Motivation wurde die Kirche ebenso zum Hemmnis für den wissenschaftlichen Fortschritt wie die hellenistische Naturwissenschaft mit ihrer humanistischen Fixierung auf die menschliche Lebenswelt.

Man liest gelegentlich von den Fortschritten, die die hellenistische Wissenschaft durch ihre Ingenieurskunst, durch ihre großen technischen Errungenschaften vollbracht haben soll. Wir wissen in der Tat von einer ganzen Reihe glänzender technischer Erfindungen, die der größte hellenistische Naturwissenschaftler, der Grieche Archimedes aus Syracus in Sizilien, am Ende des 3. vorchristlichen Jahrhunderts gemacht hat. Im 1. Jahrhundert n. Chr. hat dann Heron von Alexandria noch einmal alle technischen Errungenschaften seines Zeitalters zusammengestellt. Aber es ist ein Irrtum zu meinen, diese Leistungen der antiken Ingenieurskunst hätten zum Fortschritt der antiken Wissenschaft beigetragen. Das für uns Erstaunliche ist: sie haben für die Wissenschaft keine wesentliche Rolle gespielt.

Dabei können sich diese Leistungen weiß Gott sehen lassen. Wie leider so oft in der Geschichte dienen sie vor allem dem Kriegswesen: die berühmten Schleudermaschinen für Geschosse, die Greifmaschinen für den Sturmangriff, wie sie Archimedes erdacht hat, die immer wieder verbesserten Schiffskonstruktionen in der Entwicklung des Hellenismus; aber daneben auch vieles andere für friedliche Zwecke: die Spezialhebel und -schrauben, der Flaschenzug, mit dem ein Einzelner ein Schiff vom Land ins Wasser ziehen kann – ebenfalls Erfindungen des Archimedes –, die Baukräne, mit denen ein solches Gebäude wie die Celsusbibliothek errichtet werden konnte, das ganze System der Wasserzufuhr von der Druckpumpe bis zum Wasserspeier, wie es die Archäologen beispielsweise für die Wasserversorgung von Pergamon rekonstruiert haben, der automatische Türöffner, last not least die raffinierten technischen Kunststücke, mit denen man bei den Theateraufführungen die Zuschauer verblüffte, und vieles andere mehr.

All dies nennen wir heute Technik. Das ist zwar ein griechisches Wort, aber nicht der Begriff, den die Griechen selbst benutzten. Sie bezeichneten das Wissen, das man für alle Arten von Ingenieurskunst braucht, als "Mechanik". Die "Mechanik" im griechischen Sinne ist das Know-how, das uns befähigt, künstlich irgendwelche Bewegungen in der Natur hervorzurufen. Von daher konnte der Begriff "Mechanik" dann in der Neuzeit zur Bezeichnung der Bewegungslehre in der Physik werden. In der Antike hörte man aus dem Begriff "Mechanik" zunächst das griechische Wort "mēchanḗ" heraus. Dieses Wort war zwar auch der Begriff, mit dem man technische Instrumente bezeichnete, aber ursprünglich meinte man damit jede Art von listigen Tricks, mit denen man irgendwelche von Natur bestehenden Hindernisse überwinden konnte. Technische Instrumente sind für die Griechen auch nichts anderes als solche Tricks. Sie dienen dazu, die Widerstände zu umgehen, die uns die Natur entgegensetzt. Der Mensch verdient zwar für seine listenreiche Erfindungskraft im Umgang mit der Natur Bewunderung, aber das ändert nichts daran, daß seine technischen Erfindungen im Prinzip etwas Widernatürliches sind.

Die Einstellung, mit der die antike Mechanik die Natur überlistet, widerstrebt deshalb der Haltung, mit der die antike Wissenschaft der Natur gegenübersteht: Diese Haltung war, wie schon dargetan, die staunende Verehrung für die bleibende Ordnung der Natur. Was man verehrt, überlistet man nicht. Deshalb werden die Mechanik und auch eventuell darauf fußende Experimente nicht für den Fortschritt der Wissenschaft nutzbar gemacht – und übrigens, wohl aus dem gleichen Grunde, auch nicht für eine systematische Erleichterung des alltäglichen Lebens. In der Neuzeit hat sich das grundlegend geändert – warum, darüber mehr am Schluß des Kapitels. Zunächst noch eine weitere Bemerkung zur Wissenschaft des Hellenismus.

Neben der hellenistischen Mechanik gibt es ein anderes berühmtes Beispiel, von dem viele meinen, hier werde der Geist neuzeitlicher Naturwissenschaft vorweggenommen. Das ist die Naturauffassung Epikurs. Mit seiner materialistischen Atomtheorie war er in der hellenistischen Wissenschaft der große Außenseiter. Aber genau an diese Atomtheorie knüpfte die frühe neuzeitliche Naturwissenschaft mehrfach ausdrücklich an, und damit begann das Zeitalter ihrer rasanten Fortschritte bis heute. Die Atome haben sich zwar inzwischen entgegen dem Wortsinn des griechischen Begriffs "á-tomon" – "unteilbar" – und entgegen der Auffassung Epikurs längst als teilbar erwiesen. Aber auch die heutige Hochenergiephysik mit ihren Teilchenbeschleunigern bleibt noch immer Atomphysik.

Epikur also als Vorbote der modernen Naturwissenschaft im Hellenismus? Nein, der Eindruck täuscht abermals. Die Atomtheorie ist bei Epikur nicht mehr als eine bloße Hilfswissenschaft für die Ethik, in der es darum geht, dem Menschen einen absolut zuverlässigen Weg zum Glück zu weisen (Näheres in Kapitel 16). Dabei macht Epikur eine Voraussetzung, mit der er im entscheidenden Punkte die altgriechische Naturfrömmigkeit bewahrt. Er vertraut nämlich darauf, daß im freien Zufallsspiel der Atome doch ein Rest von Ordnung herrscht, und dank dieser Ordnung darf der Mensch fest darauf bauen, daß er seine elementaren Lebensbedürfnisse immer befriedigen kann. Letztlich stellt also auch Epikur die Natur humanistisch in den Dienst des Menschen; sie interessiert ihn nur, weil sie für das dauerhafte Glück die Sicherheit gewährleistet.

Genau das ändert sich radikal, als die beginnende neuzeitliche Naturwissenschaft auf die Atomtheorie zurückgreift. Am Ende des Mittelalters ist das altgriechische Vertrauen in die Verläßlichkeit der Natur restlos verlorengegangen. Bis dahin hatte es im Mittelalter zwischen dem humanistischen Vertrauen der Antike in die Lebenswelt und dem christlichen Schöpfungsgedanken eine Synthese gegeben. Man hatte geglaubt, daß Gott, der Schöpfer, in die Natur eine Ordnung hineingelegt hat, die uns Menschen Sicherheit verbürgt. Entscheidend für diese Überzeugung war die Annahme, daß der Mensch dank der Ebenbildlichkeit seines Geistes mit dem Schöpfergeist Gottes dessen Ordnungsgedanken zuverlässig erkennen kann. Diese Annahme bricht am Ende des Mittelalters zusammen. Weil der biblisch-christliche Gott ein grenzenlos allmächtiger Gott ist, kann er mit der Schöpfung machen, was er will, und wir Menschen haben in seinen verborgenen allmächtigen Willen keinerlei Einblick. Es ist also illusorisch, zu meinen, wir könnten Gottes Schöpfungskonzept kennen. Dieses Gefühl der Hilflosigkeit gegenüber der undurchschaubaren Allmacht Gottes war übrigens ein wesentliches Motiv für die Entstehung der Reformation.

Nach der spätmittelalterlichen Desillusionierung der Reichweite menschlichen Erkennens gibt es keinerlei Sicherheit mehr dafür, daß Gott in die Natur eine verläßliche Ordnung hineingelegt hat, die uns Menschen heimatlich trägt und uns die Sicherheit einer Lebenswelt gewährt. Der Mensch sieht sich vor die Aufgabe gestellt, sich diese Sicherheit selbst zu verschaffen, und damit beginnt die Neuzeit und ihre Naturwissenschaft.

Die grundlegende Überlegung ist dabei die folgende: Wir kennen Gottes Schöpfungsgedanken nicht, aber wir können uns doch dahineindenken, wie Gott als Baumeister und Konstrukteur die Natur eingerichtet haben könnte. Wir denken uns also in der Wissenschaft Konstruktionsprinzipien und Verfahren aus, nach denen die Natur wie eine Art Maschine gebaut sein könnte. Diese erdachten Konstruktionsgesetze nennt die moderne Naturwissenschaft Hypothesen. Wie kann man aber wissen, ob die Hypothesen stimmen? Im voraus wissen kann man es nicht, denn Gottes Gedanken sind uns abgründig verborgen. Deshalb kann man die Prüfung der Hypothesen nur so vornehmen, wie sie ein Konstrukteur oder Ingenieur anpackt: Man muß ausprobieren, ob die Konstruktion funktioniert. Diese Erprobung bezeichnet die neuzeitliche Naturwissenschaft als das Experiment. Durch Experimente kommen wir den Verfahren auf die Schliche, die der göttliche Weltkonstrukteur eingeschlagen haben muß.

Der göttliche Weltkonstrukteur baut die Natur wie eine Maschine, wie ein technisches Instrument zusammen, d. h., er betreibt Mechanik im Sinne des antiken Begriffs von Mechanik. Für die Antike war, wie erwähnt, die Mechanik eine Überlistung der Natur, also letztlich etwas Widernatürliches. Zwei Jahrtausende später wird sie umgekehrt zu dem Verfahren, nach dem die Natur selbst von Gott eingerichtet ist. Der mechanische Kunstgriff und das Experiment liegen nicht mehr wie im Hellenismus außerhalb des Fortschritts der Wissenschaft, sondern sie bilden genau das Verfahren, und zwar das einzige Verfahren, durch das die moderne Naturwissenschaft konkret fortschreiten kann.

Die ganze Natur erscheint so als ein einziger großer Mechanismus, als ein nach Konstruktionsregeln funktionierender Weltapparat. Wie alle Apparate muß er aus irgendwelchen Bestandteilen bestehen. Die Konstruktionsregeln legen fest, in welchem Verhältnis zueinander sich diese Bestandteile bewegen. Deshalb entsteht die neuzeitliche Mechanik als die Lehre von den Gesetzen dieser Bewegung. Aber die Bewegung setzt eine fundamentale Annahme voraus: Wenn man der Konstruktion auf den Grund geht, muß man auf irgendwelche Grundbestandteile stoßen, kleinste Materiestücke, aus denen sich die Konstruktion aufbaut. Genau solche winzigen Materieteile hatte aber die epikureische Atomtheorie angenommen. Das ist der Grund dafür, weshalb die mechanistische frühneuzeitliche Naturwissenschaft auf die Atomtheorie Epikurs zurückgreift.

Man sieht, bei Licht betrachtet hat die mechanistische Atomtheorie, mit der die Naturwissenschaft der Neuzeit beginnt, mit der hellenistischen Atomenlehre Epikurs kaum etwas zu tun; denn seine Auffassung beruht noch auf dem Vertrauen in die Ordnung der Natur als Lebenswelt und verbannt deshalb die Mechanik mit ihren Experimenten aus dem Gang der Wissenschaft. Der neuzeitliche Mensch hingegen hat genau dieses Vertrauen verloren und gründet deshalb die Naturwissenschaft auf Mechanik und Experiment.

Den ungeheuren wissenschaftlichen Fortschritt, der damit möglich wird, erkauft die Neuzeit allerdings mit einem ebenso großen Verlust: Die Welt erscheint uns immer weniger als Lebenswelt, als Heimat, in die wir alltäglich unser Vertrauen setzen könnten. Diese Entfremdung von der Lebenswelt kommt heute im Zeitalter der Umweltkrise voll zum Ausbruch. Wir können zwar nicht restaurativ zum humanistischen Lebenswelt- und Naturvertrauen der Antike zurückkehren, aber wir kommen ohne die Rückbesinnung auf diese Epoche nicht aus, weil sie uns für den Versuch, vielleicht aus einem neuen Geist den Aufenthalt in einer wiedergewonnenen Lebenswelt zu begründen, den einzigen geschichtlichen Anhaltspunkt bietet.

XV

Rom

Stoizismus und Römertum

Im Jahre 77 v. Chr. kehrte der angehende Rechtsanwalt und Politiker Marcus Tullius Cicero, damals 29 Jahre alt, von seinem Studium in Athen und Kleinasien nach Rom zurück und setzte von Griechenland nach Italien über. Dieses Übersetzen war mehr als eine Schiffspassage; mit ihm begann ein Transport griechischer Philosophie und Bildung nach Rom, der sich über Jahrhunderte fortsetzen sollte. Für dieses Übersetzen von einer Kultur zur anderen war auch ein "Übersetzen" im wörtlichen Sinne erforderlich; denn die Sprache der Griechen war für ihr Denken mehr als ein äußerliches Gewand (mehr dazu in den Kapiteln 1, 11 und 13). Die griechisch gedachten Gedanken mußten noch einmal neu auf lateinisch gedacht werden, um in dieser von Hause aus für Philosophie nicht besonders geeigneten Sprache ausgedrückt werden zu können. Die bahnbrechenden und grundlegenden Schritte dieser sprachschöpferischen Leistung hat Cicero getan. Er hat damit erst die Nachwirkung des griechischen Geistes möglich gemacht, aus der unsere Kultur entstanden ist. Ohne Cicero gäbe es kein geistiges Europa.

Die griechische Philosophie, die Cicero drei Jahrhunderte nach der Lehrtätigkeit von Platon und Aristoteles in Athen kennenlernte, hatte sich seit dem klassischen Zeitalter erheblich verändert. In der platonischen Akademie war der Schwung der Begeisterung für das Jenseits der Ideen dahin. Ein skeptischer, etwas müder und kühler Geist bestimmte den Ton. Mit mehr Engagement, mit mehr Lebensnähe wurde in den Philosophenschulen philosophiert, die nach der Akademie und nach der Schulgründung des Aristoteles gegen Ende des 4. vorchristlichen Jahrhunderts entstanden waren. Das waren vor allem die Schulen der Stoiker und Epikureer.

Cicero hatte eine Zeitlang auch auf der Insel Rhodos studiert und dort die Vorlesungen des bedeutendsten Stoikers seiner Zeit, Poseidonios von Rhodos, gehört. Poseidonios war Schüler des Panaitios, der die stoische Philosophie erstmals einem breiten für die griechische Bildung aufgeschlossenen römischen Leserkreis vermittelt hatte. Durch ihn hatte die stoische Philosophie neuen Aufschwung genommen und war auf Rhodos in ihre zweite Periode eingetreten, die man in der Philosophiegeschichtsschreibung als die "mittlere Stoa" bezeichnet. Italienische Archäologen haben vor dem zweiten Weltkrieg auf der Akropolis oberhalb der Stadt Rhodos ein theaterähnliches Gebäude rekonstruiert, worin die Vorlesungen der Vertreter der mittleren Stoa wahrscheinlich stattgefunden haben – der erste erhaltene "Hörsaal" unserer Geschichte.

Cicero ist kein Stoiker geworden, aber die Gedanken der Stoa haben ihn sehr beeinflußt und beschäftigt. Ihre Schwächen, aber mehr noch ihre Stärken hat er vor allem im kritischen Vergleich mit den Theorien und Lebensanweisungen der Epikureer diskutiert, am übersichtlichsten in den Gesprächen, die er im Jahre 45 v. Chr., zwei Jahre vor seinem

Der vermutete "Hörsaal" der Stoiker in Rhodos

gewaltsamen Tod, auf seinem Landsitz in Tusculum verfaßt und nach
diesem Ort in der Nähe Roms benannt hat. Dadurch hat er wesentlich dazu beigetragen, daß der Stoizismus zu derjenigen Schöpfung des griechischen Geistes geworden ist, die in Rom am meisten
Anklang gefunden hat. Die berühmtesten römischen Stoiker waren
Seneca, der Staatsmann am Hofe von Kaiser Nero in der Mitte des
1. nachchristlichen Jahrhunderts, und Kaiser Marc Aurel, der von 161
bis 180 n. Chr. regiert hat, bemerkenswerterweise der einzige Philosoph von Rang und Namen in zweieinhalbtausend Jahren Philosophiegeschichte, der Herrscher über ein großes Reich war.

Seneca und Marc Aurel lebten ein halbes Jahrtausend nach den Gründern der Stoa, Zenon und Kleanthes. Im Jahre 301 oder 300 v. Chr.
hatten sie in Athen ihren Unterricht in der "bunten Säulenhalle", der
"poikílē stoá", eröffnet – daher die Bezeichnung "Stoa". Es ist ein Beleg
für die intensive Aneignung des stoischen Denkens durch die Römer,
daß die Schulgründer von damals heute außerhalb der Fachphilosophie
weniger bekannt sind als Seneca oder Marc Aurel.

Auffällig ist auch, daß es sich hier um die Namen zweier bedeutender Politiker Roms handelt, was ja ebenfalls schon für Cicero gilt (zu
ihm mehr in Kapitel 17). In ihren Schriften legen sie bekenntnishaft
dar, wie ihnen das stoische Denken gerade in der ganzen politisch
bedingten Unsicherheit ihrer Existenz Halt und Hilfe bietet. Sie sind
damit aber nur besonders herausragende Beispiele dafür, was diese
Philosophie damals den Menschen bedeutet hat. Man kann sagen, sie
war mehrere Jahrhunderte lang so etwas wie die Religion der Gebildeten im Mittelmeerraum. Charakteristisch ist, daß auch Paulus in seinen
Predigten und Gemeindebriefen an stoisches Gedankengut angeknüpft
hat.

Worum ging es in der stoischen Philosophie, und warum fand sie
besonders bei den Römern so starken Anklang? Eigentlich war es der
Stoa nicht in die Wiege gelegt, zur Weltanschauung der gebildeten
Römer zu werden. Über Jahrhunderte waren die führenden Männer
Roms politisch eingestellt und engagiert. Die stoische Philosophie aber
entstand gerade aus politischer Resignation, aus einem Bruch mit der
von Hause aus politischen Lebenseinstellung der Griechen. Das Herz
der Griechen in der klassischen Zeit der Demokratie des 5. vorchristlichen Jahrhunderts hatte an ihrer Polis, ihrer Stadt gehangen. Das
Leben des Einzelnen war von Grund auf eingebettet gewesen in
das im ursprünglichen Sinne politische, nämlich in der Polis statt-
findende öffentliche Zusammenleben. Das Denken der beiden philoso-

phischen Klassiker Platon und Aristoteles setzt diese Einstellung und diese Lebensverhältnisse noch voraus (Näheres in den Kapiteln 8, 9 und 12).

Man gibt das Wort "pólis" gerne mit dem Begriff "Stadtstaat" wieder, aber die Übersetzung "Staat" verführt zu groben Mißverständnissen. Die Sache und den Begriff "Staat" gibt es erst seit dem Ende des Mittelalters, und er bezeichnet auch ein modernes Phänomen, nämlich das sehr komplexe und ein weites Territorium bedeckende Verwaltungsgebilde, in dem wir heute leben. Durch seine Unüberschaubarkeit ist der moderne Staat etwas ziemlich Abstraktes. Wir wissen zwar alle, daß er existiert, aber wir haben nur selten wirklich konkret mit ihm zu tun, z. B. wenn wir von einem Polizisten einen Strafzettel bekommen oder wenn wir ein Kreuz auf dem Stimmzettel machen. Aber selbst bei diesen wenigen Gelegenheiten unmittelbarer Erfahrung mit dem Staat bleibt er merkwürdig ungreifbar.

Demgegenüber war die antike Polis eine einzelne überschaubare Stadt mit ihrem ebenfalls überschaubaren Umland, und sie war zugleich die Gemeinschaft der Menschen in diesem überschaubaren Territorium. So war jedem Einzelnen die Polis auf Schritt und Tritt konkret gegenwärtig. Schon der Begriff "der Einzelne", der gerade vorkam, bringt einen falschen Klang in die Vergegenwärtigung dieser Daseinsverhältnisse. Man führte sein Leben nicht zunächst als Einzelner, in dessen Belieben es gestanden hätte, ob er in Gemeinschaft mit anderen leben wollte oder nicht. Die menschliche Existenz empfing vielmehr ihren Sinn und ihre Erfüllung von vornherein vom öffentlichen Zusammenleben in der politischen Gemeinschaft her.

Deshalb galt auch nur derjenige im Vollsinne als Mensch, der die Möglichkeit besaß, die Geschicke der Polis verantwortlich mitzubestimmen. Wer davon durch unglückliche Umstände, z. B. als Sklave, oder aus eigenem Willen ausgeschlossen war, dem fehlte etwas an seinem Menschsein. Diese Auffassung steckt noch in dem Begriff "privat", mit dem wir die privaten von den öffentlichen Angelegenheiten unterscheiden. Das lateinische Wort "privatus" ist von "privare" abgeleitet, und das bedeutet "berauben". Der politisch uninteressierte Privatmann beraubt sich einer wesentlichen Möglichkeit seines Menschseins.

Die Griechen hatten denselben Gedanken so ausgedrückt: Beim unpolitisch lebenden Menschen dreht sich das Leben nur um seine eigenen Angelegenheiten, um das ihm Eigene. Das "Eigene" heißt auf griechisch "ídion". Wer sich nur um das "idion" kümmert, ist der "idiótēs". Unser Fremdwort "Idiot" bezeichnet also ursprünglich die menschliche Beschränktheit des politisch Desinteressierten. Wie die klassischen Griechen den Menschen sahen, hat Aristoteles in seiner Politik-Vorlesung bündig so ausgedrückt: Der Mensch ist das "von Natur", d. h. von seinem Wesen her, für die Polis bestimmte, politische Lebewesen, das "zóon politikón".

Als die griechischen Stadtgemeinden zu Beginn des Hellenismus von Alexander dem Großen seinem Großreich einverleibt wurden und damit ihre außenpolitische Selbständigkeit einbüßten, verlor diese Auffassung im Prinzip ihre Überzeugungskraft. Die Einstellung der Polisbewohner zu ihrer Stadt ändert sich fundamental, und dies spiegelt sich zugleich in der beginnenden hellenistischen Philosophie. So kommt auch im ursprünglichen Denkansatz der Stoiker die Entpolitisierung der menschlichen Existenz deutlich zum Ausdruck. Die folgenden Überlegungen zeichnen zunächst diesen Ansatz nach. Erst danach soll es um die Frage gehen, wie es möglich war, daß die Stoa später dann doch bei den politisch eingestellten Römern soviel Anklang finden konnte.

Solange der Mensch sein Dasein von der Polisgemeinschaft her versteht, ergibt sich daraus von selbst, nach welchen Normen er sein Leben zu führen hat. Es muß ihm im Zusammenleben darum gehen, bei den Mitbürgern als jemand zu erscheinen, von dem gesagt wird, und zwar mit Recht gesagt wird: der taugt etwas. So sucht man die Ehre, den Ruhm; aber man darf sich darunter keine oberflächlichen Lobsprüche vorstellen, sondern was man erstrebt, ist die echte Ehrbarkeit, d. h. die Anerkennung für die an den Tag gelegte Tauglichkeit, die "Tugend", wie der heute vielleicht zu altväterlich klingende Begriff lautet (mehr dazu in den Kapiteln 8 und 12).

In diesen ursprünglich politischen Lebensverhältnissen erkennt man die Tugend, die moralische Rechtschaffenheit von jemandem geradezu daran, daß sie ihm Lob und Ehre einbringt. Dieser Gedanke ist uns auch heute noch keineswegs ganz fremd geworden. Wir versuchen unsere Kinder beispielsweise auch dadurch zu rechtschaffenen Menschen zu erziehen, daß wir sie loben. Trotzdem hätten wir die größten Bedenken, den moralischen Wert einer Person mit ihrem öffentlichen Ansehen gleichzusetzen.

Diese Skepsis, die uns in Fleisch und Blut übergegangen ist, beginnt schon bei Platon. In seinem Hauptwerk, der 'Politeia', läßt er einen brutalen Machtpolitiker, der jegliche Moral als Schwächlichkeit beiseite schiebt, das Märchen erzählen, wie Gyges, der König der Lyder, an die Macht kam. Gyges war ein armer Hirte, der durch mysteriöse Umstände in den Besitz eines Ringes gelangte, mit dem er sich unsicht-

bar machen konnte. Mit Hilfe dieses Ringes schlich er sich in das Schlaf-
gemach der Gemahlin des regierenden Lyderkönigs Kandaules, und es
gelang ihm, die Dame zu verführen und auf diese Weise eine Verschwö-
rung gegen den König anzuzetteln. So kam er selbst zur Herrschaft. Der
Machtpolitiker, den Platon dies erzählen läßt, zieht daraus die Lehre:
Wenn alle Menschen einen solchen Ring besäßen, würden sie alle
ebenso skrupellos handeln. Also ist jegliche moralische Anständigkeit
nur Heuchelei.

Diese Konsequenz zieht Platon selbst nicht. Aber in einer Hinsicht
gibt er dem Machtpolitiker recht: Die Menschen wollen zwar alle vor
den anderen gut s c h e i n e n. Aber gut s e i n, danach streben nur die
wenigsten. Doch genau darauf und allein darauf kommt es an. Das Gut-
Scheinen, die Anerkennung durch die anderen, ist für das Gut-Sein
ohne Bedeutung. Was die anderen von jemandem halten, hat mit dessen
wahrer moralischer Qualität nichts zu tun. Platons Schlüsselerlebnis
war der Justizmord an seinem Lehrer Sokrates. Gerade weil Sokrates
der integerste Mensch seiner Zeit war, erschien er in den Augen der
anderen als verdächtiges Subjekt.

Die Stoiker treiben nun Platons Infragestellung des äußeren Anse-
hens auf die Spitze und verwerfen den ganzen Betrieb, der im Zusammenleben um Prestige, Lob und Ruhm gemacht wird. Sie erklären: Die
moralische Ehrbarkeit darf mit der Anerkennung durch die anderen von
vornherein nichts zu tun haben. Die Rechtschaffenheit besteht geradezu darin, daß sie vom Urteil der Mitmenschen völlig unabhängig ist.
Ich habe zwar einen Anspruch auf Ehre, wenn ich rechtschaffen bin; ich
bin dann im wörtlichen Sinne "ehren-wert". Aber ich darf diese ver-
diente Ehre nicht draußen bei den anderen suchen, sondern ich muß sie
rein in mir selbst, in meinem Inneren finden.

So wird die Tugend bei den Stoikern zu einer inneren Qualität des
Menschen: Der Stoiker hat grundsätzlich niemanden nötig, der ihm die
Rechtschaffenheit seiner Lebensführung bestätigt. Ihm genügt, daß er
vor sich bestehen kann. Worauf es für den Stoiker ankommt, ist allein
die Selbstachtung. Um zu wissen, ob meine Handlungsweise lobenswert oder verwerflich ist, brauche ich nicht auf die anderen zu hören,
sondern mir nur darüber klarzuwerden, daß ich in mir selbst längst vor
jeder Stellungnahme von andern um die moralische Qualität meiner
Handlungen weiß. Zum Wissen von meinem Tun gehört immer auch
ein Mitwissen von meiner eigenen moralischen Verfassung. "Mitwissen" ist die wörtliche deutsche Übersetzung eines griechischen und
dann auch ins Lateinische übertragenen Begriffs, den die Stoiker

geprägt haben. Die gängige Übersetzung für diesen Begriff lautet
"Gewissen". Die Stoiker haben das Gewissen entdeckt.

Mein inneres Bewußtsein für Gut und Böse, das Gewissen, macht
mich von Lob und Tadel der anderen Menschen unabhängig. Wenn ich
so lebe, daß ich vor meinem Gewissen bestehen, d. h. meine Selbstachtung aufrechterhalten kann, dann hat mein Leben eine verläßliche
moralische Richtschnur. Im äußersten Falle, wenn ich die Selbstachtung nur noch auf diese Weise bewahren kann, darf ich nicht davor
zurückschrecken, mir selbst das Leben zu nehmen. So wählt Seneca,
als der Wahnsinn des Kaisers Nero keine Grenzen mehr kennt und
alle in seinen Strudel zieht, den Freitod, um seine Selbstachtung zu
bewahren. Sokrates, der fromme Athener Polisbürger, hatte in dem
Dialog 'Phaidon', worin Platon seine Hinrichtung schildert, den
Selbstmord noch ausdrücklich abgelehnt mit der Begründung, daß
das Menschenleben nicht in unserer Vollmacht, sondern in der Hand
Gottes liege.

Worin besteht nun aber die verinnerlichte Rechtschaffenheit, auf der
die stoische Selbstachtung beruht? Nach der klassischen Lehre von Platon und Aristoteles zeigt sich die Rechtschaffenheit in den grundlegenden Tugendhaltungen, der Klugheit, der Gerechtigkeit, der Tapferkeit,
der Besonnenheit, dem Großmut usw. In der ersten Ethik der Philosophiegeschichte, der 'Nikomachischen Ethik' aus der zweiten Hälfte des
4. vorchristlichen Jahrhunderts, hat Aristoteles die Tugenden genauer
analysiert (Näheres in Kapitel 12). Die Grundlage dieser Analyse bildet
noch die Polis, der Raum des öffentlichen Umgangs mit den anderen.
Deshalb definiert Aristoteles die Tugend unter anderem als eine Haltung, für die ich von den anderen mit Recht gelobt werde. Wann ver-
diene ich aber in den Augen der anderen für meine Haltung Lob? Dann,
wenn ich die Extreme vermeide, die das Zusammenleben mit ihnen
unerträglich machen.

Im Krieg beispielsweise kann man sich auf den Feigling, der sofort
seiner Angst nachgibt, nicht verlassen. Aber auch der besinnungslose
Draufgänger, der keine Grenzen seines Wagemutes kennt, ist für die
anderen ein zu großes Risiko. Im sozialen Umgang erregt der Ärgernis,
der den anderen zuwenig mitgibt und sich überhaupt zuwenig für sie
öffnet, der Geizkragen und der Engherzige. Aber das extreme Gegenteil beeinträchtigt ebenso das Zusammenleben: Der Verschwendungs-
süchtige und der allzu Leutselige sind auch nicht lobenswert in ihrer
Haltung. So liegt für den Polis-Ethiker Aristoteles die moralisch richtige Haltung in der Mitte.

Wer die Mitte nicht einhält, läßt sich von seinen naturhaften Anlagen und Neigungen treiben: der Ängstliche von seiner Angst, der übertriebenen Waghalsige von seiner draufgängerischen Lust, der Maßlose von seiner Sucht nach Genuß usw. Alle solchen naturhaften Strebungen in uns, also der Trieb zum Genießen, der hemmungslose Wagemut, der Drang, vor der Gefahr zu fliehen, melden sich in entsprechenden Gefühlen, und diese Gefühle nannten die Griechen "páthos". Wir kennen den Begriff in etwas veränderter Bedeutung noch als Fremdwort. "Pathos" wurde ins Lateinische mit "affectus", "Affekt", übersetzt. Wie soll man sich zu seinen Affekten verhalten, um die Haltungen der Tugend zu erwerben? Der Polis-Ethiker Aristoteles antwortet: Die Affekte sind im Prinzip etwas Begrüßenswertes; man muß sie nur sozusagen ausbalancieren, d. h., es gilt beispielsweise, zwischen Feigheit und übertriebenem Wagemut die Mitte zu finden, um die lobenswerte Haltung der besonnenen Tapferkeit, der vernünftig eingesetzten Zivilcourage zu gewinnen. Oder: es gilt zwischen Geiz und Verschwendungssucht die mittlere Einstellung eines besonnenen Umgangs mit seinen Gütern auszubilden usw.

Die Stoiker brechen mit dieser Tugend der Mitte. Sie denken über die Affekte ganz anders. Für meine Ausbalancierung der Affekte werde ich von den anderen gelobt. Die Affekte verbinden mich so mit den anderen. Aber die wahre Rechtschaffenheit – sagt der Stoiker – ist etwas ganz und gar Innerliches; nicht das Urteil der anderen ist maßgebend, sondern nur mein Gewissen. Also darf die Rechtschaffenheit mit den Affekten nichts zu tun haben. Ja, man muß sogar sagen: Die wahre Rechtschaffenheit ist gerade dadurch definiert, daß sie in der völligen Unabhängigkeit von den Affekten besteht. Die Tugend ist nichts anderes als die innere Unabhängigkeit von jedem Affekt, jedem "pathos". Die verinnerlichte Rechtschaffenheit besteht in der Pathoslosigkeit, d. h. griechisch: in der "a-pátheia", der Apathie.

Die stoische Apathie ist nicht im Sinne unseres davon abgeleiteten modernen Fremdworts zu verstehen, also nicht als stumpfe Teilnahmslosigkeit. Gemeint ist vielmehr die innere Ruhe desjenigen, der sich völlig davon freigemacht hat, sich von Angst oder Lust oder Mut oder Leidenschaft zu irgend etwas motivieren zu lassen. So ein Wesen wäre für den Polisdenker Aristoteles ein Unmensch. Für die Stoiker ist es der Mensch, der wahrhaft zu sich selbst gefunden hat. Sie nennen ihn den "Weisen". Er bewährt sich vor allem in den Grenzsituationen, in denen der Mensch vom Unglück heimgesucht wird. Schicksalsschläge wie den Verlust derer, die wir lieben, woran viele Menschen verzweifeln, besteht der stoische Weise kraft seiner Apathie in ungebrochen aufrechter Haltung.

Aber nun ist die Frage: Wovon soll sich der Stoiker zum Handeln motivieren lassen, wenn er sich die Nachgiebigkeit gegenüber jedwedem Affekt verbietet? Es bleibt nur eine Antwort: Er muß entschieden in der Innerlichkeit seines von der Polisgemeinschaft unabhängigen Innenlebens Stand fassen und sich ganz nach sich selbst richten. Es kommt also ausschließlich darauf an, mit sich selbst übereinzustimmen, innerlich mit sich selbst in Einklang zu stehen. Verwirklichung der Identität mit mir selbst, Konsequenz in meiner Haltung – das ist das stoische Ziel der Lebensführung. Die Stoiker haben nicht nur das Gewissen entdeckt, sondern auch die heute so vielberedete Identität als das, worauf es im Menschenleben ankommen soll.

Freilich: die Identität, die innere Übereinstimmung mit mir selbst ist nur ein Ideal. Die völlige innere Unabhängigkeit von den Affekten ist nur ein Grenzwert, dem man sich in stetigem Streben annähern kann. Es ist fast unmöglich, in Katastrophenlagen nicht von den negativen Affekten der Flucht vor dem Leben: Angst, Enttäuschung, Schwermut, überwältigt zu werden. Und beinahe ebenso schwer ist es, sich nicht von den positiven Affekten der Hingabe an das Leben: Lust, Leidenschaft, Besitzgier, hinreißen zu lassen.

Was diese zweite Gruppe angeht, so sehen die Stoiker eines klar: Diese positiven Affekte ließen sich nur dann völlig ausschalten, wenn es gelänge, alle Anlässe zum Haben- und Genießenwollen im Leben auf ein Minimum zu reduzieren. Diese Strategie der Sparflamme schlagen die Epikureer ein (Näheres im folgenden Kapitel). Die Stoiker versagen sich nicht die Güter und Genüsse des Lebens, aber sie trainieren eine Haltung, die von diesen Verlockungen innerlich unabhängig macht. Die Epikureer leben nach der Devise: den Lebensgenuß asketisch auf die notwendigsten Güter beschränken. Möglichst wenig haben, darauf kommt es für sie an. Die Stoiker verzichten nicht auf das Haben, aber ihre Richtschnur lautet: Haben, als ob man nicht hätte.

Diese Einstellung hat es den Mitgliedern der hellenistischen und vor allem der römischen Oberschicht möglich gemacht, aus Überzeugung Stoiker zu sein, obwohl man im Wohlstand lebte. Das beste Beispiel ist wiederum Seneca, der sich in seinen zahlreichen Schriften und Briefen mehrfach gegen den Vorwurf wehrt, bei seinen luxuriösen Lebensverhältnissen sei das Bekenntnis zur Stoa unglaubwürdig. Mit Recht weist er darauf hin, daß der Stoiker nicht asketisch zu leben braucht, sondern nur so, daß er zu allen Gütern den inneren Abstand der Affektfreiheit einhält.

Man erkennt auch ohne langen Kommentar, daß dieser Typ der Lebensbewältigung für das entpolitisierte und auf seine Innerlichkeit zurückgeworfene Individuum noch heute ein Grundmodell sein kann. Der Stoizismus ist von unverminderter Aktualität. Er hat in der Härte und Entschiedenheit seines Moralbewußtseins etwas Erschreckendes, aber in der souveränen Haltung des Habens, als ob man nicht hätte, liegt zugleich auch etwas außerordentlich Anziehendes für jeden, der sein Leben mit Würde bestehen will.

Damit ist der Punkt erreicht, an dem die Römer sich gerade durch den Stoizismus angezogen fühlten. Mit besonderer Vorliebe erzählen die römischen Schriftsteller vom Heldentum der Vorfahren, die im Staatsdienst oder beim Militär ihre Pflicht taten, ohne sich in Grenzsituationen durch Todesfurcht oder Liebe zu Kindern und Verwandten davon abbringen zu lassen. So war das stoische Ideal der Affektfreiheit für ihre Mentalität wie geschaffen.

Auch den altrömischen Gedanken der Pflichterfüllung fanden die Römer bei den Stoikern wieder. Der Begriff der Pflicht stammt nicht, wie manche Leute meinen, aus dem preußischen Militär, sondern geht ursprünglich auf die stoische Philosophie zurück. Die Pflicht ist das, was mir zu tun obliegt, wenn ich mich streng an das stoische Prinzip halte, im Einklang mit mir selbst zu handeln. Als Mensch bin ich von Hause aus schwach, deshalb bedarf es einer besonderen Anspannung in meinem Inneren, damit ich der Pflicht nicht ausweiche. Diese Anspannung bezeichnen wir seit den Stoikern als den Willen. Es ist erstaunlich, aber wahr: Im klassischen Griechisch des Platon und Aristoteles hatte es noch keinen Begriff gegeben, der genau das bezeichnete, was wir Willen nennen. Erst die Stoa hat einen solchen Begriff geprägt und fand damit wiederum bei den Römern ein günstiges Echo; denn im Unterschied zum klassischen Griechisch existierte im Lateinischen schon ein Wort für "Wille": "voluntas".

Daß es hier ein solches Wort gab, war kein Zufall. Mit dem Begriff des Willens hängt der des Rechts eng zusammen. Das Recht bildet mit der Pflicht ein unauflösliches Begriffspaar; es gibt keine Rechte ohne Pflichten und umgekehrt. Das öffentliche Recht im Staat ist eine Setzung menschlichen Willens. Gesetze sind gewissermaßen geronnener gemeinsamer menschlicher Wille. Recht und Gesetz wiederum lassen sich von öffentlicher Macht nicht trennen. Die verschiedenen Formen von Macht sind Weisen der Durchsetzung von politischem Willen. Die wesentlichen Unterscheidungen und Klärungen für den ganzen Bereich des Rechts und der Machtausübung gehen auf die Römer zurück. Sie waren durch die lateinische Sprache die geborenen Juristen. Von ihnen stammt die erste Grundlage unseres Rechtssystems. So war die römische Denkweise und Sprache durchsetzt mit Vorstellungen, die den Begriff des Willens zur Voraussetzung hatten, und deshalb konnte das stoische Willensdenken leicht bei ihnen Fuß fassen.

Das hatte auch große Folgen für die christliche Theologie. Sie wurde zunächst im Osten des Mittelmeerraums von hellenistisch gebildeten Griechen entwickelt. Die entscheidende Weiterbildung für den Westen leistete um 400 n. Chr. der lateinisch denkende und schreibende Kirchenvater Augustinus (mehr zu ihm in den Kapiteln 20 und 21). Bei ihm aber stand ein Problem im Vordergrund, das die griechischen Kirchenväter kaum interessiert hatte: das Verhältnis zwischen dem gnädigen Willen Gottes und dem sündigen Willen des Menschen, der sich von Gott abwendet. Diese Willensproblematik hätte Augustinus ohne den lateinischen Stoizismus nicht entwickeln können, und ohne diese Problematik wiederum hätte es später keine Reformation gegeben; denn die Wiederaufnahme dieser Problematik gab Luther den entscheidenden Anstoß.

Der philosophische Einfluß der stoischen Willensmoral reicht aber geschichtlich noch weiter. Immanuel Kant, für viele der größte Philosoph der Neuzeit, hat der Ethik ein neues Fundament gegeben, indem er von der These ausging: Worauf es im Handeln letztlich allein ankommt, ist der gute Wille. Dieser Wille besteht darin, die moralischen Gebote um ihrer selbst willen zu befolgen, also nicht motiviert durch Wünsche oder Befürchtungen. Der Ansatz dieser Ethik des reinen guten Willens zehrt noch immer vom stoischen Geist der Selbstachtung, der Übereinstimmung mit sich selbst.

Für diese Gewissensethik in der Linie von den Stoikern zu Kant gibt es aber ein Problem, an dem sie zu scheitern droht: Der Mensch sehnt sich nach Glück, d. h. nach einem Zustand der Zufriedenheit mit seinem Dasein. Was garantiert, daß ein Mensch, der guten Willens ist, damit auch glücklich wird? Erleben wir nicht immer wieder, daß jemand, der konsequent seine moralische Pflicht tut, sich damit nichts als Ärger und Unglück einhandelt? Die Tugend ist keine Garantie dafür, daß der Mensch glücklich wird. Kant glaubt, die Stoiker hätten dieses Problem nicht gesehen. Aber er hat nicht bemerkt, daß seine eigene Lösung für das Problem nur die Neuauflage der Lösung war, die schon die Stoiker gefunden hatten.

Kaiser Marc Aurel
(121–180 n. Chr.)

Kant erklärt: Es muß Gott geben als die Instanz, die garantiert, daß der Mensch guten Willens für seine Einstellung mit dem Glück belohnt wird, das er verdient. Im gleichen Sinne hatten schon die Stoiker einen Begriff eingeführt, der dann leider allzuoft mißbraucht worden ist: die göttliche Vorsehung. Sie bringt Tugend und Glück in Einklang. Sie läßt nur deswegen das Leid in der Welt zu, weil der Rechtschaffene dadurch Gelegenheit bekommt, seine Haltung der Apathie und damit seinen guten Willen an Hindernissen zu bewähren. So entwerfen die Stoiker die erste philosophische Theodizee, d. h. eine Rechtfertigung Gottes angesichts des Unheils in der Welt. Auch diese Perspektive ihres Denkens hat in der Philosophie und Theologie der Neuzeit aufs intensivste fortgewirkt.

Es würde zu weit führen, alle Nachwirkungen der Stoa aufzuzählen, aber eine sei abschließend noch hervorgehoben: Alle, die guten Willens sind, sind nach Auffassung der Stoiker zwar nicht mehr äußerlich durch das Zusammenleben in einer bestimmten einzelnen Polis vereint, aber sie gehören innerlich in einem unsichtbaren Reich der Rechtschaffenen zusammen. Dieses Reich erstreckt sich über die gesamte Welt, den ganzen Kosmos. So gibt es eine unsichtbare Kosmo-Polis für alle, die guten Willens sind. In diesem stoischen Kosmopolitismus hat die Philosophie zum ersten Mal eine alle Völker und Rassen, Staaten und Klassen übergreifende Einheit aller Menschen gedacht. So konnte die Stoa auch zum Wegbereiter des christlichen Gedankens werden, daß alle Menschen eine Gemeinschaft des Heils oder Unheils vor Gott bilden. In der stoisch-christlichen Gemeinschaft aller Menschen sind alle als Menschen einander gleichgestellt. Deshalb wird hier erstmals in der Weltgeschichte jedem Menschen eine Würde zugesprochen, die von jedweder Zugehörigkeit zu irgendeinem Volk, einer Rasse oder einem sozialen Stand, etwa vom Unterschied zwischen Sklaven und freien Bürgern, völlig unabhängig ist. Aufgrund dieser Würde besitzt jeder Mensch Rechte, die ihm allein deshalb zukommen, weil er ein Mensch ist, kurz gesagt: Menschenrechte. Im Zeitalter des Kampfs um die weltweite Durchsetzung der Menschenrechte erscheint es nicht abwegig, sich mit Dankbarkeit der Stoiker, ihrer ersten Wegbereiter, zu erinnern.

Die Nachwirkungen des stoischen Denkens erstrecken sich über den ethisch-praktischen Bereich weit hinaus vor allem in die Gebiete der Grammatik, der Logik und der Sprachphilosophie. Die traditionellen Grundbegriffe unserer Grammatik und Logik stammen bemerkenswerterweise, obwohl die gedanklichen Voraussetzungen wie überall in der Wissenschaft von Aristoteles geschaffen wurden, aus der Stoa. Überhaupt haben die großen Klassiker Platon und Aristoteles unmittelbar viel weniger bei der breiten Menge der Gebildeten bis weit in die Neuzeit hinein gewirkt als die in ihrem Rang bescheideneren Philosophien des Hellenismus, vor allem die Gedanken der Stoa – und Epikurs, von dem im folgenden Kapitel die Rede ist.

XVI

Pompeji

Die Aktualität Epikurs

Wer in Pompeji, der im Jahre 79 v. Chr. vom Vesuv begrabenen wohlhabenden römischen Landstadt, die luxuriösen Villen der Reichen besichtigt, mag vielleicht denken, daß diese Menschen epikureisch gelebt haben. Aber das ist der moderne Begriff von Epikureertum, der sehr wenig mit dem Lebensstil zu tun hat, den Epikur selbst seinen Lesern angeraten hat: kein Leben in Saus und Braus, sondern die leise Freude an den bescheidenen Genüssen des Daseins. Die strenge Abgeschiedenheit der pompejanischen Gärten vom Betrieb der Straßen, die liebevolle Ausmalung von Innenräumen mit ländlichen Motiven kann schon eher an die Atmosphäre der authentisch epikureischen Existenz erinnern.

In der Stille und Muße seines abgeschiedenen Lebens mochte der Epikureer – denken wir etwa an die vielen pensionierten römischen Offiziere, die in dieser schönen Gegend am Golf von Neapel angesiedelt wurden – vielleicht bei der Lektüre der Schriften des hochverehrten Meisters Epikur zum Bücherfreund werden. In Herculaneum, der zusammen mit Pompeji verschütteten Nachbarstadt, wurde schon im 18. Jahrhundert die Bibliothek eines gelehrten Epikureers gefunden. Einige der stark beschädigten Texte hat man in technisch und philologisch mühsamer Kleinarbeit seit dem vergangenen Jahrhundert entziffert. Nach langer Pause erscheinen jetzt wieder neue wissenschaftlich sorgfältig bearbeitete Ausgaben, deren Inhalt für unsere Kenntnis antiker Bildung und Wissenschaft sehr aufschlußreich ist.

An den Wänden einiger Straßen von Pompeji hat sich die Wahlreklame erhalten. Sie läßt uns ahnen, wie wichtig für die Römer auch noch im 1. Jahrhundert n. Chr. die Anteilnahme am politischen Leben war. Obwohl es keine außenpolitisch selbständigen Stadtgemeinden wie zur Zeit der klassischen griechischen Polis mehr gab, war in den Städten Griechenlands und Italiens doch noch etwas vom ursprünglichen Geist der Polisdemokratie lebendig. Dieser Geist hatte sich in der Philosophie

Gartenlandschaft mit Bäumen, aus der Casa del frutteto in Pompeji

am wenigsten verfälscht bei Aristoteles gespiegelt. Er verstand noch und teilte die Mentalität der Bürger in der Polis, die in der Öffentlichkeit der politischen Gemeinschaft die Erfüllung ihres Daseins fanden. Die Analyse der Bedingungen eines geglückten Menschenlebens, die Aristoteles in seiner Ethik vorgelegt hat, ist deshalb von seiner "Politik", der Lehre vom Zusammenleben in der Polisgemeinschaft, nicht zu trennen.

Der Mensch wird im Rahmen dieser Lehre definiert als von seiner Natur, seinem Wesen her für das Leben in der Polis bestimmt, als das in diesem Sinne "von Natur politische Lebewesen". Darum kann es bei Aristoteles keine Ethik geben, die für ein Individuum unabhängig von der Polisgemeinschaft gelten würde. Bei Epikur hingegen, der nur gut eine Generation jünger war als Aristoteles, ist – ebenso wie bei den mit ihm gleichaltrigen Gründern der stoischen Philosophie – das Verhältnis zur Polis schon gebrochen. Deshalb bestreitet Epikur entschieden, daß im Leben des Menschen eine natürliche Ausrichtung auf die politische Gemeinschaft liegt. Von Hause aus leben die Menschen als isolierte Einzelne wie Robinson. Damit die politische Gemeinschaft entsteht, müssen sie sich eigens in Form einer vertraglichen Vereinbarung zusammenschließen.

Hier kündigt sich bereits der Individualismus der Neuzeit an. Die klassische neuzeitliche Staatsphilosophie, aus der die liberale moderne Demokratie hervorgegangen ist, beruht auf dem Neuansatz Epikurs: der Staat wird als ein Zusammenschluß von zunächst unpolitischen Individuen angesehen, und zur Interpretation dieses Zusammenschlusses bedient man sich der juristischen Vorstellung von einem Vertrag.

Obwohl Epikur mit seiner Vertragstheorie die Tür zu dieser völlig neuartigen politischen Philosophie aufgestoßen hat, interessiert ihn seine eigene Theorie doch herzlich wenig. Die politische Gemeinschaft, die durch Vertrag zustande kommen soll, ist für ihn nicht die Form von Zusammenleben, in der sich der Mensch zu Hause fühlen kann. Das ist vielmehr der kleine Freundeskreis, der sich von der Politik möglichst fernhält. Politisch leben heißt für die klassischen Griechen: unter den Augen der Polisöffentlichkeit sein Leben führen und sich dort um Anerkennung bemühen. Gegen diese Art des Lebens gibt Epikur die berühmte Parole aus: "Halte dich bei deiner Lebensführung im Verborgenen", d. h., entziehe dich mit deinem intimen Freundeskreis der öffentlich-politischen Sichtbarkeit.

Deshalb soll der Ort, wo sich der Freundeskreis versammelt, auch nicht die Stadt mit ihrem Leben und Treiben auf Straßen und Plätzen sein, sondern der Gegenbereich dazu, den die Antike als den Garten bezeichnete. Das ist nicht ein Fleckchen mit Beeten für ökologischen Gemüseanbau, sondern ein stilles, dem städtischen Trubel entzogenes Gelände, das man sich etwa als Park vorstellen kann. Charakteristischerweise hat Epikur, um in Athen seine Schule zu gründen, einen solchen Garten gekauft. Das geschah wenige Jahre vor der Schuleröffnung der Stoiker, im Jahre 307 oder 306 v. Chr. Die Bezeichnung "der Garten" wurde dann auch der geläufige Name in der Antike für die epikureische Schulrichtung.

Ebenso wie die Stoiker ist Epikur, das wird sich noch zeigen, in seinem Denken ganz von Aristoteles abhängig. Aber die Form dieser Abhängigkeit ist überall die Opposition gegen Aristoteles. Sie zeigt sich auch in folgendem: Weil die Geborgenheit des Menschen in der Polis aus der Sicht des Aristoteles im Grunde eine Selbstverständlichkeit ist, hat er es nicht nötig, die Polis-Ethik in den Mittelpunkt seines Denkens

Epikur (341–270 v. Chr.).
Metropolitan Museum, New York

überhaupt zu stellen. Der ganze Bereich der politischen Philosophie und der Ethik, die "Philosophie der menschlichen Angelegenheiten", wie Aristoteles das nennt, ist für ihn nur ein zweitrangiges Thema der Philosophie. Das Hauptthema bilden Gott, das Ganze der Welt, die Urgründe und Gesetze der Natur. Bezeichnend ist einer der einprägsamen lapidaren Sätze, auf die man bei Aristoteles oft stößt: "Der Kosmos ist nicht um des Menschen willen da." Deshalb ist das Weltganze und was dahintersteckt für Aristoteles viel wichtiger als die menschlichen Angelegenheiten.

Ganz anders bei Epikur und den Stoikern: Sie machen gerade diese Angelegenheiten, die Lebenspraxis zum Zentrum der Philosophie. Sie haben zwar auch Bücher über das Weltganze und seine Urgründe geschrieben, aber eigentlich nur deshalb, weil sie gewisse Gedanken daraus zur Abstützung ihrer Ethik brauchen. Der ganze Bereich der theoretischen Wissenschaft von der Welt, also auch das, was wir heute Naturwissenschaften nennen würden, dient nur als Flankenschutz für die Philosophie der Praxis (mehr dazu in Kapitel 14). Und diese Praxisphilosophie selbst wird außerdem entpolitisiert, d. h. auf die Ethik des Einzelnen beschränkt.

Doch trotz ihres Widerspruchs zu Aristoteles verdankt diese Ethik ihm ihre Grundlagen. Die Ethik, wie sie Aristoteles eingeführt hat, ist die philosophische Lehre von der Lebensführung des Menschen. Die Grundfrage der so verstandenen Ethik lautet: Worum geht es letztlich bei der Lebensführung, worauf will der Mensch mit all seinem Handeln hinaus? Aristoteles gibt die Grundantwort, die für die hellenistische Ethik und weit darüber hinaus in Geltung geblieben ist und die erst Kant vor zweihundert Jahren ernsthaft in Frage gestellt hat. Sie lautet: Worum sich im Grunde alles im Leben dreht, ist das Glück. Danach

streben alle Menschen – auf welchen Wegen auch immer. Das griechische Wort hierfür lautet "eudaimonía", eingedeutscht: "Eudämonie".
Wenn man dieses Wort mit "Glück" übersetzt, muß man sich vor einem Mißverständnis hüten: Gemeint ist nicht das Augenblicksglück des Zufalls, der Schatz im Acker, sondern ein dauerhaftes Geglücktsein des Lebens, ein menschliches Dasein, von dem man beim Tode sagen kann: dieses Leben war gelungen und erfüllt. "Glückseligkeit" wäre vielleicht die beste Übersetzung für "Eudämonie", wenn es nicht ein bißchen zu verklärt und feierlich klänge (dazu auch Kapitel 12).

Die Ethik muß die Frage beantworten: Worin besteht eigentlich die Verfassung eines geglückten, glückseligen Lebens? Die Antwort des Aristoteles auf diese Frage löst die Entwicklung aus, die zu Epikur und zur Stoa führt. Die Antwort setzt an mit folgender Argumentation: Wenn wir uns die gelungene Lebensverfassung, die Eudämonie denken, dann stellen wir uns darunter einen Daseinszustand vor, der den Menschen ganz und gar befriedigt. Nun gibt ein solcher Zustand dem, der sich darin befindet, keinen Anlaß, sich noch etwas über ihn hinaus zu wünschen. Das heißt aber: Der Mensch hat hier alles, was er braucht; er lebt nicht im Gefühl der Angewiesenheit auf etwas, das ihm gegenwärtig nicht zur Verfügung steht. Diesen Zustand des Nichtangewiesenseins nennen die Griechen Autarkie, zu deutsch: Sich-selbst-Genügen, "Selbstgenüge". Heute noch gebräuchlich ist dieser Begriff in der Wirtschaft: ein rohstoffarmes Land z. B. ist nicht "autark", d. h., es hat nicht genug für sich selbst.

Wenn Eudämonie Autarkie bedeutet, ergibt sich daraus die Aufgabe der Ethik: Sie muß dem Menschen den Weg zur Autarkie zeigen. Einen Menschen, der diesen Weg für sich selbst kennt und geht, bezeichnen die Griechen und so auch Aristoteles in seiner Ethik als "weise". Damit ist nicht unbedingt jemand gemeint, der die tiefsten Geheimnisse der Welt durchschaut, sondern ein Mensch, der sich darauf versteht, sein Leben so zu führen, daß er damit glücklich werden kann. Die Ethik als Anweisung und Anleitung zur so verstandenen Weisheit: das ist das Programm, das die Stoiker und Epikureer aus Aristoteles herausgelesen haben. Sie wollen eine zuverlässige Lebenstechnik anbieten, mit der man das Glück als Autarkie nicht verfehlen kann.

Wenn wir uns auf etwas freuen und es uns wünschen, wenn wir uns vor etwas fürchten, wenn wir uns überhaupt über etwas aufregen, dann machen uns alle solche Affekte von dem abhängig, was uns erregt; sie beeinträchtigen unsere Autarkie. Deshalb lehren die Stoiker, daß man sich vom Affekt – griechisch: "páthos" – freimachen muß. Die Affektfreiheit, die "A-pathie" nimmt uns das Gefühl, unser Glück würde durch irgendwelche positiven oder negativen Lebensbedingungen gehoben oder beeinträchtigt. Nicht-autark, unselbständig werden wir auch, wenn wir darauf warten, daß die Mitmenschen unser moralisch lobenswertes Handeln anerkennen. Die Selbstachtung, die ich mir selbst für meine moralische Ehrbarkeit entgegenbringe, macht mich unabhängig von der Anerkennung der Mitmenschen. So bilden die Apathie und die Selbstachtung die Mittel, durch die der Stoiker glaubt, zum autarken "Weisen" werden zu können (Näheres in Kapitel 15).

In der Selbstachtung gebe ich mir selbst die Ehre, ich brauche das Lob der anderen für meine "Ehrbarkeit" nicht. Das macht mich von der Polisgemeinschaft, dem Schauplatz der öffentlichen Ehrungen, unabhängig. Epikur hat wie die Stoiker das Vertrauen in die Polis verloren und möchte sich von der inneren Bindung an sie lösen. Trotzdem schlägt er einen anderen Weg ein. Gegen den stoischen Ansatz kann man in der Tat ein schwerwiegendes Bedenken geltend machen: Genaugenommen setzt der Begriff der Ehre die Anerkennung durch andere voraus. Eigentlich kann ich mich nicht selber ehren, wie die Stoiker meinen. Wenn man die Ethik entpolitisiert und annimmt, daß man die Ehrbarkeit, die Tugend nicht mehr auf die Anerkennung der Mitmenschen stützen kann, dann muß man den ganzen Versuch einer Ethik der Ehrbarkeit fallenlassen. Man muß für das Glück eine andere Grundlage finden.

Die Stoiker kehren den Aspekt der Eudämonie hervor, wodurch wir sie uns erarbeiten und verdienen: die moralische Rechtschaffenheit. Aber wenn man die mitmenschliche Anerkennung grundsätzlich nicht in Rechnung stellen will, dann hängt dieser Aspekt in der Luft. Deshalb hält sich Epikur an eine andere Seite der Eudämonie: Zum Glück gehört auch, daß wir uns glücklich f ü h l e n. Glücklich sein heißt: sich in einem erfreulichen Zustand befinden, mit dem man zufrieden ist. Eudämonie ohne ein Gefühl der Annehmlichkeit wäre kein Glück.

Das griechische Wort für "Annehmlichkeit" lautet "hēdonē", das heißt wörtlich: "Süßigkeit". Man übersetzt "hēdonē" meist ein bißchen eng und mißverständlich mit "Lust" oder "Genuß". Epikurs radikale Grundthese lautet: Das einzige, woran sich das entpolitisierte Individuum bei der Eudämonie noch halten kann, ist der Gedanke, daß jedenfalls irgendeine Annehmlichkeit, eine Hedone dazugehört. Also kommt nur noch ein Rezept für das geglückte Leben in Betracht; es lautet: Strebe nach Hedone! Der epikureische Weg zum Glück ist der Hedonismus.

Die Stoiker lösen sich in einem entscheidenden Punkt nicht von der klassischen Tradition. Wie Platon und Aristoteles gründen sie das Glück auf die Befolgung moralischer Normen, durch die sich der Mensch die Haltungen der Tugend zu eigen macht. Auch Epikur spricht zwar noch von den Tugenden. Aber es ist leicht durchschaubar, daß er die alten Vokabeln nur noch beibehält, um seinen Hedonismus nicht in den Geruch der Unmoral zu bringen. Platon hatte entdeckt, daß die reinen ethischen Normen Ideen sind, d. h. etwas Geistiges, das wir mit unseren Sinnen nicht wahrnehmen können. So hatte die traditionelle Polis-Ethik ein idealistisches Fundament. Sie beruhte auf der Überzeugung, daß es für den Menschen Verbindlichkeiten rein geistigen Charakters gibt.

Epikur hält das alles für eine große Illusion. Deshalb bekennt er sich zu einem handfesten Materialismus. In Anlehnung an Demokrit aus dem 5. vorchristlichen Jahrhundert (siehe dazu Kapitel 4) erklärt er: Die ganze Welt, die Natur, ist nichts anderes als eine Ansammlung von unteilbaren Materiestückchen, von Atomen. Die Anordnung der Atome, durch die unsere Welt zustande gekommen ist, beruht auf purem Zufall. Es steht also kein Geist dahinter, der die Anordnung erdacht hätte. Auch die über alles wachende göttliche Vorsehung der Stoiker ist nichts als ein leerer Wahn.

Epikur bestreitet zwar nicht, daß es Götter gibt. Aber auch sie sind materielle Wesen, nur aus feineren Atomen zusammengesetzt als die übrige Welt. Überdies warnt Epikur davor, zu glauben, sie nähmen auf unser Menschenleben im Guten oder Bösen irgendeinen Einfluß. Sie hausen vielmehr irgendwo in den Zwischenräumen zwischen den unendlich vielen Welten, d. h. den Atomansammlungen, die es im All gibt, und führen dort ein glückseliges Leben.

Man hat daran gezweifelt, daß der Materialist Epikur wirklich an diese Götter geglaubt hat. Aber das hat er durchaus. Er braucht die Glückseligkeit dieser Götter nämlich als Vorbild für das Leben, wonach der Weise streben soll. Die Götter leben leicht, wie schon Homer gesagt hatte, weil sie auf nichts und niemanden angewiesen sind. Sie genügen sich selbst, sind frei von der Belastung durch irgendeine Not. So verschafft uns ihr Leben ein vollkommenes Bild von der Autarkie, zu der der Weise gelangen kann.

Leichtlebig geben sich die homerischen Götter ihren Genüssen hin. Ein solches Leben stellt Epikur auch dem Weisen in Aussicht. Ungehindert durch irgendwelche idealistischen Tugendvorbehalte soll er die Augenblicke der Hedone, der Süße des Lebens auskosten. Keine der kostbaren Gelegenheiten, sich des Lebens zu erfreuen, soll er ungenutzt verstreichen lassen. Und unter diesem Lebensgenuß des Augenblicks versteht der Hedonist Epikur ganz handfest die Freude an dem, was wir mit allen unseren Sinnen aufnehmen. Er proklamiert bewußt provokativ einen ethischen Materialismus.

Aber nun kommt die entscheidende Frage: Bedeutet das, besinnungslos jeder Möglichkeit des materiellen Lebensgenusses nachzugeben? Den Epikureern wurde in der Antike immer wieder nachgesagt, sie frönten der ungehemmten Sinnenlust und Leidenschaft. Dieser Eindruck entstand, weil sie Hedonisten waren, d. h. weil ihre Variante von entpolitisierter Ethik in schroffem Gegensatz zu den sittenstrengen Stoikern nur den Annehmlichkeitsaspekt des Glücks hervorkehrte. Auch heute verstehen ja die meisten, wie eingangs erwähnt, unter dem Epikureer den Genußmenschen. Aber damit tut man dem, was Epikur wirklich wollte, grob Unrecht.

Die Gefühle von Lust und Genuß entstehen normalerweise dann, wenn wir irgendwelche Bedürfnisse und Wünsche befriedigen. Hätte Epikur die unkontrollierte Nachgiebigkeit gegenüber diesen Bedürfnissen und Wünschen zugelassen, so hätte er sich in einen eklatanten Widerspruch zu seinem Ideal göttlicher Autarkie verwickelt. Die selige Notlosigkeit der Götter beruht darauf, daß sie nicht unter dem inneren Zwang stehen, etwas zu entbehren, das sie haben wollen. Wenn man sich alle Wünsche erfüllen will, dann wird man zum Sklaven seiner Bedürfnisse und Neigungen, ja, man produziert immer neue Bedürfnisse, weil man nie zufrieden ist. Damit aber macht man sich gerade abhängig von dem, was man noch alles haben möchte: nichts genügt einem mehr. Kurz, man gerät in eine Verfassung, die das genaue Gegenteil von Autarkie darstellt.

Weil die Stoiker diese Gefahr sahen, haben sie sich durch die Haltung der Affektfreiheit – des Habens, als ob man nicht hätte – davor zu schützen gesucht. Dabei ist auch die Hedone, das Gefühl der Annehmlichkeit, ein Affekt, von dem man sich wie von allen Affekten befreien muß. Diesen Weg kann Epikur aber nicht gehen; denn die Hedone macht bei ihm den ganzen Inhalt der Glückseligkeit aus. Ihm bleibt nur eine andere Lösung. Er muß die Hedone auf eine für die Autarkie unschädliche Dosis reduzieren. Deshalb stellt er eine Rangordnung der Bedürfnisse auf. Sie regelt, wie dringlich es jeweils ist, ein Bedürfnis zu befriedigen.

Es gibt Bedürfnisse, die man befriedigen muß, um nicht von Schmerzen gequält zu werden. Die einfache Stillung von Hunger und Durst ist unumgänglich. Solche Bedürfnisse bezeichnet Epikur als notwendig. Allerdings kann sich der Mensch auch von Bedürfnissen abhängig machen – und sie deshalb als notwendig betrachten –, die er selbst erfunden hat. Darum muß man von solchen künstlich erzeugten Bedürfnissen die natürlichen Bedürfnisse unterscheiden. Die Autarkie, die Selbstgenügsamkeit, wahrt der Mensch nur dann konsequent, wenn er die Augenblicke der Hedone für die Befriedigung von solchen Bedürfnissen reserviert, die sowohl notwendig als auch natürlich sind.

Um diese Haltung einzuüben, gibt Epikur folgende Empfehlungen: Erstens: Enthalte dich völlig solcher Bedürfnisse, die weder natürlich noch notwendig sind! Wenn Epikur das Rauchen schon gekannt hätte, wäre es sicher unter diese Rubrik gefallen. Die zweite Empfehlung lautet: Versuche allmählich deine Nachgiebigkeit gegenüber Bedürfnissen, die zwar natürlich, aber nicht notwendig sind, zu reduzieren. Zum Beispiel ist es zwar nicht unnatürlich, eine Schnitte Brot mit Butter und Marmelade zu bestreichen. Aber es ist nicht notwendig.

Epikureisch im ursprünglichen Sinne lebt der im Zeitalter des Hellenismus gerne idyllisch verklärte Hirte, der mit Brot und Wasser, dazu einem bescheidenen Tropfen einfachen Landweins und ein paar Bissen ebenso ländlichem Käse auskommt und dabei glücklich ist. Ihn finden wir auch auf pompejanischen Wandbildern dargestellt. Wer so die Befriedigung der natürlichen, aber nicht notwendigen Bedürfnisse einschränkt, der nähert sich allmählich der Lebensverfassung des epikureischen Weisen, der schon bei der asketischen Befriedigung der ganz elementaren, sowohl natürlichen wie notwendigen, Bedürfnisse ungetrübte Hedone empfindet.

Man sieht, der epikureische Hedonismus ist das extreme Gegenteil jeglichen Schlemmer- und Genießertums. Er ist eine Lebenstechnik des sorgsam kalkulierten Konsumverzichts. Der Epikureer darf sich gerade nicht wie die leichtlebigen Götter bedenkenlos allen Genüssen hingeben. Seiner Hedone fehlt die heitere Gelassenheit; denn er lebt in der angespannten Sorge, nur ja nicht in den Sog dessen zu geraten, was wir heute den Konsumterror nennen.

Erliegt man diesem Sog, so entsteht, wie wir an der Wende zum 21. Jahrhundert nur zu gut wissen, eine Schraube ohne Ende. Die Seele des Menschen wird in eine eigentümliche Unruhe versetzt, die darin besteht, immer mehr haben und genießen zu wollen. Diese Unruhe soll durch die gerade beschriebene abgestufte Bedürfnisbefriedigung gebremst und schließlich stillgelegt werden; denn nur so ist unter der Voraussetzung des Hedonismus Autarkie möglich. In diesem Sinne

erklärt Epikur die Freiheit von innerer Unruhe, die Beunruhigungs-
losigkeit, griechisch: die "a-taraxía", zum Lebensziel. Die Ataraxie ist
das epikureische Pendant zur stoischen Apathie. Die beiden Begriffe
bezeichnen zwei Grundmodelle dafür, wie man sich die Autarkie und
damit das geglückte Leben für das entpolitisierte Individuum vorstellen
kann.

Weil es ihm konsequent um Autarkie geht, kann Epikur nicht vermeiden, daß sein Hedonismus am Ende ganz anders ausfällt, als man es
am Anfang erwartet. Da wird zunächst in einer provozierend materialistischen Tonart ein unbefangener Sinnengenuß von göttlicher Leichtle-
bigkeit in Aussicht gestellt, und dann reduziert sich dieser Genuß auf
eine streng reglementierte, im Endstadium sogar asketische Befriedigung der allerelementarsten Bedürfnisse. Durch diese Art von Bedürfnisbefriedigung soll nun die göttlich beglückende Süße des Augenblicks
aufkommen.

Ist das aber plausibel? Epikur meint, ja. Er hat offenbar so gedacht:
Wenn die gleichermaßen natürlichen wie notwendigen Bedürfnisse
nicht befriedigt werden, dann wird das Leben zur Qual, zu einem einzigen Schmerz. Der Mensch muß etwas ganz Einfaches lernen: Die größte
Freude, das herrlichste Glücksgefühl liegt schon und gerade darin, von
diesem Schmerz befreit zu werden; denn die Aufhebung dieses Schmer-
zes macht den Menschen bereit für eine neue Sensibilität. Er wird emp-
fänglich und feinfühlig gerade für die zarten und unauffälligen Schön-
heiten und Reichtümer dieser Welt. Das Leben im Luxus stumpft ab.
Hier kommt in den materialistischen Hedonismus Epikurs ein Zug der
Vergeistigung, den man leicht übersieht, der aber das Kernstück dieser
ganzen Lebenslehre bildet.

Wenn diese Vergeistigung durch Rückkehr zu den einfachsten materiellen Freuden das Daseinsgefühl des Menschen ganz durchdrungen
hat, dann ist er ein für allemal innerlich gewappnet gegen die Beunruhigung, immer neue Arten von Bedürfnissen erfinden und befriedigen zu
müssen. Der Zustand seiner Seele gleicht dann einem Meer, auf dem die
Wogen sich geglättet und die Stürme sich gelegt haben. Das schöne
griechische Wort für eine solche Stille über dem Meer lautet "galénē".
Epikurs Beschreibung der wahren Hedone, worin das Glück als Autarkie besteht, als Meeresstille der Seele ist vielleicht das Gelungenste von
dem, was er gelehrt hat.

Die Aktualität Epikurs liegt auf der Hand. In manchem ist er ein
Ahnherr derer, die heute mit der Erfindung immer neuer Konsuman-
reize durch die Wachstumswirtschaft radikal Schluß machen möchten.

Die Abkehr von der Stadt zugunsten des Gartens, das tiefe Mißtrauen gegenüber dem politischen Leben – das läßt uns die Epikureer geradezu als die "Alternativen" der Antike erscheinen. Nur haben sie aus ihrer Politikfeindlichkeit nie die Konsequenz gezogen, sich – entgegen der eigenen apolitischen Grundeinstellung – doch politisch zu engagieren, wie das heute viele ökologisch denkende Menschen tun, die dann im rauhen Betrieb der Politik nicht zurechtkommen.

Die Parallele zu heute reicht aber noch ein Stück tiefer. Jeder an der Politik Interessierte weiß, daß bei den "alternativ" oder "grün" eingestellten politischen Gruppen ganz gegensätzliche Motivationen aufeinandertreffen. Der grundlegende Gegensatz ist der Widerstreit zwischen dem revolutionären Vorwärtsdrängen derer, die vom Marxismus herkommen, und der im Grunde konservativen Motivation derer, die die heile Natur bewahren wollen. Einen solchen Widerstreit gibt es schon im Denken Epikurs. Auf der einen Seite hat er etwas Revolutionäres. Wie angedeutet, bricht er viel entschiedener mit der traditionellen Polis-Ethik als die Stoiker, die deshalb schließlich bei den Römern wieder zur Politik zurückkehren konnten. Die provokative Erklärung, daß das Glück aus nichts anderem als materiellem Genuß bestehen soll und nicht in einer ungreifbaren inneren Rechtschaffenheit, diese unverblümt antiidealistische Sprache hat schon den jungen Karl Marx angezogen. Es ist kein Zufall, daß er seine Doktorarbeit über Epikur geschrieben hat.

Auf der anderen Seite gibt es bei Epikur aber auch eine bewahrend konservative Tendenz, und zwar in einem für ihn entscheidenden Zusammenhang. Er glaubt daran, daß Eudämonie real möglich ist. Bestehen soll dieses Glück in der Hedone bei der Befriedigung der elementarsten Bedürfnisse. Aber das setzt eines voraus: Zumindest das Minimum an Gütern, das für diese Bedürfnisbefriedigung erforderlich ist, muß immer vorhanden sein. Die Frage ist: Woher nimmt Epikur das Vertrauen, daß jedem Menschen dieses Lebensminimum jederzeit zur Verfügung steht?

An dieser Stelle kommt in Epikurs Lehre ein religiöser Ton: Er dankt der Natur, daß sie dem Menschen das Notwendige immer bereitstellt. Im 1. vorchristlichen Jahrhundert hat der Römer Lukrez das Gedankengebäude Epikurs in einem umfangreichen Lehrgedicht von sechs Büchern dargestellt, und hier kehrt die religiöse Haltung der Verehrung und Dankbarkeit wieder in einem dichterischen Lobpreis für die lebenspendende Göttin Venus. Die Göttin steht dabei als Sinnbild für die Natur.

Das fromme Vertrauen auf die Natur ist ein konservativer Zug; denn er geht zurück auf das alte, noch vorklassische Griechentum. Aber er läßt sich im Grunde mit Epikurs revolutionär materialistischer Naturauffassung nicht in Einklang bringen. Es ist erstaunlich und nur aus der religiösen Tradition der Griechen zu erklären, daß Epikur und sein getreuer Nachfolger Lukrez eine Natur, die nichts anderes sein soll als ein Zufallsspiel von Atomen, mit frommen Worten als die Instanz anrufen, die dem Menschen die Sicherheit für seine elementare Bedürfnisbefriedigung geben und damit sein Glück garantieren soll.

Einen ähnlichen Widerspruch erleben wir gegenwärtig. Die Natur hat für die moderne Wissenschaft alle Züge einer religiösen Macht verloren. Deshalb wird sie auch rücksichtslos in den Dienst des Menschen gestellt. Jeder kennt heute die verheerenden Folgen dieser Rücksichtslosigkeit. Aber man zieht unterschiedliche Konsequenzen. Die Mehrheit meint, daß es genügt, den schädlichen Auswirkungen energisch durch neue technische Maßnahmen zu Leibe zu rücken. Die anderen aber sind überzeugt, daß wir zu einer grundsätzlich nichttechnischen Grundeinstellung gegenüber der Natur zurückkehren müßten. In dieser Einstellung würde die Natur als eine Macht erscheinen, die uns durch ihre unverdorbenen Rohstoffe und ihre intakten ökologischen Kreisläufe Heil bringen könnte, wenn wir sie nur ungestört und unbeschädigt walten ließen.

Hier lebt ein Stück des alten religiösen Vertrauens in die heile Natur wieder auf, und zwar verblüffenderweise vorwiegend gerade bei solchen Menschen, deren Mißtrauen sich sonst gegen alles Althergebrachte in unserer Gesellschaft richtet. In diesem Widerspruch erleben wir tatsächlich eine Art Wiedergeburt epikureischen Geistes. Eine reine Wiedergeburt ist es freilich nicht; denn dazu würde die Bereitschaft gehören, ganz konsequent auf allen Komfort der Konsumgesellschaft zu verzichten und das asketisch einfache Leben zu führen, das Epikur von seinem Weisen erwartet hat.

XVII

Rom

Was ist eine Republik – die Antwort Ciceros

Eine große Anzahl von imponierenden Gebäuden aus der Antike führt dem Rombesucher vor Augen, welch überragende Bedeutung der Staat im Leben der Römer gehabt hat. Diese Bedeutung verdankte er keineswegs irgendwelchen intellektuellen Debatten. Im Unterschied zur Entstehung der Demokratie in Athen war die römische Republik in den ersten Jahrhunderten ihrer Existenz kein Gegenstand theoretischer Diskussionen über die beste Staatsordnung. Erst als im letzten vorchristlichen Jahrhundert die bewährte republikanische Ordnung ins Wanken geriet, entstand das Bedürfnis, philosophisch über den Sinn dieser Ordnung und die Aufgabe des Staates überhaupt nachzudenken.

Die führende Persönlichkeit in dieser Entwicklung war Marcus Tullius Cicero. Bei dem Versuch, uns heute sein politisches Denken lebendig zu vergegenwärtigen, stoßen wir freilich sogleich auf ein elementares Hindernis. Cicero hat sich so wie vor ihm eine Reihe von griechischen Philosophen die Frage gestellt: Welche von den auf Erden denkbaren und möglichen Staatsordnungen ist für den Menschen die beste? Wir bekennen uns heute weltweit zur Demokratie und halten deshalb diese Frage eigentlich für erledigt. Es scheint uns mehr oder weniger verlorene Zeit, noch einmal auf die alteuropäische Diskussion über die beste Staatsform zurückzukommen.

Aber dabei übersehen wir meist etwas Einfaches. Viele Demokratien und so auch unser eigener Staat bezeichnen sich selbst keineswegs als Demokratie, sondern als Republik. Man könnte meinen, damit sei bloß gesagt, daß in diesen Staaten die Monarchie abgeschafft wurde. Doch damit würde man die Bedeutung des Begriffs "Republik" unzulässig verkürzen. In Wahrheit ist diese Bezeichnung für ein tieferes Verständnis unseres Staates mindestens genauso bedeutsam wie der Begriff "Demokratie". Um zu verstehen, was "Republik" besagt, muß

Die Kurie, das Gebäude auf dem Forum, worin der römische Senat tagte

man sich aber daran erinnern, daß dieses Wort die Eindeutschung des lateinischen Begriffs "res publica" ist, und das war der Name, den die Römer für ihren Staat hatten.

Was "res publica" sprachlich bedeutet, kann man mit den Worten umschreiben: "gemeinsame Angelegenheit des Volkes". Wie das zu verstehen ist, hat Cicero am überzeugendsten erklärt. Wenn moderne Staaten sich Republik nennen, dann steht dahinter noch immer diese Erklärung. Sie läßt sich in dem Werk Ciceros nachlesen, dessen Titel sagt, wovon es handelt: 'De re publica', 'Über die Republik'. Cicero hat dieses Werk in den Jahren 54–51 v. Chr. geschrieben, in einer Zeit der erzwungenen Pause von seinen Staatsgeschäften, als ihn seine Gegner zeitweilig aus der Politik ausgebootet hatten.

Cicero war kein Philosoph, sondern Jurist und Politiker, ein Mann der Praxis – freilich mit einem Maß an philosophischer Bildung, das kein Römer vor ihm erreicht hatte. Philosophische Bildung, das hieß damals Kenntnis des philosophischen Schrifttums der Griechen. In seiner erzwungenen Abstinenz von der Politik quälte Cicero ein Gedanke, der drohende Untergang der Republik. Er hatte als führender Staatsmann gegen ihren Verfall gekämpft und konnte ihm nun nicht tatenlos zusehen. So beschloß er im Alter von 52 Jahren, mit geistigen Waffen gegen die Krise der Republik anzugehen. Deshalb nahm er die ihm vertrauten philosophischen Gedanken der Griechen über die Polis, das Gemeinwesen der Stadt, zu Hilfe, um darzustellen, worauf eigentlich das Große und Vorbildliche der römischen Res publica beruhte. Von dieser Darstellung hat sich leider nur etwa die Hälfte des Textes als teilweise sehr verstümmelter Palimpsest erhalten (siehe Abbildung S. 198). Aber auch aus den Bruchstücken erfahren wir schon Wesentliches darüber, was eigentlich Republik heißt.

Ausgangspunkt und Grundlage von Ciceros Überlegungen bildet eine einfache Frage, die als erster Platon aufgeworfen hatte: Wenn Menschen in einer öffentlichen Ordnung zusammenleben, die man als "Staat" oder "Gemeinwesen" bezeichnet – worauf kommt es ihnen dabei eigentlich an? Platons Antwort auf diese Frage ist so elementar einleuchtend, daß ihr bis heute jeder zustimmen kann: Der grundlegende Wunsch, den alle mit dem Zusammenleben in einem Gemeinwesen verbinden, ist der nach Gerechtigkeit. Die Frage ist nur: Wie müßte die Ordnung eines Gemeinwesens aussehen, worin es wenigstens annäherungsweise gerecht zuginge? Das ist die klassische Frage nach der besten Staatsform – eine Frage, die die politische Philosophie von Platon bis zum 18. Jahrhundert beherrscht hat.

In seinem Hauptwerk mit dem Titel 'Politeia', was man meist vergrö-
bernd mit 'Der Staat' übersetzt, entwirft Platon die Ordnung, "politeía", für eine utopische Polis, ein Gemeinwesen, dessen Bevölkerungsgruppen alle ausnahmslos gerecht behandelt würden (dazu auch Kapitel 9). Gerechtigkeit bedeutet: jedem das zukommen lassen, worauf er
Anspruch hat und was ihm in diesem Sinne zusteht – "jedem das Seine".
Platon geht ganz modern von der arbeitsteiligen Gesellschaft aus: In
einer solchen Gesellschaft leisten die verschiedenen Bevölkerungsgruppen je nach ihren Fähigkeiten und Bedürfnissen unterschiedliche Beiträge zum Wohl des Ganzen. Hieraus ergeben sich unterschiedliche
Ansprüche an das Ganze der Gesellschaft. Platons utopischer Staat ist
so aufgebaut, daß er in der Lage ist, diesen verschiedenen Ansprüchen
gerecht zu werden.

Nun ist klar, daß es in einem solchen Staat eine Instanz geben muß,
die den Überblick über das Gesamtpotential aller Fähigkeiten und
Bedürfnisse in der Bevölkerung besitzt und aufgrund dessen die gerechte Behandlung aller Bevölkerungsgruppen gewährleistet. Diese
Instanz ist bei Platon eine Elite, die sich durch zweierlei auszeichnet:
den umfassenden Überblick über das Ganze und einen geschulten Sinn
für Gerechtigkeit. Platon bezeichnet diese Elite als die Philosophen und
behauptet: Nur wenn die Philosophen, also die Gerechtigkeitsfachleute
mit dem großen Überblick, den Staat beherrschen, wird die Unzufrie-
denheit und damit der Unfriede in der Welt ein Ende haben.

Platons Meisterschüler Aristoteles hat gegen dieses Modell einige
durchschlagende Bedenken geltend gemacht. Es gibt Fragen, die grundsätzlich in die Öffentlichkeit gehören: Angelegenheiten, von denen alle
Bürger betroffen sind, gehen auch alle etwas an, sie sind eine Sache der
Allgemeinheit, eine "res publica", wie die Römer sagen würden. Deshalb gibt es einen Rechtsanspruch jedes Bürgers darauf, daß solche
öffentlichen Angelegenheiten nicht über seinen Kopf hinweg entschieden werden. Demnach ist es ungerecht, wenn über diese Angelegenheiten nur eine Expertenelite entscheidet und die Allgemeinheit der Bürger
nicht beteiligt wird. Somit widerspricht Platons Philosophenherrschaft
seinem eigenen Gerechtigkeitsprinzip.

In dieser Kritik des Aristoteles an Platon steckt der Beginn einer
philosophischen Begründung der Demokratie. Allerdings erlebt man
bei Aristoteles eine Überraschung: Trotz seiner Kritik an Platons Elite-
denken steht er der Demokratie alles andere als freundlich gegenüber.
Er unterscheidet eine Reihe von mißglückten Staatsformen, und am
gründlichsten mißglückt erscheint ihm die Demokratie. Demokratie als

positive Leitvorstellung – das gibt es in der bedeutenden politischen Theorie gerade erst seit anderthalb Jahrhunderten.

Was die ganze klassische Tradition der Philosophie seit Aristoteles und Cicero an der Demokratie beanstandet hat, ergibt sich wiederum aus dem Prinzip der Gerechtigkeit. Die Menschen haben zwar einen Rechtsanspruch auf Teilhabe an den Entscheidungen in den öffentlichen Angelegenheiten, und dieses politische Mitbestimmungsrecht kommt allen in gleichem Maße zu; aber die Ansprüche der Menschen erschöpfen sich nicht in diesem Recht. Die Menschen sind einander in politischer Hinsicht nicht nur gleich, nämlich in diesem Teilhaberecht; sie sind einander auch politisch ungleich, nämlich in ihren charakterlichen, intellektuellen und ökonomischen Möglichkeiten, sich an Entscheidungen über öffentliche Angelegenheiten zu beteiligen.

Deshalb gehört zur unverkürzten Gerechtigkeit, auch denjenigen Ansprüchen gerecht zu werden, die sich aus dieser Ungleichheit zwischen den Menschen ergeben. Wenn jemand im Bereich der öffentlichen Angelegenheiten aufgrund seiner geistigen und finanziellen Ausstattung in der Lage ist, mit mehr Sachverstand, Engagement und Effizienz als andere mitzuwirken, dann wäre es ein Widerspruch gegen den Gerechtigkeitsgrundsatz "jedem das Seine", wenn dem Betreffenden grundsätzlich die Möglichkeit abgeschnitten würde, seine besonders günstigen Voraussetzungen auch in einer besonderen Weise für das Gemeinwesen nutzbar zu machen. Die Gerechtigkeit verlangt ungleiche Behandlung von Ungleichen; jeder sieht z. B. ein, daß einem Kranken mehr ärztliche Betreuung zusteht als einem Gesunden.

Gegen diese Argumentation gibt es allerdings einen Einwand. "Jedem das Seine" bedeutet beim politischen Teilhaberecht offenkundig soviel wie: "jedem das Gleiche"; denn alle Bürger eines Staates sind einander in der Freiheit ihres Mitbestimmungsrechts gleich. Wegen dieser Gleichheit müssen alle genau das gleiche Maß an Mitbestimmungsmöglichkeit erhalten, und die Unterschiede in den persönlichen Voraussetzungen dürfen nicht berücksichtigt werden.

Diesen Einwand hat schon Platon in seinem letzten Werk, den 'Nomoi' ('Gesetze'), durch folgende Unterscheidung widerlegt: Gewiß bedeutet beim politischen Teilhaberecht "jedem das Seine" soviel wie "jedem das Gleiche". Aber man muß zwei Arten von Gleichheit unterscheiden. Man kann sich das leicht an der Mathematik klarmachen: Zwei Mengen mit der gleichen Anzahl von Elementen sind einander gleich. Ein Haus mit zwölf Fenstern enthält genauso viele Elemente wie ein Korb mit zwölf Äpfeln. Platon nennt dies die arithmetische Gleich-

heit. Es gibt aber noch eine andere Gleichheit: Das Verhältnis von zwei
Äpfeln zu vier Äpfeln ist das gleiche wie beispielsweise das Verhältnis
von sechs Äpfeln zu zwölf Äpfeln. Bei dieser "Verhältnisgleichheit"
sind nicht die Zahlen selbst, wohl aber die Verhältnisse zwischen jeweils
zwei Zahlen gleich.

Diese Unterscheidung kann man nun auch bei der politischen Gleichheit machen. "Jedem das Gleiche" kann erstens im Sinne der arithmetischen Gleichheit verstanden werden: Jeder erhält genau das gleiche Maß
an Teilhaberecht, so wie in den Korb dieselbe Zahl von Äpfeln gelegt
wird, wie das Haus Fenster bekommt. Es gibt aber zweitens die Verhältnisgleichheit: d. h., das geringere Maß an Teilhaberecht, das einer
Person A zuerkannt wird, steht in gleichem Verhältnis zu deren
schlechteren Voraussetzungen wie das größere Maß an Teilhaberecht,
das eine Person B bekommt, zu deren günstigeren Voraussetzungen.
Beide erhalten auch in diesem Fall das Gleiche, zwar nicht das gleiche
Quantum an Teilhaberecht, wohl aber Teilhaberechte, deren Verhältnis
zu den Voraussetzungen der Betroffenen gleich ist.

Wenn man übersieht, daß es neben der arithmetischen Gleichheit
auch die Verhältnisgleichheit gibt, muß man aus dem politischen
Gerechtigkeitsgrundsatz "jedem das Gleiche" die Schlußfolgerung ziehen: Alle öffentlichen Angelegenheiten müssen jederzeit unter gleicher
Beteiligung aller Bürger entschieden werden. Die erste Demokratie der
Welt im Athen des 5. und 4. vorchristlichen Jahrhunderts hat mit dieser
Konsequenz sogleich radikal ernst gemacht. Alles, was von öffentlicher
Bedeutung war, wurde auf ständig einberufenen Volksversammlungen
entschieden. Die Führung der laufenden Angelegenheiten des Gemeinwesens mußte man zwar Einzelnen übertragen, aber konsequenterweise bekamen sie diese Vollmacht immer nur für ganz kurze Zeit und
nur durch Losentscheid.

Nun ist aber auch das Umgekehrte zur radikalen, reinen Demokratie
des klassischen Athen denkbar: Man kann auch die Verhältnisgleichheit
verabsolutieren und die arithmetische Gleichheit eliminieren. Dann
ergeben sich zwei andere reine Staatsformen. Man kann dann nämlich
entweder einem Einzelnen eine alle anderen überragende Befähigung
für die öffentlichen Angelegenheiten zubilligen und es demgemäß für
gerecht halten, daß er allein den Staat leitet. So kommt man zum Prinzip
der Monarchie, der Herrschaft eines Einzigen (griechisch: "mónos").
Oder man hält eine Elite, d. h. eine Gruppe von wenigen, für die am
besten Geeigneten. So ergibt sich die reine Aristokratie, d. h. die Herrschaft der wenigen Besten – von griechisch "áristos", "der Beste".

Mit Hilfe des doppelten Gleichheitsbegriffs kann man sich leicht klarmachen, daß die reine Monarchie und die reine Aristokratie in der Realität auf ihre Weise ebenso scheitern müssen wie die reine Demokratie. Wie das Beispiel des klassischen Athen gezeigt hat, sind die breiten Volksmassen unfähig, sich selbst vernünftig zu organisieren. Deshalb wird die reine Demokratie zum Spielfeld von Demagogen, die diese Unfähigkeit ausnutzen. Ebenso verfällt die reine Aristokratie, die angebliche Herrschaft der Besten, in der Regel schnell zur Cliquenwirtschaft, und die reine Monarchie entartet fast zwangsläufig zur tyrannischen Willkür, wenn der Monarch nicht nahezu ein Heiliger ist.

So gibt es nach Aristoteles zu jeder reinen Staatsform die entsprechende Entartung. Deshalb hat er sich die nüchterne Frage gestellt: Wie lassen sich das demokratische Prinzip der unterschiedslosen politischen Beteiligung aller und das aristokratisch-monarchische Prinzip der Einräumung bevorzugter Positionen für einen Einzelnen bzw. für eine Elite miteinander vereinbaren? Für Aristoteles war klar: Das demokratische Prinzip der arithmetischen Gleichheit muß die Grundlage eines gerechten Gemeinwesens bilden; daß alle Bürger in ihrem Recht auf Beteiligung, d. h. in ihrer Freiheit gleich sind, muß letztlich bei allen Entscheidungen in öffentlichen Angelegenheiten den Ausschlag geben. Insoweit ist Aristoteles tatsächlich Demokrat. Aber die wesentlichste Aufgabe besteht für ihn darin, auf dieser Grundlage einen Weg zu finden, durch den gleichermaßen das Prinzip der Verhältnisgleichheit berücksichtigt wird, und zwar am besten sowohl in seiner monarchischen wie in seiner aristokratischen Variante.

Aristoteles hat sich in seiner politischen Philosophie im Gegensatz zu Platon bewußt nicht an einem Ideal orientiert, sondern er hat zusammen mit seinen Schülern die Verfassungswirklichkeit von 158 antiken Stadtstaaten kritisch untersucht. In seiner Politik-Vorlesung hat er das Ergebnis vorgelegt. Es lautet: Die relativ erträglichsten Verhältnisse kamen immer dann zustande, wenn in der Verfassung Elemente aller drei Herrschaftsformen gemischt waren; die "Mischung" erwies sich als die beste Vorbeugung gegen die Korruptionstendenzen der reinen Verfassungsarten. Die menschenmöglich vernünftigste Verwirklichung der von allen gewünschten Gerechtigkeit liegt in einer Demokratie mit aristokratisch-monarchischem Einschlag.

Dieser Ansatz des Aristoteles wurde im philosophischen Lehrbetrieb des Hellenismus, wie ihn Cicero während seiner Ausbildung kennenlernte, schulmäßig zu einer Theorie der "gemischten Verfassung" ausgebaut. Ein Menschenleben vor Cicero bezog der griechische Histori-

ker Polybios dieses Konzept erstmals auf den konkreten Verlauf der
Weltgeschichte. Er behauptete: Alle stabilen Staaten waren solche mit
Mischverfassung. Jede der drei reinen Verfassungsarten ist wesenhaft
unstabil; denn jede schlägt in ihre Korruptionsform um, und die wiederum provoziert als Gegenschlag notwendig die Entstehung einer
neuen politischen Ordnung, die ihrerseits dem Schicksal der Entartung
nicht entkommt. So entsteht ein fataler "Kreislauf der Verfassungen".

Cicero knüpft an diese Gedanken von Polybios an und stellt die
Frage: Warum sind die Staaten mit gemischter Verfassung eigentlich
stabiler als solche mit einer reinen Verfassung? Seine Antwort lautet:
weil eine solche Verfassung wegen ihrer Gerechtigkeit mehr Bevölkerungsgruppen zufriedenstellt und deshalb weniger zum politischen
Umsturz Anlaß gibt. Mit dieser Antwort nimmt Cicero Platons Grundfrage nach dem wahrhaft gerechten Gemeinwesen wieder auf, und deshalb übernimmt er den Titel von Platons Hauptwerk auf lateinisch: "De
re publica" ist die Übersetzung von "Politeia", "Ordnung der Polis".
Nun war "res publica" aber auch der Name der Römer für ihren Staat.
Deshalb hatte Ciceros Wahl dieses Titels einen raffinierten Hintersinn:
Jeder Römer konnte aus ihm heraushören: Die Ordnung unseres
Gemeinwesens ist die reale Verwirklichung dessen, wovon Platon nur
utopisch geträumt hat. Das ist der Weg, auf dem der Begriff "Republik"
durch Cicero zu d e r überragenden Norm unseres europäischen Staats-
verständnisses geworden ist.

Wie kommt Cicero zu seiner extremen Hochschätzung des römischen Staates? Ihm genügt eine allgemeine Theorie der Mischverfassung
nicht, sondern er will als praxisnah denkender Römer wissen: An welchen Stellen im Staat und jeweils in welcher Dosierung sollen denn die
monarchischen und aristokratischen Elemente in die im Prinzip demokratische Ordnung eingebaut werden? Auf diese Frage findet Cicero die
Antwort in der römischen Geschichte. In ihr war es im Unterschied zu
anderen Staaten mit Mischverfassung gelungen, die drei Verfassungselemente besonders ausgewogen zu kombinieren. Aber woran hatte das
gelegen?

Cicero lenkt unsere Aufmerksamkeit auf die ersten Jahrhunderte
römischer Geschichte, die von erbitterten Kämpfen zwischen den verschiedenen Ständen oder Klassen der Bevölkerung beherrscht waren.
Daß diese Auseinandersetzungen gut ausgingen, war nach Cicero der
Geschicklichkeit vieler Einzelner zu verdanken. So wurde am Anfang
das Königtum gestürzt, ohne daß die Revolutionäre das monarchische
Verfassungselement völlig über Bord geworfen hätten. Dann mußten

sich die Aristokraten in der Auseinandersetzung mit dem Volk verteidigen und lernten dabei, ihre Ansprüche zurückzustecken. Schließlich waren die Führer der Volksmassen besonnen genug, nicht auf einer Ausdehnung ihrer Macht bis zur reinen Demokratie zu bestehen. Auf diese Weise kam es zu einem praktikablen Ausgleich zwischen dem Freiheits- und Gleichheitsstreben des ganzen Volkes und den Herrschaftsinteressen der Begabungs- und Vermögenselite.

Platon hatte als typischer Grieche und Theoretiker geglaubt, es komme alles auf die ideale Verfassungskonstruktion an, und die besten Konstrukteure seien die Philosophen, also die mit Gerechtigkeitsfragen befaßten Wissenschaftler. Der realistische Römer Cicero hingegen orientiert sich – ähnlich wie schon Aristoteles – an der Geschichte und stellt fest: Eine wahrhaft ausgewogene und damit gerechte Verfassung läßt sich nicht am grünen Tisch der Wissenschaft ausdenken. Sie kann nur in einer günstig verlaufenden geschichtlichen Entwicklung zustande gebracht werden, und dabei spielt die Geschicklichkeit der verantwortlichen Politiker die entscheidende Rolle. Diese Politiker waren in der römischen Geschichte gerade keine Wissenschaftler. Aber sie besaßen eine entscheidende Fähigkeit: Sie waren in der Lage, im voraus nüchtern abzuschätzen, wann der Staat in seiner Verfassung einseitig und damit korrupt zu werden drohte. Diese Voraussicht, lateinisch: "providentia", führte zum guten Ausgang der Standeskämpfe, d. h. zur gelungenen Mischung der Verfassungselemente.

Von dem Wort "providentia" ist, wie Cicero richtig beobachtet hat, das Wort "prudentia" abgeleitet, das man mit "Klugheit" ins Deutsche übersetzt (mehr dazu in den Kapiteln 9 und 12). Cicero wäre es im Unterschied zu uns nie in den Sinn gekommen, die "Klugheit", die besonnene pragmatische Beurteilung von Situationen im Hinblick auf die Zukunft, als die unmoralische Grundsatzlosigkeit von bloßen "Machern" abzuqualifizieren. Er verließ sich wie die Römer überhaupt auf die Klugheit von Einzelnen, nicht auf Parteiprogramme, wissenschaftliche Konstruktionen oder gar ideologische Weltverbesserungsrezepte. Deshalb machten die Kandidaten bei römischen Wahlen auch keine Propaganda mit irgendwelchen Programmen, sondern sie verließen sich ausschließlich darauf, daß sie von bereits bekannten Leuten ihren Wählern aufgrund ihrer Vertrauenswürdigkeit empfohlen wurden. Diese Art von Wahlreklame kann man noch heute an den Wänden der ausgegrabenen Stadt Pompeji finden. So sprach Cicero nur eine allgemein römische Überzeugung aus, wenn er in seiner Staatsschrift behauptete, daß es die Klugheit vieler Einzelner war, der die römische

Republik die gerechte Ausgewogenheit ihrer Verfassungselemente und damit ihre Stabilität verdankte.

Das Gefüge der römischen Republik, wie es sich schließlich eingespielt hatte, beruhte auf einem ausgeklügelten Zusammenwirken verschiedener Machtinstanzen. In Beschränkung auf das Wesentlichste kann man sagen: Die Basis des staatlichen Lebens bildeten die verschiedenen Arten von Volksversammlungen, die Komitien. Die Regierung lag bei den sogenannten Magistraten. An ihrer Spitze standen die beiden Konsuln, im Range nach ihnen amtierten vor allem die Prätoren, d. h. die für die Gerichtsbarkeit Letztverantwortlichen, und die Quästoren, d. h. die oberste Finanzbehörde. Die dritte Säule des Gemeinwesens neben Komitien und Magistraten war der Senat.

Es ist für unser Verständnis dieser Ordnung sehr aufschlußreich, wie Cicero diese Verfassungselemente nun mit Hilfe der Theorie der gemischten Verfassung interpretiert. Die Volksversammlungen (und die Volkstribunen, ein eigenes schwieriges Problem) deutet er als das demokratische, die Magistrate als das monarchische und den Senat als das aristokratische Element. Seine Begründung dafür lautet: Jedes dieser Verfassungselemente leistet einen spezifischen Beitrag, den die anderen Elemente nicht bringen können, und diese Beiträge weisen jeweils unverwechselbar ein demokratisches, monarchisches und aristokratisches Gepräge auf.

Der Beitrag des Senats zum Funktionieren des Staats heißt lateinisch "consilium": der kompetente und aus gemeinsamer Beratung hervorgehende Rat. Der römische Senat hatte in der Tat, juristisch gesehen, im Unterschied zu unseren heutigen Parlamenten nur Beratungsfunktion. Aber die Ratschläge, die aus seiner Beratung hervorgingen, besaßen faktisch doch die Verbindlichkeit von Beschlüssen. Diese eigentümliche, juristisch nicht festgeschriebene und doch real vorhandene Verbindlichkeit nannten die Römer "auctoritas", wovon unser Begriff "Autorität" abgeleitet ist. Die so verstandene Autorität des Senats beruhte darauf, daß ihm alle ehemaligen Mitglieder eines Magistratsamtes, also alle politisch besonders Erfahrenen auf Lebenszeit angehörten.

So wie dem Senat "auctoritas" zukommt, erscheint in allen Magistraten, also in der Regierung, nach Cicero eine andere Komponente: die "potestas". "Potestas" heißt "Macht", aber in einem ganz bestimmten Sinne, nämlich die Amtsvollmacht, d. h. die öffentliche Befugnis, für das Ganze des Staates Entscheidungen zu treffen.

Die Frage ist, wie trotz dieser monarchischen und aristokratischen Komponenten das demokratische Element in der gemischten Verfassung Roms gewahrt bleiben konnte. Was kann einen Staat überhaupt davor schützen, daß die Inhaber der Beratungs- und Amtsvollmacht, der Auctoritas und der Potestas, also wie wir heute sagen würden: Parlament und Regierung, ihre Macht nicht mißbrauchen? Es gibt, das war schon eine prinzipielle Erkenntnis des Aristoteles, nur e i n wirklich zuverlässiges Vorbeugungsmittel: regelmäßige Neuwahlen und der durch solche Wahlen gewährleistete Wechsel der Amtsinhaber. In Rom geschah das wie in Athen jedes Jahr.

Wegen der grundlegenden Bedeutung des Wechsels muß das Wahlrecht der Bereich sein, worin es im Sinne der arithmetischen Gleichheit keinen Abstrich an den Beteiligungsrechten geben darf. Durch das Wahlrecht ist die Gesamtheit der Bürger die Instanz, vor der sich alle zur Entscheidung oder Beratung Bevollmächtigten letztlich rechtfertigen müssen. Hier liegt für Cicero das unentbehrliche demokratische Element.

Was Cicero aber eigentlich befürchtete, war die Untergrabung der Autorität des Senats. Er sah, wie die Republik zwischen zwei politischen Flügeln zerrieben wurde: Den einen bildeten diejenigen, die das

Ein Teil des Reliefs auf dem großen Altar, den Augustus aus Anlaß der langen Friedenszeit unter seiner Regierung in Rom aufstellen ließ (Ara pacis Augustae, 13 v. Chr.). Die Darstellung zeigt einige Würdenträger des römischen Staates; die Ämter aus der Zeit der Republik blieben in der mit Augustus beginnenden Kaiserzeit erhalten.

demokratische Element übersteigerten und sich zu Fürsprechern der wirklichen oder vermeintlichen Interessen der Volksmassen machten. Auf dem anderen Flügel standen diejenigen, die wie Cäsar die Rettung für die Republik von einer starken Ausweitung des monarchischen Prinzips erwarteten: Sie betrieben eine Ermächtigungspolitik, durch die ein "erster Mann", lateinisch: ein "princeps", mit außergewöhnlichen Vollmachten auf Lebenszeit an die Spitze des Staates gelangen sollte.

Cicero sollte mit seiner Befürchtung recht behalten. Wenige Jahre nach seinem Tod verschob sich durch Augustus das Gleichgewicht der gemischten Verfassung zugunsten des monarchischen Elements. An die Stelle der Republik trat die Herrschaft eines "princeps", der Prinzipat. Trotzdem hatte Cicero seine Staatsschrift nicht ganz umsonst geschrieben. Die Bedeutung des aristokratischen Elements, d. h. der Autorität des klug beratenden Gremiums blieb seit Cäsars Ermordung im Jahre 44 v. Chr., bei der sich die Attentäter übrigens auf Cicero berufen hatten, im allgemeinen Bewußtsein so lebendig, daß Augustus höchsten Wert darauf legen mußte, den Senat zu respektieren. Überhaupt war er so geschickt, das ganze Gefüge der verschiedenen republikanischen Machtinstanzen wenigstens als Fassade intakt zu lassen, so daß sich ein traditionsbewußter Römer zur Not noch immer im Geiste von 'De re publica' mit dem Staat des Augustus identifizieren konnte.

Zu einer radikalen Übersteigerung des monarchischen Elements kam es in Rom erst in der Spätantike, als aus dem "princeps", dem ersten Mann an der Staatsspitze, ein "dominus", ein "Herr", wurde. "Dominus" bezeichnet in der lateinischen Sprache ursprünglich den Hausherrn, den "pater familias", der in der römischen Großfamilie unbeschränkt über Frau, Kinder, Personal und Sklaven schalten und walten konnte. Erst als die Kaiser den Staat gewissermaßen als ihren ins Immense vergrößerten Haushalt betrachteten und darin wie ein allmächtiger Hausherr zu herrschen begannen, also im Zeitalter des "Dominats" solcher Herrscher wie Diokletian, Konstantin, Theodosius – erst jetzt war der republikanische Geist endgültig tot.

Dieser Geist lebte aber am Ende des Mittelalters und im klassischen staatsphilosophischen Denken der Neuzeit wieder auf. Im 18. Jahrhundert erhebt der Franzose Montesquieu in seiner berühmten Untersuchung über den römischen Staat dessen republikanische gemischte Verfassung zum großen Vorbild und wird damit zu einem der Wegbereiter der Französischen Revolution. Das gleiche Ideal hatten die historisch und philosophisch gebildeten Begründer der amerikanischen Demokratie, die "Väter" der amerikanischen Verfassung.

Freilich ließ sich das römische Republikmodell nicht ohne weiteres in die Neuzeit übertragen. Inzwischen hatte sich, vorbereitet durch das spätrömische Dominat-Kaisertum, etwas Entscheidendes geändert. Das antik-mittelalterliche Gemeinwesen war immer nur eine lockere Bürgervereinigung gewesen; charakteristischerweise hieß deshalb bei den Römern das, was wir in der Neuzeit "Staat" nennen, bescheidener "civitas", "Bürgerschaft". Der zentral absolutistisch gelenkte Verwaltungsstaat, der sich zu Beginn der Neuzeit auf der Bühne der Weltgeschichte etabliert, ist keine Bürgervereinigung mehr, sondern formiert sich als eine geschlossene Einheit. Sie erst bekommt den Namen "Staat"; genau genommen ist dieser Begriff also auf die Antike nicht anwendbar. In den ersten typisch neuzeitlichen Staaten sind alle Machtbefugnisse in der Hand eines zentralistisch regierenden absoluten Monarchen vereint. Im Prinzip braucht der absolute Herrscher keine Widerstände irgendwelcher Instanzen zu überwinden, die mit ihm bei der Staatslenkung konkurrieren.

Die Wiederentdeckung des Ideals der Republik mußte den ursprünglichen neuzeitlichen Staatsgedanken tiefgreifend erschüttern; denn die gemischte Verfassung ist das genaue Gegenteil eines absolutistischen Zentralismus. Die verschiedenen Elemente der Mischverfassung stehen untereinander in einem unaufhebbaren Spannungsverhältnis. Die Machtbefugnisse sind nicht zu einer Einheit verschmolzen, sondern auf eine Vielheit von politischen Ämtern und Institutionen verteilt, und zur politischen Willensbildung gehört die Reibung dieser Institutionen untereinander. Es kennzeichnet die republikanische Machtausübung, daß sie gerade nicht glatt vonstatten geht.

Deshalb mußte für die neuzeitliche Erneuerung der Republik der zentralistische Verwaltungseinheitsstaat zerschlagen werden. Die Leistung der Römer hatte darin bestanden, in der langen geschichtlichen Entwicklung, die Cicero in seiner Staatsschrift dargestellt hat, die einander widerstreitenden monarchischen, aristokratischen und demokratischen Elemente zu einer allein durch Bürgerklugheit zusammengehaltenen und gerade nicht monolithischen Einheit zusammenzufügen. Die geschichtliche Aufgabe in der Neuzeit bestand genau umgekehrt darin, die übermächtige Staatseinheit wieder in Elemente zu zerlegen.

Ciceros Einräumung aristokratischer Privilegien im Rahmen der Mischverfassung können wir heute nicht mehr akzeptieren. Aber sein Republikmodell ist in verwandelter Gestalt für uns vorbildlich geblieben. Entscheidend ist erstens die Zerlegung der ursprünglich zentralistisch-absolutistisch konzipierten Herrschaft des neuzeitlichen Staats in ein Machtspannungsfeld miteinander konkurrierender Amtsbefugnisse. Diese Streuung der Macht durch Gewaltenteilung, Föderalismus und ähnliche antizentralistische Organisationsprinzipien ist die wichtigste Sicherung der demokratischen Freiheit. Dazu kommt als zweiter bleibender Gedanke: Die Balance im Spannungsfeld der Machtinstanzen und damit ein auf Gerechtigkeit gegründeter innerer Frieden können nur gestiftet und bewahrt werden durch die vorausschauende Klugheit aller Verantwortlichen.

XVIII

Alexandria

Was heißt Neuplatonismus?

Das Stichwort "Platonismus" ist in der Geistesgeschichte Europas ein unentbehrlicher Begriff. Man versteht darunter eine umfassende Grundeinstellung zu Gott, zum Menschen und zur Welt, die sich auf den griechischen Philosophen Platon zurückführen läßt. Mit Neuplatonismus bezeichnet man in der philosophiegeschichtlichen Forschung etwa seit Beginn unseres Jahrhunderts eine besondere Spielart und Epoche des Platonismus, nämlich den Typ dieser Denkströmung, der sich in der ausgehenden Antike seit dem 3. Jahrhundert n. Chr. durchgesetzt hat.

Platon selbst, der erste große Klassiker der griechischen Philosophie und der Philosophie überhaupt, hat im 4. Jahrhundert v. Chr. gelehrt und geschrieben. In den nächsten Jahrhunderten verloren seine Gedanken in der Konkurrenz mit anderen Philosophien zunächst etwas an Einfluß. Aber vom 1. vorchristlichen Jahrhundert an gewannen sie wieder mehr und mehr an Überzeugungskraft. Den Höhepunkt dieser Entwicklung bildete das Denken eines Mannes, der heute mit Recht nach Platon und Aristoteles als der dritte große Klassiker der griechischen Philosophie gilt. Dieser Philosoph hieß Plotin. Er wurde um 204 n. Chr. geboren und stammte vielleicht aus Ägypten. Mit ihm läßt die Forschung heute den Neuplatonismus beginnen.

Über Plotins Herkunft wissen wir nicht viel. Er hat seit seinem 28. Lebensjahr im geistigen Zentrum der damaligen Welt, in Alexandria in Ägypten, über ein Jahrzehnt studiert. Seit 244 hat er in Rom gelehrt und dort großen Erfolg gehabt. Die angesehensten Leute, sogar der Kaiser Gallienus und seine Gemahlin, haben seine Vorlesungen gehört und ihn gefördert. Gestorben ist er im Jahre 270.

Nichts im heutigen Alexandria erinnert noch an Plotin. Aus seinem Jahrhundert stammt die seit wenigen Jahren freigelegte römische Thermenanlage im Stadtzentrum. Keine Spur mehr vom Museion, der weit-

Plotin
(um 204 – 270 n. Chr.)

aus größten Bibliothek im Zeitalter des Hellenismus, an der die bedeutendsten Gelehrten dieser Epoche tätig waren. Nichts macht uns heute noch bewußt, daß es der durch ihre Arbeit begründete "alexandrinische" Geist war, der gegen Ende des 2. Jahrhunderts in dieser Stadt einen Gelehrten namens Clemens dazu inspirierte, erstmals die christliche Offenbarung mit den Mitteln griechischer Bildung und Philosophie zu interpretieren und damit die christliche Theologie als Wissenschaft zu begründen. Sein großer Nachfolger Origenes hörte in Alexandria jahrelang bei demselben platonischen Philosophen Ammonios Sakkas Vorlesungen, bei dem auch Plotin ein gutes Jahrzehnt studierte.

So wenig uns heute in Alexandria an die Entstehungszeit des Neuplatonismus erinnert, so sehr läßt uns die spätantike und byzantinische Bildkunst überall am Mittelmeer, auf dem Balkan, im ganzen slawischen Kulturbereich den Geist des Neuplatonikers Plotin gegenwärtig werden. Jeder Kunstinteressierte kennt einige auffallende Merkmale dieser Bildkunst: den Verzicht auf plastische Lebensnähe und Perspektivität, das Sichdurchsetzen des Goldhintergrundes, die zunehmende

Vorherrschaft des Symbolischen, die Hierarchisierung der Bilderwelt und andere Erscheinungen.

Alle diese Züge lassen sich als Ausdruck eines tiefgreifenden Umbruchs im spätantiken Daseinsgefühl interpretieren. Aber was erklärt diesen Umbruch selbst? Soll man ihn auf die neue christliche Sinndeutung der menschlichen Existenz zurückführen, die damals am Mittelmeer vordrang? Doch aus ihr allein läßt sich die Revolutionierung der Kunst und darüber hinaus des ganzen geistigen Lebens in den letzten Jahrhunderten der Antike nicht ableiten; denn aus anderen Zeitaltern und Kulturen sind uns ganz anders geartete Möglichkeiten christlich motivierter Kunst und Kultur bekannt. Die Historiker auf den verschiedenen Gebieten der Kultur- und Geistesgeschichte verweisen zur Erklärung der Eigentümlichkeit der spätantik-christlichen und der beginnenden ostchristlich-byzantinischen Kunst und Geisteswelt immer wieder auf den Neuplatonismus, die andere große geistige Kraft neben dem Christentum in der Spätantike.

Was änderte sich in der geistigen Grundstimmung beim Übergang zur Spätantike? In der klassischen Zeit des Griechentums, im 5. und auch noch im 4. Jahrhundert v. Chr., ebenso in den folgenden Jahrhunderten in der Zeit der römischen Republik hatten die Menschen die Grundlage für die Erfüllung ihres Lebens im öffentlichen, politischen Zusammenleben gesehen. In der Kaiserzeit wurde das Leben mehr und mehr entpolitisiert. In einer Atmosphäre tiefster Verunsicherung verbreitete sich eine jenseitsorientierte religiöse Grundstimmung. Sie war der Nährboden für eine Fülle von Kulten, Mysterienreligionen, abergläubischen Geheimlehren, die vor allem aus dem Osten des Reiches den Mittelmeerraum überfluteten, darunter auch das Christentum. Diese religiöse Grundstimmung bereitete auch dem Siegeszug des Platonismus unter den Gebildeten den Weg.

Die neue Atmosphäre unterscheidet das Denken Plotins wesentlich von Platon. Dessen ursprüngliches philosophisches Motiv war die Erneuerung des Zusammenlebens im griechischen Gemeindestaat, in der Polis. Plotin hingegen dachte ganz unpolitisch. Erst sein Denken hat den über alles Irdische hinausstrebenden Zug der radikalen Vergeistigung, den wir heute gemeinhin mit dem Namen Platon verbinden, wenn wir z. B. etwas spöttisch von platonischer Liebe reden. Den idealistischen Platon unserer Klischeevorstellung hat es tatsächlich als ganz große Gestalt unserer Geschichte gegeben, nur war es nicht Platon, sondern Plotin.

Es gab aber eine Seite bei Platon, an die Plotin anknüpfen konnte.
Platon hatte in der Krise der Polis die Überzeugung: Das Menschenleben muß auf die Dauer scheitern, wenn es keine Besonnenheit, Gerechtigkeit, Tapferkeit usw. mehr auf Erden gibt. Aber um wieder
entschlossen gerecht, besonnen usw. handeln zu können, muß man erst
einmal begriffen haben, wonach man sich dabei richten soll. Das heißt,
man muß wissen, was das eigentlich ist: die Gerechtigkeit, die Tapferkeit usw. Alle etwa, die gerecht handeln, bieten damit zwar ein Beispiel
für Gerechtigkeit. In den einzelnen Beispielen gerechten Verhaltens
kommt aber etwas über diese Einzelbeispiele Hinausgehendes zum
Vorschein: die Gerechtigkeit überhaupt, das Gerechtsein selbst. Nur
weil wir vorab zum Einzelfall eine Vorstellung vom Gerechtsein überhaupt haben, kann uns irgendein Einzelfall als gerechtes Verhalten
erscheinen (mehr dazu in Kapitel 8).

Nun kann man sich leicht klarmachen, daß diese Überlegung nicht
nur auf das moralische Verhalten paßt, sondern sich auf alles überhaupt
ausdehnen läßt. Bei allem in der Welt bringen wir eine gewisse Vor-
kenntnis mit, die uns erst möglich macht, zu erfassen, w a s die einzelnen Beispiele sind. Um beispielsweise erkennen zu können, daß ein
Teller und die Sonne rund sind, müssen wir schon wissen, was Rundsein ist. Das zeigen die beiden Sätze "der Teller ist rund" und "die Sonne
ist rund". Die Sätze enthalten einen gemeinsamen Bestandteil, nämlich
die Wörter: "ist rund". Das Rundsein steht in den Sätzen fest; nur das,
w a s jeweils rund ist, ist austauschbar, variabel. Die Sätze bringen also
zum Ausdruck, daß wir bereits einen feststehenden Gesichtspunkt
besitzen, dem wir verschiedene Gegenstände als auswechselbare Beispiele unterordnen. Wir bringen gewissermaßen eine geistige Schublade
mit, in die wir die einzelnen Gegenstände, die uns in der Welt begegnen,
einordnen. Die geistige Schublade bei unserem Beispiel ist das Rundsein. Sie bildet eine Hinsicht, einen bleibenden Gesichtspunkt, den wir
schon haben müssen, damit wir von irgend etwas Einzelnem sagen
können: "es ist rund". "Gesichtspunkt", "Hinsicht" heißt auf griechisch "idéa", "Idee" (Näheres dazu in Kapitel 6).

Ohne leitende Hinsichten, Ideen, können wir von keinem Gegenstand in unserer Welt sagen und erfassen, was er ist. Auch wenn ich
sage: dies ist ein Mensch, oder: da liegt das Meer, verdanke ich die
Möglichkeit, so zu reden, einer Idee, der Idee des Menschseins oder des
Meerseins; denn sonst könnte mir das, was mir jeweils begegnet, gar
nicht erst a l s etwas erscheinen, nämlich als Meer, als Mensch, als
rund, als gerecht und als was auch immer. Kurz: ohne Ideen gäbe es

für uns überhaupt keine Welt. Damit ist aber klar: Es gibt nicht bloß die Welt, die wir sehen, hören, tasten usw., die Welt unserer Erfahrung, sondern außerdem noch eine Welt von Ideen, in deren Licht wir die Erfahrungswelt überhaupt erst erkennen können. Durch die Ideen geht uns ein Licht auf, nämlich das Licht unserer Welterkenntnis überhaupt.

Die Ideen sind nun aber nicht nur der Grund dafür, daß die Welt unserer Erkenntnis zugänglich ist. Sie haben auch eine Bedeutung für die Dinge selbst: Sie machen sie zu dem, was sie sind. Dieser Gegenstand hier ist ja nicht nur in meiner Vorstellung, sondern w i r k l i c h ein Stuhl. Und dies gilt nicht nur für dieses eine Ding hier, sondern für all die vielen Dinge, die wir Stühle nennen. Sie alle sind das, was sie sind, dadurch, daß sie gleichermaßen teilnehmen, teilhaben an dem Stuhlsein, das ihnen gemeinsam ist. Diese Teilnahme oder Teilhabe am Stuhlsein ist also bei ihnen allen die Ursache dafür, daß sie das sind, was sie sind, nämlich Stühle. Entsprechend ist die Teilhabe am Rundsein oder Gerechtsein der Grund dafür, daß alles, was in unserer Welt rund oder gerecht ist, eben diese Beschaffenheit besitzt usw.

Deshalb kann man sagen: Die Welt, in der wir leben, unsere Erfahrungswelt verdankt ihr Sein den Ideen. Denn machen wir einmal die Gegenprobe: Was bliebe von den Dingen übrig, wenn wir uns alle ihre Eigenschaften und Beschaffenheiten wegdächten? Was hätten wir noch in der Hand, wenn uns keinerlei Idee mehr als Gesichtspunkt zur Verfügung stünde, um zu sagen und zu erfassen, was dieser Stuhl hier ist? Wenn ich darauf verzichten wollte, dies hier überhaupt a l s irgend etwas zu bestimmen, also nicht mehr als Stuhl, nicht mehr als gerade, nicht mehr als hölzern, nicht mehr als farbig, nicht einmal mehr als Ding – womit hätte ich es dann noch zu tun? Mit nichts! Oder genauer genommen – es bliebe nur noch ein völlig inhaltsleerer Gedanke: ein Gegenstand ohne jede Bestimmung durch Ideen wäre eine Materie, über die man nichts mehr sagen könnte; denn könnte man noch etwas darüber sagen, wäre das schon wieder eine Idee. Deshalb läßt sich eine solche völlig unbestimmte Materie konkret vom reinen Nichts nicht mehr unterscheiden. Wenn irgend etwas konkret existiert, dann ist es auch schon etwas Bestimmtes, d. h. etwas durch irgendwelche Ideen Geprägtes. Anders ausgedrückt: Wenn etwas konkret i s t , dann besitzt es immer auch eine Gestalt im weitesten Sinne dieses Wortes, d. h. eine Formung durch Ideen. Die Existenz unserer Welt ist durch und durch gestalthafte Existenz, und zwar durch Teilhabe an der Welt der Ideen.

Sogenannter "Philosophensarkophag", Rom, um 280 n. Chr.

Mit diesem Gedanken stehen wir mitten im Platonismus. Die folgenden Überlegungen werden einige Möglichkeiten vorführen, wie sich dieser Gedanke weiter entfalten läßt. Das mag einen Eindruck von dem ersten wirklich systematisch aufgebauten Denkgebäude der Philosophiegeschichte geben. Aber der Leser muß sich dafür mit ein wenig Geduld wappnen. Auch für eine lockere Nachzeichnung von Plotins Systematik reicht der übliche Kapitelumfang dieses philosophischen Reiseführers nicht aus.

Der Gestalthaftigkeit durch die Teilhabe an den Ideen verdankt unsere Welt einige Grundeigenschaften, vor allem die, daß sie gut ist. Das Wort "gut" hat hier noch keinen moralischen Sinn, sondern bedeutet "vollkommen". Das Gegenteil von "gut" in diesem Sinne ist "schlecht". Wenn man z. B. einen faulen Apfel als schlecht bezeichnet, dann will man damit sagen: er entspricht nicht unserer Erwartung. Unsere Erwartung ist, daß ein reifer Apfel bestimmte Eigenschaften besitzt. Diese Eigenschaften machen ihn überhaupt erst zu dem, w a s er ist, nämlich: ein reifer Apfel. Sie verleihen ihm seine Gestalt – in dem weiten Sinne, in dem wir dieses Wort im vorliegenden Zusammenhang verwenden.

Jedem Schlechten fehlt etwas von den Eigenschaften, die das Betreffende zu dem machen, was es ist. Schlechtigkeit ist also ein Mangel an Gestalt. Das ganz und gar Schlechte ist demnach die völlig ungeformte, gestaltlose Materie. Aber wie sich eben zeigte, ist das nur ein völlig inhaltsleerer Gedanke, ein Nichts. Alles, was konkrete Existenz besitzt, hat auch schon Gestalt; es ist etwas Bestimmtes; man kann sagen, was es ist. Das heißt aber: Nichts Konkretes ist ganz und gar schlecht; alles ist gut, zwar in höherem oder geringerem Maße, aber es ist jedenfalls gut, will sagen: in gewissem Grade vollkommen.

Diese Vollkommenheit von allem, was es gibt, erklärt, warum es uns möglich ist, zu sagen: die Welt und die Dinge sind schön. Die Schönheit der Welt ist der Glanz ihrer Vollkommenheit. Eben hatte sich herausgestellt: Durch die Ideen geht uns ein Licht auf; denn im Licht der Ideen erscheinen uns die Dinge als das, was sie sind. So sind die Ideen ein geistiges Licht. Nun hat aber alles, was ist, an den Ideen teil. Deshalb strahlt in allem, was es gibt, ihr geistiges Licht. Dies ist der Glanz, der über aller Gestalthaftigkeit liegt. Da auch das Geringste und Minderwertigste, was ist, noch immer einen Rest von Gestalt besitzt – sonst wäre es konkret nichts –, ist alles, was ist, schön (mehr zu diesem Thema in Kapitel 6).

Trotz ihrer Gestalthaftigkeit, also ihrer Vollkommenheit und Schönheit, ist unsere Welt aber kein Paradies. Sie ändert sich nämlich immerfort; das Vollkommene und Schöne in der Welt hat keinen Bestand. Über kurz oder lang bleibt nichts das, was es war. Nur die Ideen ändern sich nicht. Sie sind ewig. Die Dinge unserer Erfahrungswelt sind vergänglich und veränderlich. Allerdings ist die Veränderung in der Welt nicht einfach ein chaotisches Durcheinander, sondern es gibt darin eine überall wiederkehrende Verlaufsform, die mit der Gestalthaftigkeit und den ewigen Ideen zusammenhängt. Die Bronzestatue des Wagenlenkers in Delphi war z. B. einmal flüssiges Erz. Als das Erz in seine Form gegossen wurde, trat es ein in eine Gestalt und gewann damit eine Existenz als Statue. Umgekehrt: wenn diese Statue eines Tages von irgendeinem Barbaren eingeschmolzen würde, verlöre sie ihre gestalthafte Existenz. So steht es mit allem, was es gibt und was sich verändert: Alles Werden und Vergehen ist Gestaltwerdung und Gestaltverlust – ein platonischer Gedanke, den erst Aristoteles ausgearbeitet hat (Näheres in Kapitel 11).

Welches Verhältnis haben nun Gestaltwerdung und Gestaltverlust untereinander? Stehen sie eigentlich auf einer Stufe, oder hat eines von beiden den Vorrang? Die Antwort ergibt sich, wenn man die Welt in ihrer Gesamtheit, das Weltall, betrachtet – die Griechen sprechen vom Kosmos. Die einzelnen Gegenstände in der Welt entstehen eines Tages und vergehen auch wieder. Aber verglichen mit der Vergänglichkeit der einzelnen Gegenstände in der Welt ist die Welt selbst, der Kosmos, etwas Beständiges. Das Weltall überdauert den Untergang der Einzeldinge in ihm. Das bedeutet aber: Aufs Ganze gesehen trägt nicht der Gestalt- und damit Existenzverlust den Sieg davon, sondern die Gestaltwerdung. Der Kosmos behauptet in allem Vergehen seiner einzelnen Bestandteile ständig seine Existenz; wenn irgendwo etwas vergeht, nimmt anderswo wieder Neues Gestalt an. So sorgt die Gestaltwerdung immerfort für Erneuerung. Und das heißt: In allem Werden gibt es einen beherrschenden Zug: die Tendenz zur Gestaltwerdung, einen Drang zur Vollkommenheit und Schönheit.

In der Natur findet ständig und überall, ohne daß wir uns darum zu kümmern brauchten, Gestaltwerdung statt. Diesen Prozeß, der sich immerfort ganz von selbst ereignet, bezeichnen wir als Leben. Also können wir sagen: Es gibt ein Leben des Weltganzen, die Gestaltwerdung, die sich ohne unser Dazutun allerorts und stets aufs neue gegen den Gestaltverlust durchsetzt. Diese umfassende Gestaltwerdung ist das Leben der Welt. Das Weltall, der Kosmos ist in diesem Sinne lebendig.

Das altgriechische Wort für "Leben", "Lebendigkeit" ist auch dem Laien bekannt. Es lautet "psyche", was wir mit "Seele" übersetzen. Auch im Deutschen bedeutet "Seele" ursprünglich "Leben"; denn wenn man von einem toten Lebewesen oder dem Leichnam eines Menschen sagt, der betreffende Körper sei entseelt, dann meint man: das Leben, die Lebendigkeit ist daraus gewichen. Damit hat sich jetzt eine unerwartete Feststellung ergeben; sie lautet: Die Welt hat eine Seele, d. h. eine Lebendigkeit, die zu ihrer Existenz gehört, nämlich die alles durchdringende Gestaltwerdung. In diesem Sinne gibt es eine Weltseele. Sie sorgt dafür, daß die Welt als Natur lebendig ist, d. h. daß sich immerfort und überall eine Prägung von gestaltloser Materie in Gestalt, ein Geformtwerden durch Teilhabe an den Ideen vollzieht.

Aber nun ist die Frage: Auf welche Weise sorgt die Weltseele für die allumfassende Gestaltwerdung? Damit die Weltseele die gestaltlose Materie mit Hilfe der Ideen formen kann, muß es diese Ideen irgendwie und irgendwo schon geben. Die Ideen sind gewissermaßen die Baupläne für alles, was existiert, damit es durch Teilhabe an ihnen das sein kann, was es jeweils ist. Sie sind die ewigen Urbilder, denen die Dinge dieser Welt nachgebildet sind. Durch die Gestalthaftigkeit unserer vergänglichen Welt hindurch erblicken wir die unvergänglichen geistigen Urbilder, die Ideen. Aber wo und wie existieren diese Ideen selbst?

Wir würden heute antworten: Die Ideen sind etwas "in unserem Kopf", d. h. sie sind Vorstellungen im Bewußtsein. Dem könnte Plotin in gewissem Sinne zustimmen. Er würde sagen: Es ist richtig, daß die Ideen etwas mit Bewußtsein, nämlich mit Denken zu tun haben; denn was soll dergleichen wie das Rundsein, das Gerechtsein, das Stuhlsein usw. anderes sein als Gedanken? Was man mit den Augen sehen kann, sind einzelne Stühle, runde Dinge, gerechte Menschen usw. Aber das Stuhlsein überhaupt, das Rundsein als solches, das Gerechtsein selbst – das alles kann man nicht sehen, hören oder tasten, sondern nur denken. Die Ideen müssen also Gedanken sein.

Aber wer denkt diese Gedanken, in wessen Denken treten sie auf? Es ist nicht möglich, daß die Ideen nur die jeweiligen Gedanken von einzelnen Menschen sind; denn der einzelne Mensch lebt nur kurze Zeit und nur in einem Ausschnitt des Weltalls. Die Ideen aber prägen die Gestalthaftigkeit der Welt zu jeder Zeit und allerorts. Wenn die Ideen etwas Gedachtes sind, und das müssen sie sein, dann kann der Geist, der sie denkt, nicht unser Menschengeist, das Bewußtsein der einzelnen Menschen sein. Es muß also einen umfassenden Geist geben, der die Ideenhaftigkeit der Welt im ganzen denkt. Dieser Geist ist der Ort, wo die Ideen existieren. Die Ideen sind die Gedanken dieses umfassenden Geistes.

Die bisherigen Überlegungen lassen vor unserem inneren Auge eine Art Stufenbau entstehen: Die unterste Stufe ist die gänzlich ungeformte Materie, das völlig Schlechte. Aber sie ist ein bloßes Nichts. Das konkrete Seiende ist von Grund auf gestalthaft und damit gut und schön. Die Gestalthaftigkeit verdankt das Seiende in unserer veränderlichen Welt aber der Weltseele. Die Weltseele ihrerseits setzt bei ihrer Gestaltgebung den umfassenden Geist voraus. Ist der Geist nun schon die höchste Stufe in diesem Aufbau, oder setzt er seinerseits noch etwas anderes voraus?

Die Gestaltgebung verdient noch genauere Aufmerksamkeit. Was kommt eigentlich hinzu, wenn etwas, was wenig Gestalt besitzt, mehr Gestalt gewinnt? Bevor ein Kuchen z. B. seine Gestalt angenommen hat, war er Kuchenteig. Ein Vergleich des fertigen Kuchens mit dem Kuchenteig kann hier lehrreich sein. Wenn ich von dem Kuchen ein

Stück abschneide, beeinträchtige ich seine Gestalt, ich nehme ihm etwas von seiner Vollkommenheit. Deshalb fällt es uns ja schwer, eine besonders schöne Torte anzuschneiden. Daran sieht man: Etwas vollendet Gestalthaftes will nicht geteilt werden, es bildet eine Einheit, von der man nichts wegnehmen darf, wenn sie vollendet bleiben soll. Bei dem weniger gestalthaften Kuchenteig ist das anders. Er bleibt Teig, auch wenn ich mehrere Klumpen daraus bilde. Jeder Klumpen behält seine Gestalt, nämlich die Gestalt "Teig". Hingegen das Gestalthafte höheren Ranges verliert seine Gestalt, wenn man seine Einheit zerteilt.

Auch der einzelne Teigklumpen ist schon eine Einheit, aber die Einheit besitzt noch nicht einen so innigen Zusammenhalt wie etwas Gestalthaftes höheren Ranges. Je mehr Gestalt, um so mehr Einheit, d. h. um so weniger Teilbarkeit. Mehr oder weniger Gestaltgebung heißt also, die Weltseele prägt durch die Ideen ein höheres oder geringeres Maß an Einheit in die Materie hinein. Dabei bezieht die Weltseele die Ideen, also das, was jeweils Einheit herbeiführt, vom Geist. Demnach kann man sagen: In dem eben skizzierten Stufenbau hat der Geist die Aufgabe, der Weltseele für ihre Gestaltung der Welt Einheit vorzugeben. Die Gestaltgebung zielt auf Vollkommenheit. Die höchste Vollkommenheit wäre eine ganz und gar unteilbare Einheit. Diese Ur-Einheit muß der Weltseele im Gestaltungsprozeß als letzter Orientierungspunkt vorschweben; sonst wäre der Gestaltungsprozeß als ganzer ohne Richtung; er wäre nicht konsequent auf Vollkommenheit ausgerichtet. Die innere Tendenz aller Gestaltgebung geht auf eine letzte, unteilbare Einheit. Die Weltseele verdankt bei ihrer Gestaltgebung dem Geist die Ideen und damit die Zielvorgabe. Also muß die Ausrichtung der Weltseele auf eine letzte, unteilbare Einheit aus dem Geist stammen.

Nun stellt sich die Frage von vorhin genauer: Ist der Geist selbst schon diese letzte, unteilbare Einheit? Der Geist ist das Denken, dessen Gedanken die Ideen sind; er besteht im Denken der Ideen. Diese Formel "Denken der Ideen" zeigt aber schon: Der Geist ist nicht die letzte Einheit. Denn er enthält zweierlei: das Denken und die Ideen. Im Geist kann man noch zwei Bestandteile unterscheiden: einerseits das im Geist Gedachte, die Ideen, und andererseits das Denken dieser Gedanken. Also setzt der Geist seinerseits noch etwas voraus, nämlich eine letzte Einheit, ein Eines, worin sich keinerlei Bestandteile mehr unterscheiden lassen – etwas Einfaches, das so einfach ist, daß es darin nicht einmal das Zweierlei von Denken und Gedachtem gibt.

Dieses einschränkungslos Einfache, das Ur-Eine, ist die Grundlage für den Geist. Es ist das Höchste und Letzte, was die Philosophie denken kann. Aber Vorsicht: kann man das Ur-Eine überhaupt denken? Denken heißt: irgendwelche Gedanken miteinander verbinden. Beim Denken kommt also immer eine Vielheit vor, nämlich mehreres, was untereinander in Beziehung gesetzt wird. Im Einen gibt es aber keinerlei Vielheit mehr, sondern nur noch völlig einfache Einheit. Das Eine übersteigt also unser Denken. Wir können wohl noch denken, daß es das Eine als Urgrund geben muß, weil es die Voraussetzung ist für den Geist, und den Geist muß es geben als Voraussetzung für die Weltseele, und die wiederum als Grund unserer Erfahrungswelt. Unser Denken steigt also von der Erfahrungswelt stufenweise auf bis zum Einen, aber das Höchste bei diesem Aufstieg entzieht sich dem Denken. Der Urgrund ist ein Jenseits, das dem Denken unerreichbar bleibt, ein Geheimnis von unausdenklicher Erhabenheit.

Dieser Gedanke bedeutet eine tiefgreifende Wende in der Philosophie- und Geistesgeschichte, vielleicht die folgenschwerste Wende überhaupt; denn das Eine ist Gott, Plotin nennt es sogar den Vater. Die antiken Götter, alles Göttliche, was bis dahin in der Antike gedacht oder verehrt worden war, war immer ein Bestandteil der Welt. Es gehörte noch in den Kosmos (mehr dazu in Kapitel 5). Mit dem Gedanken, daß Gott das schlechthin Jenseitige ist, wird der geschlossene Kosmos der Antike aufgesprengt. Es gibt nun erstmals etwas im strengsten Sinne Überweltliches, Transzendentes, oder, wie wir heute – noch immer im Geist Plotins – sagen, etwas "Absolutes", d. h. etwas von allem, was unserem Denken erreichbar ist, "Abgelöstes".

Dieses Absolute ist in seiner Einfachheit das Vollkommenste, d. h. das vollendet Gute. Deshalb nennt Plotin es auch das Gute. Aber wenn es die Vollendung schlechthin ist, kann man fragen: Warum läßt es das Eine überhaupt zu, daß es etwas außerhalb seiner, d. h. etwas weniger Vollkommenes als das Eine gibt?

Wie schon erklärt, ermöglicht das Eine den Geist, dieser ermöglicht die Weltseele usw. Etwas, das etwas anderes möglich macht, muß selber die Macht, die Kraft, das Vermögen besitzen, das andere zu ermöglichen. Zur Macht oder Kraft gehört aber, daß sie sich zeigt. Jemandem, der nur seine Muskeln spielen läßt, aber nie seine Kraft in Taten beweist, dem glaubt man am Ende seine Kraft nicht. Kraft oder Macht muß in Erscheinung treten. Sie kann nicht bloß in sich ruhen und verborgen bleiben.

Deshalb muß die unausdenkliche und unaussprechliche Ur-Einheit in Erscheinung treten. Das schlechthin einfach Eine erscheint, indem es sich zeigt als Vielheit von solchem, was man voneinander unterscheiden

und zueinander in Beziehung setzen kann. Das erste, worin es einen
Unterschied gibt, ist der Geist mit seiner Zweiheit von Denken und
Gedachtem. So tritt das Eine zunächst als Geist aus seiner Verborgenheit hervor. Obwohl es das Eine als Urgrund von allem geben muß,
kann man von ihm paradoxerweise nicht einmal sagen: es ist, es existiert. Denn wenn man von etwas sagt: "es ist", dann macht man schon
wieder einen Unterschied, nämlich zwischen der Sache, der man die
Existenz zuspricht, und der Existenz. Das läßt die absolute Einfachheit
des Einen aber nicht zu. Deshalb nennt es Plotin das Überseiende. Erst
das Eine, das aus seiner Verborgenheit hervortritt, indem es als Geist
erscheint, kann man als etwas, was i s t , als etwas Seiendes bezeichnen.
Das überseiende Eine verleiht aus der Fülle seiner Übermacht, aus seiner unendlichen Kraft heraus sich selbst Existenz als Geist und verläßt
damit seine Verborgenheit.

Die Existenz, in der etwas sonst Verborgenes zum Vorschein kommt,
nannte die damalige Philosophie "hypóstasis", "Hypostase". Der Geist
ist das erste In-die-Existenz-Treten, die erste Seinsweise, Hypostase
des Einen. Als Ideendenken ist der Geist Licht. Dieses Licht ist der erste
Abglanz des Ur-Einen. Der Glanz des Ur-Einen selbst leuchtet für
unser Denken zu stark und macht es blind. Aber als Licht des Geistes
wird das Ur-Eine indirekt für uns sichtbar.

Der Geist enthält als seine Gedanken die Ideen. Aber als bloße
Gedanken sind die Ideen noch nicht im vollen Sinne seiend. Sie treten
erst dadurch in die Existenz und zeigen ihre Leuchtkraft erst dadurch,
daß sie zu Urbildern werden, die die Kraft haben, die Materie bei der
Gestaltgebung zu prägen. Deshalb muß auch der Geist sich Existenz
geben, nämlich in der Weltseele. So zeigt sich der Glanz des Einen,
vermittelt über den Geist, in einer zweiten Hypostase, nämlich der
Weltseele. Gott tritt so in dreifacher Seinsweise auf, als der überseiende
absolut Einfache, der Vater, als die erste Hypostase, der Geist, und als
zweite Hypostase, die Weltseele. Man ahnt schon, wenn man das hört,
daß hier die frühe christliche Theologie anknüpfen konnte (Näheres in
Kapitel 23).

Inzwischen hat sich ein Bild vom neuplatonischen Weltaufbau ergeben: Er erstreckt sich gewissermaßen zwischen zwei Extrembereichen
des Unerkennbaren, Verborgenen. Das obere Extrem ist das Eine in
seiner Überhelligkeit. Das untere Extrem ist der Abgrund des Nichts,
die gänzlich ungeformte Materie, das völlige Dunkel. In diesem Dunkel
gibt es noch nichts zu erkennen, weil es n o c h   n i c h t vom Licht der
Ideen erleuchtet ist. Im Gegensatz dazu ist im Ur-Einen n i c h t s

m e h r zu erkennen, weil dort zuviel Licht, zuviel Rationalität herrscht. Das Ur-Eine ist das Überrationale, das Nichts des Schlechten ist das Unterrationale, das eigentlich Irrationale. Zwischen diesen Extremen liegt dreierlei: unsere Erfahrungswelt, die Weltseele und der Geist.

In diesem Aufbau hat nun auch der Mensch seinen Platz. Die menschliche Seele steht wie die Weltseele zwischen dieser Welt und dem Geist. Einerseits wird sie herabgezogen zur Welt, in der das Dunkel des Schlechten, der formlosen Materie, durch Gestaltgebung überwunden werden muß. Deshalb belastet dieses Schlechte die menschliche Seele und verleitet sie zum moralisch Bösen. Der Ursprung des Bösen ist das Nichts der gestaltlosen Materie, die so verstandene Körperlichkeit. Die Menschenseele wird aber auch heraufgezogen, weil sie wie die Weltseele zur Gestalt, also zum Guten und Schönen drängt. Und dieser Drang ist stärker; denn das Schlechte ist ja letztlich nur ein Nichts. Dieses Nichts wird durch das Sein überwunden.

Sein aber bedeutet Gestaltetheit und damit Einheit. Diese Einheit findet die Seele zunächst im Geist; deshalb muß der Mensch seine Seele dem Denken der Ideen zuwenden, d. h. Philosophie treiben. Aber die Philosophie ist hier kein bloßes Gedankenspiel, sondern in erster Linie ein moralischer Aufstieg durch Askese, d. h. ein inneres Sichfreimachen von den Wünschen und Strebungen, die aus der Körperlichkeit herrühren (ähnlich schon bei Platon, siehe Kapitel 6). Plotin sagt: Der Mensch hat die Aufgabe, an sich selbst wie ein Bildhauer an einer Statue zu arbeiten und alle Ecken und Schlacken der Körperlichkeit abzuschlagen und wegzupolieren. Auf diese Weise wird er tugendhaft, d. h., in seiner Seele beginnt der Geist zu leuchten.

Im Leuchten des menschlichen Geistes scheint aber der Glanz des Einen durch. Wenn der Mensch sich genügend reinigt, d. h. inständig und über Jahre an seiner moralischen Vervollkommnung gearbeitet hat, kann ihm ein Äußerstes gelingen: Sein Geist übersteigt sich selbst, transzendiert das Denken und taucht ein in das Licht des Einen selbst. Damit geschieht allerdings etwas Unfaßliches und Unbeschreibliches; denn in der Einfachheit des Ur-Einen kann es keinerlei Unterschied mehr geben, also auch nicht den Unterschied zwischen meinem Geist und dem Ur-Einen. Plotin spricht von der Schau des Einen. Aber in dieser Schau ist der Unterschied zwischen mir, dem Schauenden, und dem angeschauten Einen aufgehoben. Schauen und Geschautes werden ununterscheidbar.

Das Eintauchen und Sichverlieren in die Einfachheit des Einen ist das mystische Erlebnis Plotins. Aber diese Mystik hat nichts mit irgendwel-

chen ekstatischen Zuständen durch Rauschgift oder anderen fragwürdigen Bewußtseinsveränderungen zu tun. Sie ist nur die äußerste Konsequenz eines asketischen Prozesses der Selbstreinigung, der Angleichung
der Seele an Gott durch Entleiblichung. Deshalb ist sie etwas Über-
schwengliches und Nüchternes zugleich. Das zeigt sich auch in der Art,
wie Plotin davon spricht. Bei aller Hingerissenheit vom Einen und zum
Einen hin bleibt Plotin ein scharfsinnig und streckenweise trocken argu-
mentierender Denker. Er verliert sich nicht in unverbindliche Schwärmerei. Auf der anderen Seite ist die mystische Einswerdung mit dem
Einen für ihn Realität. Er hat sie wirklich erlebt. Sein Biograph Porphyrios berichtet aus seinen sechs Jahren bei Plotin in Rom, daß Plotin in
dieser Zeit viermal zur Schau des Einen gelangte.

Plotins Persönlichkeit hat die Menschen tief beeindruckt. Er war ein
Mann, der ganz und gar aufging im Philosophieren, äußerst konzentriert auf seine Sache und zugleich von überströmender Begeisterung,
weil bei ihm Denken und Leben übereinstimmten. Denken war für ihn
der Weg zur letzten Lebenserfüllung in der mystischen Gottesschau.
Die Vorbedingung solcher Erfüllung war ein streng asketisches und
tugendhaftes Leben, das Plotin selbst vorlebte. Plotin wirkte auf alle
überzeugend durch seine Fähigkeit, Menschen miteinander zu versöh-
nen, durch seine Milde, Liebenswürdigkeit und Menschenfreundlich-
keit. Er verkörperte in seiner Lauterkeit das, was die Menschen in der
Verunsicherung dieser ersten nachchristlichen Jahrhunderte mit besonderer Inbrunst suchten: Sicherheit und Geborgenheit in der religiösen
Orientierung des Lebens an etwas wahrhaft Jenseitigem, Ewigem und
über alle irdischen Schlechtigkeiten und Zufälligkeiten Erhabenem.

Plotins Denken fand in der Spätantike eine Reihe teils bedeutender
Nachfolger. Sie differenzierten vor allem den Stufenbau der Hypostasen und systematisierten Plotins Entwurf. In der Gestalt dieser nach-
plotinischen Systeme hatte der Neuplatonismus dann auch auf das westliche Denken des Mittelalters bis zum 12. Jahrhundert den entscheidenden Einfluß. Die Originalschriften Plotins aber blieben ebenso wie ein
Großteil der Werke Platons bis zum 15. Jahrhundert in Westeuropa
unbekannt. In Byzanz hingegen waren sie das ganze Mittelalter hindurch weiter abgeschrieben worden.

In den unsicheren Jahren vor der Eroberung Konstantinopels durch
die Türken 1453 und danach gingen viele byzantinische Gelehrte nach
Italien und brachten in großem Umfange die Handschriften mit klassischer griechischer Literatur mit, darunter alle Werke Platons und Plotins. So konnte im Florenz des 15. Jahrhunderts eine bedeutende neu-

platonische Schule entstehen. Ihr größter Vertreter, Marsilio Ficino, übersetzte das Gesamtwerk Platons und Plotins ins Lateinische und machte es so in Westeuropa bekannt. Dieses Wiederaufleben des Neuplatonismus hatte im übrigen wesentlichen Einfluß auf die Entstehung der Renaissance in Italien. Auf diese Weise wurde das platonisch-plotinische Gedankengut auch bedeutsam für die neuzeitliche Philosophie.

Als letzte große Wiedergeburt des neuplatonischen Denkstils darf man das gewaltige dialektische System von Hegel im vorigen Jahrhundert bezeichnen. Die nachhaltigste und tiefgreifendste Wirkung hat der Geist des Platonismus aber nicht durch die reine Philosophie gehabt, sondern dadurch, daß er seit dem 3. Jahrhundert das ganze christliche Denken bis heute durchtränkte (davon mehr in Kapitel 23).

Tunis / Karthago

Christliches Denken im Westen –
der Beginn bei Tertullian

Nordafrika zählt heute nicht gerade zu den Gebieten der Erde, aus
denen wir kulturschöpferische Leistungen erwarten, die für uns Euro-
päer von Bedeutung sein könnten. Das war einmal anders. Vom 3. bis
zum 5. Jahrhundert sind aus dieser Region des römischen Reiches
einige Persönlichkeiten hervorgegangen, die zum Aufbau unserer
Kultur Wesentliches beigesteuert haben. Durch sie hat nämlich das
Christentum diejenige Gestalt bekommen, in der es die westliche Welt
für ein Jahrtausend – und in den Nachwirkungen bis heute – geprägt
hat.

Bis zum 2. Jahrhundert war das Christentum nur eine von den vielen
Religionsgemeinschaften, die sich vom Vorderen Orient her im Mittelmeerraum ausbreiteten. Die Christen zeichneten sich zwar durch eine
besonders erfolgreiche Missionstätigkeit und eine erstaunliche Märtyrergesinnung aus. Aber als Auferstehungskult der unteren Schichten
besaß ihre Religion keine besondere Attraktivität für die Gebildeten.
Das änderte sich im 3. Jahrhundert gründlich. Eine Reihe hochbegabter
Schriftsteller und Philosophen fand nun ihre Lebensaufgabe darin, Sinn
und Inhalt des christlichen Glaubens in Begriffe zu fassen.

Die Begründer dieses christlichen Denkens nennen wir heute die
Kirchenväter. Die Mehrzahl von ihnen stammte aus dem Ostteil des
römischen Reiches und schrieb Griechisch. Das Griechische war
damals die beherrschende Kultursprache im ganzen Mittelmeerraum.
So bildete es auch die offizielle Sprache des kirchlichen Lebens im westlichen Reichsteil bis ins 3. Jahrhundert hinein, in der Liturgie sogar bis
ins 4. Jahrhundert. Daß sich eine eigene lateinische Kirchensprache und
ein spezifisch westliches christliches Denken entwickelt hat, ist in erster
Linie das Verdienst der christlichen Gemeinden und Schriftsteller in
Nordafrika.

Die nordafrikanischen Provinzen kamen als Kornkammer des römischen Reiches in der Kaiserzeit zu beträchtlichem Wohlstand, von dem wir uns heute an zahlreichen Ausgrabungsstätten in Tunesien, Algerien und Marokko überzeugen können. Das konkreteste Bild geben vielleicht die kostbaren Mosaiken aus den luxuriösen Römervillen, die das Bardo-Museum in Tunis in so reicher Fülle aufzuweisen hat. Dem Wohlstand entsprach der kulturelle Aufstieg der Provinzen seit dem 2. Jahrhundert. Während im übrigen Westreich ein allgemeiner Niedergang des geistigen Lebens zu verzeichnen war, glänzte Nordafrika seit dem 3. Jahrhundert mit seinen christlichen Schriftstellern. Die beiden bedeutendsten sind Tertullian und Augustinus. Sie repräsentieren zugleich die beiden Hauptphasen der Entwicklung des Christentums in der römischen Kaiserzeit, nämlich die Epoche seiner Unterdrückung und die seines Aufstiegs zur Staatsreligion.

Tertullian lebte um die Wende vom 2. zum 3. Jahrhundert, also noch mitten im Zeitalter der Christenverfolgungen. Mit ihm beginnt eigentlich das lateinische christliche Denken. Zur gleichen Zeit wird der Aufstieg Nordafrikas auch politisch sichtbar: Seit 192 regiert in Rom

Familie des Kaisers Septimius Severus. Gemalter Tondo, 199 n. Chr.

der erste nordafrikanische Kaiser, Septimius Severus. Sein mächtiger Triumphbogen ist heute noch in Rom auf dem Forum zu sehen. Die Lebenszeit von Augustinus, dem bedeutendsten lateinischen Kirchenvater, liegt zweihundert Jahre später. Er hat seine großen Werke in den Jahrzehnten vor und nach der Wende vom 4. zum 5. Jahrhundert verfaßt, also zu einer Zeit, als bereits alle anderen Religionen außer dem Christentum im römischen Reich verboten waren.

Ebenfalls aus dem römischen Nordafrika stammten zwei andere christliche Schriftsteller, die wegen ihrer Bedeutung wenigstens im Vorübergehen erwähnt seien. Der eine ist Cyprian, der berühmteste Bischof von Karthago. Er lebte etwa zur gleichen Zeit wie Tertullian und starb um die Mitte des 3. Jahrhunderts als Märtyrer. Seine Leistung liegt mehr auf kirchenpolitischem Gebiet als im Bereich des Denkens. Das Amphitheater von Karthago, wo er und viele andere Christen hingerichtet wurden, kann man von Tunis aus besuchen. Es ist aber wesentlich schlechter erhalten als das Amphitheater von El Djem in Tunesien, das einen ähnlichen Eindruck von einer solchen Massenvergnügungsstätte vermittelt wie das Kolosseum in Rom. Auch die übrigen Ruinen des römischen Karthago, der bedeutenden Stadt, wo nach Tertullian Augustinus ebenfalls eine Zeitlang tätig war, sind nicht so instruktiv wie andere römische Stätten in Tunesien wie etwa Dougga, Thuburbo Maius oder Bulla Regia. Dafür bietet Tunis in der Sammlung des Bardo-Museums auch Mosaiken aus den Gräbern der Frühzeit des christlichen Nordafrika.

Eine zweite sehr bemerkenswerte Persönlichkeit aus Nordafrika ist Laktanz, lateinisch: Lactantius, der ein Menschenalter nach Tertullian und Cyprian lebte, also um die Wende vom 3. zum 4. Jahrhundert. Das ist die Periode der Kaiser Diokletian und Konstantin, die Übergangszeit von der letzten und zugleich schlimmsten Christenverfolgung überhaupt im Jahre 303 zu dem von Kaiser Konstantin eingeleiteten Aufstieg des Christentums zur Staatsreligion. Laktanz war kein besonders tiefer Denker, aber geschichtlich ein wichtiger Mann, weil er mit Kaiser Konstantin befreundet war. In den entscheidenden Erlassen von Konstantin zugunsten des Christentums kann man die Handschrift von Laktanz wiedererkennen. Laktanz verbindet übrigens auch etwas mit uns Deutschen: Er hat seinen Lebensabend als Erzieher des ältesten Sohnes von Kaiser Konstantin in dessen nördlicher Residenz, in Trier, verbracht.

Was nun Tertullian angeht, lateinisch: Tertullianus, so wissen wir über sein Leben nicht allzuviel. Er stammte aus Karthago und hat sich irgendwann als Erwachsener gegen Ende des 2. Jahrhunderts zum Christentum bekehrt. Danach ist er ein überaus fruchtbarer christlicher Schriftsteller geworden, von dem sich bis heute 31 Schriften, teilweise höchst umfangreiche Werke, erhalten haben. Die beiden Jahrzehnte zwischen 200 und 220 bilden die Zeit seiner schriftstellerischen Tätigkeit. Gestorben ist er um die Mitte des 3. Jahrhunderts. Tertullian war verheiratet. Ob er in seiner Spätzeit Priester wurde, ist umstritten.

Mit Tertullian beginnt, wie gesagt, das westliche christliche Denken überhaupt, dessen Sprache das Lateinische ist. Aber die Sprache ist nicht das einzige, was die westlichen christlichen Schriftsteller von den östlichen Kirchenvätern unterscheidet. Die Eigentümlichkeiten der lateinischen Sprache sind Ausdruck einer Lebenseinstellung und Bewußtseinslage, die im Westen des Römerreichs von der im griechisch sprechenden Osten grundverschieden war. Dieser tiefgreifende Unterschied ist schließlich auch politisch in der Trennung von Rom und Byzanz und religiös in der Spaltung in West- und Ostkirche zutage getreten.

Die lateinisch-westliche Mentalität kommt vielleicht am deutlichsten im römischen Recht zum Vorschein. Die Römer dachten im Unterschied zu den Griechen von Grund auf rechtlich, ihr ganzes Zusammenleben war in festen Rechtsverhältnissen organisiert. Es ist kein Zufall, daß das westliche christliche Denken mit einem Schriftsteller begonnen hat, der höchstwahrscheinlich über eine juristische Ausbildung verfügte. Tertullian schreibt und argumentiert in allen seinen Werken wie ein Rechtsanwalt. Manche Gelehrte nehmen an, er sei identisch mit einem Rechtsgelehrten namens Tertullian, von dem wir wissen, daß er zur gleichen Zeit gelebt hat; zu Beginn des 3. Jahrhunderts gab es in

Rom die ersten großen Rechtswissenschaftler unserer Geschichte.
Jedenfalls muß Tertullian vor seiner Bekehrung zum Christentum wohl
eine Anwaltspraxis geführt haben. Die großen Werke der griechischen
Kirchenväter könnte man als philosophische Bibelkommentare be-
zeichnen. Tertullians Schriften hingegen sind im Grunde alle Plädoyers,
Anklage- oder Verteidigungsreden, in denen wir Menschen vor das
Gericht Gottes gestellt werden.

   Neben diesem juristischen Zug in Tertullians Schriftstellerei verdient
ein zweiter hervorgehoben zu werden. Man kann sagen: Er ist der
typischste Nordafrikaner unter den Kirchenvätern. Gewiß ist es höchst
problematisch, Völkern einen bestimmten Charakter zuzuschreiben;
bei den schriftstellernden Nordafrikanern im römischen Reich springt
aber tatsächlich etwas Typisches ins Auge, nämlich eine Mischung von
Disziplin und Leidenschaftlichkeit, die möglicherweise etwas damit zu
tun hat, daß es sich um eine Mischbevölkerung aus Römern, Puniern
und Berbern handelte. Das ist deshalb erwähnenswert, weil das typisch
Nordafrikanische gewissermaßen eine Verstärkerwirkung gehabt hat,
durch die das eigentümlich Römische im Christentum besonders deutlich hervorgetreten ist. Die Behauptung ist wohl nicht übertrieben, daß
ein eigenständig westliches christliches Denken ursprünglich deswegen
entstanden ist, weil die nordafrikanische Leidenschaft seiner Begründer
die Brillanz und Klarheit des rechtlich orientierten römischen Denkens
ins Äußerste gesteigert hat. Dafür ist Tertullian das erste und zugleich
beste Beispiel.

   Für ihn kommt es nicht – wie für einen griechischen Denker – darauf
an, bis in die letzten Tiefen des Gedankens vorzustoßen und die Systematik der gedanklichen Bezüge allseitig wissenschaftlich zu durchdringen. Tertullian hat bei seinen entfesselten Plädoyers vor dem Gericht
Gottes nur ein Ziel: gegen den Prozeßgegner um jeden Preis recht zu
behalten. Dieser Gegner – das sind für Tertullian zunächst die Nichtchristen, die Heiden im römischen Staat, die die christliche Religion als
unsinnig angreifen, als Unmenschlichkeit verleumden und die Christen
verfolgen. Tertullians Werk ist über weite Strecken ein Plädoyer zur
Verteidigung des Christentums gegen seine Verächter und Verfolger.
Mit der Beibringung von Argumenten zur Verteidigung des Christentums fügt Tertullian sich in eine Tradition ein, die im 2. Jahrhundert im
griechischsprechenden Osten entstanden war. Man verfaßte Schriften
zur Verteidigung, griechisch: Apologie, des Christentums.

   Tertullians frühestes bedeutendes Werk ist eine solche Apologie, die
erste in lateinischer Sprache; sie trägt den Titel 'Apologeticum'. Mit

dieser Schrift, einem noch heute fesselnden Meisterwerk, beginnt die große christliche Literatur des Westens überhaupt. Deshalb lohnt es sich, auf sie ein wenig näher einzugehen. Tertullian verfolgt sein Ziel, die Rechtfertigung der christlichen Religion und ihrer Anhänger, mit allen Mitteln einer erfolgreichen Gerichtsrede. Er kreist seinen Gegner, das Heidentum, mit einer Fülle von Argumenten ein, die er mit bestechender Klarheit und Strenge der Gedankenführung vorträgt. Er will den Leser für seine Position so einnehmen, wie ein Anwalt versucht, den Richter zu überzeugen oder den Angeklagten festzunageln. Um den Leser gegen die Gegenseite aufzubringen, scheut Tertullian vor maßlosen Überspitzungen und sogar Schamlosigkeiten nicht zurück. Widersprüche in den Behauptungen des Gegners werden erbarmungslos bloßgelegt. Unhaltbarkeiten werden mit geradezu höhnischem Witz lächerlich gemacht und mit beißender Ironie ins Absurde übersteigert.

Tertullian appelliert aber auch ans Gefühl und an den gesunden Menschenverstand. Dabei ist er sich vor allem der lebendigen Sprache des Alltags und seiner eigenen Sprache bewußt. Er beherrscht alle Tricks und Stilelemente der über Jahrhunderte ausgefeilten antiken Redekunst. Das 'Apologeticum' ist die einzige Schrift aus der Riesenmasse antiker Literatur, von der uns durch einen Zufall die Urfassung und eine von Tertullian selbst überarbeitete Endfassung erhalten ist. Man kann hier beobachten, mit welcher Verbissenheit er an jedem Satz gefeilt hat.

Durch seine Sprachbewußtheit ist Tertullian zum Vater der theologischen Terminologie der westlichen Kirche geworden. Er kannte die griechische Begriffssprache und hat zunächst griechisch geschrieben. Aber dann hat er wie Luther den Leuten in seinen nordafrikanischen Christengemeinden aufs Maul geschaut und ihre christliche Sondersprache, wie die Philologen sagen, sorgfältig beobachtet. So konnte er dieser Sprache eine große Zahl völlig neuer lateinischer Wortprägungen ablauschen und die lateinische Begriffssprache von der griechischen unabhängig machen. Das berühmteste Beispiel ist die Bezeichnung "trinitas", "Trinität", für die göttliche Dreifaltigkeit.

Die Argumente zur Verteidigung des Christentums im 'Apologeticum' hat Tertullian zum großen Teil von seinen griechisch schreibenden Vorgängern übernommen. Aber der große Fortschritt liegt darin, daß er sie im Stil eines Plädoyers vorgetragen und zu einer übersichtlich aufgebauten Argumentation aus einem Guß zusammengefügt hat. Freilich ist diese vorbildliche Gerichtsrede nie gehalten worden; denn man gab den Christen vor ihrer Massenverurteilung und -hinrichtung keine

Möglichkeit, sich gegen die Anschuldigungen, die gegen sie erhoben wurden, zu verteidigen. Hätte man ihnen ordentliche Prozesse gemacht, so hätten solche Gerichtsverfahren in den Provinzen und so auch in Nordafrika vor den jeweiligen Statthaltern des Kaisers stattfinden müssen.

An diesen juristischen Skandal der Prozeßverweigerung knüpft Tertullian im 'Apologeticum' an. Er richtet seine imaginäre Rede an die Statthalter und fragt sie nach ihrer Rechtfertigung dafür, daß sie den Christen das Recht jedes römischen Bürgers auf ein ordentliches Gerichtsverfahren vorenthalten. Dabei springt gleich der Kernpunkt der ganzen Christenverfolgung ins Auge: Die Christen werden im Grunde nicht wegen irgendwelcher einzelner strafbarer Handlungen vor Gericht gebracht. Tertullian weist überzeugend nach, daß alles, was man damals den Christen vorwarf, auf völlig haltlosen Gerüchten beruhte. Diese Gerüchte waren dem Arsenal der Verdächtigung von Außenseitern und Andersdenkenden entnommen: Die Christen schlachten kleine Kinder, sie heiraten unter Bruder und Schwester und was dergleichen Schandbarkeiten mehr sind. Tertullian weist demgegenüber mit Recht darauf hin, daß die Christen sich durch ihre vorbildliche Moral vom Sittenverfall der Kaiserzeit wohltuend abheben. Sie machen den schamlosen Luxus des späten Römertums nicht mit und leben bescheiden in Gütergemeinschaft. Sie halten in einem Zeitalter, in dem die Zahl der Ehescheidungen rapide zunimmt, ihren Frauen die Treue. Ein typischer Tertullian-Satz: "Wir Christen haben alles gemeinsam – außer den Frauen".

Aber den springenden Punkt bildet, wie gesagt, gar nicht die Widerlegung der absurden Einzelvorwürfe gegen die Christen, sondern etwas anderes: Sie bekommen deshalb kein ordentliches Gerichtsverfahren und werden in Massen abgeurteilt, weil sie durch ihre bloße Existenz als Christen den römischen Staat angreifen. Sie machen sich bereits strafbar durch das Bekenntnis, daß sie sich Christen nennen. Der Grund dafür ist: Sie verweigern dem Kaiser die kultische Verehrung, die ihm als Gott gebührt. Aber warum war das für den römischen Staat eine unerträgliche Provokation?

Man kann dies nur begreifen, wenn man eines bedenkt: Unsere heutige Trennung von politischem Bereich und Religion ist eine geschichtliche Errungenschaft, die sich gerade erst seit etwa dreihundert Jahren allmählich durchgesetzt hat – und das bis heute nicht einmal überall in der Welt. Das Gemeinwesen der Antike konnte kein religiös neutraler Staat sein, weil das Leben der Menschen noch ganz und gar von sakralen

Sitten durchdrungen war. Es gab auch im Alltag keine Verhaltensweise, die nicht in Kultbräuche eingebettet gewesen wäre: ob man aufstand oder zu Bett ging, ob man sich seiner Gesundheit erfreute oder an einer Krankheit litt, ob man aß oder trank, ob man einen geschäftlichen Vertrag schloß oder die Sitzung eines politischen Gremiums abhielt, ob man unterrichtete und lernte oder Spiel und Sport trieb, immer und überall bewegte man sich in der Gegenwart des Göttlichen, das man in den kultischen Verrichtungen für die verschiedenen Gottheiten ehrte (dazu auch Kapitel 5).

Der allgemeinste und umfassendste Lebensbereich, der jeden Menschen – damals wie heute – anging, war das öffentliche, politische Zusammenleben im Staat. Die Anwesenheit Gottes im Wohl und Wehe des staatlichen Zusammenlebens, der göttliche Schutz für das politische Miteinander trat in Erscheinung in der göttlichen Vollmacht des Kaisers. Indem man ihm kultische Verehrung erwies, stellte man den wichtigsten und alles tragenden Lebensbereich unter göttliche Obhut. Diese Verehrung verweigern hieß dem gesellschaftlichen Zusammenleben aller Menschen seine eigentliche Grundlage entziehen.

Eine der großen Leistungen Tertullians für die Formierung unserer Kultur besteht darin, daß er den Vorwurf der Staatsgefährdung gegen das Christentum als erster ganz ernst genommen und das einzige Argument gefunden hat, das ihn entkräften konnte. Tertullian fragt zunächst: Warum sind die Christen nicht bereit, dem verständlichen Wunsch des Staates nachzugeben und sich am Kaiserkult zu beteiligen? Es würde sie doch überhaupt nichts kosten, nach der Verrichtung einiger äußerlicher Kultbräuche unbehelligt nach Hause zu gehen, um ihre eigene Religion auszuüben. Die Ausübung ihrer Religion verwehrte ihnen der römische Staat, der für so viele Kulte Platz ließ, keineswegs. Er verlangte nur die Beteiligung am Kaiserkult. Hätten die Christen, statt sich zu Tausenden auf bestialische Weise in den Amphitheatern hinschlachten zu lassen, die geforderten Kulthandlungen nicht absolvieren können, ohne sich innerlich damit zu identifizieren? Genau dies – antwortet Tertullian – konnten sie nicht. Für den Christen gibt es keine bloß äußerliche Ableistung religiöser Pflichten, sondern nur ein Tun entsprechend der inneren Überzeugung. Nicht Brandopfer und Weihrauch fordert der biblische Gott, sondern ein reines Herz; auf die Gesinnung kommt es an. Im übrigen – bemerkt Tertullian historisch richtig – verlangt schon der vorchristliche Götterkult vom Menschen nicht nur ein äußeres Tun, sondern auch innere Bereitschaft.

Nachdem Tertullian den Konflikt zwischen Christentum und Staat
so auf die Spitze getrieben hat, könnte es scheinen, als habe er damit den
Christen die letzte Verständigungsmöglichkeit mit dem Staat aus der
Hand geschlagen. Aber an dieser Stelle entdeckt er eine ganz neue Möglichkeit für das Verhältnis des Menschen zum Staat, eine Möglichkeit,
die den Horizont des antiken Denkens sprengt und bereits auf die Neuzeit vordeutet.

Tertullian argumentiert so: Auf äußere Beweise der Loyalität zum
Staat kommt es letztlich nicht an, sondern darauf, daß der Staat innerlich von seinen Bürgern bejaht und getragen wird. Es kann sein, daß ein
Staat in Worten und Taten von seinen Bürgern nichts als Zustimmung
erntet und doch verborgenermaßen – in ihrer Einstellung – seine Loyali-
tätsgrundlage längst verloren hat. Zur inneren Loyalität gehört aber,
daß sie dem Staat freiwillig entgegengebracht wird. Deshalb nützt es
dem Staat nichts, seine Bürger in den verschiedenen Religionsgemeinschaften zur Loyalität zu zwingen. Es ist für ihn selbst am sinnvollsten,
ihnen völlige Religionsfreiheit einzuräumen.

In diesem Sinne verlangt Tertullian Religionsfreiheit, und mit dieser
Forderung verbindet er eine zweite Überlegung. Er behauptet: Die
Christen sind genau diejenige Religionsgemeinschaft, die innerlich
loyal zum römischen Staat steht. Sie sind die wahren Verehrer des Kaisers. Warum? Sie allein beten zu dem wahren Gott, der im Unterschied
zu den heidnischen Götzen so mächtig ist, daß von ihm schlechthin alles
abhängt, sogar der römische Kaiser mit seiner vermeintlichen Allmacht.
Und anders als die heidnischen Götter ist dieser Gott auch nicht bloß
für nur e i n Volk oder gar für nur e i n e Bevölkerungsgruppe da,
sondern für nur schlechthin alle Menschen gleich welcher Herkunft.
Genau diesem wahrhaft universal-allmächtigen Gott vertrauen die
Christen in ihren Gebeten den römischen Staat mit seinen vielen Natio-
nalitäten und Weltanschauungen an. Einzig die Christen richten sich
also in ihrem Gottesdienst an die richtige göttliche Adresse, und deshalb
sind s i e die eigentlich staatstragenden Bürger.

Entscheidend ist nun aber: Der Staat, für den die Christen beten, ist
gerade nicht mehr der religiöse Staat der Antike, der seine Bürger zu
bestimmten staatstragenden Kulthandlungen verpflichtet, sondern ein
Staat, der sich zu jeder Religionsausübung neutral verhält, weil er für
alle Bürger unangesehen ihrer unterschiedlichen Herkunft verantwortlich ist. Dies ist ein für die Antike revolutionärer und nicht nur für
damals, sondern für alle Folgezeit bahnbrechender Gedanke: Wenn

Gott wahrhaft universal allmächtig ist, dann entspricht dem ein Gemeinwesen, das es seinen Bürgern freistellt, wie sie Gott verehren. Mit diesem Gedanken enthüllt sich das Christentum bei Tertullian als eine Religion völlig neuer Art. Der biblisch-christliche Gott läßt es zu, ja er wünscht gewissermaßen, daß das politische Zusammenleben – und damit auf seiner Grundlage die ganze Vielfalt menschlichen Daseins – in einer religiös neutralen Sphäre vonstatten geht; denn dieser Gott kann es sich leisten, die politische Welt und damit die Welt überhaupt freizugeben für ein Leben, das sich selbstgesetzlich ohne einen alles durchdringenden sakral-kultischen Bezug auf Gott abspielt.

Eine solche entheiligte Welt mit einem entsakralisierten Leben bezeichnen wir heute als säkularisiert. Im säkularisierten Zusammenleben können Angehörige aller Religionsgemeinschaften und Weltanschauungen friedlich miteinander auskommen. Tertullian kennt natürlich noch nicht den neuzeitlichen Begriff der Säkularisation; aber bei ihm blitzt zum ersten Mal die Idee des weltanschaulich neutralen Staates auf, die dann erst in der Neuzeit wirklich zum Tragen gekommen ist.

Tertullian deutet diese Idee dort an, wo er schildert, wie die Christen im römischen Reich mit den übrigen Bürgern zusammenleben: Sie haben mit diesen Mitbürgern Nahrung und Wohnung gemeinsam; sie verrichten mit ihnen in Stadt und Land dieselbe Arbeit. Sie beteiligen sich am gleichen Handel, an der gleichen Seefahrt, am gleichen Kriegsdienst. Sie bezahlen die gleichen Steuern. Dies alles nur mit dem einen Unterschied, daß sie entschieden darauf bedacht sind, sich weniger rücksichtslos, weniger ungerecht, weniger ausschweifend und schamlos zu verhalten. Die Christen haben also bei ihrem Handeln keineswegs die Absicht, sich in irgendeinen Sonderbereich zurückzuziehen. Sie unterscheiden sich nicht in dem, w a s sie tun, von den übrigen, sondern nur darin, w i e sie es tun. Das bedeutet aber: Bei ihrem Handeln treffen sich Christen und Nichtchristen gewissermaßen auf religiös neutralem Boden. Das Tun und Lassen aller Bürger, gleich welcher Herkunft und Weltanschauung, spielt sich in einer gemeinsamen religionsneutralen Lebenswelt ab, und der weltanschaulich liberale Staat ist die umfassende Organisationsform dieser gemeinsamen Welt. Den so verstandenen Staat empfehlen die Christen der Obhut i h r e s Gottes, der zugleich der Gott a l l e r ist.

Das Staatsverständnis, das Tertullian hier als erster im Ansatz konzipiert, hat sich weder in der christlichen Spätantike noch im Mittelalter durchgesetzt. Das Gegenteil dessen, was er gefordert hatte, trat ein:

Durch das Verbot aller nichtchristlichen Religionen unter Kaiser Theodosius im Jahre 391 wurde das Christentum so etwas wie Staatsreligion, und dabei blieb es in Europa bis weit in die Neuzeit hinein.
Tertullian wirkte mit seinem Staatsverständnis wie mit anderen Gedanken als großer Anreger, aber er kam nicht so zur Geltung, wie er es
verdient hätte.

Das lag an seiner extremen nordafrikanischen Temperamentslage, die
sich darin zeigt, daß auch seine weiteren Werke nach dem 'Apologeticum' scharfzüngige Plädoyers bleiben. Sie richten sich nun nicht mehr
nur an die Adresse der heidnischen Umwelt, sondern ebenso an die
Mitchristen. Nachdem Tertullian im 'Apologeticum' die Sittenstrenge
des christlichen Lebenswandels gegenüber der heidnischen Zuchtlosig-
keit ans Licht gestellt hatte, mußte ihm nun konsequenterweise daran
gelegen sein, daß die Christen ihren eigenen Idealen auch wirklich ent-
sprachen. Deshalb kämpft er unerbittlich kompromißlos gegen jede
Unvollkommenheit im christlichen Leben.

Tertullian straft dabei seine eigene wegweisende Konzeption von
einer Sphäre weltanschaulich neutralen Zusammenlebens aus dem
'Apologeticum' Lügen. Nun reserviert er für die Christen durchaus
Sonderbereiche des Handelns und stellt sie als Außenseiter ins gesell-
schaftliche Abseits: Sie sollen den Kriegsdienst verweigern, sie sollen im
heidnischen Staat keine Verwaltungsämter bekleiden, sie sollen als
Händler keine Waren für heidnische Opfer verkaufen, sie sollen den
damals üblichen Massenveranstaltungen in Zirkus und Theater fern-
bleiben; die kleine Schrift 'Über die Spiele', die Tertullian zu diesem
letzten Thema verfaßt hat, ist kulturgeschichtlich lesenswert.

Auf der gleichen Linie liegt Tertullians Stellungnahme zur Philosophie. Obwohl seine eigene rigorose Moral, wie er selbst weiß, sich von
der der vorchristlichen Philosophen überhaupt nicht unterscheidet,
greift er die Philosophie als erster Kirchenvater frontal an. Die Philosophen sind die Ahnherren aller Ketzereien in der Kirche. Dem christlichen Glauben muß man folgen, nicht weil es aus philosophischen Gründen einleuchtet, sondern weil Gott es so will. Zuviel Nachgrübeln
bringt die Gläubigen nur auf abwegige Gedanken.

In diesen Zusammenhang gehört auch der vielzitierte Satz, den Tertullian so zwar nicht formuliert hat, der aber doch seine Einstellung
spiegelt: "Credo, quia absurdum" – "Ich glaube, gerade weil es unge-
reimt klingt". Tertullian stellt zum ersten Mal den Gott der Bibel gegen
den "Gott der Philosophen" – dieser Ausdruck stammt von ihm. Auch
hier zeigt sich wieder die charakteristische, rechtlich disziplinierte

Das Amphitheater von El Djem, der römischen Stadt Thysdrus, war das drittgrößte Amphitheater des römischen Reiches, erbaut zu Beginn des 3. nachchristlichen Jahrhunderts.

römische Einstellung. Für Tertullian kommt es nicht – wie für einen philosophierenden Griechen – darauf an, alles aus Vernunftgründen verständlich zu machen, sondern als "Soldat Christi" seinem Befehl, d. h. dem Ausdruck seiner Rechtsstellung, zu gehorchen. Es ist bezeichnend, daß Tertullian als erster das Glaubensbekenntnis als eine Bekenntnisformel verstanden hat, d. h. als einen Text, durch dessen Annahme man rechtsverbindlich seine Zugehörigkeit zur Kirche erklärt und auf den jede Christengemeinde verpflichtet ist.

Je älter Tertullian wird, desto schroffer sein zugleich leidenschaftlicher und strenger nordafrikanischer Eifer. Es liegt in der Konsequenz dieses Radikalisierungsprozesses, daß er schließlich zum Anhänger einer christlichen Bewegung wird, die ein halbes Jahrhundert vor seiner Zeit ein gewisser Montanus in Kleinasien gegründet hatte. Montanus war zur frühchristlichen Erwartung des unmittelbar bevorstehenden Weltendes zurückgekehrt und war als der Tröstergeist aufgetreten, dessen Kommen Jesus angekündigt hatte. In der endzeitlichen montanistischen Kirche des Geistes sollen alle moralischen Laxheiten und Halbheiten, die sich in den Christengemeinden zweihundert Jahre nach dem Tod Jesu bereits eingeschlichen hatten, endgültig überwunden werden. Als Anhänger des Montanus kämpft Tertullian für eine Kirche der moralischen Elite gegen die Entwicklung des Christentums zur Großkirche. Aber auch der Montanismus genügt Tertullians ethischen Ansprüchen schließlich nicht mehr. In seinen letzten Lebensjahren hat er noch eine eigene Kirche gegründet, die Tertullianisten, die erst Augustinus im 5. Jahrhundert wieder in die afrikanische Kirche eingegliedert hat.

Mit seinem heiligen, aber auch fanatischen Eifer für die Reinheit des christlichen Glaubens, mit seiner unduldsamen Ablehnung einer großzügig für alle Raum bietenden Volkskirche hat Tertullian sich die Sympathien der Nachwelt verscherzt. Beim Fürsten des mittelalterlichen Denkens, bei Thomas von Aquin, wird er mit Respekt zitiert, gilt aber als Irrlehrer. Trotzdem war er kein Sonderling, sondern nur der typischste Vertreter des nordafrikanischen Christentums, dessen Grundzug ein gewisser Extremismus der Disziplin war. So hat zwei Jahrhunderte nach Tertullian, aber noch immer in seinem Geiste, Augustinus Jahrzehnte seines Lebens damit verbracht, die Donatisten und Pelagianer als Anhänger von Irrlehren zu bekämpfen. Das Merkwürdige, vielleicht aber auch psychologisch Verständliche ist: Von allen christlichen Kirchen in Gebieten, die später vom Islam überrollt wurden, ist die nordafrikanische Kirche die einzige, die ohne Rest vom Islam aufgesogen wurde, während überall sonst bis heute christliche Gemeinden überlebt haben.

In der islamischen Welt – und darüber hinaus in versteckterer Form auch in unserer westlichen politischen Kultur – findet heute zunehmend eine Haltung Anklang, für die sich die Bezeichnung "Fundamentalismus" eingebürgert hat: Angesichts der Entwurzelung, die dem Menschen durch die Nivellierung und Entwertung alles Tradierten im planetarischen Tauschverkehr einer uniformen Weltdemokratie droht, weigert man sich, eine der grundlegenden Errungenschaften der europäischen Aufklärung zu akzeptieren: die weltanschauliche Neutralität des neuzeitlichen Staates und des modernen Lebens. Damit aber fällt man hinter eine zweitausendjährige Entwicklung zurück, an deren Beginn Tertullian gestanden hatte. So hat dieser Schriftsteller, dessen christliche Kirche in Nordafrika verschwunden ist, für die islamische Kultur, die dort heute zu Hause ist, vielleicht eine verborgene Aktualität behalten.

XX

Mailand

Augustinus und das Böse

Im Jahre 386 gab es in Mailand, damals als Residenz des weströmischen Kaisers eine der wichtigsten Städte am Mittelmeer, zwei Ereignisse, zu denen wir durch bedeutende Werke der Architektur und Literatur einen konkreten Zugang haben. Der heilige Ambrosius, Bischof in Mailand, kirchlich und politisch eine der einflußreichsten Persönlichkeiten des weströmischen Reiches, gründete eine Kirche, die heute noch – unter dem Namen Sant'Ambrogio, Sankt Ambrosius – existiert und als die sehenswerteste Basilika Mailands gilt. Ein Porträtmosaik, das gleich nach dem Tode des Ambrosius 397 in einer Nebenkapelle der Kirche geschaffen wurde, dürfte wohl ein Bild von seinen historischen Zügen geben. Ambrosius hat auch für die Geistesgeschichte große Bedeutung, unter anderem deshalb, weil seine Predigten maßgebend zu dem anderen Ereignis des Jahres 386 beitrugen: der Bekehrung des Aurelius Augustinus, worauf die Taufe durch Ambrosius folgte.

Augustinus hat dieses legendäre Ereignis zehn Jahre später in seinen 'Confessiones', den 'Bekenntnissen' dargestellt. Wie immer es mit der biographischen Zuverlässigkeit dieser eindrucksvollen Schilderung stehen mag, sicher ist, daß die "Bekehrung des heiligen Augustinus" einen epochalen Wendepunkt in der Entwicklung des europäischen Denkens bezeichnet. Aus der Vorgeschichte des Ereignisses läßt sich der Einfluß des Ambrosius nicht wegdenken, weil vor allem er den christlichen Westen und so auch Augustinus mit der Möglichkeit bekannt gemacht hat, die biblische Offenbarung mit den Denkmitteln des Platonismus und Neuplatonismus zu interpretieren. In der östlichen, griechisch sprechenden Hälfte des römischen Reiches war dadurch schon zwei Jahrhunderte früher die Theologie als Wissenschaft entstanden (Näheres in Kapitel 23). Nun sollte sie durch Augustinus zu ihrem großen zweiten Anfang im Westen kommen.

Bischof Ambrosius (334 oder 339–390)

Über Augustinus wissen wir mehr als über manche Persönlichkeit, die erst vor wenigen Jahrzehnten gestorben ist. Er wurde als Sohn eines unbedeutenden römischen Provinzbeamten 354 in Thagaste geboren, einer antiken Kleinstadt, die etwa 100 km südlich seiner späteren Wirkungsstätte Hippo lag. Seine Eltern ermöglichten ihm unter manchen Opfern ein Studium, das ihm den Zugang zur Oberschicht bahnen sollte. Augustinus wurde Rhetoriklehrer, d. h. eine Art Professor der Literatur, zuerst in seiner Heimatstadt, anschließend für ein Jahrzehnt in Karthago, dem Zentrum Nordafrikas, danach in Rom, der früheren Hauptstadt, und schließlich in der damaligen neuen Hauptstadt des weströmischen Reiches in Mailand.

Schon diese Städtenamen zeigen, daß Augustins Karriere ziemlich geradlinig nach oben führte, und sie hätte ihm wohl schließlich den begehrten Posten eines Provinzgouverneurs eingebracht – wenn nicht, als er 32 Jahre alt war, die Bekehrung dazwischengekommen wäre, die sein Leben in eine völlig andere Bahn gelenkt hat. Welche Gedanken hinter der Bekehrung steckten, soll später ein wenig genauer zur Sprache kommen. Äußerlich bestand sie darin, daß Augustinus sich als Christ taufen ließ und auf Ehe, Wohlstand und öffentliche Ämter verzichtete, um mit gleichgesinnten Freunden ein klosterähnliches Leben der inneren Einkehr und geistigen Betrachtung zu führen.

Als Augustinus zwei Jahre nach der Bekehrung in seine nordafrikanische Heimat zurückkehrte, wurde er in den dortigen Christengemeinden durch seine Lebensweise und seine Schriften schnell so berühmt, daß man ihn wenig später zum Priester und nach ein paar Jahren zum Gemeindevorsteher, d. h. zum Bischof machte, obwohl er sich gegen dieses öffentliche Amt sträubte, das überhaupt nicht seinem neuen Ideal eines Lebens in besinnlicher Stille entsprach – schon gar nicht in einer großen brodelnden Hafenstadt wie Hippo Regius, deren Ruinen in der Nähe von Annaba im heutigen Algerien liegen.

Erstaunlicherweise hat Augustinus sein anfangs ungeliebtes Amt die 34 Jahre bis zu seinem Tod mit äußerster Hingabe und Gewissenhaftigkeit geführt. Und nicht nur das: er hat obendrein sogar die Zeit gefunden, ein riesiges schriftstellerisches Werk zu verfassen, für dessen Lektüre man Jahre braucht und das heute nur wenige Spezialisten auf der Welt in vollem Umfange kennen. Es besteht aus 113 uns erhaltenen, teils außerordentlich dickleibigen Schriften und Büchern. Dazu kommen die umfangreiche Korrespondenz mit Menschen in aller Welt und aus allen Schichten und die zahllosen Predigten. 218 Briefe und 500 Predigten haben sich erhalten. Für das Gedächtnis dieses Mannes findet man keine Worte. Was ein Schriftsteller der Antike zitierte, kannte er im allgemeinen auswendig. Die Gelehrten haben in den Werken des Augustinus 13 000 Zitate aus dem Alten und 30 000 aus dem Neuen Testament gezählt.

Augustinus hat eine übergroße Vielfalt von Themen behandelt und viele Auffassungen im Laufe seiner geistigen Entwicklung grundlegend geändert. Trotzdem läßt sich in seinem Denken ein roter Faden finden. Was ihn im Grunde von Anfang an bewegt hat, ist die Frage: Wie kann der Mensch glücklich werden, d. h., worin kann sein Leben Erfüllung finden, und vor allem: wie kann er sein Glück s i c h e r n ?

Nach dem Ende des klassischen Griechentums im 4. vorchristlichen Jahrhundert breitete sich in den folgenden Jahrhunderten, dem Zeitalter des Hellenismus, mehr und mehr eine Grundstimmung angstvoller Ungewißheit aus. Deshalb trat das Problem der Sicherung des Glücks in den Mittelpunkt des philosophischen Denkens. Einen Menschen, der weiß, wie man sein Glück sichert, nannte man im Hellenismus einen Weisen. So galt das Glückssicherungsstreben als Suche nach Weisheit.

Augustinus ging es sein Leben lang um die so verstandene Weisheit. Sein Denken ist eigentlich immer eine hellenistische Glückssicherungsphilosophie geblieben, allerdings so, daß er auf seinem Denkweg die bis dahin geltenden Grundüberzeugungen solcher Philosophie radikal auf den Kopf gestellt hat.

Die typischen Vertreter der Glücksphilosophie des Hellenismus – beispielsweise Epikur oder die großen Stoiker – haben trotz ihrer höchst unterschiedlichen Auffassungen vom Glück eine gewisse Zuversicht gemeinsam; sie glauben: durch gründliches Nachdenken, durch Philosophie läßt sich ein zuverlässiges Verfahren zur Herbeiführung des Glücks finden (Näheres in den Kapiteln 15 und 16). Diese zweifellos noble Überzeugung krankt aber daran, daß sie das Schlechte im Leben, das Übel in der Welt unterschätzt – das Übel mit seinen beiden Gesichtern: dem Bösen im Herzen der Menschen und dem Leid, von dem die Menschen immer und überall gequält werden. Nüchtern betrachtet ist es eine Illusion, zu glauben, man könne durch intellektuelle Techniken der Lebensmeisterung zu einem Glück gelangen, das durch das abgründig Böse und das unsägliche Leid im Menschenleben nicht entscheidend beeinträchtigt würde. Deshalb übernimmt Augustinus das Glückssicherungsstreben der hellenistischen Philosophie von vornherein mit einem tiefen Vorbehalt gegen den darin waltenden Optimismus. Ihm wird das Negative in der Welt, das physische und moralische Elend der Menschen schon in ganz jungen Jahren zum Problem: Woher kommt das Böse, und wie kann der Mensch bei seiner Suche nach Glück damit fertig werden?

Auf diese Fragen fand der junge Augustinus eine Antwort bei den Manichäern. Ihre Religion war im 3. Jahrhundert im Iran entstanden und trat im Mittelmeerraum als Fortbildung der Lehre Christi auf. Der Perser Mani, der Begründer des Manichäismus, lehrte: Unsere Welt ist das Ergebnis einer urzeitlichen Katastrophe, in der sich das Gute, das Licht, mit dem Dunkel des Bösen vermischt hat. Das Lichtreich des Guten ist dabei in unzählige Funken zerplatzt. Diese Funken sind unsere Seelen, die infolge der Urkatastrophe an das Böse, nämlich den Körper, gekettet sind. Der gute Gott, der über das Reich des Lichtes herrscht, wird aber bis zum Ende der Weltgeschichte alle zerstreuten Seelenfunken wieder sammeln und vereinigen. Bis dahin muß er freilich mit einem bösen Gott um die Herrschaft kämpfen, der genauso mächtig ist wie er. Sein Reich, das Böse, ist identisch mit dem Gesamtbereich des Körperlichen, Materiellen.

Der Mensch kann seine Seele ins Reich des Lichtes zurückführen, indem er auf alle Annehmlichkeiten verzichtet, die sich auf Körperliches gründen, also sexuelle Vergnügungen, Fleischgenuß, materielles Eigentum und dergleichen mehr. Dieser Weg der Askese blieb aber im Manichäismus einem inneren Kreis von Erwählten vorbehalten. Die große Menge der Manichäer, zu der auch Augustinus gehörte, brauchte das strenge Leben nicht zu führen. Dafür mußte ihre Seele – so glaubte man – viele Wiederverkörperungen in Kauf nehmen, bis sie ins Lichtreich heimkehren konnte.

In dieser Lehre fand Augustinus die erste Erklärung des Bösen, die ihn befriedigte; denn hier wurde es – im Unterschied zu den hellenistischen Glücksphilosophien – als harte Realität anerkannt. Zugleich hatte die Erklärung das Angenehme, daß sie den Einzelnen von der Schuld am Bösen entlastete, weil es auf die Körperlichkeit zurückgeführt wurde.

Etwa ein Jahrzehnt hing Augustinus dem Manichäismus an. Dann wurde ihm sein phantastisches Gedankengebäude fragwürdig. An die Stelle mythologischer Schwärmerei setzt er nun eine nüchterne Analyse des menschlichen Glücksstrebens. Alle Menschen hängen ihr Herz an dies oder jenes, wovon sie erwarten, es könne sie glücklich machen. Deshalb halten sie es für erstrebenswert. Alles solchermaßen Erstrebenswerte bezeichnet die antike Philosophie mit dem Begriff des Guten. Unendlich vieles kann den Menschen als gut erscheinen: Die einen glauben, der Reichtum werde sie glücklich machen; für andere kommt alles auf die Gesundheit an; wieder andere halten den Kunstgenuß oder die Freuden der Liebe oder die Lust an Essen und Trinken für das Gute usw.

Augustinus bestreitet nicht, daß all dies etwas Gutes ist. Aber er stellt die Frage: Reicht die Freude an solchen Gütern eigentlich aus, den Menschen bei seinem Streben nach Glück wirklich zu befriedigen? Es gibt eine Überlegung, die darauf hindeutet, daß der Mensch die Erfüllung für sein Leben nicht nur in solchen Gütern, sondern eigentlich in etwas anderem sucht: Nicht alles, was uns als gut erscheint, finden wir in gleichem Maße gut. Wir machen den Unterschied zwischen dem, was besser – und was weniger gut ist. Wir ordnen die Güter also in einer Art Stufenleiter. Um die Güter aber nach ihrem jeweiligen Rang einstufen zu können, braucht man einen Maßstab. Offenbar besitzen wir einen Maßstab, der es uns erlaubt, dem, was wir für gut halten, einen verschieden hohen Rang zuzuteilen. Aber woher haben wir diesen Maßstab?

Nichts von dem, was uns auf Erden begegnet, verdient die Bezeichnung "gut" ohne Abstriche. Nichts ist nämlich so vollkommen, daß wir darin eine Lebenserfüllung und Befriedigung ohne jede Beeinträchtigung finden könnten. Alle Güter dieser Welt sind mit irgendwelchen Mängeln behaftet und bleiben hinter dem eigentlich Guten, nämlich einem Guten, das vollkommen fehlerfrei wäre, zurück. Dann kann aber auch keines der irdischen Güter den gesuchten Maßstab bilden, an dem wir uns bei unserer Einstufung der Güter orientieren. Dieser Maßstab kann nur das eigentlich Gute, das vollkommen fehlerfrei Gute sein. Der Rang eines Guten ist um so höher, je mehr es sich diesem vollkommen Guten annähert. Das vollkommen fehlerfrei Gute aber nennen die Menschen Gott. Jeder Mensch zieht von mehreren Gütern dasjenige vor, dem er in der besagten Stufenleiter den höheren Rang gibt. Wenn nun jeder Mensch den Maßstab für die Einstufung aller Güter, also Gott, kennt, dann bedeutet das: Letztlich sucht jeder Mensch sein Glück, seine Lebenserfüllung, nicht in den unvollkommenen Gütern, sondern in dem ranghöchsten, maßstäblichen, vollkommen fehlerfrei Guten, in Gott.

Diese ganze Argumentation geht ursprünglich auf den ersten Klassiker der Philosophie, auf Platon, zurück, der im 5./4. Jahrhundert v. Chr. lebte (Näheres in Kapitel 6). In den Jahrhunderten um Christi Geburt haben diese und verwandte Überlegungen Platons in der Philosophie immer mehr Anklang gefunden. In der ersten Hälfte des 3. nachchristlichen Jahrhunderts lebte der griechisch schreibende Ägypter Plotin. Er ist den meisten philosophischen Laien kaum bekannt, aber es handelt sich ohne Zweifel um den dritten epochalen Klassiker der antiken Philosophie nach Platon und dessen Schüler Aristoteles. Er hat sich durch deren Gedanken zu einem großartigen neuen Denkgebäude anregen lassen. Man nennt seine Philosophie und das Denken in seiner Nachfolge heute den Neuplatonismus (Näheres in Kapitel 18).

Unter dem Einfluß des Ambrosius wendet Augustinus sich der Lektüre neuplatonischer Schriften zu. Er wird vom Manichäer zum Neuplatoniker und zieht daraus radikale Konsequenzen: Wenn alle irdischen Güter das Glück nicht sichern können, dann gibt es für einen entschieden denkenden Menschen nur eine Wahl: nämlich sich ganz auf das eine wahre Gute, auf Gott zu konzentrieren.

Das ist der eigentliche Sinn von Augustins Bekehrung. Sein Verzicht auf Ehe, Reichtum, Karriere war eine neuplatonisch inspirierte Absage an die verlockendsten irdischen Güter zugunsten eines asketischen Lebens der Besinnung auf Gott, das vollkommen Gute. Aber bestand

Die von Augustinus (354–430) in den 'Bekenntnissen' geschilderte Szene seiner Bekehrung, gemalt von Benozzo Gozzoli in der Kirche Sant'Agostino in San Gimignano (Toskana) im 15. Jahrhundert

die Bekehrung des heiligen Augustinus denn nicht in einer Zuwendung zum christlichen Glauben, wie sie durch seine Taufe dokumentiert wurde? In der Tat war der neuplatonische Weg zum Glück für ihn zugleich eine Rückkehr zum Christentum, also zu dem Glauben, den er als Kind von seiner christlichen Mutter Monnica gelernt und – verführt vom Manichäismus – verlassen hatte. Die Frage ist deshalb: Welcher Zusammenhang besteht zwischen Augustins neuplatonischem Glücksverständnis und seinem Christentum?

Eine Antwort ergibt sich, wenn man dem Problem des Bösen noch weiter nachgeht, das Augustinus von Anfang an so bedrängt hat. Woher kommt das Böse? Durch den Neuplatonismus wird Augustinus klar, daß die manichäische Lösung dieses Problems nicht akzeptabel ist. Das Böse kann nicht, wie die Manichäer behaupten, eine mit Gott, dem vollkommen Guten, gleichrangige göttliche Macht sein. Das ist vor

allem aus einem Grund unmöglich, der einer etwas ausführlicheren
Erläuterung bedarf.

Die Philosophie fragt bei allem, was es gibt, danach, was es eigentlich
i s t (dazu mehr in Kapitel 11). Wenn man das Böse und Schlechte in der
Welt daraufhin betrachtet, was es eigentlich i s t, dann stellt man fest:
es i s t überhaupt nicht. Diese Feststellung ist nicht so unverständlich,
wie sie zunächst klingt. Die Blindheit wird jeder als ein Übel anerkennen. Das Blindsein ist etwas Negatives, Schlechtes, aber ist es – wie uns
das Wort "Blindsein" nahelegt – wirklich ein Sein? Das Gegenteil der
Blindheit ist das Sehenkönnen. Die Sehfähigkeit ist die normale Funktion der Augen. Das Blindsein besteht darin, daß diese Funktion ausfällt. Es ist ein Nichtstattfinden, ein Ausbleiben von etwas, was eigentlich stattfinden sollte. Das Blindsein ist also gar kein Sein, sondern
gerade das Fehlen eines Seins.

Wie wir das Blindsein erfahren, läßt sich vergleichen mit dem Ausset-
zen einer Zimmeruhr. Solange sie geht, bemerkt man aus Gewohnheit
gar nicht mehr, wie sie tagein tagaus tickt. Setzt sie aber aus, kann etwas
Sonderbares geschehen: Man hört plötzlich, daß das Ticken der Uhr
fehlt, man hört gewissermaßen die Stille. Wie steht es aber mit dem Sein
dieser Stille, was i s t das Nichtticken der Uhr? Man kann nur antworten: Das Nichtticken besitzt kein Sein; denn es ist ja nichts, es ist nur das
Fehlen des Tickens. Was i s t, ist das Geräusch, das wir hören, solange
die Uhr tickt. Das Nichtstattfinden dieses Geräuschs ist nichts. Trotzdem kann man merkwürdigerweise dieses Nichts erleben; denn man
vernimmt die Stille; das Fehlen des Geräuschs – das nichts ist – ist in dem
Zimmer doch irgendwie da.

Genauso steht es mit allem Negativen, Üblen und Schlechten in der
Welt und also auch mit dem Bösen. Es existiert, man erlebt es täglich,
und doch ist es seinsmäßig nichts, es ist nur das Fehlen, der Mangel des
Guten, das eigentlich in unserem Leben stattfinden sollte. Der Manichäismus macht aus dem Bösen einen negativen Gegengott zum vollkommen guten Gott. Aber das geht nicht, sagt Augustinus, weil etwas,
was seinsmäßig nichts ist, kein Gott sein kann; denn Gott muß die
höchste Fülle des Seins besitzen. Auch dieser Gedanke, daß das Böse in
seinem Sein nichtig ist, geht auf Platon und den Neuplatonismus zurück.

Doch nun beginnt erst das Problem. Das Böse mag ja seinsmäßig nur
ein Mangel, ein Nichts sein; aber das ändert nichts daran, daß es das
Böse und das Üble in unserer Erfahrung gibt. Woher kommt das in
unserem Leben unzweifelhaft existierende Böse? Der Manichäismus

behauptet: Das Böse ist die Körperlichkeit. Wenn das Böse seinsmäßig ein Nichts ist, wird auch diese Behauptung unhaltbar; denn man kann nicht sagen, daß das Körperliche nichtig wäre; die Materie ist ja nicht nur das Fehlen von etwas, was eigentlich existieren sollte. Sie besitzt vielmehr das allerhandgreiflichste Sein; wir erfahren es leibhaft und aufdringlich mit unseren fünf Sinnen. Das Körperliche ist nichts Böses, im Gegenteil: Ein Großteil der Güter, die uns in dieser Welt erfreuen – angefangen beim Essen und Trinken –, sind materieller Natur.

Also noch einmal: Woher stammt das Böse, wo steckt es ursprünglich? Wenn es nicht aus der Materie kommt – kann es vielleicht aus Gott, dem vollkommen Guten herrühren? Das wäre ein in sich widersprüchlicher Gedanke. Es bleibt nur eine Möglichkeit: Das Böse entsteht im Inneren des Menschen. Wie sich zeigte, strebt der Mensch eigentlich nach dem vollkommen Guten. In ihm, in Gott, findet er seine Erfüllung. Wenn uns etwas durch seine Gegenwart beglückt, sprechen wir davon, daß wir diese Gegenwart genießen. Alle unvollkommenen Güter, die Dinge dieser Welt, sind für den Neuplatoniker Augustinus bloß Durchgangsstationen, um die Gegenwart Gottes zu genießen; sie sind nur Mittel zu diesem Zweck. Irgendwelche Güter als Mittel zur Bewerkstelligung eines Zwecks benutzen heißt: sie gebrauchen. Augustinus sagt: Der Wille des Menschen sollte eigentlich ausschließlich darauf gerichtet sein, die Erfüllung in Gott zu g e n i e ß e n , und für die irdischen Güter sollte er sich nur interessieren, um sie dafür zu g e b r a u c h e n . Aber normalerweise ziehen die Menschen es vor, ihr Herz an die unvollkommenen Güter dieser Welt zu hängen; sie glauben, schon hier gäbe es etwas zu genießen.

Diese verkehrte Einstellung – das Irdische zu genießen, statt es nur zu gebrauchen – beruht letztlich auf einer Entscheidung. Entscheidungen aber sind Sache unseres Willens. Wir stoßen hier auf eine merkwürdige Verdrehtheit unseres Willens. Derselbe menschliche Wille, der nach dem vollkommen Guten strebt und also eigentlich auf Gott gerichtet ist, weicht durch die Verkehrung von Genießen und Gebrauchen von seiner ursprünglichen Ausrichtung ab. Der Wille verfehlt sich selbst. Diese Selbstverfehlung ist die Wurzel des Bösen.

An dieser Selbstverfehlung ist der Mensch selbst schuld und nichts und niemand anderes. Man kann sie weder manichäisch einer bösen widergöttlichen Materie noch dem vollkommen guten Gott in die Schuhe schieben. Der Mensch oder genauer: der menschliche Wille ist für seine eigene Einstellung frei verantwortlich. So betont Augustinus gegen den Manichäismus die Freiheit des Willens. Mit seiner antimanichäischen Freiheitsphilosophie hat Augustinus die erste Theorie des freien Willens in unserer Geistesgeschichte aufgestellt. In der klassischen griechischen Philosophie gab es den Begriff "freier Wille" in diesem Sinne noch gar nicht.

Nachdem Augustinus so tief in das finstere Geheimnis des Bösen eingedrungen ist, macht er aber eine bestürzende Entdeckung, und die führt ihn eigentlich zum Christentum. Die Vertreter der hellenistischen Glückssicherungsphilosophien waren der Überzeugung: Der Mensch ist seines Glückes Schmied; er muß nur gründlich genug über die geeigneten Glückssicherungstechniken nachdenken. Augustinus hat den Grund dafür gefunden, warum das eine Illusion ist. Das Glück hängt davon ab, daß der Wille auf Gott, auf das eigentlich Gute gerichtet ist. Wie gerade erläutert, versperrt der Mensch sich selbst den Weg zum Glück, weil sein Wille sich selbst verfehlt. Aber wie soll ein Wille, der sich selbst von seiner eigenen Richtung abgebracht hat, die richtige Orientierung für sein Streben wiederfinden? Um das zu können, müßte er diese Orientierung noch kennen, aber er hat sie sich ja selbst genommen. So verliert der Wille durch den Mißbrauch seiner eigenen Freiheit die Freiheit der Rückkehr zum Guten.

Wie kann der Mensch, wenn der Wille erst einmal böse, d. h. von Gott abgekehrt ist, zum Guten zurückkehren und damit sein Glück sichern? Augustins Antwort: Er kann es von sich her überhaupt nicht. Er kann nicht sich selbst wie Münchhausen am Schopf aus dem Sumpf des Bösen herausziehen. Ein anderer Wille, ein guter Wille muß ihm zu Hilfe kommen. Hierfür muß dieser Hilfestellung gebende Wille aber genügend Macht besitzen. Deshalb kann es sich nur um den allmächtigen Willen von Gott selbst handeln. Aber können wir sicher sein, daß Gottes allmächtiger Wille überhaupt unser Glück will? Augustinus antwortet: Wir können uns dafür nur auf eine Bekundung des göttlichen Willens verlassen, die von Gott selbst ausgeht, und das ist seine Offenbarung in Jesus Christus.

Hier wird die Konsequenz erkennbar, die Augustinus von seiner neuplatonischen Glückslehre her zum christlichen Glauben führt: Er treibt das Problem des Bösen bis an den Punkt, wo die hellenistischen Glückssicherungsphilosophien scheitern. An diesem Punkt übernimmt der allmächtige Gott der Bibel die Glückssicherung. Das Glück bekommt nunmehr den biblischen Namen "das Heil", und der allmächtige göttliche Heilssicherungswille, auf den der Mensch angewiesen ist, heißt "die Gnade". Dabei entdeckt Augustinus, daß er einen Vorgänger hat. Schon vor ihm hat jemand die innere Verkehrtheit des Willens beschrieben und das Angewiesensein auf Gottes Gnade als das ein und alles für den Menschen herausgestellt: der Apostel Paulus.

So erweist sich Augustins neuplatonische Entscheidung für ein asketisches Leben, das sich ganz der Betrachtung des eigentlich Guten widmet, als eine Bekehrung zum Glauben an den neutestamentlichen Gott der Gnade, wie ihn Paulus verkündet hat. Das ist das Faszinierende an Augustinus: Er ist derjenige christliche Denker der Antike, der sich mehr als alle anderen den Geist der bedeutenden spätantiken Philosophie zu eigen gemacht hat und zugleich – und zwar gerade deshalb – mit seiner Gnadenlehre am radikalsten darüber hinausgegangen ist.

Man darf wohl sagen: In diesen hier natürlich nur grob skizzierten Zusammenhängen liegt der entscheidende innere Umbruch von der großen philosophisch denkenden vorchristlichen Antike zum christlichen Zeitalter in Westeuropa. Den Zugang zu diesen Zusammenhängen hat Augustinus in der Mailänder Zeit gefunden; ausgearbeitet hat er sie dann nach seiner Bekehrung, als er schon wieder auf nordafrikanischem Boden weilte, in dem Jahrzehnt zwischen 390 und 400, in dem er auch Priester und Bischof wurde.

Die 396–398 geschriebenen 'Bekenntnisse', in denen er die Bekehrung im Rückblick dargestellt und kommentiert hat, sind eine Art psychologische Selbstbiographie – die erste überhaupt –, aber zugleich ein einziges Lobgebet zu Gott. Weil der verkehrte menschliche Wille zur Heilssicherung der übermenschlichen göttlichen Hilfe bedarf, interpretiert Augustinus seine Bekehrung konsequenterweise als ein Ereignis, das er nicht seinem eigenen Willen, sondern allein dem Gnadenwillen Gottes verdankt. Zugleich betont er – wiederum ganz konsequent – die abgründige Verkehrtheit seines eigenen Menschenwillens von Jugend an.

So erscheinen ihm harmlose alltägliche Streiche seiner Kindheit wie etwa ein Birnenstibitzen aus Nachbars Garten als Zeichen für das tiefsitzende Böse im Menschen, und seine durchaus bürgerlich geordnete Lebensweise vor der Bekehrung beklagt er als ein einziges lasterhaftes Treiben, besonders sein außereheliches Zusammenleben mit einer Frau, deren Namen wir nicht kennen und von der er mit 18 Jahren einen Sohn bekam. Er hat mit dieser Frau 14 Jahre treu zusammengelebt und entsprach mit diesem eheähnlichen Verhältnis völlig den Sitten seiner Zeit. Er konnte seine Gefährtin schon aus eherechtlichen Gründen nicht heiraten, weil ihre Herkunft nicht standesgemäß war. In den Heiligengeschichten erscheint Augustinus oft als ein Wüstling, der sich zur Askese bekehrt. Aber davon kann überhaupt keine Rede sein.

Augustins Entdeckung der Gnade hat ihn in den folgenden Jahrzehnten in einen Zwiespalt gebracht, der nicht nur für ihn und für die nordafrikanische Kirche, sondern für das ganze Christentum zum Schicksal wurde. Gegen den Manichäismus hatte Augustinus die Freiheit unseres Willens so stark betont wie nie ein Philosoph vor ihm. Mit der Entdeckung unserer Abhängigkeit von Gottes Gnade stellt sich heraus: Nur diese Gnade und nicht unser freier Wille kann uns aus dem Bösen herausführen. Werfen wir einen ehrlichen und illusionslosen Blick in unser Inneres, so müssen wir eingestehen: Niemand ist frei v o m Bösen und damit frei f ü r das Gute. Alle Menschen sind, um die Freiheit für das Gute überhaupt erst wiederzugewinnen, angewiesen auf Gottes Gnade. Wir sind also nicht frei, sondern Gefangene des göttlichen Willens. Andererseits bleibt aber gegen den Manichäismus die Einsicht richtig: Nur wenn der Mensch frei ist, hat der Unterschied von gut und böse überhaupt einen Sinn. Wenn es nicht der Mensch selbst ist, der auf Grund seines freien Willens für seinen eigenen moralischen Zustand verantwortlich ist, dann braucht man diesen Zustand nicht mehr gut oder böse zu nennen. So entsteht für Augustinus das Problem, wie sich menschliche Freiheit und göttliche Gnade miteinander vereinbaren lassen.

In den Schriften seiner letzten Lebensjahrzehnte hat Augustinus in äußerst schwierigen Überlegungen versucht zu zeigen, daß die Abhängigkeit des Menschen von der göttlichen Gnade die Freiheit nicht aufhebt. Aber mit zunehmendem Alter verstärkt sich doch seine Tendenz, der Gnade ein Übergewicht einzuräumen. So erklärt er, daß Gott in seiner Allmacht vorherbestimmt, prädestiniert, welche Menschen er begnadigen will und welche nicht. Diese Prädestinationslehre hat dann tausend Jahre später in der calvinistischen Strömung der Reformation wieder besonderen Anklang gefunden.

Daß Augustinus seine Gnadenlehre – unter anderem durch die erste systematische Theorie der "Erbsünde" – immer mehr verschärft hat, lag ohne Zweifel in der inneren Konsequenz seiner christlichen Umkehrung der hellenistischen Glückssicherungsphilosophie. Aber dazu kam auch ein äußerer Anlaß. Ein aus England stammender frommer und asketisch lebender Christ namens Pelagius hatte Augustins frühere antimanichäische Schriften studiert und sich daraus den Gedanken zu eigen gemacht, daß das Heil wesentlich auf der freien Willensentscheidung für das Gute beruht. Gott belohnt die moralischen Leistungen des Menschen, der für seine Lebensführung frei verantwortlich ist. In dieser moralischen Selbstverantwortung liegt die Würde und die Humanität des Menschen. Mit dieser Position drohte Pelagius gerade auch in Nordafrika Anhänger zu finden, wo die Christen seit Tertullian immer eine besondere Leidenschaft für die moralische Disziplin entwickelt hatten (siehe auch Kapitel 19).

In den beiden letzten Jahrzehnten seines Lebens erschien der christliche Humanismus des Pelagius dem Augustinus mehr und mehr als sein neuer Hauptgegner. Er wurde nicht müde zu betonen: Der Mensch kann sich nicht durch ein sittenstrenges Leben gewissermaßen selbst erlösen; er ist nicht nur gelegentlich, sondern in jeder Phase seines Lebens und in jeder Hinsicht auf Gottes Gnade angewiesen. Ohne Gnade keine Menschenwürde. Das ist für Augustinus die entscheidende Einsicht, die das Neue Testament und vor allem Paulus vermitteln. So verfaßt Augustinus Jahr für Jahr neue und umfangreiche Schriften gegen den Pelagianismus. Er scheut nicht einmal vor kirchenpolitischen Intrigen gegen Pelagius und seine Anhänger zurück. Und dank seiner mittlerweile überall anerkannten überragenden geistigen Autorität erreicht er schließlich, daß ein nordafrikanisches Konzil im Jahre 418 den Pelagianismus förmlich verurteilt und daß die ganze westliche Kirche ihm darin folgt.

Man kann sagen: Seit diesem Beschluß ist der Rahmen abgesteckt für das eigentlich neutestamentlich geprägte westliche Christentum. In diesem Rahmen haben sich – ein Jahrtausend später – auch noch die Diskussionen zwischen Katholiken und Protestanten in der Reformationszeit bewegt, in denen die bis heute verbindlichen Grundlagen für das neuzeitliche Christentum gefunden wurden. So bleibt Augustins christliche Umstülpung der antiken Glückssicherungsphilosophie bis heute von unverminderter Aktualität.

XXI

Hippo Regius (Annaba)

Der römische Staat im christlichen
Denken – Augustinus

In der Nähe der algerischen Stadt Annaba (französisch: Bône) liegen die
Ruinen von Hippo Regius, der bevölkerungsreichsten Stadt nach Karthago im römischen Nordafrika – mit der für antike Verhältnisse enor-
men Zahl von an die 400 000 Einwohnern. Von hier aus wurden zwei
Drittel des Gesamtbedarfs an Getreide im römischen Westreich expor-
tiert. In dieser Hafenstadt war bis zu seinem Tode im Jahre 430 Aurelius
Augustinus, der mit Abstand bedeutendste lateinisch schreibende Kirchenvater, 34 Jahre als Bischof tätig. Im Ruinenfeld von Hippo Regius
stößt man auch auf die Stätte seines Wirkens, die große Basilika mit der
Kapelle, wo Augustinus getauft hat, und dem Bischofssitz, wo er ge-
predigt und Recht gesprochen hat.

Das Bischofsamt besaß damals, wenige Jahre, nachdem Kaiser Theodosius das Christentum zu einer Art Staatsreligion gemacht hatte,
bereits hohe öffentliche Bedeutung. Entsprechend intensiv war die
Belastung für den Amtsinhaber: Ein Bischof mußte damals jeden Morgen eine oder mehrere Liturgiefeiern leiten, meist mit Predigt, und
beinahe täglich für unterschiedliche Personengruppen Religionsunter-
richt halten. Nach dem Gottesdienst diente ein Großteil des Vormittags
der Schlichtung von Rechtsstreitigkeiten in Grundstücks-, Vormund-
schafts-, Erbschaftsangelegenheiten und anderen derartigen Fragen;
denn man ging damals mehr und mehr dazu über, den Bischöfen die
Rechtsprechung anzuvertrauen. Jede Woche war der Bischof auf dem
Land unterwegs, um kirchliche Ländereien, Schenkungen für die
Armen und anderen Gemeindebesitz zu verwalten. Und schließlich
hatte ein Bischof, vor allem ein prominenter Wortführer wie Augustinus, immer wieder für Verhandlungen bereitzustehen: für Konferenzen
mit den staatlichen Behörden, für Bischofssynoden und vor allem für
Diskussionen und Versöhnungsgespräche zwischen den Partnern der

fast ständig leidenschaftlich zerstrittenen nordafrikanischen Christenheit. Für viele solcher Treffen mußte Augustinus die Strapaze auf sich nehmen, auf den unbequemen römischen Straßen in weit entfernte Städte zu reiten.

Die Tätigkeit in einem solchen öffentlichen Amt hatte zwar ursprünglich in der Perspektive von Augustins erfolgreicher Karriere als Rhetoriklehrer gelegen. Aber seit seiner "Bekehrung" (Näheres dazu in Kapitel 20) hatte sich sein Lebensziel fundamental geändert. Trotzdem hat er sein Amt akzeptiert und über drei Jahrzehnte mit unermüdlichem Einsatz ausgefüllt. Dabei wurde er schon bald durch sein Auftreten und durch seine zahlreichen Schriften, die sich durch ihre rhetorische Brillanz, ihren Scharfsinn und Tiefsinn auszeichneten, zur Autorität unter den Bischöfen Nordafrikas und zu einer Berühmtheit im ganzen römischen Reich.

So war es nicht verwunderlich, daß man von ihm ein klärendes Wort erwartete, als sich im Jahre 410, 14 Jahre nach seiner Übernahme des Bischofsamtes, etwas für die Römer Ungeheuerliches ereignete: Die Stadt Rom, die seit über 700 Jahren nicht mehr von feindlichen Truppen besetzt worden war, wurde von den Westgoten unter Alarich erobert. Augustin verfaßte seine Stellungnahme dazu, indem er vom Jahre 413 an im Laufe von 13 Jahren in mehreren Gruppen 22 Bücher veröffentlichte. Diese Bücher – wir würden sie in unserer heutigen Sprache als Kapitel bezeichnen – bilden zusammen das Riesenwerk, dem Augustinus den Titel 'De civitate Dei' gab, 'Die Bürgerschaft Gottes', oder wie die gängige Übersetzung lautet: 'Der Gottesstaat'.

Man kann sagen, es hat drei große Krisen des Staats in der Antike gegeben, zu denen die Philosophie Stellung bezogen hat. Die erste, im 4. Jahrhundert v. Chr., bestand in der tiefgreifenden Korruption der griechischen Polis und dem Verlust ihrer außenpolitischen Selbständigkeit. Die philosophische Antwort hierauf haben Platon und Aristoteles gegeben (dazu Kapitel 9). Die zweite Krise war der Untergang der römischen Republik in den letzten Jahrzehnten vor der Zeitenwende. Die wesentliche philosophische Stellungnahme dazu enthält die Schrift 'De re publica' von Cicero (hierzu Kapitel 17). Die dritte und letzte Krise war der Untergang des römischen Westreichs, der sich im Jahre 410 mit der Besetzung Roms ankündigte. Aus Augustins Stellungnahme zu dieser Katastrophe entstand seine christliche Interpretation des römischen Staates und des Staates überhaupt, die für das Staatsverständnis im westlichen Europa des Mittelalters und der Neuzeit unabsehbare Folgen haben sollte.

Augustinus mußte sich mit zwei Hauptmeinungen zu dem Ereignis von 410 auseinandersetzen. Die eine wurde durch die immer noch starke Gruppe der traditionsbewußten Heiden vertreten. Sie hatten nicht vergessen, daß die Christen sich jahrhundertelang geweigert hatten, die öffentlichen Kulthandlungen mitzuvollziehen, in denen sich der römische Staat durch die Verehrung des Kaisers des Schutzes der Götter versicherte. Da nach antiker Überzeugung das ganze Leben und so auch das öffentliche Zusammenleben in der Hand der Götter lag, stellte die christliche Verweigerung des Kaiserkults den römischen Staat an seiner Wurzel in Frage. Die Christenverfolgungen waren nicht einfach Willkür, sondern entsprangen im Grunde dem Selbsterhaltungstrieb des Staates (mehr dazu in Kapitel 19). Die indirekte Erhebung des Christentums zur Staatsreligion war deshalb in den Augen der konservativen Römer ein Akt der inneren Selbstzerstörung des Gemeinwesens. Daß Rom im Jahre 410 besetzt werden konnte, war für sie nur die äußere Bestätigung dieser Selbstzerstörung.

Demgegenüber interpretierten die Wortführer der Christen die Verchristlichung des Römerreichs im umgekehrten Sinne: nicht als Widerspruch in sich, sondern als den Höhepunkt der Weltgeschichte. Man glaubte den Erfolg der göttlichen Vorsehung zu sehen: Sie hat zwei weltumspannende Bewegungen zusammengeführt und vereinigt: zum einen die politische Ausdehnung des römischen Imperiums über einen Großteil der damals bekannten Welt, zum andern die missionarische Ausbreitung des christlichen Glaubens über den ganzen bewohnten Erdkreis. Der eine Herr und Gott des Glaubens hat seine irdische Entsprechung gefunden in dem einen Herrn und Kaiser des Reiches. Diese Auffassung von der Geschichte bezeichnet die heutige Forschung als Reichstheologie.

Der Urheber dieser Auffassung war der Hoftheologe Konstantins, des ersten christlichen Kaisers, der griechische Kirchenhistoriker Eusebius von Caesarea. In der zweiten Hälfte des 4. Jahrhunderts wurde die Reichstheologie vor allem durch Ambrosius propagiert, den höchst einflußreichen Bischof am Kaiserhof in Mailand, dessen neuplatonisch inspirierte Predigten Augustinus den Anstoß für seine Bekehrung gegeben hatten (mehr dazu in Kapitel 20). Für die Vertreter der Reichstheologie zur Zeit Augustins war die Besetzung Roms das Zeichen dafür, daß Westrom wegen seiner heidnischen Vergangenheit welt- und heilsgeschichtlich seine Rolle ausgespielt hatte. Sie meinten: Das neue, von dem Christen Konstantin begründete Rom, Konstantinopel, ist von

Kopf einer Kolossalstatue des Kaisers Konstantin im Hof des Kapitolinischen Museums in Rom. Mit seinem Mailänder Edikt (313) räumte Konstantin (288–337) den Christen erstmals die freie Ausübung ihres Glaubens im römischen Reich ein und machte damit den Weg des Christentums zur Staatsreligion frei. In seiner Zeit wurde der Kaiser zum übermächtigen Herrn ("dominus"), dessen erhabene Hoheit die Abbildung zeigt. Das Staatsdenken des Augustinus ist in Kritik und Zustimmung am kaiserlichen Dominat orientiert.

Gott zum Zentrum des neuen christlichen Kaiserreichs bestimmt, weil es von vornherein eine christliche Hauptstadt war.

Die beiden Einstellungen zur Katastrophe von 410, die der konservativen Heiden und die der christlichen Reichstheologie, sind für uns nicht bloß historisch interessant. Sie repräsentieren beide noch das Grundverhältnis der Antike zum Staat, wie man es philosophisch am besten bei Aristoteles oder Cicero kennenlernen kann (siehe Kapitel 9 und 17): Man glaubt daran, daß die öffentliche Welt des Gemeinwesens für den Menschen Heimat sein kann; man ist überzeugt, daß das geglückte Leben, christlich gesprochen: das Heil auf dieser Erde, wesentlich mit davon abhängt, ob das politische Zusammenleben gelingt. Die beiden Positionen unterscheiden sich nur dadurch, daß die einen die offizielle Verchristlichung des Staats für verderblich und die anderen sie um des wahren Glückes willen für erforderlich und für gottgewollt halten.

Augustinus setzt beidem eine völlig neuartige Auffassung entgegen. Sie sprengt den antiken Rahmen, hatte sich aber innerhalb der Antike schon seit Platon vorbereitet. Durch die Vermittlung des Neuplatonismus kannte Augustinus einige Hauptwerke von Platon. In dessen Entwurf eines utopischen Idealstaats sollten die Philosophen die Herrscher sein. Sein mehr erfahrungsorientierter Schüler Aristoteles wandte sich gegen die Philosophenherrschaft und wollte, wie später Cicero, das Gemeinwesen nicht der Weisheit und Wissenschaft der Philosophen überantworten, sondern der politischen Klugheit von vorausschauenden Staatsmännern. Damit aber verlieren die Philosophen bei ihm ihre öffentliche Funktion. Deshalb muß er sich die Frage stellen: Worin liegt der Sinn der philosophischen Existenz, wenn ihre Aufgabe nicht mehr in der Übernahme der politischen Führung besteht?

Aristoteles löst das Problem durch eine Besinnung auf das wahre Glück. Von einem Geglücktsein unseres Lebens kann eigentlich nur dann uneingeschränkt die Rede sein, wenn uns nichts mehr zur Lebenserfüllung fehlt. Wahrhaft glücklich ist derjenige, der es nicht nötig hat, noch nach irgend etwas zu streben, das er zum Leben braucht. Die Griechen nannten eine solche Lebensverfassung Autarkie, d. h. Selbstgenügsamkeit. Einschränkungslos autark sind die Götter; denn sie sind für ihr Glück auf nichts und niemanden angewiesen.

Die Menschen hingegen brauchen einander wechselseitig in ihrem politischen Zusammenleben und benötigen dabei gewisse Güter zur Lebenserhaltung. Deshalb gibt es in der politischen Gemeinschaft kein Glück, das der göttlichen Autarkie vergleichbar wäre. Anders steht es aber, wenn der Mensch Philosophie treibt. Wer streng nur in seinen Gedanken lebt und sich auf das sammelt, was ihm sein Geist zur innerlichen Betrachtung darbietet, der kann mit einem Minimum an äußeren Gütern auskommen und ist auf andere Menschen nicht angewiesen. Allenfalls braucht er einen kleinen Kreis von gleichgesinnten Freunden, mehr nicht.

So verschafft Aristoteles der philosophischen Existenz einen neuen Sinn: Der Philosoph hängt sein Herz nicht an das brüchige Glück, das in der Öffentlichkeit des politischen Zusammenlebens erreichbar ist, sondern ergreift in der Zurückgezogenheit eines betrachtenden Lebensstils die Chance, das Glück einer gottgleichen, also übermenschlichen Autarkie zu verwirklichen. Seit Aristoteles gibt es die Grundunterscheidung zweier Lebensformen: auf der einen Seite das betrachtende Leben, lateinisch: "vita contemplativa", auf der anderen Seite die "vita activa", das aktive, will sagen: öffentlich engagierte Leben (mehr dazu Kapitel 12). Dieses ist eine Sache für viele, das kontemplative Leben hingegen für wenige. Ganz am Ende der Antike, im Ideal des von Benedikt gestifteten westlichen Mönchtums, hat sich die Bedeutung dieser Unterscheidung verlagert: Mit der Vita activa ist nun nicht mehr das politische Engagement gemeint, sondern die lebenserhaltende, vorwiegend körperliche Arbeit, und mit der Vita contemplativa nicht mehr primär die philosophische Wissenschaft, sondern das betrachtende Gebet.

Die kontemplative Existenz in der Stille fernab aller Politik versprach ein gottgleiches Glück. Deshalb bekam sie für die Jahrhunderte, in denen die ursprünglich selbständigen Poleis, die Stadtstaaten Griechenlands und Italiens, zur politischen Bedeutungslosigkeit herabsanken, eine außerordentliche Anziehungskraft, und dies um so mehr, je stärker sich das römische Weltreich zu einem zentralistisch geführten Verwaltungs- und Beamtenstaat entwickelte. Je entschiedener sich Hand in Hand damit die Macht in dem einen allmächtigen "dominus", dem "Herrn" des Reichs, im kaiserlichen "Dominat" konzentrierte, um so weniger Chancen boten sich zu echter politischer Beteiligung im Sinne der Vita activa. So lockte die Vita contemplativa als der Königsweg zur Lebenserfüllung.

Augustinus hatte sein Glück in jungen Jahren noch in der Vita activa finden wollen. Er sah seine Zukunft in der Karriere eines erfolgreichen Rhetoriklehrers, eines Literaturprofessors, könnte man sagen. Reden bedeutet eigentlich in der Öffentlichkeit auftreten. Auch wenn der Rhetor zur Zeit Augustins kaum noch etwas politisch bewegen konnte, so war den Römern doch der Zusammenhang von Rede und Engagement in der politischen Öffentlichkeit noch immer bewußt (siehe auch Kapitel 13). Augustins berühmte Bekehrung von 386 war zunächst nichts anderes als eine radikale Abkehr von der öffentlich-politischen Welt und eine Kehrtwendung zum kontemplativen Leben. Er gab seinen Beruf auf und zog sich mit seiner Mutter Monnica und einigen Freunden zu philosophischen Gesprächen auf ein Landgut zurück. So entsteht eine in strenger Bescheidenheit und stiller Betrachtung abseits der großen Welt lebende Philosophengemeinschaft, wie es sie auch schon in der vorchristlichen Antike gegeben hatte.

Freilich konnte Augustinus als Christ e i n e Überzeugung der heidnischen Antike bezüglich der Vita contemplativa nicht mehr aufrechterhalten. Er glaubte zwar noch daran, daß der Mensch sein Leben durch Betrachtung vergöttlichen könnte, aber nicht mehr daran, daß ihm dies aus eigener Kraft möglich sei. Unserem schwachen Willen muß ein unendlich überlegener göttlicher Wille entgegenkommen (Näheres in Kapitel 20). Gott in seiner Macht und Güte muß den Menschen zu sich erheben und vergöttlichen. Aus eigener Kraft zur Erfüllung des betrachtenden Lebens gelangen zu wollen ist der Wahn menschlicher Überheblichkeit, aber die Umkehrung dieser Haltung, die Demut, die sich gläubig der Gnade, d. h. dem wohlwol-

lenden göttlichen Willen unterwirft, bewahrt die Vita contemplativa
vor ihrem Scheitern.

So wird die entpolitisierte philosophische Existenz in der Spätantike
verchristlicht. Dieser Wandel läßt sich an der fern aller Politik lebenden
Freundesgemeinschaft Augustins deutlich ablesen. Aus dem bereits
klösterlich lebenden vorchristlichen Philosophenzirkel ist hier eine Art
Mönchsgemeinschaft geworden. Schon der Bericht des griechischen
Kirchenvaters Athanasius über das Leben des ägyptischen Mönchs
Antonius hatte Augustin tief beeindruckt und wesentlich zu seiner
Bekehrung beigetragen.

Augustins Existenzideal ist immer die verchristlichte Vita contemplativa, das betrachtende Leben des Philosophen und Wissenschaftlers
geblieben. So lebte er auch, seit er 396 ins Bischofsamt gedrängt worden
war, weiter in einer klösterlichen Gemeinschaft. Seine öffentliche Rolle
als Bischof aber zwang ihn zugleich zu einer Reaktivierung der Fähigkeiten, auf die er ehemals seine weltlich-politische Vita activa als Rhe-
torikprofessor hatte aufbauen wollen. Der öffentlichkeitsengagierte
Römer in ihm kommt wieder zum Vorschein. In dieser Rolle sieht er
sich auch mit der Katastrophe von 410 konfrontiert. Der im Grunde
unpolitisch denkende kontemplative Philosoph muß sich nun über
seine Einstellung zum römischen Staat und zum Staat überhaupt klar-
werden. Das Ergebnis dieser zwiespältigen Situation ist das Riesenwerk
'De civitate Dei'.

Augustins Stellungnahme zum Staat in diesem Buch ist weitgehend
daraus zu erklären, daß er dabei an dem inneren Ausgangspunkt seines philosophischen Denkens festgehalten hat: der Entfremdung der
kontemplativen Existenz vom politischen Gemeinschaftsleben. Dazu
kommt etwas Zweites: In der unpolitischen Grundhaltung trifft sich der
kontemplative Philosoph mit der bereits erwähnten Kaiserkultverwei-
gerung der frühen Christen, die sich deswegen bis zum Martyrium
verfolgen ließen (dazu auch Kapitel 19). Der kontemplativ gesinnte
christliche Philosoph bleibt wie diese Glaubenszeugen im Grunde seines Herzens ein Fremder in der politischen Welt, er hat darin keine
Heimat; er ist in dieser Welt ein Ausländer. Der staatsrechtliche Begriff
der Römer für den Ausländer ist "peregrinus", woher unser Wort "Pilger" kommt. Der kontemplativ gesinnte christliche Philosoph durch-
wandert auf seinem Lebensweg diese Welt als ein Pilger, der seiner
eigentlichen Heimat, dem Jenseits zustrebt. Er betrachtet die hiesigen
Verhältnisse als ganz und gar vorläufig. Seine Existenz ist eschatologisch orientiert, d. h. auf das "Letzte", das "éschaton", nämlich

das Ende der Zeiten im himmlischen Jerusalem ausgerichtet, von dem
die Weissagungen der Bibel sprechen.

Eschatologisch, im Lichte des ewigen Lebens betrachtet, erscheinen
die Wechselfälle des politischen Lebens, und so auch die Besetzung
Roms im Jahre 410, als etwas, das die ganze Aufregung darum im
Grunde nicht lohnt. Deshalb lehnt Augustinus die beiden eingangs
genannten Reaktionen, die der konservativen Heiden und die der
christlichen Reichstheologie, gleichermaßen ab. Sie machen ja beide die
Voraussetzung, vom Wohl und Wehe der hiesigen politischen Gemeinschaften hinge das geglückte Leben ab. Aber wer so denkt, der hat nach
Augustin die christliche Wende zur Demut nicht vollzogen, indem er
nämlich immer noch glaubt, wir seien unseres Glückes Schmied und
könnten eine vernünftige und gerechte Gestaltung des politischen
Zusammenlebens zuwege bringen. Sich für seines Glückes Schmied zu
halten heißt im Grunde: sich mit Gott verwechseln; denn der allein hält
in seiner Gnade das Gelingen unseres Lebens in seinen Händen. Wer
sich mit Gott verwechselt, begeht die Ursünde des Hochmuts.

Die Wortführer dieses Hochmuts sind für Augustinus die konservativen Heiden, die in dem Ereignis von 410 eine Katastrophe sehen, weil
sie ihr Herz an die irdischen, politischen Verhältnisse hängen. Aber sie
stehen damit nicht allein: sie repräsentieren nur die große Masse der
Verdammten, die "massa damnata", die alle die Verweigerung der
Demut gegenüber Gott gemeinsam haben. Ihr Hochmut vereint sie zu
der Gesellschaft derer, die ihren Willen nicht für Gottes Gnadenwillen
öffnen. So bilden sie die Bürgerschaft, lateinisch: "civitas", eines
unsichtbaren Staates. Der Ort dieser Civitas, des Staates der Hochmütigen, ist diese Welt, das Diesseits, die "Erde", lateinisch: "terra". Deshalb nennt ihn Augustinus die "irdische Bürgerschaft", "civitas terrena".

Die Civitas terrena, der Erdenstaat, ist aber nicht nur eine innerliche
Gemeinschaft der verkehrten Gesinnung. Er tritt auch äußerlich in
Erscheinung; denn diejenigen, die "diese Welt", die öffentlich-politi-
sche Welt für ihre Heimat halten, organisieren ihr Zusammenleben in
politischen Gemeinschaften, worin sie aus eigener Kraft das Heil zu
erreichen suchen, und sie halten ihr Dasein für um so erfüllter, je besser
ihnen die Errichtung einer stabilen politischen Welt gelingt. Deshalb
zeigt sich die Verderbtheit des Erdenstaats gerade in den geschichtlich
erfolgreichsten Staaten am deutlichsten. Diese Staaten sind in Augustins
Augen Babylon und Rom, das zweite Babel. So kann man sagen: Für
Augustinus wird der Erdenstaat in Rom gegenwärtig. Deshalb geht er

mit dem römischen Staat schonungslos und unter Aufbietung aller intellektuellen Mittel, auch fragwürdiger rhetorischer Finessen und sophistischer Argumentationstricks ins Gericht.

Er knüpft dabei mit Vorliebe an die Staatsschrift von Cicero an (darüber Kapitel 17), den er als Philosophen und Sprachkünstler im übrigen außerordentlich schätzte; die Lektüre eines Dialogs von Cicero hatte ihn zur Philosophie gebracht. Cicero hatte in seiner Staatsschrift gefragt: Wodurch wurden die großen römischen Staatsmänner eigentlich motiviert, sich politisch zu engagieren? Und er hatte geantwortet, historisch wohl zutreffend: Das Urmotiv war das Streben nach Ruhm. In einem stabilen Gemeinwesen von ewiger Dauer – also nach Ciceros Überzeugung in Rom – besteht, der Ewigkeit dieses Gemeinwesens entsprechend, Aussicht auf ewigen Ruhm. Solcher Ruhm kann dem Menschen das bescheren, was er sich in tiefster Seele wünscht: die Überwindung des Todes durch Unsterblichkeit.

Was Cicero mit dem Streben nach Ruhm meint, darf man nicht mit dem verwechseln, was wir heute Geltungssucht nennen. Das modische Ansehen bei der Masse, das Umjubeltwerden wie ein Sport- oder Schlagerstar ist für Cicero und die großen römischen Politiker und jeden Staatsmann von Rang bis heute etwas Verächtliches. Worum es geht, ist die öffentliche Anerkanntheit dessen, der sich durch klug vorausschauende Taten um die Stabilität eines gerechten Gemeinwesens verdient gemacht hat. Nach dieser Anerkanntheit strebt der bedeutende Politiker. Genau dieses Streben denunziert Augustinus vierhundert Jahre nach Cicero als den deutlichsten Ausdruck des gottfernen Hochmuts im Erdenstaat. Wer den ewigen Ruhm im ewigen Staat sucht, glaubt ja, auf Erden das erreichen zu können, was Gott allein vorbehalten ist, die Ewigkeit – also: er will sein wie Gott.

Seit Augustin hat Europa ein zutiefst gebrochenes Verhältnis zum Gemeinwesen. Cicero konnte vom Ruhmstreben des Staatsmannes noch unbefangen sprechen. Seit Augustin neigen wir dazu, hinter dem ganzen Reden und Tun der Politiker von vornherein alle möglichen Schlechtigkeiten zu vermuten: Geltungsbedürfnis, Gewinnsucht, Machtgier, verdrängte Komplexe. Dieser Verdächtigungsmentalität hat Augustinus Tür und Tor geöffnet, indem er den berühmten und berüchtigten Satz schrieb: Die gottfernen Staaten sind alle nur große Räuberbanden.

Aber es gibt für Augustinus nicht nur die Gemeinschaft der Hochmütigen, sondern auch die derjenigen Menschen, die in der Demut des Glaubens ihr Heil allein von Gottes Gnadenwillen erwarten. Sie bilden

die Bürgerschaft Gottes, die Civitas Dei, den Gottesstaat. Auch er tritt
wie der Erdenstaat sichtbar in Erscheinung, nämlich in der Gemeinschaft der Christen, der Kirche. So kann man durchaus im Sinne von
Augustinus sagen: die Kirche – das ist der Gottesstaat. Aber man muß
dabei beachten, was "Kirche", lateinisch: "ecclesia", "Gemeindever-
sammlung", zu Augustins Zeiten und für ihn bedeutet: Die Kirche wird
noch nicht identifiziert mit ihren Amtsträgern, also mit der Hierarchie
des Klerus. Das ist eine Entwicklung, die sich erst vom 12. Jahrhundert
an beobachten läßt. Die Kirche der Spätantike ist die Gemeinschaft
aller christlichen Gläubigen, verteilt auf die relativ selbständigen Gemeinden.

Freilich sind nicht alle Angehörigen der Kirche auch wirklich gläubig
im Sinne der von Augustinus geforderten Demut, und wer wirklich
demütig, d. h. nicht auf seine eigene Lebensleistung, sondern allein auf
die Gnade Gottes vertraut, der kann und darf niemals sicher sein, ob er
wahrhaft ein Christ ist. Aber immerhin kann man eines nach Augustin
sagen: Die Zugehörigkeit zur Kirche ist jedenfalls die unerläßliche
Bedingung, um überhaupt zur Bürgerschaft Gottes gehören zu können,
und insofern gilt zunächst einmal die Gleichsetzung von Kirche und
Gottesstaat auf Erden.

Die Bürger dieses Gottesstaats bleiben Fremdlinge in der hiesigen
Welt, Pilger zur ewigen Heimat. Deshalb spricht Augustin durchgängig
vom "Gottesstaat auf Pilgerschaft". Die Bürgerschaften beider Staaten,
des Gottesstaats und des Erdenstaats, sind in dieser Welt durcheinan-
dergemischt. Erst am Ende der Zeiten wird Gott im großen Gericht die
Angehörigen beider Bürgerschaften radikal trennen. Die einen gelangen
zur Lebenserfüllung in einer ewigen Vita contemplativa, nämlich der
Anschauung ("visio") Gottes, die wahrhaft glücklich macht ("beatifica"). Die anderen werden erbarmungslos verdammt.

Das Verhältnis der beiden Bürgerschaften ist auf dieser Erde prinzipiell unfriedlich; denn die Hochmütigen, Bösen werden nie davon
ablassen, die Demütigen, Guten zu verfolgen. Augustinus betont: Es ist
eine Illusion zu glauben, das Zeitalter der Märtyrer gehöre grundsätzlich der Vergangenheit an. Der Gottesstaat ist immer bedroht, auch
wenn es zeitweilig nicht so scheint. Weil die Christen Ausländer in
dieser Welt sind, gibt es für sie keinen Frieden mit dem Erdenstaat und
seinen politischen Erscheinungsformen, den Staaten, insbesondere dem
römischen Reich. Deshalb lehnt Augustinus die Reichstheologie von
Eusebius und Ambrosius ab. Weder der römische Staat noch irgendein
Staat auf Erden kann jemals verchristlicht werden.

Es gibt nach Augustin keinen christlichen Staat. Was es geben kann, ist ein Staat unter einem Herrscher, der persönlich ein guter Christ ist, also als Einzelner dem Gottesstaat angehört. In diesem Sinne hat Augustinus in einem Kapitel von 'De civitate Dei' sogar einen überschwenglichen Lobpreis auf den christlichen oströmischen Kaiser Theodosius geschrieben, der am 24. Februar 391 das Christentum durch Verbot aller heidnischen Kulte indirekt zur Staatsreligion erhoben hatte. Man darf diesen Lobpreis aber nicht in dem Sinne mißverstehen, als ob es für Augustinus doch einen christlichen Staat, eine politische Gottesherrschaft auf Erden, d. h. eine Theokratie geben könnte.

Mit seiner Unterscheidung von Erdenstaat und Gottesstaat bereitet Augustinus das typisch westliche Spannungsverhältnis von Kirche und Staat vor. Allerdings muß man einschränkend sagen: Augustinus selbst hat dabei noch keineswegs an eine Auseinandersetzung zwischen Papst und Kaiser gedacht. Aber man konnte sich im Mittelalter auf ihn berufen, weil er den Gottesstaat mit der Kirche gleichgesetzt hatte. Deshalb verstand man ihn so, als habe er sagen wollen: Der weltliche Kaiser muß sich dem Gottesstaat, also der Kirche unterstellen. Die Kirche, jetzt mittelalterlich als Hierarchie der Kleriker verstanden, wird verkörpert durch den Papst. Also hat sich der Kaiser der Herrschaft des Papstes zu unterwerfen. Aber dieser Gedanke geht nicht auf Augustin zurück. Die Konzeption kam erst im 11. Jahrhundert auf, als Papst Gregor VII. im Investiturstreit den Herrschaftsanspruch der Kirche gegenüber Kaiser Heinrich IV. erhob. Augustinus hat also weder einen christlichen Staat noch eine Unterordnung des Staates unter die Kirche vertreten.

Neben diesen beiden Fehlinterpretationen, die mehr für das Mittelalter charakteristisch waren, gibt es ein typisch modernes Mißverständnis. Man hat gemeint, Augustin habe sich besonders für den geschichtlichen Verlauf des Nebeneinanders von Erdenstaat und Gottesstaat interessiert; sein Hauptthema seien deshalb die Epochen der Menschheitsentwicklung bis zum Weltgericht am Ende der Geschichte gewesen. In diesem Sinne wird vielfach davon gesprochen, 'De civitate Dei' enthalte die erste Geschichtsphilosophie. Aber Augustin geht es nicht um eine allgemeine gesetzmäßige Entwicklung der Menschheit. Was ihn an der Geschichte interessiert, ist nur das zu allen Zeiten wiederkehrende Nebeneinander der beiden Bürgerschaften. Weil sein Denken im Grunde unpolitisch bleibt, ist es ihm gleichgültig, wie sich die irdischen Verhältnisse in der Abfolge der Geschichtsepochen entwickeln. Man muß sie so laufen lassen, wie es kommt. Deshalb gibt auch das Ereignis von 410 für ihn weder zu Pessimismus noch zu Optimismus Anlaß.

Augustins Auffassung ist in ihrer Struktur – nicht in ihrem Inhalt – am ehesten mit dem Zeitgefühl zu vergleichen, das sich in den beiden letzten Jahrzehnten bei vielen gesellschaftskritisch eingestellten Menschen verbreitet hat und auf Karl Marx zurückgeht: Die Menschen unterscheiden sich in solche mit revolutionärem Bewußtsein und solche, die sich gegen die Unmenschlichkeit der herrschenden Verhältnisse nicht aufbäumen. Die radikal Gesinnten wissen, daß der bürgerliche Staat als solcher korrupt und zum Untergang verurteilt ist, gleichgültig ob er die Menschenrechte mit Füßen tritt oder ob er sich besten Willens um soziale Reformen bemüht. Alle Reformbemühungen bessern im Prinzip an diesem Staat gar nichts. Erlösung bringt allein die große revolutionäre Wende, in der die fortschrittlich Eingestellten den endgültigen Sieg erringen. Dieses Geschichtsbild kann man in der Tat als eine Art entchristlichte, säkularisierte Wiederkehr von Augustins Verdammungsurteil über alle weltlichen Bürgerschaften betrachten, zu der die Erwartung der großen Wende im Endgericht Gottes gehört.

Augustinus billigt dem Erdenstaat eine und nur eine Leistung zu: Er gewährleistet einen vorläufigen Frieden, und Frieden ist das höchste Ziel aller Menschen, der Guten wie der Bösen. Die Bürger des Gottesstaats wissen, daß der wahre Frieden erst am Ende der Geschichte kommen wird, aber sie akzeptieren den Frieden des Erdenstaats als eine vorübergehende Notordnung. Auf dieser Grundlage hat Augustinus als Bischof gelegentlich sogar den Staat gewissermaßen als Friedenshelfer in Anspruch nehmen können. Er hat sich nicht gescheut, beim Kampf gegen Irrlehren den Kaiser um juristischen oder polizeilichen Beistand anzugehen. Damit hat er für das Mittelalter den Weg freigemacht zu einer Praxis, in der der Staat als sogenannter weltlicher Arm der Kirche tätig wurde.

W e n n es irdischen Frieden gibt, wird er nach Augustinus gewährleistet durch einen allmächtigen kaiserlichen Herrscher, den Dominus, den Herrn über den Erdkreis. Dies entspricht dem himmlischen Frieden unter dem göttlichen Herrn, dem Dominus Christus. Augustins Vorstellung vom politischen Frieden entspricht so genau den politischen Verhältnissen seiner Zeit. Seine politische Grundkategorie ist die Herrschaft. Der weltliche Unfriede beginnt schon in Babylon, dem ersten Rom, damit, daß die Menschen wegen ihrer verschiedenen Meinungen miteinander in Konflikt leben; daher die babylonische Sprachverwirrung. Herrschaft schafft Frieden, indem sie diese Konflikte beseitigt.

Bei Augustin ist völlig das Interesse an dem geschwunden, was für die Römer einmal "Republik" bedeutet hatte: Frieden gerade durch freie Austragung von Meinungskonflikten, Dezentralisierung von absoluter Herrschaft und damit letztlich ihre Abschaffung zugunsten von konkurrierenden Machtinstitutionen (mehr dazu in Kapitel 17). Augustin fehlt diese Perspektive auf eine andere, menschenwürdigere Gestaltung der hiesigen politischen Welt, die wir heute als demokratisch bezeichnen würden. Darin ist er ein Kind seines Zeitalters. Aber andererseits ist das Fehlen dieser Perspektive gewiß auch ein Zeichen für die Nüchternheit des noch immer geschichtsbewußten Römers Augustin: Er weiß, daß unter dem kaiserlichen Dominat dem Einzelnen die letzte Chance für eine verantwortliche Mitgestaltung der großen politischen Welt genommen ist.

Weil Augustinus sich so oft auf Cicero bezieht, kann dem Leser von 'De civitate Dei' bewußt werden, daß uns die lateinisch sprechende Antike zwei grundverschiedene Stellungnahmen zum römischen Staat und damit indirekt zum Gemeinwesen überhaupt hinterlassen hat. Auf der einen Seite steht Ciceros Vertrauen in die Fähigkeit des Menschen, durch vorausschauende Klugheit einen gerechten Ausgleich zwischen den verschiedenen Erwartungen der Menschen an den Staat herbeiführen zu können. Dem entspricht eine nicht-zentralistische, republikanische Ordnung des Gemeinwesens, die dem Menschen die Chance bietet, es als seine heimatliche Welt zu betrachten. Auf der anderen Seite steht Augustins radikale Kritik dieser vermeintlichen Heimat, seine Abwertung alles Politischen, die ursprünglich durch die Verschmelzung seines kontemplativen Glücksideals mit der urchristlichen Märtyrergesinnung motiviert ist. Verbunden ist sie mit einer versteckten und distanzierten Billigung von absoluter Herrschaft als vorläufiger Friedensordnung.

Man kann sagen, die Auseinandersetzung zwischen diesen beiden Grundeinstellungen hat in vielfältig wechselnden Formen seit damals das Verhältnis der Menschen in Europa zur politischen Welt und zur Geschichte bestimmt, und sie ist auch in der tiefen Zerrissenheit unseres gegenwärtigen politischen Bewußtseins unvermindert wirksam.

XXII

Ravenna

Boethius – philosophische Existenz im Ausgang der westlichen Antike

Der überwiegende Teil der kirchlichen Gebäude mit den unvergleichlichen Mosaiken, die Ravenna sein Gepräge geben, stammt aus dem 6. und 7. Jahrhundert, als die Stadt zum oströmischen Reich von Byzanz gehörte. Vorher, im 5. Jahrhundert, war Ravenna die letzte Residenz der weströmischen Kaiser und dann Schauplatz der Gotenherrschaft in Italien. Das eigenartige monumentale Grabmal des Ostgotenkönigs Theoderich und wenige Gebäude mit ihren Mosaiken erinnern an diese Epoche, aber die byzantinische Administration hat sich bemüht, alle konkreten Hinweise auf diese Zeit zu beseitigen. Ein Mosaik im Kirchenschiff von Sant'Apollinare Nuovo zeigt noch den Palast – das "palatium", wie man auf dem Bild lesen kann – des Theoderich; aber von den Persönlichkeiten, die zwischen den Säulen des Palastes im Vordergrund der Darstellung abgebildet waren, hat die oströmische Geschichtsbereinigung nur noch ihre Hände vor den Säulen übriggelassen.

Eine Persönlichkeit aus dem Hofstaat des Theoderich ist als einer der Großen in die Philosophiegeschichte eingegangen: Anicius Manlius Boëthius, den man als seinen Reichskanzler bezeichnen könnte. Um 480 geboren, aus einem führenden römischen Adelsgeschlecht stammend, machte er am Hof zunächst steil Karriere. Aber am Ende fiel er dem Intrigenspiel im Spannungsfeld zwischen dem Selbstbehauptungswillen des Aufsteigers Theoderich, dem Expansionismus von Byzanz und den Kräften der Traditionsbewahrung in Rom zum Opfer. Er setzte sich für einen römischen Senator ein, der im Verdacht stand, mit Ostrom gegen Theoderich zu konspirieren, und geriet dadurch selbst unter Hochverratsverdacht. Seine politischen Freunde versagten ihm die Hilfe oder schürten den Verdacht sogar noch. Theoderich ließ ihn – wenngleich nach langem Zögern – hinrichten. Die Empörung, die Theoderichs Verhalten in aller Welt hervorrief, war der Anfang vom Ende der Gotenherrschaft in Italien. Karriere und Fall des Boethius sind in denkwürdiger Weise mit Aufstieg und Niedergang dieses letzten großen Herrschers im römischen Westreich verknüpft.

Die außergewöhnliche philosophische Begabung des Boethius wurde früh durch eine ausgesuchte Erziehung gefördert. So konnte er schon in jungen Jahren den Plan fassen, erstmals das umfangreiche Gesamtwerk des Aristoteles komplett ins Lateinische zu übersetzen und außerdem die philosophischen Grundlagen des gesamten antiken Bildungswesens systematisch in lateinischer Sprache darzustellen. Boethius' früher Tod verhinderte die vollständige Verwirklichung seiner Pläne. Er hat aber von Aristoteles fast alle Schriften zur Logik übersetzt, dazu ein wichtiges Werk des Plotinschülers Porphyrios, und er hat mehrere Bücher zum antiken Bildungssystem veröffentlicht. Alle diese Schriften wurden wegweisend für die Entstehung des philosophisch-theologischen Denkens im lateinischen Mittelalter, der sogenannten Scholastik. Von Boethius stammen einige der maßgebenden scholastischen Begriffsdefinitionen – am Schluß des Kapitels wird eine davon zur Sprache kommen –, und ohne seine Aristoteles-Übersetzung hätte man bis zum 13. Jahrhundert im Westen nichts von Aristoteles gekannt.

Schon durch seine Übersetzungen, durch seine verschiedenen Abhandlungen und durch die Prägekraft seiner Definitionen und Begriffe hätte sich Boethius einen wichtigen Platz in der europäischen Geistesgeschichte gesichert. Aber seine Lebensumstände hoben ihn über die Rolle eines bloßen Traditionsvermittlers hinaus. In der langen Wartezeit vor seiner Hinrichtung schrieb er ein Buch, das ihm selbst und allen Menschen in ähnlicher Situation Trost spenden sollte. Es heißt

Die Illustration aus einer mittelalterlichen Handschrift des 13. Jahrhunderts zeigt Boethius (um 480–524) im Gefängnis, wo ihm die Ärztin Philosophie Trost zuspricht.

'Trost der Philosophie', 'Consolatio philosophiae', und enthält sozusagen ein Konzentrat der Gedanken, die die spätantike Philosophie dem Menschen für die Grenzsituationen von Scheitern und Unrechterleiden anzubieten hatte. Dieses in Sprache und Aufbau perfekt geschriebene Werk zählte zu den verbreitetsten Büchern des lateinischen Mittelalters, und eigentlich sollte es auch heute noch zum Kanon der Weltliteratur gehören.

Von dieser Schrift soll im folgenden die Rede sein. Sie ist in fünf Bücher, wir würden heute sagen: Kapitel, gegliedert. In jedem Buch wechseln Prosastücke und von Boethius selbst verfaßte Gedichte ab. Im ersten Buch erklärt Boethius selbst die Situation, in der er sein Werk geschrieben hat: Irgendwo mehr als 500 Meilen entfernt von seiner Heimatstadt Ravenna gefangengehalten, wartet er unter der Beschuldigung des Hochverrats auf seine Hinrichtung, nachdem ihn das Leben bis dahin mit Erfolg und Ansehen verwöhnt hatte. Boethius gesteht dem Leser freimütig: der katastrophale Fall hat ihn in Verzweiflung gestürzt. Die folgenden Bücher der 'Consolatio' stellen dar, wie ihn die Philosophie schrittweise aus seiner tiefen Depression befreit. Dabei läßt er die Philosophie als Person auftreten, und zwar in der Rolle einer Ärztin. Der seelisch kranke Boethius ist der Patient.

Daß Boethius seinen inneren Zustand als Krankheit darstellen kann, erklärt sich aus der Gedankenwelt der stoischen Philosophie, auf die er in der 'Consolatio' zunächst zurückgreift. Die Stoa (Näheres dazu in Kapitel 15) war vor dem Aufstieg des Neuplatonismus im 3. Jahrhundert n. Chr. mehrere hundert Jahre lang die einflußreichste philosophische Bewegung der Antike gewesen. Sie gehörte zu den philosophischen Lebenslehren, mit denen die Gebildeten im Zeitalter des Hellenismus darüber hinwegzukommen suchten, daß sie nach dem außenpolitischen Bedeutungsverlust des griechischen Stadtstaates, der Polis, ihre eigentliche Lebenserfüllung nicht mehr im öffentlichen Gemeinschaftsleben der Polis finden konnten. So konzentrierte sich die Philosophie auf eine neue Aufgabe: die Entwicklung von Glücksrezepten für das von der Polis enttäuschte, entpolitisierte Individuum. Den nobelsten Weg dieser hellenistischen Wege zum Glück bot die Stoa an.

Ihr Grundgedanke war: Solide Grundlage für das Gelingen des Lebens können nicht irgendwelche Glücksgüter sein, deren Besitz der Mensch nicht in seiner Hand hat. In einer Welt, auf deren politische Ordnung der Einzelne keinen Einfluß hat, ist auf Reichtum, beruflichen Erfolg, überhaupt auf alle von den äußeren Umständen abhängigen Möglichkeiten der Lebenserfüllung kein Verlaß. Das Einzige, woran sich der Mensch halten kann, muß er in seinem Inneren finden. Dauerhafte Zufriedenheit vermag ihm nur eine Haltung zu bringen, aufgrund deren er vor sich selbst bestehen kann. Die Welt ist gewissenlos; was allein zählt, ist die Selbstachtung vor dem eigenen Gewissen.

Alle Menschen suchen das Gute, nämlich das, was dafür gut steht, was dafür Gewähr bietet, daß das Leben nicht mißlingt. Die meisten Menschen glauben dieses Gute in irgendwelchen äußeren Glücksgütern finden zu können. Zu diesem Glauben werden sie durch gewisse Gefühle und Strebungen in unserem Innern verleitet, die uns an die äußere Welt ketten. Dazu gehören z. B. die Vorfreude auf irgendwelche Genüsse, die Enttäuschung über Nichterreichtes, das Aufwallen des Ehrgeizes, der Zorn über Unrecht, die Furcht vor Gefahren usw. Alle solche Gemütserregungen überkommen uns von Natur, d. h. ob wir es wollen oder nicht. Wir sind ihnen unterworfen und "erleiden" sie in diesem Sinne. Sie sind also jeweils ein Erleiden, griechisch: "páthos". Die lateinische Übersetzung dafür ist "affectus", "Affekt". Um in seinem Innern Stand zu fassen und auf diese Weise dauerhaft glücklich zu werden, muß der Mensch lernen, sich nicht vom Pathos, von den Affekten beherrschen zu lassen. So ist die Überlegenheit gegenüber dem Pathos, die Apathie, der stoische Weg zum Glück. "Apathie" meint hier noch nicht wie unser heutiges Fremdwort die müde Gleichgültigkeit, sondern die innere Freiheit von den Affekten.

Innerlich unfrei ist der Mensch, solange er das Gute in den unbeständigen Gütern der äußeren Welt sucht. Dann läßt er sich nämlich lenken durch das Pathos, d. h., er macht sein Heil abhängig von den Gefühlen, die er nicht in der Hand hat. Er unterstellt seine freie Aktivität der Passivität der Affekte, die er erleidet. Insofern ist sein ganzes Leben ein Erleiden, und damit auch ein Leiden, nämlich ein Leiden an der Leidenschaft der Affekte. Von dieser Tradition her übersetzen wir "pathos" noch heute mit "Leidenschaft". Leidenschaft schafft Leiden, und im Leiden kommt zum Vorschein, daß man krank ist. Die stoische Anweisung zum Glück versteht sich deshalb als Heilung von der Krankheit, die im Leben der meisten Menschen den Normalzustand bildet.

Der "Trost der Philosophie" beginnt bei Boethius damit, daß die Philosophie ihn als Kranken behandelt, der sein Herz fälschlich an die Glücksgüter dieser Welt gehängt hat. Mit dieser Anknüpfung an die Stoa nimmt der adlige Römer Boethius die älteste philosophische Tradition des gebildeten Römertums wieder auf. Keine griechische Philosophie hatte so sehr der römischen Mentalität entsprochen wie die Stoa. Den Stolz und die innere Souveränität des Vor-sich-selbst-bestehen-Könnens hatten bedeutende römische Politiker wie Cicero oder Seneca, ja sogar ein Kaiser wie Marc Aurel im stoischen Geist wiedergefunden. Für sie war der stoische Rückzug in die Innerlichkeit einer freien aufrechten Haltung der letzte Trost im politischen Scheitern und in allem Unglück überhaupt.

Im gleichen Geist redet die Philosophie den leidenden Boethius an: Es ist Unsinn, dich über deinen tiefen Fall zu beklagen. Du hattest auf Karriere und Erfolg gesetzt. Aber damit hast du dein Leben in die Hand der Fortuna, des Zufallsglücks, gelegt. Das Wesen der Fortuna ist das Auf und Ab von Erfolg und Scheitern, von Ansehen und Verachtung, von Annehmlichkeit und Elend. Die Fortuna ist wie ein Glücksrad, das sich ständig dreht und über kurz oder lang jeden mal nach oben, mal nach unten trägt. Wer sein Leben in die Hände der Fortuna legt, der darf sich weder wundern noch beklagen, wenn es ihm plötzlich schlecht geht. Als erstes gilt es, sich daran zu erinnern, daß sich wahres Glück in der von der Fortuna regierten Welt grundsätzlich nicht finden läßt. Im Reich der Fortuna gibt es für den Glücksuchenden kein zuverlässiges Zuhause. Die erste Anweisung zum Glück lautet: Heimkehren in das eigentliche Zuhause, die wahre Heimat, die nur im Innern der Seele zu finden ist.

Diese Grundbewegung der Heimkehr ins Innere wurde zunächst geschichtlich maßgebend von der Stoa getragen. Im Laufe der Kaiserzeit gewann im geistigen Leben der Antike mehr und mehr der Platonismus die Oberhand, eine Rückbesinnung auf Platon, deren bedeutendste Ausprägung der Neuplatonismus darstellte, der im 3. Jahrhundert von Plotin ausging (Näheres in Kapitel 18). Der Platonismus machte sich das stoische Heimkehrmotiv zu eigen und gab ihm eine neue Färbung. So geht auch bei Boethius der zunächst stoisch ansetzende Trost der Philosophie in Gedanken über, die platonisch inspiriert sind.

Boethius fragt: Warum sind die Güter der Fortuna eigentlich nicht die wahren Glücksgaben? Die Philosophie antwortet: Weil sie nicht das bringen, was der Mensch von ihnen erwartet. Der Mensch wünscht sich das Gute, d. h. das, was das Gelingen seines Lebens gewährleistet. Solches Gelingen, das Glück, ist durch fünf Merkmale gekennzeichnet. Das erste ist die Autarkie, die schon in der ersten Ethik, bei Aristoteles, den Grundzug des geglückten Lebens bildete (mehr dazu in Kapitel 12): Dem wahrhaft Glücklichen darf nichts zur Lebenserfüllung fehlen; wenn er es noch nötig hat, nach etwas zu streben, was er braucht, ist er nicht völlig glücklich. Deshalb ist die erste Eigenschaft des Glücks die sich selbst genügende Fülle. Sie ist aber nur gesichert, wenn der Mensch die Bedingungen seines Glücks selbst in der Hand hat. Darum ist die Beherrschung der Umstände das zweite Merkmal des Glücks; Boethius nennt dies die Macht. Weder Fülle noch Macht machen den Menschen aber glücklich, wenn er nicht anerkannt und bewundert wird. Jeder Mensch braucht diese beiden Weisen des Akzeptiertwerdens: Das eine ist die Anerkennung für das, was man leistet. Boethius nennt es die Achtung. Das andere ist die Bewunderung für das, was man i s t – nicht im Dunkel, sondern im Licht zu stehen. Dies bezeichnet Boethius als den Glanz. Achtung und Glanz gehören als drittes und viertes zum Glück. Das fünfte, was jeder Mensch selbstverständlich vom Glück erwartet, ist ein Gefühl der Annehmlichkeit, der Freude, des Daseinsgenusses.

All dies gehört zweifellos zum Glück, aber die Menschen suchen es auf die falsche Weise. Die sich selbst genügende Fülle glauben sie im Reichtum zu finden, die Macht in Herrschaftspositionen, die Achtung in irgendwelchen politischen oder sonstigen Stellungen, Ämtern und Würden, den Glanz ebenfalls in solchen Positionen oder in irgendwelchen körperlichen Vorzügen wie gutes Aussehen, Sportlichkeit und dergleichen mehr, die Daseinsfreude schließlich in den verschiedenen körperlichen Genüssen vom Essen und Trinken bis zur Sexualität.

Doch all dies bringt nicht das davon Erhoffte; denn was man erhofft, ist das Gute, d. h. das, was ein dauerhaftes, ungeteiltes und ungefährdetes Gelingen des Lebens garantiert. Aber Reichtum, Machtpositionen, Karriere und Ehren, leibliche Vorzüge, körperliche Genüsse: nichts von alldem ist dauerhaft, ungeteilt und ungefährdet.

Aber wie und wo läßt sich das wahrhaft Gute finden? Die aufgezählten Güter haben eines gemeinsam: Wenn man alles daransetzt, e i n e s von ihnen zu bekommen, muß man dafür andere Güter opfern. Wem alles an der Macht liegt, der muß auf viele Genüsse verzichten. Wer mit allen Mitteln seinen Reichtum steigern will, wird in Kauf nehmen müssen, daß sein Ansehen unter seinen Machenschaften leidet. Wer ganz dem Genuß leben möchte, der wird sich nicht mit Ämtern und Würden belasten können usw. Nun sucht der Mensch aber in diesen verschiedenen Gütern nichts Verschiedenes, sondern immer nur das e i n e Glück. Dieses eine Glück hat zwar fünf verschiedene Aspekte, aber in diesen Aspekten erscheint ein und dieselbe Sache. Wenn man für die Erlangung des einen Aspekts auf andere verzichten muß, bedeutet das eine Zerstückelung, eine Zerteilung des einen Glücks. Etwas Zerteilbares ist aber vergänglich. Was wahrhaft von Dauer ist, kann nicht zerteilt werden.

Demnach können die Güter, durch die man nur Teilaspekte des Glücks gewinnt, nicht das eigentlich Gute, das dauerhaft gelungene Leben ausmachen. Das wahre Glück muß die unteilbare Einheit von Fülle, Macht, Achtung, Glanz und Freude sein. Diese Einheit aber findet sich nur an einer Stelle: im höchsten Einen und Guten selbst, d. h. in Gott. Das echte Glück kann deshalb nur darin bestehen, an diesem Einen teilzuhaben.

Mit diesem Gedanken nimmt der Trost der Philosophie eine entschiedene Wendung ins Neuplatonische. Der stoische Trost hatte sich im Grunde darauf beschränkt, dem Menschen zu sagen, worin das Glück nicht besteht, nämlich nicht in den Gütern der Fortuna. Ein Trost aus dem Geiste Platons und Plotins kann nun positiv angeben, wie und wo das wahre Glück zu finden ist: in der Teilhabe am göttlichen Einen und Guten, worin die fünf Glücksaspekte untrennbar vereint sind.

Um diese Steigerung des philosophischen Trostes zum Ausdruck zu bringen, bedient sich Boethius wieder des Bildes von der ärztlichen Hilfe der Philosophie. Normalerweise wird ein Arzt als erstes schmerzlindernde Mittel verschreiben. Der Schmerz des Boethius besteht zunächst in der nur allzu verständlichen Enttäuschung über den Verlust alles dessen, was er in seiner Karriere erreicht hatte. Das stoische Denken ist die beste Medizin gegen diesen Schmerz; denn der Schmerz beruht darauf, daß man glaubt, um des Glückes willen die Güter der Fortuna besitzen zu müssen. Die Einübung der Apathie heilt von diesem Wahnglauben; sie lenkt die Aufmerksamkeit ins Innere, wo das wahre Glück zu suchen ist.

Auf die Schmerzlinderung läßt der Arzt die eigentliche Therapie folgen: Die Kräfte, die zur Gesundung führen, werden regeneriert. Das heißt philosophisch: die Teilhabe an der Quelle ungeteilten und dauerhaften Glücks, am göttlichen Einen und Guten, wird aufgefrischt. Damit allerdings ist der Heilungsprozeß noch nicht abgeschlossen. Es gibt bei Boethius noch einen tiefersitzenden Schmerz als den über den Verlust der Glücksgüter der Fortuna. Das ist die Enttäuschung und Verbitterung darüber, daß seine Bemühung um Gerechtigkeit in der Politik ihn ins tiefste Elend gestürzt hat, während die Schuldigen, üble Intriganten und treulose Freunde, weiter ein schönes Leben führen. Ist es nicht zum Verzweifeln, daß es den moralisch Korrupten gut geht, während die, die sich um Anständigkeit in der Welt bemühen, unterliegen?

Der bisherige Gedankengang hat ergeben, daß Gott das wahrhaft Gute, die Güte selbst ist. Wie kann es der wahrhaft gute Gott zulassen, daß es in der Welt den Guten schlecht und den Schlechten gut geht? Der erste Schritt der Therapie ist wieder die Aufklärung über einen falschen Glauben. Es war ein Wahn, zu meinen, die Gaben der Fortuna seien wahre Güter. Ebenso verbreitet und ebenso falsch ist die Überzeugung, den Schlechten ginge es gut und den Guten schlecht.

Die moralisch Rechtschaffenen finden, wie eben herauskam, ihr Glück durch Teilhabe am einen göttlichen Guten. Die moralisch Schlechten hingegen bleiben bei ihrer vergeblichen Jagd nach dem Glück ganz in einem Teilaspekt des wahren Glücks befangen. Diese Einseitigkeit erklärt ihr moralisches Versagen. Die Fixierung auf den Reichtum läßt den Habsüchtigen über Leichen gehen, und entsprechende Folgen hat das einseitige Streben nach Anerkennung, Macht, Glanz und Annehmlichkeit. Es macht geltungssüchtig, machtgierig, oberflächlich eitel und krankhaft genußsüchtig.

Das wahre Glück, an dem die Guten teilhaben, ist nichts anderes als das eine, ungeteilte, unvergängliche Sein Gottes. Nur dieses Sein verdient uneingeschränkt die Bezeichnung "Sein"; denn beim Sein muß man unterscheiden. Was nur flüchtig, vergänglich, vom Zerfall bedroht existiert, besitzt nicht im selben Maße "Sein" wie etwas unzertrennbar Dauerhaftes. Sein bedeutet Stabilität und Solidität (mehr dazu in den Kapiteln 6 und 11).

Alle Menschen suchen beständiges Glück, d. h. eine nicht vom Zerfall bedrohte Verfassung ihres menschlichen Seins. Die Bösen glauben dieses Sein in den Gütern zu finden, an die sie in der besagten Einseitigkeit ihr Herz hängen. Aber diese Güter sind nur Teilaspekte, Zerfallsprodukte des ungeteilten und damit wahrhaft dauerhaften göttlichen Seins. So erlangen die Bösen nur einen Schein von Sein. Das Gegenteil von Sein ist Nichts. Das vermeintliche Glück der Bösen ist vom Nichts durchlöchert, es ist im wörtlichen Sinne nichtig.

Auch die moralisch Bösen suchen das Gute; sie wünschen, daß es ihnen gut geht. Aber das wahrhaft Gute für den Menschen ist die Teilhabe am göttlichen Sein. Also geht es in Wahrheit nur denen gut, die mit solcher Teilhabe ernst machen, den moralisch Guten. Es scheint nur so, als ginge es den Bösen gut. In Wahrheit ist ihr nichtiges, seinsfernes Dasein ein einziges Elend.

Freilich: Solange man in der Nichtigkeit der Habsucht, der Herrschsucht, der Geltungssucht, der Genußsucht usw. lebt, ist man blind für den Lichtglanz des wahren und einen Guten. Man lebt wie eine Eule, die das Tageslicht nicht sehen kann, man hat nur Augen für die Nacht der Nichtigkeiten. Aber der Gute durchschaut, daß es den Bösen entgegen ihrer eigenen Meinung nicht gut geht.

Mit diesen Gedanken, die in ihrem Kern auf Platon selbst zurückgehen, ist ein weiterer wichtiger Schritt im Heilungsprozeß getan. Die Philosophie hat den Schmerz über das vermeintliche Wohlergehen der Bösen bzw. das vermeintliche Elend der Guten beseitigt. Aber es bleibt eine Frage: Auch wenn man Platon zugibt, daß es den Guten entgegen dem äußeren Anschein innerlich gut geht und den Schlechten verborgenermaßen schlecht, bleibt ein Ärgernis: Das innere, unsichtbare Glück und Unglück mag ja an Gute und Böse gerecht verteilt sein. Das äußere Glück oder Unglück ist aber sehr oft ungerecht auf beide Parteien verteilt; denn es läßt sich einfach nicht bestreiten, daß viele gerechte und anständige Menschen leiden müssen, während allzu viele Verbrecher mit weißen Kragen herrlich und in Freuden leben. Wie kann Gott, wenn er das Gute ist, das zulassen?

Die Antwort der Philosophie lautet: Da Gott einschränkungslos gut ist, kann es nur so sein: Er schickt beides, den Guten das äußere Unglück und den Schlechten das äußere Wohlergehen, ausschließlich deshalb, weil es den Menschen so zum Besten dient. Wir Menschen sind nicht Gott; für unser Denken bleibt – neuplatonisch ausgedrückt – das Absolute, das schlechthin Eine und Gute ein unenthüllbares Geheimnis. Deshalb erscheint unseren Blicken die äußere Verteilung von Glück und Unglück an die Guten und Bösen als ein Spiel des Zufalls. Wir sehen nur die Wechselfälle eines unberechenbaren Schicksals. Aber worin w i r nur ein blindes Geschick erkennen können, das ist von Gott aus gesehen gütige Vorsorge, d. h. Vorsehung. Der eine und selbe Weltlauf bietet sich also auf doppelte Weise dar: dem Menschengeist als Schicksal, "fatum", dem göttlichen Geist als Vorsehung, "providentia". Aber wir können mit unserem Geist das Walten der Vorsehung nicht durchschauen.

Auch dieser Begriff der Vorsehung ist ein Gedanke der antiken Philosophie, ursprünglich aus der Stoa, dann vom Neuplatonismus aufgenommen und vertieft. Wie so viele Gedanken, die man gemeinhin für christlich hält: die Unsterblichkeit der Seele, das Jenseits, die Ewigkeit, Gott als Güte und Licht, stammt auch der Begriff der Vorsehung ursprünglich nicht aus dem biblischen Vorstellungskreis, sondern aus der stoisch-platonischen antiken Gedankenwelt. Der Christ Boethius hat eine Reihe von Abhandlungen zur christlichen Theologie geschrieben, die für das Mittelalter sehr wichtig geworden sind. Aber erstaunlicherweise hat er in der 'Consolatio' ganz darauf verzichtet, irgendwo auf biblische Vorstellungen zurückzugreifen.

Mit der Unterscheidung von Schicksal und Vorsehung hat der Trost der Philosophie seinen Höhepunkt erreicht. Der durch die Philosophie Geheilte könnte nun zum inneren Frieden gelangen, wenn nicht eine Gefahr aus dem Heilungsverfahren selbst drohte. Auch das gibt es ja in der Medizin: daß die Therapie selbst schädliche Folgen nach sich zieht.

Wenn alles von Gottes Vorsehung gelenkt wird, dann bedeutet das: Gott weiß alles im voraus. Aber wenn Gott alle Geschehnisse schon vorher bekannt sind, liegen sie bereits fest, bevor sie passiert sind. Das muß dann auch für die Entscheidungen des Menschen gelten. Aber das bedeutet: diese Entscheidungen sind nicht frei, sie sind schon von Gottes Vorsehung festgelegt, determiniert. Das wiederum hat eine äußerst mißliche Konsequenz: Wenn der Mensch unfrei ist, also gar nicht selbst daran schuld ist, ob er gut oder böse ist, dann löst sich der Unterschied von Gut und Böse in Luft auf. Ich kann jemanden nur dann für seine moralische Rechtschaffenheit loben bzw. für seine Verwerflichkeit tadeln, wenn ich voraussetze, daß er selbst für seinen Zustand verantwortlich, also frei ist.

Der ganze Trost der Philosophie ist nur unter der Bedingung sinnvoll, daß es den Unterschied von Gut und Böse gibt. Damit scheint sich der tröstliche Hinweis auf die Vorsehung als eine Therapie zu erweisen, die sich selbst zerstört; denn der Begriff der allwaltenden Vorsehung

scheint die Freiheit und damit das sinnvolle Reden von Gut und Böse
aufzuheben. Dieses schwere Problem hatte schon Plotin und die größten christlichen Denker, Origenes und Augustinus, bewegt, und es ist
bis heute in irgendeiner Form eine Fundamentalfrage jeder Philosophie,
die die Existenz Gottes anerkennt. Boethius bietet am Schluß seines
Werkes eine tiefsinnige Lösung an, die für das ganze lateinische Mittelalter maßgebend wurde.

Wer annimmt: durch Gottes Vorsehung sind die Geschehnisse im
voraus festgelegt, macht eine Voraussetzung. Er unterstellt, daß der
gerade verwendete Ausdruck "im voraus" in bezug auf Gott einen Sinn
hat. Festlegung im voraus: das heißt, Gott weiß etwas v o r h e r, früher, was s p ä t e r dann auch so eintritt. Der Unterschied von früher
und später ist die Zeit. Die Zeit besteht darin, daß die Gegenwart, die
jetzt gerade stattfindet, zur Vergangenheit wird, und daß an die Stelle
der gerade aktuell gewesenen Gegenwart eine Gegenwart tritt, die vorher Zukunft war. Von "Vorherbestimmung durch Gott" reden heißt
annehmen, daß es für Gott die Zeitlichkeit, also den Unterschied von
vergangener, aktueller und zukünftiger Gegenwart gibt.

Aber diese Annahme ist nicht statthaft: Gott ist, neuplatonisch
gedacht, das schlechthin unteilbar Eine; er ist einfach, d. h. ohne Vielfalt. Wenn es in und für Gott mehrere Gegenwarten gäbe, nämlich
vergangene, aktuelle und künftige Gegenwart, dann wäre das eine Vielheit. In Gott kann es die Vielheit der Gegenwarten, den Unterschied
von früherem und späterem Jetzt nicht geben. Sein Leben muß eine
einzige ungeteilte Gegenwart sein, ein einziges einfaches Jetzt ohne
Früher und Später. Genau dies, der Besitz des ganzen Lebens in einer
einzigen ungeteilten Gegenwart, ist eine der berühmten Definitionen
des Boethius: Es ist die Definition der Ewigkeit.

Die Ewigkeit ist also gerade nicht das, was man sich volkstümlich
darunter vorstellt: die unendliche Dauer, ein Leben, das unaufhörlich,
ohne Ende weitergeht. Ein solches Leben wäre noch zeitlich, es
bestünde in einer nie abreißenden Folge vieler Gegenwarten; zu jedem
gerade gegenwärtigen Jetzt gäbe es noch ein zukünftiges Jetzt. Aber
genau das kann nicht die Existenzweise Gottes sein; denn seine Einfachheit schließt eine Vielheit von Gegenwarten, also auch eine Vielheit mit
einer unendlichen Menge von Jetzt aus.

Wenn es aber in und für Gott gar kein Vorher und Nachher gibt, dann
kann man auch nicht sagen: durch seine Vorsehung ist das, was nachher
passiert, vorherbestimmt. Die Vorsehung ist keine Vorhersehung. Sie
erscheint nur uns Menschen so, weil unsere Existenzweise nicht die

Das Grabmal des Theoderich in Ravenna

Ewigkeit, sondern die Zeit ist. Für unseren Menschengeist zerfällt die eine ungeteilt einfache Ewigkeitsgegenwart in eine Abfolge von vielen Gegenwarten, und genau das ist die Zeit. Nur aus der Perspektive unserer Zeitlichkeit erscheint Gottes Vorsehung als Festlegung aller Geschehnisse im voraus, d. h. als Aufhebung unserer Freiheit. Durch Gottes Ewigkeitsblick hingegen bleibt unsere Freiheit unangetastet.

So denkt Boethius am Ende der Antike noch einmal einen der großen und maßstabsetzenden Gedanken der Philosophie. Den Tod vor Augen, findet er die erstaunliche innere Freiheit, sein Denken in derartige Tiefen der neuplatonischen Spekulation zu versenken. Boethius war in zwei Bereichen zu Hause: Er kannte die neuplatonische innere Sammlung auf Gott, das Eine, Wesentliche, Ewige; und er kannte das Glück der politischen Karriere: Macht, Anerkennung und Glanz. Es ist charakteristisch, daß Boethius sich in der 'Consolatio' besonders lang bei der Analyse dieser Phänomene: Macht, Anerkennung und Glanz, aufhält. Er ist wie Cicero und Augustin ein römischer, lateinischer Denker; deshalb kann er der Tendenz zur Entpolitisierung, die sich in der Philosophie seit dem Hellenismus durchgesetzt hatte, nur mit Zögern folgen. Wie bei Cicero und Augustinus nehmen die politischen Phänomene und deshalb Macht, Herrschaft, Ruhm, Ämter und Würden seine Aufmerksamkeit gefangen. Aber in der Krise seiner politischen Existenz, im Scheitern seines Daseins entscheidet er sich für die stoisch-neuplatonische Verinnerlichung, den radikalen Abschied vom Politischen.

So kommt in Boethius, dem Wegbereiter des mittelalterlichen Denkens, ein letztes Mal die Polarität in der antiken Philosophie des lateinischen Westens zum Vorschein: Den einen Pol bildet die niemals völlig geschwundene Anziehungskraft des Politischen. Das rätselhafte Grabmonument des Theoderich in Ravenna zeigt, wie dieses Politische bis in die Völkerwanderungszeit seine Faszination behalten hat, und die Prachtmosaiken von Kaiser Justinian und seiner Gemahlin Theodora in San Vitale machen es in seiner byzantinischen Version anschaulich. Den Gegenpol bildet die neuplatonische Abkehr vom Politischen und innerliche Einkehr in die Überhelligkeit des Einen, des göttlichen Urbildes, dessen Licht abbildlich ebenfalls in den byzantinischen Mosaiken von Ravenna und ihrer Symbolsprache aufscheint. Boethius hat als Platoniker am Ende die weltliche Anerkennung und Bewunderung verschmäht, die er doch als der Römer, der er geblieben war, immer gesucht hatte. Durch seinen 'Trost der Philosophie' hat er schließlich bei der Nachwelt diese Anerkennung und Bewunderung gefunden.

Istanbul

Griechische Philosophie im christlichen Denken des Ostens

Istanbul und seine Umgebung war der Schauplatz für drei der ersten ökumenischen Konzilien. Das erste fand im Jahre 325 in Nizäa, griechisch: Nikaia, statt. Das zweite folgte 381 in Istanbul selbst, das bis zu Kaiser Konstantin Byzanz geheißen hatte und, seit es unter ihm Hauptstadt geworden war, den Namen "Konstantinopel", "Stadt des Konstantin", trug. Die Irenenkirche, Tagungsstätte des zweiten Konzils, ist heute Museum. Das dritte Konzil tagte 431 in Ephesus und das vierte 451 in Chalkedon, dem heutigen Istanbul-Vorort Kadiköy. Formell besitzt Istanbul bis heute den Rang, die Hauptstadt der "orthodoxen", "rechtgläubigen", Christen zu sein; denn der Patriarch von Konstantinopel ist noch immer "der Erste unter Gleichen" im Kreise der Bischöfe der Ostkirche.

Der selbst als Museum noch Ehrfurcht gebietende wunderbare Innenraum der Hagia Sophia und eine Reihe von Kreuzkuppelkirchen aus alter Zeit mit ihren Fresken und Mosaiken können den Besucher Istanbuls auch heute daran erinnern, daß er sich im ehemaligen Zentrum des christlichen Lebens im Osten befindet. In der Zeit der ersten Konzilien bildete es geistig auch für die westliche Christenheit den Mittelpunkt ihrer Welt. In den folgenden Jahrhunderten tobte hier der Bilderstreit, die einzige große Zerreißprobe auf dem Weg der Ostkirche. Daß uns die Orthodoxie heute in Griechenland, auf dem Balkan, in Rußland das Erscheinungsbild einer Welt der Ikonen darbietet, hat sich im 8. Jahrhundert in Byzanz entschieden, als schließlich die Ikonodulen, die Bildverehrer, über die Ikonoklasten, die Bildverächter, den Sieg davontrugen.

Die leidenschaftlichen Kämpfe um das Selbstverständnis des Christentums von den ersten Konzilien bis zum Bilderstreit sind ohne die griechische Philosophie nicht zu verstehen. In ihrer Begrifflichkeit und

*Die Hagia Sophia ("Heilige Weisheit"), neben der heute
zerstörten Johannes-Basilika in Ephesus die große
Hauptkirche der östlichen Christenheit, von Kaiser
Justinian im Jahre 537 errichtet, seit 1453 Moschee (aus
dieser Zeit die hier abgebildete Lithographie von 1852),
seit 1934 Museum*

in den durch sie vorgezeichneten Denkbahnen sind die Auseinandersetzungen ausgetragen worden. So hat die griechische Antike in diesen
Auseinandersetzungen kontinuierlich weitergelebt, in denen eigentlich
alle für das geistige Leben in der byzantinischen Welt wesentlichen
Entscheidungen gefallen sind. Dem politischen Untergang des westlichen Römerreichs entsprach eine Neuorientierung des Denkens seit
Augustinus, die den antiken Rahmen sprengte. Das östliche Römer-
reich – die Byzantiner nannten sich selbst "Romaioi", "Römer" – hat
sich politisch und geistig ohne Bruch weiterentwickelt. Das Ende kam
dort erst, als die Türken 1453 Konstantinopel eroberten. In gewissem

Sinne begegnet uns aber auch heute noch in der griechischen Ostkirche ein Stück Antike. Davon mehr am Schluß dieses Kapitels.

Die entschiedene Rückbesinnung auf die biblischen Ursprünge des christlichen Glaubens, die im Unterschied zur Ostkirche seit der Reformation im Westen stattgefunden hat, läßt uns leicht übersehen, wie wesentlich das Christentum spätestens seit dem 3. Jahrhundert vom Geist griechischer Philosophie durchdrungen und geprägt worden ist. Man muß sich vor Augen halten, daß es in den ersten beiden Jahrhunderten nicht mehr war als eine der zahlreichen religiösen Bewegungen, die in jener Zeit tiefer Verunsicherung den Mittelmeerraum vom Orient her überfluteten; ein Auferstehungskult, dessen Adressatenkreis in erster Linie die einfachen Leute waren und für den wir uns heute nur noch historisch interessieren würden – wenn es nicht den Verschmelzungsprozeß mit der griechischen Bildung gegeben hätte, durch den die vom griechischen Denken inspirierte Nachdenklichkeit, die seit Paulus und Johannes zu diesem Kult gehört hatte, auf eine wissenschaftliche Bahn kam. Es war kein Zufall, daß Konstantin, der die Christen politisch außer Verfolgung setzte, zugleich das größte Interesse daran hatte, daß sie ihren Glauben begrifflich als verbindliche Lehre, als Dogma, fixierten. Und so betrieb er energisch die Einberufung jener Synode in Nizäa, die dann als das erste ökumenische Konzil in die Geschichte eingegangen ist.

Der Prozeß der ersten gründlichen Durchdringung des christlichen Glaubens mit griechischer Wissenschaftlichkeit fiel zeitlich zusammen mit dem Siegeszug des Platonismus, der im "neuplatonischen" Denken Plotins im 3. Jahrhundert auf seinen Höhepunkt kam (Näheres in Kapitel 18). Fast genau zur gleichen Zeit wie Plotin lebte der erste systematische christliche Denker: Origenes. Er lehrte den größten Teil seines Lebens in Alexandria, also im Zentrum der damaligen geistigen Welt. Dort hatte eine Generation vor ihm schon ein anderer bedeutender Gelehrter unterrichtet, der sich zum Christentum bekannte: Clemens von Alexandria. Man kann sagen: Die "Alexandriner", Clemens und vor allem Origenes, haben zum ersten Mal den christlichen Glauben in umfassender Weise zum Gegenstand wissenschaftlicher Reflexion gemacht. Das konnten sie aber nur, weil sie Platoniker waren und im Geist des Platonismus denken gelernt hatten.

Zeitgenosse des Clemens war ein anderer, ebenfalls in Alexandria lehrender Platoniker namens Ammonios Sakkas. Bei ihm hat Origenes fünf Jahre und Plotin elf Jahre studiert. Das hat für die Geistesgeschichte Europas etwas Schicksalhaftes: Der größte Platoniker und der eigentliche Begründer der wissenschaftlichen christlichen Theologie hatten denselben Lehrer. Historisch gibt es keinen Zweifel: Christliches Denken als Wissenschaft hat nur entstehen können durch die systematische Aneignung griechischer Philosophie und Bildung in Gestalt des Platonismus.

Das Werk der Alexandriner setzte im 4. Jahrhundert eine Reihe von bedeutenden Denkern fort, teils in kritischer Auseinandersetzung mit Origenes, teils in seiner Nachfolge. Die berühmtesten Namen sind Athanasius aus Alexandria, neben ihm Basilius der Große, dessen Freund Gregor von Nazianz und Gregor von Nyssa, der jüngere Bruder des Basilius. Die letzten drei stammten aus der Provinz Kappadozien, einer Landschaft in der Zentraltürkei. Athanasius und die "Kappadozier" haben die erste fundamentale Lehrentscheidung, die auf dem Konzil von Nizäa gefallen ist, maßgebend kommentiert: das Glaubensbekenntnis zum dreieinigen Gott. Sie haben dadurch eine zweite, erweiterte Fassung dieses Bekenntnisses entscheidend mitvorbereitet, die auf dem zweiten Konzil, in Konstantinopel verabschiedet wurde.

Die Diskussionen um diese Glaubensbekenntnisse, die bis heute die gemeinsame Grundlage des Glaubens aller Christen bilden, waren äußerst verwickelt. Die Forschung ist sich bis heute über ihren Verlauf nicht einig. Fest steht aber, daß zunächst alle zentralen Begriffe und gedanklichen Möglichkeiten aus der griechischen Philosophie und zum größten Teil aus dem Platonismus stammten. Die folgenreichste Lehrentscheidung des Konzils von Nizäa war die Verurteilung des Arianismus, der in weiten Teilen des Reiches verbreitet war. Er war so mächtig, daß lange Zeit auf der Kippe stand, ob das Christentum insgesamt arianisch werden würde. Der Urheber dieser Lehre, der gelehrte Priester Arius, stammte nicht zufällig aus Alexandria. Sein Grundgedanke erklärt sich aus dem Hypostasenbegriff des Platonismus, für den der Leser auf Kapitel 18 verwiesen sei.

In den arianischen Streitigkeiten ging es darum, begrifflich verständlich zu machen, wie der e i n e Gott im christlichen Glauben doch auf dreifache Weise erfahren und verehrt werden kann, nämlich in dem Wesen, das Jesus Vater genannt hatte, in Jesus selbst, und im Geist. Zur Erklärung dieser Dreifaltigkeit, der Trinität, bot sich der Hypostasengedanke geradezu an. Die Hypostasen sind im Platonismus die Seinsweisen, in denen der verborgene Gott als existierend erscheint. Was lag also näher, als Vater, Sohn und Geist als Hypostasen aufzufassen? Nun haben aber die Hypostasen im Neuplatonismus nicht den gleichen Rang; denn das Ur-Eine, der "Vater", tritt in ihnen abgestuft in die

Vielheit hervor. Deshalb war es ganz folgerichtig und wissenschaftlich überzeugend, daß Arius sagte: Wenn der Sohn eine Hypostase ist, dann kann er nicht gleichrangig mit dem Vater sein, er muß unter ihm stehen. Dies hatte übrigens schon der große Origenes gelehrt.

In der Lehrentwicklung des 4. Jahrhunderts bis zum zweiten Konzil ging es darum, gegen Arius die Gleichrangigkeit der göttlichen Hypostasen herauszuarbeiten. Der Sohn ist, platonisch gesprochen, kein abgeschwächtes Licht im Vergleich zur Überhelle des Vaters, sondern steht mit ihm auf gleicher Stufe; er ist "Licht vom Lichte", wie schon das erste Glaubensbekenntnis von Nizäa formuliert. Gleichrangigkeit des Vaters, des Sohnes und des Geistes – das bedeutet: sie besitzen das gleiche Sein. Auch für das Sein-von-etwas stand ein Begriff aus der griechischen Philosophie zur Verfügung, und zwar schon seit Platon und Aristoteles. Das griechische Wort ist "usía" (Näheres in Kapitel 11). Die übliche Übersetzung lautet "Substanz" oder "Wesen", aber im Grunde bedeutet es "Sein". Die Frage für die Kappadozier war nun: Wie ist die Seins- oder Wesensgleichheit, die "homo-usia", in der göttlichen Trinität zu verstehen?

Platon hatte behauptet: Die Usia, also das, was das Sein, den Seinsbestand einer Sache ausmacht, ist die Idee. Der einzelne Baum im Wald i s t zwar auch, aber er besitzt nur ein vergängliches und damit niederes Sein. Unvergänglich beständig ist das Baumsein als solches, die Idee. Platons größter Schüler und Kritiker Aristoteles hatte diese These umgekehrt. Das, was wirklich ist, ist der einzelne konkrete Baum. Das Baumsein, die Idee, ist nicht mehr als das Allgemeine in den Dingen, das wir künstlich durch Abstraktion von den einzelnen Bäumen begrifflich ablösen können. Es besitzt nur ein Sein zweiten Ranges; es ist zweite Usia, wie Aristoteles das ausdrückt, während das Konkrete, das Einzelding die erstrangige Usia ist (mehr dazu in Kapitel 11). Platon hätte dagegen gesagt: Das Einzelding verdankt sein Sein nur dem Sein der Idee. Also ist das, was Aristoteles die zweite Usia nennt, gerade die erstrangige.

Dieser Streit des 4. vorchristlichen Jahrhunderts um den Seinsvorrang des Konkreten oder des Allgemeinen lebt im 4. nachchristlichen Jahrhundert in der Diskussion um die Trinität wieder auf – ein Beleg für die erstaunliche Kontinuität griechischen Philosophierens über ein Jahrtausend hinweg: Wenn Vater, Sohn und Geist von gleicher Usia, gleichen Wesens sind, was heißt das? Sind sie konkretes Einzelnes im Sinne von Aristoteles? Sind sie also so etwas wie Herr A, Herr B und Herr C, deren zweite Usia, das begrifflich erfaßbare Allgemeine

in ihnen, das ihnen gemeinsame Menschsein ist? Dann wäre das Gott-
sein in Vater, Sohn und Geist nur ein allgemeines Sein, dem ihr je-
weiliges konkretes Einzelsein als der eigentliche Seinsbestand zugrunde läge; d. h., das, was wirklich i s t, die erste Usia, wären drei
einzelne Götter: Vater, Sohn und Geist. Die Einheit des Wesens Gottes
wäre etwas seinsmäßig Zweitrangiges. Auf diese Weise würde aber der
christliche Glaube in die Vielgötterei zurückfallen. Der christliche Gott
ist einzig-einer. Also muß dieser Gott in seiner Einzigkeit Usia im Sinne
des erstrangigen Seins sein. Das Sein dieses Gottes darf nur im Sinne
Platons und nicht im Sinne der aristotelischen Usia-Lehre interpretiert
werden.

Aber in welchem Verhältnis stehen dann der alte Begriff der Usia und
der neue der Hypostase? Die Formel, die sich schließlich – vor allem
aufgrund der Vorarbeit der Kappadozier – durchsetzte, lautete: Gott ist
e i n e Usia, e i n Sein, in drei Hypostasen, drei Seinsweisen. Diese
Formel gilt heute noch. Im geläufigen christlichen Sprachgebrauch ist
sie in der Fassung bekannt: "ein Wesen in drei Personen". "Wesen" ist
dabei die Wiedergabe von "Usia", und "Person" meint hier noch nichts
anderes als "Hypostase", also nicht etwa drei Personen im Sinne unserer
heutigen Sprache; denn das wäre, wie gesagt, Vielgötterei. Man sieht:
Die christlichen Kirchen umschreiben noch heute ihre gemeinsame tri-
nitarische Gottesvorstellung mit Hilfe einer Formel, in der ein kompli-
ziertes Kapitel griechischer Philosophie steckt.

Nach dem Gesagten kann es nicht überraschen, daß die ersten wissenschaftlichen Denker des Christentums sich nicht "Theologen" nannten, wie wir wohl zunächst erwarten würden, sondern "christliche Philosophen". Den Unterschied von Philosophie und Theologie gibt es
überhaupt erst seit dem 13. Jahrhundert, und auch nur im lateinischen,
westlichen Denken. Der Begriff "christliche Philosophen" ist aber mehr
als eine äußerliche und beliebige Bezeichnung. An ihm scheiden sich bis
heute die Geister. Die Frage ist nämlich: Muß man diese Bezeichnung
wörtlich nehmen, d. h., waren die ersten christlichen Glaubenswissen-
schaftler tatsächlich im strengen Sinne Philosophen?

Das würde bedeuten: Sie verdankten ihre grundlegenden Erkenntnisse der menschlichen Vernunft; die biblische Offenbarung enthielt für
sie demgegenüber nichts wesentlich Neues; es gab für sie nichts, was
nur im Glauben erfaßbar gewesen wäre. Die Erzählungen und Lehren
der Bibel waren für sie im Grunde nicht mehr als eine volkstümliche
Einkleidung philosophischer Gedanken für die ungebildete Masse.
Aber war es wirklich so: war der biblische Glaube für die Väter aller

christlichen Theologie nur eine unvollkommene, populäre Vorstufe des philosophischen Wissens? Oder war es genau umgekehrt: benutzten sie die damalige philosophische Bildungssprache, die vertrauten Begriffe und Gedanken nur als Material, um auf diese Weise etwas im Grunde der Philosophie völlig Fremdes, ja Widersprechendes auszudrücken?

Bis heute findet man bei den führenden Forschern extrem entgegengesetzte Positionen. Der eine bezeichnet das Denken dieser frühen Kirchenlehrer als einen bloß christlich verbrämten Platonismus, der andere als eine Auslegung des christlichen Glaubens, die ihrem eigentlichen Gehalt nach mit dem Platonismus nicht das geringste zu tun hat und nur äußerlich sein Vokabular benutzt. Die Entscheidung in diesen Fragen ist deswegen so schwierig und so umstritten, weil es um mehr geht als ein bloß historisches Problem. Im Grunde handelt es sich um die Frage: Ist der christliche Glaube in seiner Wurzel ein radikaler Bruch mit allen vorgegebenen Möglichkeiten der begrifflichen Selbstverständigung des Menschen über sein Leben und seine Welt; dann ist christliche Glaubensauslegung wesentlich Antiphilosophie. Oder liegt der christliche Glaube gewissermaßen nur in der Verlängerung der Linien, die sich schon vor der christlichen Offenbarung und unabhängig davon bei einer philosophischen Sinnklärung unseres Daseins abzeichnen?

In bezug auf die Geschichte des christlichen Denkens läßt sich diese Alternative so zuspitzen: Ist der seit Clemens und Origenes, seit Gregor von Nyssa und Augustinus im Christentum allüberall gegenwärtige Platonismus eine Überfremdung des christlichen Glaubens? Muß dieser Glaube sich radikal von allen philosophisch-griechischen Elementen zugunsten seiner reinen biblisch-hebräischen Ursprünge befreien? Oder ist es völlig illusorisch, zu meinen, man könne solche reinen Ursprünge herauspräparieren? Ist der christliche Glaube in seiner Substanz vielleicht überhaupt nicht mehr als die religiös-volkstümliche Gestalt einer platonisch-philosophischen Sinngebung des Lebens? Ist er nur "Platonismus fürs Volk", wie der schärfste Christentumskritiker, Friedrich Nietzsche, formuliert hat?

Es ist nicht die Aufgabe eines philosophischen Reiseführers, eine so schwierige Frage zu beantworten, aber es ist möglich, stichwortartig ein wenig Material aus der Geschichte des frühen christlichen Denkens vorzuführen, damit der Leser sein Bild von diesen Dingen da oder dort konkretisieren kann.

Die grundlegende Frage ist die: Warum konnte es überhaupt zu einer so engen und irritierenden geistigen Lebensgemeinschaft von Christentum und Platonismus kommen? Sicher gab es dafür viele Ursachen, aber

Unter den vielen byzantinischen Gotteshäusern in Istanbul ist die unversehrte Chora-Kirche eines der berühmtesten. Das hier abgebildete Wandgemälde zeigt den auferstandenen Christus. In der byzantinischen Darstellungsweise und Symbolik dieser Epoche wirken gleichermaßen die hellenistische und römische Mosaikkunst wie das neuplatonische Erbe nach.

der Hauptgrund könnte in der Gottesvorstellung liegen, zu der der Platonismus in der kaiserzeitlichen Antike gelangte: Die Philosophen hatten schon früh der Vielgötterei den einen Gott entgegengestellt (Näheres in Kapitel 5); aber er war immer ein Teil des Weltalls, des Kosmos geblieben, entweder als das Höchste, gewissermaßen als Schlußstein des Weltgebäudes, oder als seine Grundlage, als alles durchdringender Weltgeist. Erst bei Plotin erscheint der Eine und Vater als das Absolute, als eine schlechthin weltenthobene und weltüberlegene Macht. Der Zentralpunkt, worin sich Neuplatonismus und Christentum treffen konnten, ist diese Macht Gottes.

Das Ur-Eine, der Vater, schaut – wie Plotin sagt – im Unterschied zu den Göttern der Volksreligion nicht mißgünstig herab auf das, was unter ihm existiert; denn er besitzt in seiner Macht eine solche Lebensfülle, daß es ihm nichts ausmacht, davon an die Welt mitzuteilen. Im Überfließen in die Welt geht ihm nichts von sich selbst verloren. Als eine solche Macht begegnet uns aber auch der biblische Vatergott. Er beweist mit seinem Schöpfungswort, das die Welt aus dem Nichts in die Existenz ruft, eine nicht mehr zu steigernde Überlegenheit über die Welt. Seine Liebe zu den Menschen zeigt, daß auch er nicht neidisch über seine eigene Lebensfülle wacht, sondern sie verströmen läßt mit der verschwenderischen Freigebigkeit, die sich der absolute Herr der Welt leisten kann.

Der neuplatonische Gott ist das schlechthin Gute, dessen Lichtglanz auf diese Welt fällt und sie gut macht. Auch der biblische Gott erweist sich in seinem Heilshandeln für die Menschen als der gute Vater. Und er ist der Schöpfergott, der im Blick auf seine Schöpfung feststellt, daß sie gut ist. Schöpfergott ist aber das plotinische Eine ebenfalls. In seiner zweiten Seinsweise, der Hypostase als Weltseele, tritt das Eine auf als der Seinsgrund, der in die unbestimmte Materie Gestalt bringt. Der göttliche Weltbaumeister formt so das Gestaltlose nach dem Bauplan der Ideen.

Der souveränen Stellung Gottes zur Welt im Neuplatonismus entspricht das Weltverhältnis des Menschen. Der Mensch kann durch Askese ein freies Verhältnis zur Welt gewinnen und auf diese Weise Gott ähnlich werden. Die Entleiblichung ermöglicht das Glück in der mystischen Vereinigung mit dem Ur-Einen. Zur platonischen Weltdistanz gibt es wiederum eine biblische Parallele: Paulus spricht von der inneren Freiheit des Christen gegenüber der Welt mit ihren Gesetzen und sonstigen vermeintlichen Notwendigkeiten. Das platonische Streben nach Freiheit vom Körper und damit von der Welt findet seine

volle Erfüllung erst im unsterblichen Leben der Seele, die mit dem Tode
ihr irdisches Gefängnis, den Leib verläßt (dazu Kapitel 6). Eine Überwindung des Todes stellt aber auch der christliche Glaube in der Auferstehung von den Toten in Aussicht.

In der Erhebung zum asketisch-tugendhaften Leben mit der Aussicht
auf den Lohn im ewigen Jenseits kämpft der Platoniker gegen das Böse,
das aus der Gestaltlosigkeit der Materie, dem Schlechten in uns auf-
steigt. Die Lebenserfüllung in der Schau des Einen bedeutet Erlösung
vom Bösen. Die Erlösung vom Bösen steht aber auch im Zentrum des
christlichen Glaubens.

Was die platonische und neuplatonische Distanz zur Leiblichkeit und
die Zurückführung des Bösen auf die gestaltlose Materie angeht, so gibt
es ein verbreitetes zweifaches Mißverständnis. Gemeint ist erstens
nicht, daß die konkrete materielle Welt schlecht wäre. Im Gegenteil:
weil von grundauf gestalthaft, ist sie gut und schön. Zweitens ist die
schlechte ungeformte Materie keine Macht des Bösen, die dem guten
Gott ebenbürtig gegenüberstünde. Der Neuplatonismus lehnt einen
Gedanken ab, den andere Heilslehren der nachchristlichen Jahrhunderte vertraten, vor allem die sogenannte Gnosis und der Manichäismus, dem Augustinus zeitweilig anhing (mehr davon in Kapitel 20).
Man glaubte, daß es zwei gleichmächtige Prinzipien, das Gute und das
Böse, gibt, die in uns um die Vorherrschaft kämpfen. Für den Neupla-
tonismus ist die reine Materie wegen ihrer Gestaltlosigkeit ein Nichts.
Wie könnte sie also für das Eine, die Fülle des Seins ein ebenbürtiger
Gegner sein?

Damit wird das Böse aber nicht verharmlost. Die gestaltlose Materie
steht als das Extrem des Irrationalen, als das völlige Dunkel, dem Über-
rationalen, der Helle des Einen, gegenüber; deshalb zieht sie gewissermaßen als der Sog des Nichtigen den Menschen zu sich herab. Ähnlich
ausbalanciert urteilt aber auch der christliche Glaube über das Böse. Er
erkennt seine nicht zu verharmlosende Realität an, ohne deshalb aus
dem Satan so etwas wie einen Gegengott zu machen. Dem heiligen
starken Gott kann nichts, auch nicht der Teufel widerstehen.

Dies sind nur die wichtigsten, ins Auge fallenden Berührungspunkte.
Bei näherem Zusehen erkennt man allerdings, daß sich hinter dem äußeren Gleichklang tiefgreifende Unterschiede verbergen: Gewiß ist der
christliche Gott – ähnlich dem neuplatonischen Einen – absolute Macht.
Aber er ist unvergleichlich mächtiger als der platonische Weltbaumeister. Das Werk dieses göttlichen Baumeisters setzt wie die Arbeit jedes
menschlichen Baumeisters das Material, den Stoff für seine Gestaltung

voraus. Er prägt die Ideen einer vorgegebenen ewigen Materie ein. Diese Materie ist zwar insofern ein Nichts, als sie das gänzlich Gestaltlose ist. Aber sie ist ewig, und sie ist nicht in jeder Hinsicht nichts. Der biblische Gott hingegen ist bei seinem göttlichen Machtwort "Es werde" auf schlechthin keine Voraussetzung angewiesen, und außer ihm gibt es nichts Ewiges, d. h. nichts, was nicht davon abhängig wäre, von ihm ins Sein gerufen zu werden. Sein Werk ist die Schöpfung aus dem Nichts, "creatio ex nihilo", wie die lateinische Formel dann lautet.

Auch die Menschenliebe des biblischen Gottes ist unvergleichlich radikaler als das neidlose Überströmen des neuplatonischen Einen. Ein liebender Gott, der sich selbst für die Menschen hingibt, das ist mehr, als die vorchristliche Antike je dem Göttlichen zugetraut hatte. Und auch beim Weltverhältnis des Menschen setzt der christliche Glaube die Akzente wesentlich anders als der Platonismus: Die Unabhängigkeit des Christen von der Welt bedeutet biblisch keine Befreiung von der Leiblichkeit. Die Bibel kennt den platonischen Dualismus von Leib und Seele nicht. Der biblische Mensch bejaht seinen Leib, und die christliche Hoffnung richtet sich nicht auf die Fortexistenz einer vom Leib befreiten Seele, sondern auf die Auferstehung der Toten m i t ihrem Leibe. Das ist ein einschneidender Unterschied; denn er begründet eine völlig andere Einstellung zur Leiblichkeit als im asketischen Platonismus.

Allerdings kann man fragen: Muß sich der christliche Abstand zur Welt nicht doch auch in einer inneren Freiheit von der Verführungsmacht der Leiblichkeit zeigen, also doch in so etwas wie Askese, zumindest der Enthaltung von "Schmausereien und Trinkgelagen", wie Paulus sagt? Und außerdem: die Askese des Platonikers darf man sich nicht in unzulässiger Vereinfachung als totale Weltverachtung vorstellen; denn sie schließt die griechische Liebe zur Schönheit und Güte der vom Weltbaumeister gestalteten Welt ein.

Schließlich das Böse: Für den Platonismus hängt es, wie gesagt, eng mit der Bindung unseres Menschseins an die Körperlichkeit zusammen. Der Leib ist vergänglich, die Seele unsterblich. Deshalb bedeutet Befreiung vom Bösen, platonisch gedacht, wesentlich Überwindung des Todes, d. h. unserer Endlichkeit. Das biblisch erfahrene Böse stammt nicht aus der Endlichkeit des Körperlichen; das scheidet diese Erfahrung des Übels zunächst radikal vom platonistischen Existenzverständnis. Andererseits ist das Böse in unserem Leben auch neuplatonisch nicht etwa mit der Materie identisch. Das wäre es, wenn es uns einfach als eine unvermeidliche Notwendigkeit von der Materie auferlegt würde. Es entsteht aber aus unserer von uns selbst gewählten Gesinnung, aus einer Verkehrung unseres freien Willens, der sich vom Ur-Einen abwendet. Und was die neuplatonische Verbindung zwischen dem Bösen und der Endlichkeit unseres leiblichen Lebens, also dem Tod angeht, so kennt auch die Bibel einen Zusammenhang zwischen Sünde und Tod: Der Tod ist der Sold der Sünde, sagt Paulus bekanntlich.

Die letzten Andeutungen sollten zeigen, daß es außerordentlich schwierig ist, das Griechisch-Philosophische und das Biblische im frühen christlichen Denken auseinanderzuhalten. Es lag nicht an einer Inkonsequenz oder gar Gedankenschwäche, daß das christliche Denken seit den Kirchenvätern über mindestens anderthalb Jahrtausende platonisch imprägniert war. Noch ausgeprägter als im mittelalterlichen lateinischen Westen hat sich das in der Ostkirche gezeigt, weil hier die griechische Sprache erhalten und mit ihr der platonisierende Geist der griechischen Kirchenväter kontinuierlich lebendig blieb. Davon soll abschließend noch ein wenig die Rede sein.

Die Verehrung der Ikonen, aber auch der erbitterte Streit um diese Verehrung bis zum 8. Jahrhundert sind geistesgeschichtlich nicht ohne das griechisch-platonische Erbe zu verstehen: "Ikone" ist die Eindeutschung des altgriechischen Wortes "eikōn", das schon bei Platon zu philosophischer Bedeutung kam, und zwar bezeichnenderweise in einem Dialog (dem 'Timaios'), der von der Gestaltung der Welt durch das neidlose Gute und Eine, den göttlichen Weltbaumeister, handelt. Dieser Gott gestaltet den Kosmos so, daß alles in ihm Sichtbare ein Abbild, ein "Bild" – hier steht im Griechischen "eikōn" – von unsichtbaren Urbildern, den Ideen, ist (zur Idee Kapitel 6). Die für unsere Sinne unsichtbaren, geistigen Ideen können deswegen als Bild erscheinen, d. h. sich unserem Gesichtssinn zeigen, weil die Idee das Gestaltgebende ist, und das Urmodell für Gestalt ist nicht das Hörbare oder Tastbare, sondern das Sichtbare. "Idea" heißt "Sicht". Deshalb stammen auch die immer wiederkehrenden Gleichnisse für den Bereich der Idee seit Platon aus dem Bereich der Sichtbarkeit: die Sonne, das Licht, der Glanz.

Platonismus ist, wie die Philosophiehistoriker sagen, Lichtmetaphysik. Das menschliche Leben findet nach Platon wie Aristoteles, nach Plotin wie Augustin seine Erfüllung in der Schau, der Anschauung der Ideen, im Eintauchen in die Helligkeit des göttlichen Geistes. Das griechische Wort dafür ist "theōría" – "Theorie" bedeutet ursprünglich ein Zuschauen. Die lateinische Übersetzung von "theōria" lautet "contemplatio", "Betrachtung"; auch das Wort "Kontemplation" hat von Hause aus eine optische Bedeutung. Das Glück im ewigen Leben, im Jenseits wird seit Augustinus definiert als "beatifica visio", d. h. als ein "glücklichmachendes Sehen" Gottes.

Die kultischen Bilder der ostkirchlichen Mosaiken, Fresko- und Ölmalerei, die "Ikonen", sind Kunst gewordene Lichtmetaphysik, Abbilder, die für den Gläubigen wie Fenster sind, durch die er in das lichterfüllte Jenseits schaut. Das überirdische Licht Gottes, plotinisch gesprochen: der Glanz, strahlt abbildlich wider in dem Glanz des Goldgrunds der Mosaiken. Die völlig flächig gewordenen Figuren sind so etwas wie Mattscheiben, auf denen die Ewigkeit durchleuchtet. Die figürliche Darstellung darf keine perspektivisch-leibliche Tiefe haben, weil sich damit gewissermaßen eine Schicht von verdunkelnder Körperlichkeit zwischen das göttliche Licht und unser Sehen schieben würde. Die Figuren müssen in sich tiefenlos sein, um gerade so völlig durchsichtig zu werden für die wahre Tiefendimension unseres Lebens, den Glanz der Ewigkeit.

Aber alle Figürlichkeit behält etwas Verführerisches; unser Blick droht dadurch noch immer vom sinnlich-erfaßbaren Irdisch-Materiellen gefesselt zu werden. Deshalb ist die figürliche Darstellung auf den Mosaiken und Ikonen eingebettet in eine Welt von Symbolen. Symbole sind Zeichen, die zwar auch sinnlich wahrnehmbar sind, aber auf den ewigen Hintersinn unseres Lebens in einer n i c h t sinnlichen Weise verweisen; denn Symbole richten sich im Unterschied zur figürlichen Darstellung nicht primär an unsere Sinne, sondern an unser denkendes Verstehen, d. h. an den nichtsinnlichen Bereich unseres Erkenntnisvermögens. So ergänzen sich Flächigkeit und Symbolik auf den Mosaiken und Ikonen. In dieser Weise vom Geist der platonisierenden Metaphysik des Lichts und des Urbild-Abbild-Verhältnisses geprägt sind die Bilder, die ursprünglich zum Gegenstand ostkirchlicher Bilderverehrung werden konnten.

Aber mit diesen Hinweisen ist nur die eine Seite der Problematik ein wenig beleuchtet, die im Bilderstreit des 8. Jahrhunderts aufbricht. Nicht nur hinter der Bildverehrung der "Ikonodulen", auch hinter der Bildverachtung der "Ikonoklasten" kann ein platonistisches Motiv stecken. Hier trifft sich das Bildverbot des alttestamentlichen Gottes mit der neuplatonischen Auffassung vom Einen. Das Ur-Eine ist das schlechthin Jenseitige und damit jedem Sehen Entzogene; denn weil es das absolut Einfache ist, gibt es darin keinen Unterschied von Schauen und Geschautem. Damit aber hebt sich der Begriff der Schau auf. Wie schon Origenes betont, ist das Eine keiner Vergegenständlichung

zugänglich. Deshalb kann man im Geiste des Neuplatonismus auch
bilderfeindlich argumentieren und die These vertreten: Wer glaubt, das
göttliche Eine sei uns über ein Erscheinen in Bildern zugänglich, der
nimmt seine Ungegenständlichkeit nicht ernst genug.

Gegenüber diesem gewichtigen Einwand konnten sich die Ikonodulen im 8. Jahrhundert nur behaupten, indem sie wiederum auf neuplato-
nisches Gedankengut zurückgriffen. Sie gingen davon aus, daß der
Vater, d. h. plotinisch gesprochen: das Ur-Eine, sich in der Tat allem
Erscheinen und damit aller bildlichen Darstellung entzieht. Deshalb
zeigt sich Gott-Vater im Rahmen ostkirchlicher bildlicher Darstellungen allenfalls indirekt, etwa durch eine Hand, die aus dem Bildzentrum
in die Darstellung hineinragt. Das, w a s Gott als Vater i s t, sein
Wesen, bleibt verborgen. Das Wesen, sofern es verborgen bleiben
kann, nennt die griechische Philosophie seit ihren Anfängen "phýsis"
(siehe den Schluß von Kapitel 2). Dieser Begriff ist uns in der lateinischen Übersetzung "Natur" geläufig. In diesem Sinne argumentierten
die Ikonodulen: Die Physis des Göttlichen und Heiligen tritt im Bild
nicht in Erscheinung. Was im Abbild für die Verehrung der Gläubigen
gegenwärtig wird, ist nicht die Physis, d. h. nicht das in seiner abgrün-
digen Verborgenheit unzugängliche Wesen Gottes. Aber das – neuplatonisch gesprochen – verborgene Überseiende tritt für uns ins Sein,
in die von uns erkennbare Existenz, in der Gestalt des Sohnes, des
Christus.

Das Existent- und Erkennbarwerden des von Hause aus Verborgenen
heißt, wie erwähnt, im neuplatonischen Sprachgebrauch "hypóstasis",
"Hypostase". Deshalb lautet das entscheidende Argument der Ikonodulen: Das Göttliche und Heilige wird für die menschliche Verehrung
zwar nicht in seiner Physis, wohl aber dank der Menschwerdung des
Sohnes "hypostatisch" gegenwärtig. So dürfen wir der platonistischen
Tradition dankbar sein. Hätte sie die ostkirchliche Bildfrömmigkeit
nicht wesentlich mitmotiviert und später im Streit darum intellektuell
gerechtfertigt, gäbe es wohl die Bilderwelt nicht, die uns in Istanbul und
überall im Bereich der Ostkirche, von Ravenna bis Moskau, fasziniert.

Ein theologischer Zentralbegriff der Ostkirche lautet "théosis",
"Vergottung". Gemeint ist natürlich nicht, daß der Mensch Gott wer-
den kann – das wäre widerchristlich und auch schon gegen den Geist
Platons. Wohl aber heißt es, daß in der unsterblichen menschlichen
Seele etwas Göttliches liegt: Der Mensch kann durch seine Tugend in
fortschreitender Entleiblichung selbst zu einem Bild werden, das den
Glanz dieses Göttlichen innerlich zum Erscheinen bringt. Schon Platon

hatte dafür in seinem Dialog 'Timaios' einen Begriff geprägt, der dann im Platonismus immer wiederkehrte: "homoíōsis theō", "Angleichung an Gott". Der hohe Klang dieses vorchristlichen Leitworts findet christlich in dem theologischen Begriff "theosis" sein Echo.

Die asketische "theosis" vollendet sich in der mystischen Gotteserfahrung, die in der westlichen Kirche des Mittelalters zwar einen bedeutenden Rang hatte, aber nicht konkurrenzlos das unbestrittene Zentralziel christlichen Daseins bildete. Von der alten Tradition der Ostkirche wird man das schon eher sagen können. Aus dieser Tradition erklärt sich die geistliche Vorzugsstellung des asketischen mönchischen Lebens im östlichen Christentum, die der Besucher aus dem Westen auf dem Berg Athos und in den Klöstern des griechischen Festlands oder der Inselwelt noch spüren kann.

Auch das neuplatonische Verständnis des Bösen scheint in der ostkirchlichen Theologie und Frömmigkeit mehr durch als im Westen. Weil das Böse aus der Nichtigkeit der gestaltlosen Materie herrührt, wird es – nicht ausschließlich, aber eher – darin erfahren, daß der Mensch in seiner Endlichkeit dem Tod ausgeliefert ist, als darin, daß sich sein Wille von Gott abkehrt. Es ist charakteristisch, daß der größte antike Kirchenlehrer des lateinischen Westens, Augustinus, die ganze Kraft seines Denkens auf die Willensproblematik konzentriert hat: Wie verhält sich der Gnadenwille Gottes zum sündigen Willen des Menschen, der sich von Gott abwendet?

Diese Frage gab Luther den Anstoß zur Reformation, einem ganz und gar westlichen Ereignis. Mit dem Begriff des Willens hängt der des Rechts eng zusammen. Das öffentliche Recht im Staate ist eine Setzung menschlichen Willens; Gesetze sind gewissermaßen geronnener gemeinsamer menschlicher Wille. Recht und Gesetz wiederum lassen sich von öffentlicher Macht nicht trennen. Die verschiedenen Formen von Macht sind Weisen der Durchsetzung von politischem Willen. Das differenzierte Interesse für den ganzen Bereich des Rechts und der Machtausübung ist etwas typisch Lateinisches, Westliches. Die lateinische Sprache hat einen Begriff für Willen, "voluntas", die griechische ursprünglich nicht.

So ist die griechische Kirche nicht zufällig weniger willensgeprägt und d. h. auch weniger verrechtlicht als die römische, und der Mensch leidet nicht primär an der Sünde als Willensabkehr von Gott, sondern an der körperbedingten Endlichkeit und ihren Folgen. Von daher herrscht auch im östlichen Mönchtum eine andere Atmosphäre als in westlichen Klöstern. Die Endlichkeit kann der Mensch durch Vergottung über-

winden, weil sich die überströmende Liebe Gottes seiner annimmt.
Diese Liebe aber ist die christliche Entsprechung zur übermächtigen
Lebensfülle des plotinischen Einen.

Bei Augustinus, dem Ahnherrn der großen westlichen Theologie,
wird demgegenüber viel stärker der gerechte Wille Gottes akzentuiert,
der im Endgericht als ein im Jenseits herrschender römischer "dominus", als Herr der Welt Recht spricht und die Menschen in solche guten
oder bösen Willens scheidet. Charakteristischerweise konnte Origenes,
der Vater aller griechischen Theologie, die endgültige Verdammung der
Bösen nicht akzeptieren. Seine Lehre von der "apokatástasis pántōn",
der endgültigen Erlösung aller, wurde später zwar auch von der Ostkirche verworfen, aber sie bleibt charakteristisch für den platonistischen
Zug des griechischen christlichen Denkens.

Die langerhoffte Öffnung Osteuropas verlangt von uns im Westen
eine neue Bereitschaft, die geistige Prägung dieser Welt aus ihrer
ursprünglich ostkirchlichen Herkunft zu verstehen. Vielleicht konnte
dieses Kapitel dafür ein paar Hinweise geben.

Anhang

Texte und Verständnishilfen

Alle im folgenden genannten Bücher sind, soweit nicht anders angegeben, zur Zeit des Erscheinens dieses Reiseführers im Buchhandel erhältlich.

Philosophiegeschichtliche Darstellungen

(1) Hirschberger, Johannes: Geschichte der Philosophie. Tl. 1: Altertum und Mittelalter. Freiburg i. Br. [13]1984.
(2) Klassiker der Philosophie. Hrsg. von Otfried Höffe. Bd. 1: Von den Vorsokratikern bis David Hume. München [2]1985.
(3) Störig, Hans J.: Kleine Weltgeschichte der Philosophie. Bd. 1. Frankfurt a. M. [14]1988. (Fischer Taschenbücher der Wissenschaft. 6135.)

Zur Einführung in die antike Philosophie

(4) Volkmann-Schluck, Karl Heinz: Einführung in das philosophische Denken. Frankfurt a. M. [3]1981. [Kap. I und II.]

Zur Einführung in die Kultur der Antike

(5) Finley, Moses J.: Die Griechen. Eine Einführung in ihre Geschichte und Zivilisation. Übers. von Grete und Karl Felten. München [2]1983.
(6) Friedell, Egon: Kulturgeschichte Griechenlands. Leben und Legende der vorchristlichen Seele. München 1984. – Tb.-Ausg.: München 1981. (dtv 1660.)
(7) Harder, Richard: Eigenart der Griechen. Einführung in die griechische Kultur. Freiburg i. Br. 1962. (Herder-Taschenbücher. 120.) [Nicht mehr im Buchhandel erhältlich; vorzügliche Einführung.]

Reisebegleiter zur antiken Kultur

(8) Bamm, Peter: An den Küsten des Lichts. Variationen über das Thema Aegaeis, München [3]1963. – Tb.-Ausg. München 1981. (Knaur-Taschenbücher Reisen und Entdecken. 3195.)
(9) Bamm, Peter: Frühe Stätten der Christenheit, München [15]1976. – Tb.-Ausg.: München 1979. (Knaur-Taschenbücher Reisen und Entdecken. 3042.)

Zu den Kapiteln 1–4

(10) Die Vorsokratiker. Griech./Dt. Ausw. der Fragmente, Übers. und Erl. von Jaap Mansfeld. Stuttgart 1987. (Reclams Universal-Bibliothek. 10344.)
(11) Fränkel, Hermann: Dichtung und Philosophie des frühen Griechentums.

Eine Geschichte der griechischen Epik, Lyrik und Prosa bis zur Mitte des 5. Jahrhunderts. München ³1976.

(12) Schadewaldt, Wolfgang: Die Anfänge der Philosophie bei den Griechen. Die Vorsokratiker und ihre Voraussetzungen. (suhrkamp taschenbuch wissenschaft. 218.)

(13) Held, Klaus: Heraklit, Parmenides und der Anfang von Philosophie und Wissenschaft. Eine phänomenologische Besinnung. Berlin 1980.

Zu Kapitel 1

(14) Homer: Die Odyssee. Übers. in deutsche Prosa von Wolfgang Schadewaldt. (rororo Klassiker. 029.)

(15) Snell, Bruno: Die Entdeckung des Geistes. Studien zur Entstehung des europäischen Denkens bei den Griechen. Göttingen ⁶1986.

Zu Kapitel 2

(16) Heraklit: Fragmente. Griech./Dt. Hrsg. und übers. von Bruno Snell. Zürich ⁹1986.

(17) Hegel, Georg Wilhelm Friedrich: Werke. Hrsg. von Eva Moldenhauer und Karl Markus Michel. Bd. 18: Vorlesungen über die Geschichte der Philosophie 1. – Bd. 19: Vorlesungen über die Geschichte der Philosophie 2. Frankfurt a. M. 1986. (suhrkamp taschenbuch wissenschaft. 618. 619.)

(18) Heidegger, Martin: Einführung in die Metaphysik. Tübingen ⁵1987.

(19) Heidegger, Martin: Der Ursprung des Kunstwerkes. Stuttgart 1960 [u. ö.]. (Reclams Universal-Bibliothek. 8446 [2].)

(20) Nietzsche, Friedrich: Sämtliche Werke in Einzelbänden. Kritische Studienausgabe. Hrsg. von Giorgio Colli und Mazzino Montinari. Bd. 1: Die Geburt der Tragödie. Unzeitgemäße Betrachtungen I–IV. Nachgelassene Schriften 1870–1873. München 1988. (dtv Klassik. 2221.)

(21) Biemel, Walter: Martin Heidegger. (rororo Monographien. 200.)

(22) Fink, Eugen: Nietzsches Philosophie. (Urban-Taschenbuch. 45.)

(23) Klassiker der Philosophie. Hrsg. von Otfried Höffe. Bd. 2: Von Immanuel Kant bis Jean-Paul Sartre. München ²1985.

Zum Verständnis Heideggers s. auch Nr. 4.

Zu Kapitel 3

(24) Parmenides: Vom Wesen des Seienden. Die Fragmente. Griech./Dt. Hrsg., übers. und erl. von Uvo Hölscher. (suhrkamp taschenbuch wissenschaft. 624.)

Zu Kapitel 4

(25) Kranz, Walther: Empedokles. Antike Gestalt und romantische Neuschöpfung. Zürich 1949. [Nicht mehr im Buchhandel erhältlich.]

Zu Kapitel 5

(26) Homer: Ilias. Neue Übers., Nachw. und Reg. von Roland Hampe. Stuttgart 1979 [u. ö.]. (Reclams Universal-Bibliothek. 249 [5].)

(27) Hesiod: Theogonie. Griech./Dt. Hrsg., übers. und eingel. von Karl Albert. Kastellaun ³1985.

(28) Otto, Walter F.: Theophania. Der Geist der altgriechischen Religion. Frankfurt a. M. ²1979.

(29) Carstensen, Richard: Die Sagen der Griechen und Römer. Reutlingen 1984.

(30) Hunger, Herbert: Lexikon der griechischen und römischen Mythologie. Wien ⁷1975.

(31) Simon, Erika: Die Götter der Griechen. Ill. von Max Hirmer [u. a.]. Mit 302 Abb. München ²1981.

Für Xenophanes s. Nr. 10. Zum Verständnis der griechischen Religion s. auch Nr. 6 und 7. Zur Deutung des griechischen Tempels s. Nr. 19.

Textauswahl zur klassischen und frühen hellenistischen Zeit (Kapitel 6–14)

(32) Die griechische Literatur in Text und Darstellung. Bd. 2: Klassische Periode I. 5. Jahrhundert v. Chr. Hrsg. von Gustav Adolf Seeck. Stuttgart 1986. – Bd. 3: Klassische Periode II. 4. Jahrhundert v. Chr. Hrsg. von Herwig Görgemanns. Ebd. 1987. (Reclams Universal-Bibliothek. 8062 [5]. 8063 [5].)

Zu Kapitel 6

(33) Platon: Gesamtausgabe der Dialoge. In der Übers. von Rudolf Rufener. Meisterdialoge. Phaidon, Symposion, Phaidros. Eingel. von Olof Gigon. Zürich ²1986.

(34) Platon: Apologie des Sokrates. Kriton. Übers., Anm. und Nachw. von Manfred Fuhrmann. Stuttgart 1987 [u. ö.]. (Reclams Universal-Bibliothek. 895.)

(35) Bröcker, Walter: Platos Gespräche. Frankfurt a. M. ³1985.

(36) Fleischer, Margot: Hermeneutische Anthropologie. Platon, Aristoteles. Berlin 1976.

Für das Verständnis Platons s. auch Nr. 4, Kap. I.

Zu Kapitel 7

(37) Aischylos: Die Orestie. Agamemnon. Die Totenspende. Die Eumeniden. Dt. von Emil Staiger. Mit einem Nachw. des Übers. Stuttgart 1987 [u. ö.]. (Reclams Universal-Bibliothek. 508 [2].)

(38) Sophokles: Antigone. Griech./Dt. Übers. und eingel. von Karl Reinhardt. Göttingen ⁶1982.

(39) Sophokles: König Ödipus. Illustrationen, Wirkungsgeschichte und Biblio-

graphie. Übertr., Komm. und Deutungen von Wolfgang Schadewaldt. (Insel-Taschenbuch. 15.)

(40) Aristoteles: Poetik. Griech./Dt. Übers. und hrsg. von Manfred Fuhrmann. Stuttgart 1982 [u. ö.]. (Reclams Universal-Bibliothek. 7828 [2].)

(41) Otto, Walter F.: Dionysos. Mythos und Kultus. Frankfurt a. M. ⁴1980.

(42) Simon, Erika: Das antike Theater. Mit 20 Abb. Heidelberg ²1981.

Weitere Tragödientexte in Nr. 32. Zu Nietzsches Bild von der Tragödie s. Nr. 20 (»Die Geburt der Tragödie aus dem Geist der Musik«). Zur Tragödie aus Heideggers Sicht s. Nr. 18.

Zu Kapitel 8

(43) Platon: Gorgias oder Über die Beredsamkeit. Nach der Übers. von Friedrich Schleiermacher hrsg. von Kurt Hildebrandt. Stuttgart 1989. (Reclams Universal-Bibliothek. 2046 [2].)

(44) Platon: Protagoras. Griech./Dt. Übers. und komm. von Hans-Wolfgang Krautz. Stuttgart 1987. (Reclams Universal-Bibliothek. 1708 [3].)

(45) Platon: Theätet. Griech./Dt. Übers. und hrsg. von Ekkehard Martens. Stuttgart 1981 [u. ö.]. (Reclams Universal-Bibliothek. 6338 [3].)

(46) Aristophanes: Die Wolken. Komödie. Übers., Nachw. und Anm. von Otto Seel. Stuttgart 1963 [u. ö.]. (Reclams Universal-Bibliothek 6498 [2].)

Zum Aufbau der unter Nr. 43, 44 und 45 genannten Dialoge Hinweise in Nr. 35 und Nr. 59. Zur griechischen Demokratie s. Nr. 49–52.

Zu den Kapiteln 9 und 10

(47) Platon: Der Staat (Politeia). Übers. und hrsg. von Karl Vretska. Stuttgart 1982 [u. ö.]. (Reclams Universal-Bibliothek. 8205 [8].)

(48a) Aristoteles: Politik. Eingel., übers. und komm. von Olof Gigon. Zürich 1971. – Tb.-Ausg.: München 1985. (dtv Klassik. 2136.)

(48b) Aristoteles: Politik. Schriften zur Staatstheorie. Übers. und hrsg. von Franz F. Schwarz. Stuttgart 1989. (Reclams Universal-Bibliothek. 8522 [7].)

(49) Arendt, Hannah: Vita activa oder Vom tätigen Leben. München ⁴1987.

(50) Finley, Moses I.: Antike und moderne Demokratie. Übers. und hrsg. von Edgar Pack. Stuttgart 1980 [u. ö.]. (Reclams Universal-Bibliothek. 9966 [2].)

(51) Hennis, Wilhelm: Politik und praktische Philosophie. Schriften zur politischen Theorie. Stuttgart 1977.

(52) Meier, Christian: Die Entstehung des Politischen bei den Griechen. Frankfurt a. M. 1983. (suhrkamp taschenbuch wissenschaft. 427.)

Zum Verständnis des antiken Staats s. auch Nr. 78.

Zu Kapitel 11

(53) Aristoteles: Hauptwerke. Ausgew., übers. und eingel. von Wilhelm Nestle. Stuttgart ⁸1977.

(54) Aristoteles: Organon. Übers., Einl. und Anm. von Eugen Rolfes. Tl. 1/2: Kategorien und Lehre vom Satz. Leipzig 1925. Nachdr. Hamburg 1974. (Philosophische Bibliothek 8/9.)

(55a) Aristoteles: Metaphysik. Vorw., hrsg., komm. und neubearb. von Horst Seidl. Übers. von Hermann Bonitz. Bd. 1. Hamburg ²1982. Bd. 2. Ebd. ²1984. (Philosophische Bibliothek. 307. 308.)

(55b) Aristoteles: Metaphysik. Schriften zur Ersten Philosophie. Übers. und hrsg. von Franz F. Schwarz. Stuttgart 1970 [u. ö.]. (Reclams Universal-Bibliothek. 7913 [6].)

(56) Marx, Werner: Einführung in Aristoteles' Theorie vom Seienden. Hamburg 1972.

Zur Metaphysik des Aristoteles s. auch Nr. 4, Kap. II. Zum Gesamtwerk des Aristoteles. Otfried Höffe in Nr. 2.

Zu Kapitel 12

(57) Aristoteles: Nikomachische Ethik. Übers., Einl. und Anm. von Olof Gigon. Zürich 1967. – Tb.-Ausg.: München 1985. (dtv Klassik. 2164.)

(58) Pieper, Josef: Das Viergespann. Klugheit – Gerechtigkeit – Tapferkeit – Maß. München 1977.

Zum Verständnis der Ethik des Aristoteles s. auch Nr. 36.

Zu Kapitel 13

(59) Jaeger, Werner: Paideia. Die Formung des griechischen Menschen. 3 Bde. Leipzig 1934–37. Nachdr. Berlin 1973.

(60) Erziehung und Bildung in der heidnischen und christlichen Antike, Hrsg. von Horst-Theodor Johann. Darmstadt 1976. (Wege der Forschung. 377.)

Texte von Isokrates in Nr. 32, Bd. 3.

Zu Kapitel 14

(61) Blumenberg, Hans: Die Genesis der kopernikanischen Welt, Frankfurt a. M. 1975. – Tb.-Ausg. in 3 Bdn.: Frankfurt a. M. 1981. (suhrkamp taschenbuch wissenschaft. 352.)

(62) Fritz, Kurt von: Grundprobleme der Geschichte der antiken Wissenschaft. Berlin 1971.

(63) Landels, John Gray: Die Technik in der antiken Welt. Übers. von Kurt Mauel. Mit 85 Abb. München ³1983.

(64) Störig, Hans J.: Kleine Weltgeschichte der Wissenschaft, Bd. 1. Frankfurt a. M. 1982. (Fischer Taschenbücher der Wissenschaft. 6398.)

Texte zur frühen hellenistischen Wissenschaft in Nr. 32, Bd. 3.

Zu den Kapiteln 15 und 16

(65) Cicero: Gespräche in Tusculum. Übers., Komm. und Nachw. von Olof Gigon. (Reclams Universal-Bibliothek 5027 [5].)

(66) Nebel, Gerhard: Griechischer Ursprung I. Wuppertal 1948. [Nicht mehr im Buchhandel erhältlich.]

Zu Kapitel 15

(67) Stoa und Stoiker. Die Gründer. Panaitios. Poseidonios. Eingel. und übertr. von Max Pohlenz. Zürich ²1964.

(68) Epiktet: Handbüchlein der Ethik, übers. von Ernst Neitzke. Stuttgart 1958 [u. ö.] (Reclams Universal-Bibliothek. 2001.)

(69) Seneca: De vita beata / Vom glücklichen Leben. Lat./Dt. Übers. und hrsg. von Fritz-Heiner Mutschler. Stuttgart 1990. (Reclams Universal-Bibliothek. 1849 [2].)

(70) Marc Aurel: Selbstbetrachtungen. Übers., Einl. und Anm. von Albert Wittstock. Stuttgart 1949 [u. ö.]. (Reclams Universal-Bibliothek. 1241 [2].)

(71) Forschner, Maximilian: Die stoische Ethik. Über den Zusammenhang von Natur-, Sprach- und Moralphilosophie im altstoischen System. Stuttgart 1981.

Zur stoischen Philosophie bei Cicero s. auch Nr. 77. Zur römischen Mentalität s. Nr. 97.

Zu Kapitel 16

(72a) Epikur: Briefe, Sprüche, Werkfragmente. Griech./Dt. Übers. und hrsg. von Hans-Wolfgang Krautz. Stuttgart 1980 [u. ö.]. (Reclams Universal-Bibliothek. 9984 [2].)

(72b) Epikur: Philosophie der Freude. Eine Auswahl aus seinen Schriften. Übers., erl. und eingel. von Johannes Mewaldt. Stuttgart ⁵1973.

(73) Lucrez: De rerum natura / Welt aus Atomen. Lat./Dt. Übers. und mit einem Nachwort hrsg. von Karl Büchner. Stuttgart 1973 [u. ö.]. (Reclams Universal-Bibliothek. 4257 [8].)

Zu Epikur s. auch Gisela Strikers in Nr. 2.

Zu Kapitel 17

(74a) Cicero: Über den Staat. Übers. von Walther Sontheimer. Stuttgart 1970 [u. ö.]. (Reclams Universal-Bibliothek. 7479 [2].)

(74b) Cicero: De re publica / Vom Gemeinwesen. Lat./Dt. Übers. und hrsg. von Karl Büchner. Stuttgart 1979 [u. ö.]. (Reclams Universal-Bibliothek. 9909 [5].)

(75) Cicero: Über die Rechtlichkeit (De legibus). Übers., Anm. und Nachw. von Karl Büchner. Stuttgart 1969 [u. ö.]. (Reclams Universal-Bibliothek. 8319 [2].)

(76) Cicero: Staatstheoretische Schriften. Lat./Dt. Hrsg. und übers. von Konrat Ziegler. Berlin [Ost] ³1984. – Lizenzausg.: Darmstadt 1984.
(77) Seel, Otto: Cicero. Wort – Staat – Welt. Stuttgart ³1967.
(78) Sternberger, Dolf: Drei Wurzeln der Politik. Frankfurt a. M. 1984.

Zum antiken Staat s. auch Nr. 49–51.

Zu Kapitel 18

(79) Plotin: Ausgewählte Schriften. In der Übers. von Richard Harder. Teilw. überarb. von Willy Theiler und Rudolf Beuther hrsg. von Walter Marg. Stuttgart 1973 [u. ö.]. (Reclams Universal-Bibliothek. 9479 [4].)
(80) Schubert, Venanz: Plotin. Einführung in seine Philosophie. Freiburg i. Br. / München 1973.

Zu den Hintergründen des Neuplatonismus bei Platon und Aristoteles s. Nr. 1 und 2. Zu Plotin s. Fritz-Peter Hager in Nr. 2.

Zu den Kapiteln 19–23

(81) Altaner, Berthold / Stuiber, Alfred: Patrologie. Leben, Schriften und Lehre der Kirchenväter. 9., durchges. und erw. Aufl. Freiburg i. Br. 1980.
(82) Bultmann, Rudolf: Das Urchristentum im Rahmen der antiken Religionen. Zürich ⁵1986.
(83) Gigon, Olof: Die antike Kultur und das Christentum. Gütersloh ²1969. [Nicht mehr im Buchhandel erhältlich.]
(84) Stöckl, Albert: Geschichte der christlichen Philosophie zur Zeit der Kirchenväter. Mainz 1891. Neudr. Aalen 1968.

Zu den Kapiteln 19–21

(85) Campenhausen, Hans von: Lateinische Kirchenväter. Stuttgart ⁶1986. (Urban-Taschenbuch. 50.)

Zu Kapitel 19

(86) Tertullian: Apologeticum / Verteidigung des Christentums. Lat./Dt. Hrsg., erl. und übers. von Carl Becker. München ³1984.
(87) Tertullian: De spectaculis / Über die Spiele. Lat./Dt. Übers. und hrsg. von Karl-Wilhelm Weeber. Stuttgart 1988. (Reclams Universal-Bibliothek. 8477 [2].)
(88) Laktanz: Vom Zorne Gottes. Lat./Dt. Eingel., hrsg., übertr. und erl. von Heinz Kraft und Antonie Wlosok. Darmstadt 1957.

Zu den Kapiteln 20–21

(89) Augustinus: De beata vita / Über das Glück. Lat./Dt. Übers., Anm. und Nachw. von Ingeborg Schwarz-Kirchenbauer und Willi Schwarz. (Reclams Universal-Bibliothek. 7831 [2].)

(90) Augustin: Theologische Frühschriften. Vom freien Willen. Von der wahren Religion. Übers. und erl. von Wilhelm Thimme. Zürich 1962.

(91) Augustin: Bekenntnisse. Mit einer Einl. von Kurt Flasch. Übers., mit Anm. versehen und hrsg. von Kurt Flasch und Burkhard Mojsisch. Stuttgart 1989. (Reclams Universal-Bibliothek. 2792 [6].)

(92) Augustin: Der Gottesstaat. Übers. von Wilhelm Thimme. Vorw. von Hans Urs von Balthasar. Einsiedeln ²1982.

(93) Flasch, Kurt: Augustin. Einführung in sein Denken. Stuttgart 1980. (Reclams Universal-Bibliothek. 9962)

(94) Marrou, Henri I.: Augustinus in Selbstzeugnissen und Bilddokumenten. Übers. von Christine Muthesius. Hamburg 1984. (rororo Monographien. 8.)

(95) Schöpf, Alfred: Augustinus. Einführung in sein Philosophieren. Freiburg i. Br. 1970.

Die Augustinus-Interpretation von Schöpf in Kurzfassung in Nr. 2.

Zu Kapitel 22

(96) Boethius: Trost der Philosophie. Übers. von Karl Büchner. Mit einer Einf. von Friedrich Klingner. Stuttgart 1965 [u. ö.]. (Reclams Universal-Bibliothek. 3154 [2].)

(97) Klingner, Friedrich: Römische Geisteswelt. Essays zur lateinischen Literatur. Stuttgart 1979.

Zu Kapitel 23

(98) Basilius der Große: Mahnreden. Mahnwort an die Jugend und drei Predigten. Bearb. von Thielko Wolbergs. Übers. von Anton Stegmann. München 1984. (Schriften der Kirchenväter. Bd. 4.)

(99) Gregor von Nazianz: Reden. Über den Frieden. Über die Liebe zu den Armen. Bearb. von Manfred Kertsch. Übers. von Philipp Haenser. München 1983. (Schriften der Kirchenväter. Bd. 5.)

(100) Gregor von Nyssa: Die große katechistische Rede. Eingel., übers. und komm. von Joseph Barbel. Stuttgart 1971. (Bibliothek der griechischen Literatur. Bd. 1.)

(101) Benz, Ernst: Geist und Leben der Ostkirche. München ²1971.

(102) Campenhausen, Hans von: Griechische Kirchenväter. Stuttgart ⁷1986. (Urban-Taschenbuch. 14.)

(103) Jedin, Hubert: Kleine Konziliengeschichte. Mit einem Bericht über das zweite Vatikanische Konzil. Freiburg i. Br. ⁵1986.

(104) Kästner, Eckhart: Aufstand der Dinge. Byzantinische Aufzeichnungen. Frankfurt a. M. 1976. (Bibliothek Suhrkamp. 476.)

Zum Neuplatonismus s. Nr. 80 und Fritz-Peter Hager in Nr. 2.

Abbildungsnachweis

Klaus Gallas (DuMont Buchverlag, Köln): S. 209; Hirmer-Verlag, München: S. 32, 49, 58; Gerhard Klammet (Verlag W. Kohlhammer, Stuttgart): S. 16, 20; Bildarchiv Foto Marburg: S. 224; Deutsches Archäologisches Institut, Rom: S. 165, 219; Liebieghaus, Frankfurt a. M.: S. 149; Rheinisches Landesmuseum, Trier: S. 24; Staatliche Museen, Berlin: S. 192; Klaus Fräßle: S. 97; Christian Graf: S. 273; Klaus Held: S. 31, 63, 135, 140, 180; Tim Klose: S. 276, 315; Paul Meisenberg: S. 100 (steinerne Maske); Heinrich Reclam: S. 70, 127; Michael Strocka: S. 194, 195; Reclam-Archiv: S. 41, 45, 60, 76, 85, 87, 100 (bronzene Maske), 109, 116, 122, 155, 162, 198, 222, 234, 242, 248, 252, 263, 264, 278, 283, 290, 294, 304, 306, 318, 324; Theodor Schwarz: Karten S. 14 f., 178 f.

Register der Orts- und Eigennamen

Sach- und Begriffsregister